生まれ変わっても国連

国連36年の真実

丹羽敏之

人間と歴史社

「事務総長として、私に託された任務の全般に、忠誠・分別・良心を以てあたりたい……ただ国連精神にのっとってのみ務めを果たし、行動したい……自らの責務の遂行にあたり、国連以外のいかなる権威、いかなる政府からの指図も求めないし、また受け入れる心算もないことを、私、ダグ・ハマーショルドは厳かに誓う」

（ハマーショルド著『道しるべ』八頁。鵜飼信成訳、みすず書房）

序　生まれ変わっても国連

国際連合（United Nations：UN）からの退官を間近にした二〇〇七年五月のこと、毎日新聞社の記者（中尾卓司氏）から電話があった。

「丹羽さんに密着して、三六年間の国連経験を取材したい」

という。ちょうど私も何らかのかたちで三六年間にわたる国連での経験を日本の読者と分かち合いたいと思っていたところだったので、よろこんでこの申し出を受け入れた。

それから二週間にわたり、担当記者の密着取材がはじまった。母校・早稲田大学での特別講演に同行し、また私のアポイントメントに参加、あるいはユニセフ東京事務所でのインタビューを重ねながら、一九七一年の南米ガイアナでの初めての国連勤務から、三六年後のユニセフ事務局次長にいたるまで、詳細に取材した。私はつぎつぎと浮かんでくる記憶をたどりながら、体験した事実と経験を話した。

取材が終わって、記者が「丹羽さん、お疲れさまです。三六年間国連を経験されて、いまどんなお気持ちですか？」と問うてきた。私はその質問に、反射的にとでもいおうか、迷うことなく「私は生まれ変わってもぜひ国連で再度働きたいと思う」と答えた。そこにはなんのためらいもなかった。これがタイトルとなり、「生まれ変わっても：国連36年・丹羽敏之さん」として、二〇〇七年六月四日から九日まで、毎日新聞の夕刊に掲載された。

記事の冒頭には、こう書かれてある。

「国連開発計画（ＵＮＤＰ）、国連本部など三六年にわたって国連機関で働き、日本人国連職員のリーダー的存在だった丹羽敏之さん（67）が五月末、ユニセフ（国連児童基金）事務局次長を最後に国連を去った。国連への情熱と愛着を『生まれ変わっても国連職員になりたい』とまで語る丹羽さんの、活動の軌跡を紹介する」（中尾卓司）

それから一〇年の歳月が経過したが、今日においても私の国連に対する気持ちはまったく変わっていない。いや、それどころか、最近の国際環境の動向をみるにつけ、またいくたの直面する課題に接するにつけ、以前にも増して国連を思う気持ちがいちだんと強まっている。

そうしたことから、この数年間、私に忍耐づよく「自叙伝」を書くようすすめてくれた「人間と歴史社」の佐々木久夫社長の求めに応じ、書くことを決心した。そして本の表題も『生まれ変わっても国連』とすることにした。

私がなぜ、ここまで国連を高く評価するかといえば、それは第一に、国連の目的とする世界平和・安全の維持、人民の同権・自決原則の尊重、そして人権・基本的自由の尊重（国連憲章第一条）という理念に心から共鳴するからである。

広島で原爆に遭い、被爆し、戦争の惨めさを身をもって経験した私にとって、平和で平等な、自由な世界をつくり出すことを目的とする国連で働くことはいかなる仕事よりも魅力に満ちていた。たしかに、国連に奉職する前に勤めていた私企業でも知的には十分満足できるものであったが、「世界人類のために働く」という使命感を持って仕事にあたれることは特別の動機と誇りを私に与えてくれた。

国連で初めて従事した開発分野において、いろいろなハンディキャップのある開発途上国をいかにして扶け、発展させていくか。それも国際社会の慈善（施し）ではなく、上から目線ではなく平行（対等）目線で、平等の立場で、途上国自身の開発優先順位と自助努力の育成を通じて、とくに途上国自身の利益達成を求めて努力すること、これは私にとってことさら達成感と見返りのある経験であった。

ご存じのように、「国連」は第二次大戦後、平和と安全の維持、各国関係の促進、経済上・社会上・人道上の問題について、国際協力を達成するために一九四五年一〇月に設立された諸国家の組織である。職員は「国際公務員」と呼ばれ、世界ではその数八万人を超える。しかも、それぞれに異なった文化的背景をもつ多様な人びとの集まりである。それゆえにさまざまな人間模様が描かれる〝場〟でもある。

私にとって、職場としての国連の特徴は、いかなる職務であれ、絶えず問題提起と解決法を要求する職場であるとともに、個人の創造力と努力を尊重し、個人の力を十分に発揮できる環境を与えてくれる場所であった。国連での意思決定過程はじつに民主的かつ常識的で、十分論議をつくしたうえで、すべての案件を決定する仕事環境でもあった。

これは職員の成績評価にも適応された。それゆえ、どこから、また誰から提案・推薦がなされたかにかかわらず、無理・無謀の論理、ブリーイング（いじめ）はまったく許されなかった。

国連の性格上、職場は多国籍、多文化、多言語であり、多様な異なった考え、視点、論理が交差する。それらを調整しながら、つねに周囲に目を配りながら、説得しながら、そして妥協しながら仕事を進めることが不可欠であった。こうした過程から出てきた人事評価も総じて公平で納得できるものであった。

国連は世界中から高い教育と豊富な経験を積んだ職員が集まってくる。いわば優秀な人材の宝庫でもあった。私は多くのすばらしい上司と同僚に恵まれながら、そうした卓越した人材と一緒に仕事ができ、お互いを刺激しながら、そして競争し合いながらの毎日はいつも新鮮であった。

一方、国連は〝持ちつ、持たれつ〟の職場でもある。それゆえ、つねに多くの同僚の理解とサポートなしには仕事を進めることができない。だがそれは同時に、人間の感情のぶつかり合いの場でもあり、妬《ねた》み、嫉《そね》み、噂《うわさ》といった人間社会の通弊も顕著である。だからこそ、職員一人一人、周囲の目に映る自分をつねに意識しながら、必要に応じて対策を講じながら仕事にあたる必要があった。

「開発」の仕事には、たとえば〝A国でうまくいったからB国でもうまくいく〟といった定型化されたやり方は存在せず、つねに試行錯誤し、与えられた環境に一番適したやり方を見つけることを必要とした。そうした仕事の性格上、つねに大局から仕事環境を観察・管理する必要があった。このことは、ジェネラリスト志向とマネージメント志向の強い私に特別の喜びを与えてくれた。

さらに、組織運営管理の面でも三つの違った国連組織（国連開発計画・国連事務局・ユニセフ）で仕事をすることとなり、それぞれの組織に適応した運営課題を見つけながら仕事をする必要性に迫られた。だが、それはつねに問題解明と新しい問題提起と解決をくり返しながらの仕事でもあり、新鮮な経験であった。

かといって、国連での仕事がつねに〝よいことずくめ〟であったわけではない。政治的環境のなかでの活動は、時に自分が〝異〟とする現実に直面することもあった。しかし、許される範囲内で最適な解決策を模索すること自体可能であり、とくべつ困難だとは思わなかった。

国際公務員としての仕事柄、異動・転勤の可能性が強く、一カ所に定住することを望むものにとっては不向きな仕事であった。開発最前線での奉職は、国連職員である私自身だけでなく、家族全員の個人的努力、献身、そして犠牲をも求めた。これは健康と身の安全管理にはじまり、教育環境、職業選択までに及んだ。したがって、国連職員としての仕事は私自身に限らず一家全員の〝共同作業〟でもあった。国連と私との間には、特別の〝相性〟があったようだった。こうした理由から、私は「もしもまたこの世に生まれてくることができたならば、(そして家族の協力がまた得られるなら)躊躇なく国連職員としての道を選ぶ」であろう。

最後に、本書が国際公務員を目指す読者(若者)にとって有益であることを心から願う。そして本書によって、職場として国連が身近に感じとっていただけたら幸いである。また、現在国際公務員としてすでに活躍している読者にとって私の〝生の経験〟が少しでも参考になれば、それもまたうれしく思う。さらには国連とはまったく縁の遠い読者にとっても、国連が少しでも身近な存在になれば幸いである。

丹羽敏之

生まれ変わっても国連　目次

生まれ変わっても国連

――国連36年の真実

終戦まで

一九三九〜一九四五

破壊は人間の法ではない。……いかなる理由があるにせよ、他人を殺したり、危害を加えたりすることは、すべて人間性にもとる犯罪行為である。
ガンディー

出自

私は一九三九年(昭和14)に、むかし「備前国」と呼ばれた広島県福山市手城町というところに生まれた。手城町は一六六六年に「手城新田《てしろしんでん》」として干拓によって造成された町である。手城山は古くから瀬戸内を往来する舟の関所で、「船手形をとる城」と呼ばれていたことから「手城」という名が生まれたと聞いている。一九三三年(昭和8)に福山市に合併され、市街地として発展した。手城町は母・淑子《よしこ》の里である。

この年、満州国(中国東北地方)と外蒙古(モンゴル人民共和国)の国境であるノモンハンで、国境線をめぐって日本軍とモンゴルを支援するソ連軍とが軍事衝突、いわゆる「ノモンハン事件」が起きている。日本の関東軍は優勢なソ連戦車部隊と空軍部隊に大敗、死傷者二万人余という壊滅的打撃を受け、日本軍の近代兵器の劣勢を露呈する結果となった。

ヨーロッパではヒトラーの率いるナチス・ドイツがポーランドに侵攻（九月一日）、これを契機に第二次世界大戦が勃発、戦禍は燎原の火のごとく世界に拡大していった。中国大陸では「盧溝橋事件」（一九三七年七月七日）に端を発した日中両国が全面戦争に入り、総力戦の様相を呈していた。国内では「国家総動員法」が制定（一九三八年）、戦時体制が強化され、「一汁一菜」が叫ばれ、日常生活の中にも戦争の陰が色濃く差していた。東京では翌年（一九四〇年）の「東京オリンピック」を控え、準備が進められていた（戦争の激化で中止）。

そんななか、私は母・淑子《よしこ》の実家である手城町に生まれた。夏の暑い日（八月五日）だったという。祖父（辻豊）は私の生まれる二年前に亡くなり、田んぼの中の一軒家の実家には祖母・くまが一人で住んでいた。当時、父・寿人《ひさと》は結核に侵され、長野県小布施町のカナダ系ミッションの結核療養所で療養中であった。そのため、生後は母と祖母の二人によって育てられた。

当時、母は英語教員として教えていた広島女学院専門学校を休職中で、所得がなく、小布施で病気療養中の父から送られてくるわずかな送金に頼る生活であった。そのころのことを母は次のように語っている（『みんなおなじいのちの仲間』、エンゼル保育園、二〇〇五）。

「息子（敏之）を身ごもって間のないころ、夫（寿人）は結核になった。夫と私が信州の野尻湖に行っていたときだった。夫は野尻湖に近い小布施（おぶせ）という町の療養所に入った。夫はその療養所で三年あまりの療養生活を送ることになる。夫が療養生活に入ってしまうと生活をするための収入は途絶えた。夫は自分の父親に多額な療養費を払ってもらい、月々二〇円というお金を手元に残した。その二〇円は私に送金された。療養費と月々の二〇円は大変なお金だった。私は夫から送られてくる二〇円を生活費にあてながら、お腹の子どもを育てた。私は広島の実家で子どもを産んだ」

昭和初期、日本では、結核は「国民病」「亡国病」として恐れられていた。その多くは「肺結核」であったが、このころは「結核＝死」の時代であり、結核の蔓延は国民をたいへんな苦しみの中に陥れた。このことを知ったカナダ聖公会《せいこうかい》から派遣されていたJ・G・ウォーラー司祭ら宣教師団（カナダミッション）が本国に実情を報告、日本に「サナトリウム」（結核療養所）を開設するよう上申し、資金と人材を日本に送るよう求めた。

これに呼応して、本国カナダでは、各教会が日曜学校や婦人会、青年会に呼びかけ、募金を募った。すると、日曜学校に通う幼い子どもたちがキャンディーを買うのをがまんして、「日本のために」と一ダイム（one dime）銀貨をピカピカに磨いて教会へもちより、募金箱に入れて献金したという。

そうした善意による資金をもとに、信州の国・小布施に広大な土地を買い、病棟を建て、設備を整えて近代的な「サナトリウム」として開設し、カナダから派遣された医師と看護師たちが治療と看護にあたることとなった。開設時の中には日本大学医学部を出て間もない青年・松橋医師もいた。こうして一九三二年（昭和7）、ベッド数五〇床をもつ「新生療養所」としてスタートした。

資料（『小布施町 新生病院物語』、中島敏子著）によれば、当時、開設予定だった小布施の土地は一面栗と松の林であったという。その土地一万坪を三千円で買い上げ、それを整地して敷地とし、建設・開設したとある。だが、一九四〇年（昭和15）になると軍事色・国家主義色が強まるなか、キリスト教への圧力も強まり、療養所を続けることが困難となったことから、カナダ宣教師団は日本からの総引き上げを決定する。

日本を去るにあたり、ワッツ博士は日本との軋轢を避けるように、こう演説したという。

「われわれが日本を引きあげることが、日本の教会の最大の利益につながると信じる。われわれはみずからの意思でそうするのであり、追放されるのではない」……。

そういって博士ら宣教師団は日本を去った。その中に医師・スタート夫妻もいた。スタート医師は出発間際まで手術をしていたという。カナダ人医師らが去ったあと、その再開は一九四五年（昭和20）の〝終戦〟を待たねばならなかった。しかしそのことが、後述するように、父・寿人にとって、またわが家にとって〝幸い〟をもたらすことになるのだから、人生はわからない。小布施療養所は数々の苦難をのりこえ、現在「新生病院」として、地域の基幹病院の機能を担っている。

信州・小布施は広島・福山から直線距離にして約三〇〇キロ。なぜ父は広島からはるか遠い信州・小布施の療養所に入院したのだろうか。おそらくそれは、母が私を身ごもるまえ、父は広島市にある広島南部教会の「フレーザー英語学校」（一九〇七年、アメリカのフレーザー氏の献金により設立）で英語を教えていたし、毎年夏には長野県軽井沢町で多くの宣教師に日本語を教えていた関係から、同じ長野県の小布施療養所に入院することができたのではなかったかと思われる。

私は幼いころに、この療養所に父を訪ねたことがあった。自然に囲まれた、静かな療養所の記憶がいまでも残っている。あとで知ったことだが、先述のスタート医師（昭和6年来日）は、日本語を勉強するかたわら、休暇で帰国中の医師に代わって軽井沢夏季病院にもつとめていたという。父はそのスタート医師から手術を受けることになっていた。それを思うと人との出会いはあとで知る〝運命〟のようなものである。くしくもこの年（一九三九）、昭和天皇の皇后・皇淳皇后の令旨を受けて「結核予防会」

が設立されたのだった。

母・淑子

母・丹羽淑子は二〇一三年に一〇〇歳で亡くなったが、私にとって母は、オシャレで、いつも若く見える「年上の姉」といった存在で、かつ優雅な人であった。その外部の美しさと、内部の知性的な美しさは、私の誇りとするところだった。母は、勤勉で思慮深く、しかも忍耐をもって何ごとにも積極的に取り組んだ。私はその姿勢をかたわらから自然に学びとった。

母は一九一三年（大正2）、広島県福山市手城町に、中学校校長であった父（豊）と母（くま）との間に五人姉妹の「末っ子」として生まれた。祖父・豊は養子（辻）だったが学究的な読書家で、祖母・くまはヒマさえあればよく哲学的な書物を手にしていたという。この二人は、当時にあっては文化に明るく聡明で、文明にあってはたいへん開明的で心の広い人だったらしく、母が広島市にあるキリスト教の広島女学院専門部に奨学生として学ぶことを許した。一九三〇年（昭和5）、母一七歳のときであった。当時、母（淑子）も、その両親（豊・くま）もクリスチャンではなかったが、母が広島女学院に入学したとき、親戚からは「なぜ耶蘇（やそ）の学校なんかに入れたのだ！」と非難を受けたという。

いずれにせよ、この祖父母二人の決断は、母の生涯を決定づける第一歩となり、のちに大学の教授、カウンセラー、そして執筆・著作という、まれにみる充実した一生を送ることになった。母の柔軟性と前向きな姿勢は、両親（祖父母）から授かったと思われる。その姿勢は、その後の母の人生のあらゆる節目で大いに発揮された。当時のことを母はこう記している。

「私は大正の初めに生まれ、学問好きな父の五女として、あまり豊かではないが健康で、曲がったことを許さぬ父母のもと、真実一路、愛情いっぱいの家族の中で大きくなりました。その当時は、英文科志望者は地方の県立高女（高等女学校）には私しかいなかったのです。広島の小規模のミッションスクールの専門学校で、英語、英文学を学び、戦後おもいがけなく留学のチャンスを得ることができました。はじめに英語を学んでおいたことは、幸運だったようで、その後の私の人生にどれほど役だったか知れません」

広島女学院は中国地方では最も歴史のある（創立一八八六年）ミッションスクールである。創立から一〇年後の一八九六年、広島英和女学校から広島女学校と校名が変わり、一九二〇年には英文科、家事科、師範科の専門部を設置。母はその専門部の英文科に入り、英語と英文学を学んだ。母が入学した二年後（一九三二年）に、専門部が「広島女学院専門学校」となった。ついでながら、母は一七〜二九歳までの一二年間、広島女学院にお世話になったが、母が在籍していたころ、広島女学院の院長は牧師である日野原善輔《ひのはらぜんすけ》氏が務めていた（一九三〇〜四二）。母が洗礼を受けたのは、おそらくそのころであったろう。ちなみに日野原善輔氏は、昨年（二〇一七）一〇五歳で亡くなられた聖路加国際病院名誉院長・日野原重明《ひのはらしげあき》先生のご尊父である。

私が生まれたころ、両親はすでに二人ともクリスチャンであったが、二人は教会を通じて知り合ったようである。おそらく母が二五歳の頃であったろうか。

イチジクと青い便

私が生まれたころ、すでに戦時色が色濃くなっており、生活は困難であったが、母は持ち前の積極性で乗り切っていった。生活費は小布施に療養中の父からの仕送りに頼っていたが、それでも暮らしを立てるのも容易でなかった。それを象徴するエピソードがある。

それは私のとつぜんの青い便と下痢からはじまった。あるとき私の便が青色になり、何日もその状態が続いた。心配した母は医者に診てもらったが、原因は「まったくわかりません」ということだった。ところがある日、ある〝おかず〟を止めると、私の便は普通に戻った。

当時、貧乏から食べものが少なくなり、母は毎日イチジクに醤油をかけて、ごはんの〝おかず〟として食べていた。するとその日は、私の便は青くなった。ある日、その〝おかず〟を食べるのを止めてみた。すると、便は普通色に戻った。〝青い便〟の正体がわかり、皆が胸をなでおろしたそうである。笑うに笑えないエピソードである。そのときのことが『子育て日記』(前著『みんなおなじいのちの仲間』)に書かれている。

「イチジクと便……。これは今でも忘れられないエピソードだ。息子の敏之が生まれたのは八月。ちょうどそのころ、実家の庭のイチジクの木にイチジクの実がなった。イチジクの木は実家の周囲にずらりと並んで立っていた。イチジクは私の大好物だ。私は朝庭で歯を磨きながら熟れているイチジクを見つけては両手で抱えるほどの大きなザルに入れた。そして毎日イチジクをお腹いっぱい食べた。

イチジクは九月も実り、一〇月も実った。熟れたイチジクを私は毎日ザル一杯にもぎ取り、お腹がいっぱいになるほど食べた。私はそのとき心配なことがあった。息子の便が青いのだ。青い便はずっと続いた。しかも下痢……。青い便と下痢が続くので、私は心配で心配でたまらなくなり、便を持って医者を訪ねた。

『便を検査してください』と私はいった。しかし、医者は『何も問題はない』という。私の小さな息子は機嫌よくしてくれている。しかし、私の心配はつのる一方である。どうか青い便でありませんように。どうか下痢でないように……。私は拝むような気持ちでオシメをあけた。『あぁ、まただっ！』。心に念じつつおむつをあける。『あぁ、まただっ！』……。毎日このくり返しだった。

ところが、一〇月の終わりに近づいたある日、おそるおそるオシメをあけると、パッとものの見事とな〝うんこ色〟をした便があった。あとでわかったことだが、息子の便が青かったことも下痢が続いたことも、私がイチジクを食べ過ぎていたからだった。いま思えば漫画のような話だが、これが初めて母親になったころの私だった」

母の上京

一九四〇年四月、私が生まれて八カ月のとき、母は教師になるための資格を取るため、幼い私を連れて上京した。祖母・くまも一緒だった。そのころのことを母はこう書き残している（前著『みんなおなじいのちの仲間』、エンゼル保育園）。

「私は東京に出て、教師になるための資格を得る決心をした。子連れ学生だ。母（祖母）が一緒に上京してくれた。私は息子を置いて学校に通う。おっぱいはいっぱいでたが、飲ますことはできない。私は学校のトイレでおっぱいを搾っては捨てた。『子どもがお腹をすかしていないか、泣いていないか』……。そう思うとかわいそうでかわいそうでならなかった。こんな毎日が続いてはいたが、子連れ学生だったその当時、私は、たっぷりと子育ても楽しんだ。子連れ学生一年半と少しを終え、私は、母と息子と三人で郷里の広島に帰った」

そのころ、広島では父方の祖父母の壽《ひさし》とソウが丹羽家の親戚といっしょに住んでいた。祖父の壽は当時、広島市の一等地の金座街で眼鏡店を経営していた。

緊迫する世相

この年、「日独伊三国同盟」が成立（一九四〇年九月・ベルリン）、第三国（具体的にはアメリカ）からの攻撃に対する相互援助の協定が結ばれ、日米関係を緊迫化させた。ことここに至り、第二次世界大戦の〝火〟が押し寄せてることは確かだった。

一九四〇年（昭和15）は「皇紀二六〇〇年」でもあった。正確にいえば、神武天皇即位紀元二六〇〇年である。それを祝う祝典が各地で催され、全国提灯行列・旗行列が催された。これは神道色の強いものであった。キリスト教でも「皇紀二六〇〇年奉祝全国基督教信徒大会」が青山学院に二万人を集めて開かれ、「吾等（われ）は全基督教会の合同の完成を期す」と宣言し、この決議にもとづいて「日本基督教団」（プロテスタント三三教派が合同）が成立した。

隅田川で「勝鬨橋」が開通。この橋は可動式（跳開橋）で、しかも外国の技術者に頼らず、すべて日本人の手で設計・施工が行なわれ、「東洋一の可動橋」と呼ばれる評判をとった。中国では、南京で知日派で知られる王兆銘（一八八三〜一九四四）が「南京政府」を樹立（三月）、五月には重慶爆撃がはじまった。九月になると日本軍がフランス領インドシナ北部に進駐。ゼロ戦（零式艦上戦闘機）が正式に採用されたのもこの年であった。零戦の「零」は「皇紀二六〇〇年」の「〇〇」からとったものである。しかし、長引く日中の戦争による物資不足はその程度を増し、「欲しがりません勝つまでは」「贅沢《ぜいたく》は敵だ」などの標語が唱えられ、戦時体制に従わない者は「非国民」と罵《のの》しられ、自分の家族の安全・生活を優先させる者も「非国民」呼ばわりされた。

このころ、ヨーロッパのイギリス上空では、ドイツ空軍とイギリス空軍が「バトル・オブ・ブリテン」と呼ばれる史上最大の航空戦を展開していた。

父、帰る

一九四一年（昭和16）一〇月、近衛文麿《このえふみまろ》首相が東條陸相の対米主戦論に敗れて辞職、東條英機が内閣総理大臣となった。これを機に、一気に戦争への道がひらかれ、いよいよ戦禍のにおい、戦時体制の様相が濃くなった。そして一二月八日早暁、日本軍の「真珠湾攻撃」によって、ついにアメリカ・イギリス・オランダ・中国を中心とする連合国との戦争（「太平洋戦争」「大東亜戦争」とも）がはじまった。そこにカナダが参戦（「香港の闘い」）、そのため父・寿人の手術を担当するはずであったスタート医師が帰国（実際は敵性外国人として国外退去）した。そのため、父は予定されていた手術を受けることができなくなり、失意落胆して広島に戻ってきた。

しかし、これが幸いした。当時、結核は手術も行なわれたが、死亡率も高かった。問題は手術後の化膿だった。まだペニシリン（一九四一年発見）やストレプトマイシン（一九四四年発見）、カナマイシン（一九五七年発見）といった抗生物質がなかった時代である。こうした薬のない時代、結核に罹患するとその半数が一～二年以内に発病し、五年たつ頃には患者の半数以上は死亡したが、それでも三割の人たちは自然治癒した。治療はもっぱら、清浄な空気、栄養、安静を中心とする自然療法であった。それによって抵抗力・免疫力を強め、結核と闘うことができた。

人間、なにが幸いするかわからない。手術を受けることのできなかった父が生きのびることとなったのだ。そして父は結核のため徴兵をまぬかれ、戦死をまぬかれた。〝不幸中の幸い〟とはまさにこのことだろう。父はその後九三歳まで生きた。父はみずからの生命力と抵抗力をもって、結核とのちの原爆症という病に打ち勝ったのである。

親子三人の生活

一九四一年（昭和16）、母は一年半の学業を終え、広島に帰ると間もなく広島女学院専門学校の英語教師となった。私は小布施の療養所から帰ってきた父と暮らしながら、幼稚園に通った。こうして私たち親子三人での生活が始まった。母はこう書いている（同前掲）

「広島に帰った私は、母校である広島女学院専門学校で英語を教えることになった。息子は、母親と療養所から戻っていた夫が見てくれることになった。私は、子どもを置いて仕事に出た。息子が三歳になったとき、私は、母校の附属幼稚園に息子を預けることにした。その当時は、今でいう三歳児保育というものはなかった。息子はまだ三歳で、幼稚園に通う友だちより少し小さかったが、私は附属幼稚園に子どもを預け、職場に向かった。こうして私は、仕事と子育てを両立させようとする母親になった」

当時の私は相当の〝ヤンチャ〟だったらしく、「女手一つで育てることは大変であった」と、のちに聞かされた。たとえば、せっかく買ってもらった紙製の帽子で金魚とりをして底を抜かした話、広島女学院高等女学部で試験時間中、吊るし鐘（カネ）を鳴らし、試験を一時中断させた話、タンスの引き出しを少しずつ、すべて引き出し、踏み台としてタンスの上に登り、そのとき訪れた叔父にあたかも泥棒に襲われたと錯覚させた話など、イタズラのエピソードにはこと欠かなかった。

激化する戦争 ― 逼迫する生活

真珠湾攻撃（とマレー半島上陸）にはじまった太平洋戦争は、緒戦の約五カ月は日本軍の優位に運んだ。太平洋でも東南アジアでも日本の占領地は拡大し、香港、マレー半島、フィリピン、ジャワ、ビルマ（現ミャンマー）の各地を占領、国内ではその勝利に湧いた。これら南方の豊かな資源によって優位な戦争態勢ができたかに思われた。

しかし、一九四二年（昭和17）の「ミッドウェー海戦」（六月五日）を機に形勢は一変する。この海戦で日本軍は航空母艦四隻（加賀・赤城・蒼龍・飛龍）と、零戦をふくむ航空機二〇〇余機（全機）、そのうえ貴重なベテランパイロットをうしなうという、致命的な打撃をこうむった。

これを転機として太平洋における軍事的主導権がアメリカ側に移り、連合国軍の反転攻勢がはじまる。反攻は南太平洋ソロモン諸島「ガダルカナル島」からはじまった。一九四三年（昭和18）八月七日、ガダルカナル島の争奪をめぐって日米両軍が激突、六カ月にわたる激しい戦闘により、日本軍は作戦上の失敗と輸送船団の壊滅、食糧不足による餓死、マラリアの感染などから派遣部隊の三分の二、二万一〇〇〇人を失うという壊滅的大敗北を喫し、ガダルカナル島からの撤退を余儀なくされた。しかし、海軍軍令部はこの事実を隠蔽し、「転進」と言い換えて発表した。このガダルカナル島の撤退は太平洋戦争における決定的な分岐点となった。この敗北により、制海権・制空権を失った日本軍は各地で敗退。延びきった輸送線は寸断され、南方からの資源輸送は断絶して、日本の戦争経済は破綻へと傾いていく。

さらに一九四四年六月、当時日本の委任統治領だったサイパン島をアメリカ軍が攻略、日本軍との激しい戦闘のすえ占領。七月七日、サイパン守備隊は玉砕して果てた。この戦闘で、被害は民間人にも及び、多くの民間人が島の北部へと追い詰められ、アメリカ軍の捕虜となることを嫌って海に身を投げ、自決した。そこには「生きて虜囚《りょしゅう》の辱《はずかし》めを受けず」（一九四一年東條英機陸相による訓諭）との「戦陣訓」の拘束があった。かれらはこの精神的束縛から、捕虜より玉のように砕ける自決を選んだのだった。私は戦後になって、一人の民間の女性が崖から身を投げ、入水自決する様子を映像で見たが、なんとも悲惨な、悲劇的な光景であった。

サイパン島の陥落は戦局を大きく転換させた。これによって「空の要塞」と呼ばれた大型爆撃機B29による日本本土への往復爆撃が可能となったのである。

一一月に入ると、それは現実となった。爆撃対象は当初、軍港や飛行場といった軍事施設、軍需工場に限定されていたが、しだいに東京・名古屋・大阪などの大都市へと目標が替わり、爆弾も焼夷弾へと切り替わった。爆撃方法も、一般市民を殲滅すべく、無差別・じゅうたん爆撃へとかわっていった。おもな大都市が壊滅すると、今度は日本各地の中小都市へと爆撃対象を広げていった。こうして空襲を受けた各地は次々に焦土と化し、戦禍は日本全土に及ぶこととなったのである。

戦争の激化にともない、広島でも、一一月から焼夷弾などによる火災の延焼を防ぐために、建物の強制疎開が行なわれた。また、農家では男手を戦争に取られ、人手と肥料不足のために食料生産は大幅に減っていた。戦争の長期化と戦局の悪化がこれに拍車をかけ、各家の庭はおろか、学校の校庭までが食料不足を補うため畑となり、農地と化した。やがて、昭和二〇年になると集団疎開や縁故疎開が行なわれ、約二万三五〇〇人の学童が県北部の山間部に疎開した。

祖父の第六感

一九四四年（昭和19）末ともなると、戦局がきわめて険しくなってきていることが幼い私にも伝わってきた。事実、B29による空襲の魔の手もすぐ近くまで迫っていた。「広島がはじめて空襲を受けたのはいつか」、それを知りたいと思い知人にたずねた。するとその知人から「一九四四年の一一月一一日だったらしい」と、記事付きで知らせてきた。送ってくれた記事によると、「(一九四四年の一一月一一日）午前一〇時B29一機飛来焼夷弾一二個を学校東方（エノキ谷）及林訓導宅附近江投下して西去す。職員数名消火に協力被害なし」とあった。翌一二日には広島県警防課の職員や警察署から現場視察のため来校し、視察者は数日後まで絶えなかったと記してあった。この記録は尾道市原田町の原田町小学校の学校沿革誌を調査してわかったという（中国新聞、二〇一六年八月一六日付朝刊より）。

そんななか空襲を予感したかのように祖父・壽が動いた。広島への空襲のはじまる直前のことだった。祖父は戦争が長引いていることを理由に、先祖伝来から住む広島市中心部の鉄砲町から瀬戸内海に近い江波町《えばまち》に引っ越すと決意、丹羽家三家族全員にそのことを告げ、即刻移るよう指示した。江波町の家というのは、祖父が建てた八畳と六畳二間の小さな賃貸用アパートである。家族はそろって「何であんな小さなアパートへ移らなければならないのか」と不服不満を申し立てたが、祖父は頑として譲らず、われわれは家督命令に従うしかなかった。

戦後、みなが口をそろえて「どうして祖父は危険を察知したのだろう」と不思議がった。あるとき、そのことを祖父に問うたことがある。祖父によれば「戦争が長引き、何か大変なことが起きるのではとの予感がした」ということであった。なんという予知能力、なんという強運だろうか……。いずれにせよ、祖父の特異な能力のおかげで家族全員、死をまぬかれることができたわけだった。父もその後、床を離れ、近くの三菱重工・広島造船所に仕事を見つけて勤務することとなった。戦禍の厳しいなか、みなの心に、わずかだが、〝生〟のたしかな〝灯〟をみる思いがした。

こうして江波町で五人のいとこ（清水敬子・悦生・直二、そして丹羽容子・勝子）たちと共同生活することとなった。同年輩のいとことなり合わせで生活を共にできたことは、兄弟のない私にとって貴重な経験となった。

だが、食料の不足は深刻だった。そのころになると食料は逼迫し、私たちは庭に急造の畑をつくり、そこで栽培した野菜やイモ類、そしてあのいわくの〝イチジク〟に頼る生活となった。

自家製「防空壕」

一九四五年（昭和20）になると、広島にも米軍機が来襲するようになった。昭和二〇年三月の一八日と一九日には艦載機編隊による小空襲があり、四月三〇日には一機のB29が来襲、中国配電株式会社（現・中国電力）などに一〇発の爆弾を投下、多数の死傷者（死者一〇名、負傷者一六名、罹災者二〇〇名）を出したと記録にはある。

私たちは空襲警報が鳴るたびに、にわかづくりの防空壕に避難した。戦争がはじまったころは、誰しもが空襲になじみが無かった。それは戦局が中国大陸であり、本土が空襲されることなど、いささかも想念することはなかったのである。空襲を現実問題としてとらえた広島市民は、おそらく皆無に近かっただろう。

米軍機の空襲がはじまったころ、市内のあちこちで、職場や家庭に急造の防空壕がつくられた。多くは地中に穴を掘っただけの簡素なもので、あり合わせの材料でつくられた。平地に壕を掘り、屋根を葺くカマボコ型か横穴式が多かった。ともかく爆風を避けることが第一義で、防護効果などほとんど期待できる代物ではなかった。私たちはといえば、父と私は時おり畑に穴を掘り、そこにトタン板をかぶせただけの、なんとも頼りない、防空効果の無能な即席の防空壕に避難した。見上げると、トタンのいるところから小さな光が漏れていた。

「敢然その家庭で戦って防空の完璧を期す」……。この訓示に脆弱な木造家屋と簡素な防空壕で立ち向かう。いま考えると、なんとも無謀な話ではあるが、それが当時の一般市民の空襲への手立てだった。まして原子爆弾（原爆）の威力など、予想だにできなかったのである。そのことが原爆の被害を甚大なものにした。

運命のとき――原爆投下

あれは忘れもしない、私の六歳の誕生日の翌日であった。その日、八月六日（月曜日）は朝から快晴で、真夏の太陽がまぶしく、地元・江波町では夏祭りが予定されていた。

その前日の深夜、私は気づかなかったが、二回ほど空襲警報が出され、そのつど市民は防空壕に避難した。午前七時ごろ、ふたたび空襲警報が出され、いったん防空壕に避難したが、間もなく解除。市民は空襲の緊張から解放され、それぞれの生活に戻っていった矢先、三機のB29が広島上空に侵入、原子爆弾（「リトル・ボーイ」）を投下（八時一五分）、産業奨励館（現・原爆ドーム）の近くで爆発した。

それは私が自宅前の中庭でいとこ（従兄弟）と遊んでいたときだった。とつぜん、目の前に赤黒い閃光が走った。私は本能的に、すぐさま軒下に逃げ込んだ。と同時に、母が私の安否を気づかって台所から飛んできた。母に抱きしめられたその瞬間、強い風圧（爆風）を感じた。気がつくと、それまで遊んでいた中庭に、爆風で吹き飛んだ瓦《かわら》やトタン、木材などのガレキが一メートルもの山をつくって積み重なっていた。

幸運にも、私たちの住むアパートも爆風にさらされたが、全壊をまぬかれることができた。それは、すぐそばのL字型をした江波練兵場と、小高い、緑の木々に囲まれた「皿山《さらやま》」が衝立《ついたて》となって、私たちを爆風から守ってくれたのだった。

こうして、江波町在住の丹羽家の人々は被爆の直接の被害からのがれることができ、全員無事であった。父も少し離れた同じ江波町の三菱重工・広島造船所（人間魚雷「回天」を製造していたことでも知られる）で被爆したが、無事に生還することができた。記録（「広島原爆戦災誌」）によると、三菱重工の被爆者は、江波・観音工場を合わせて約九二〇〇人、うち約三二〇〇人が動員学徒であったという。ここでも父の強運を見る思いであった。

ただ一人だけ、叔父・丹羽茂が受難者となった。叔父は原爆投下の直前、希望して江波町の病院から爆心地近くの病院に移り、そこで被爆、重症の身となった。叔父は親戚を頼って避難したが、偏屈なその親戚は「御上（おかみ）の許可がないのでダメだ」といって自宅に招き入れることもせず、叔父はその親戚の庭の片隅で祖母のソウに看とられて亡くなった。まったくひどい話であった。

悲劇の街

楽しみにしていた「夏祭り」は一転して、江波は悲劇の街と化した。原爆投下直後、それほどの時を経ずして、見るも無残な姿をした、数え切れないほどの負傷者が殺到した。その数、無数（一万人超とも）……。

江波町は爆心地から三・五キロほど離れていたため、市街中心部にくらべて人的被害も物的被害も少なく、全焼地帯からもまぬかれた。そのため、負傷者が傷の手当と水を求めて殺到した。近くに江波陸軍病院（広島第一陸軍病院江波分院）があり、私は自宅前で、江波陸軍病院に向かって歩く、皮膚がただれた被爆者の長蛇の列を目撃した。なかには皮膚が剥がれて垂れ下がったまま歩いて来るものあり、なかには顔が腫れあがり、両手を前に突き出したまま歩いていく人もあった。ほとんどは広島市内から歩いてきた人たちであった。避難して来る人はみな、灰かホコリをかぶったような粉塵まみれで、体から血を流している人もあった。もはや男か女の見分けがつかない人すらいた。

私は、「これはたいへんなことになった、自分もああなるのか」と、子供心にも不安におちいった。目の前でバタバタ倒れるのを見た。多くは火傷を負った人たちだった。また爆風によって、吹き飛んだガラスが全身に突き刺さったままの人もいた。このような全身を負傷した人たちは大半が死んだ。江波の町は修羅場と化した。地獄のようなありさまだった。

被爆者はみな口々に「水！　水！」と力なく訴えながらトボトボと歩いて来た。私たち家族は半壊した自宅へ、できる限り被爆者を収容し、休ませた。そのうち、自宅のまわりは病人やケガ人でいっぱいになり、ついには死体の山ができた。

すぐ近く、皿山のふもとの「江波練兵場」（現在・広島電鉄江波車庫）があって、そこに死体が運ばれた。そして間もなくして「集団火葬」が始まった。軍の兵士たちが大勢の死体を山積みにしては、ガソリンをかけて廃材で燃やした。天をも焦がす黒煙と人肉の焼ける臭い……。ケガをした多くの被爆者が行き交う惨状や死者を山積みした火葬と臭気はいまも脳裏から離れない。尊厳されるべき死がなんの敬意も払われず、ただ丸太のように扱われて炎の中に消えて行く……。こんなことがあっていいのだろうか。遠くに見つめながら、そう思った。

これと同じ臭いを五六年後の、「九・一一」の一週間後の九月一八日に国連事務総長コフィ・アナンと訪れたニューヨークの「グラウンド・ゼロ」（二〇〇一年九月一一日、同時多発テロで倒壊したワールド・トレードセンター跡地）で再び経験したのだった。

縁戚疎開

それから一週間して、半壊した自宅は、もはや住める状態でなくなった。食料不足のこともあり、みなで江波町を離れ、遠い親戚を頼って疎開することとなった。

私たち家族三人は、汽車に乗るため、江波から爆心地を通り、国鉄広島駅に向かって歩いた。私はその間、自分の目で原爆の破壊状況をつぶさに観察した。市内はことごとく焼き尽くされて、建物はほとんどすべてが倒壊していた。広島の街は一面、焼け野原となり、灰燼《かいじん》と化していた。一軒の家もなく、白島や比治山まで見わたせた。木々は熱風にやられたか、一葉もつけず丸裸のまま傾いていた。コンクリートの建物だけが、かすかに原型をとどめて立っていた。橋は橋脚を残して崩れ落ちていた。「産業奨励館」（現・原爆ドーム）以外の建物はほとんど壊滅状態であった。街のいたるところにトタンや建物の一部と思われる鉄クズがむきだしのまま、道路の両サイドに放置されていた。

広島駅に行く途中、道ゆくなかに死体や傷ついた人、肉親を探す多くの人たちを見かけた。そして広島駅に着くと、そこは傷ついた人や避難する人でごった返していた。

広島駅は、爆心から離れていたせいか、外観はあまり被害を受けていないように見えた。しかしよく見ると、爆風によって窓枠や駅舎の屋根も圧しつぶされ、中央のコンクリートの部分だけを残したまま、東に傾いていた。広島駅は、日本で最初のコンクリートで造成された駅で、そのモダンな駅舎は上野駅や岡山駅のモデルともなった。広島駅は呉線、芸備線、宇品線が発着し、一日中乗客が行き交い、にぎわっていた。それがいま、無惨な姿を眼前にさらしている。私は戦争の悲惨さ、虚しさを強く心に刻んだ。

このとき、私たちは大きな〝過失〟を犯していた。それは、私たちが原爆投下の翌日、そして数日後には爆心地の近くを通っており、残留放射線（二次放射線）を大量に浴びていたのである。原爆投下後二週間以内（広島市は八月二〇日まで）に爆心地から約二キロ区域内に立ち入った者を「二次被爆者」と定めている。こうして私たちは「二次被爆者」となった。私たち家族はのちのち、残留放射線による脱毛、下痢、全身倦怠、白血球の減少といった「原爆症」に悩まされることになる。私たち家族三人は「被爆者健康手帳」の交付を受け、戦後を生きた。

それにしても、あのまま「鉄砲町」（壊滅）に居残っていたらと思うと、いまでも背筋が寒くなる。あのとき祖父が引っ越しを決断しなかったら……。いまさらながら祖父の異質さと、特別な能力〝第六感〟のすごさを思うのである。

疎開生活

私たちは朝の八時ごろ江波を出て、正午ごろ広島駅に到着した。長男の丹羽寿之家四人は広島三滝町で農業を営んでいた寿之の妻の実家へ、父の妹の清水いつみ一家四人は山口県萩市の親戚のところに疎開し、われわれ親子三人は広島県竹原市で農家を営んでいた祖母・そうの親戚のところへとそれぞれ疎開した。

私たち三人は広島駅から屋根のない石炭車に乗って、疎開先の遠い親戚の住む農村に向かった。ただ青い空がどこまでも続いていた。しかし、トンネルに入ると汽車の吐く煙りにむせ、家族そろって顔がすすけて黒くなった。そうして、屋根のない汽車は二時間ほど走って、ようやく親戚の家のある竹原駅に着いた。

親戚の家に着くと、そこには祖父・祖母、息子夫婦、子供二人の六人と、住み込みのお手伝いさん二人がいた。とつぜんの訪問客に親戚の家族は迷惑そうだった。着いたその日から、生活のすべての面でギクシャクした。私たちの寝る部屋、布団のこと、食べ物のこと、言動、便所、風呂など、すべての面で互いに当惑し、いざこざが絶えなかった。そんな生活に、父と母は数日で疎開を切り上げ、江波に戻ることを決断した。帰るときの父母の疲れた顔と、汽車がすしづめだったことだけが、縁戚疎開の記憶として残っている。

江波に帰った私たちは自宅を片づけ、ふたたび家族三人の生活を取り戻したものの、食料の確保は困難をきわめた。母は食料確保のため、自分の着物や洋服と金目のものを持って田舎へ買い出しへと出かけ、食物と物々交換に奔走した。そうしてわれわれ親子三人はやっと食いつないだのだった。こうした状況にあっても、母はくじけることなく、コツコツと微々たる収入をもとに、親子三人の大黒柱をつとめた。

そして終戦――。ラジオから流れる天皇の玉音放送を父母と正座して聞いた。人びとは敗戦の虚脱感と、それでいながら戦争が終わったという安堵感に揺れていた。と同時に、今後どうやって生きてゆくべきかに頭を悩ませた。そして、戦争のない、平和な将来への期待感がそこにあった。

人びとはただ生きていくことに懸命だった。戦争中、まわりからどんどんと人々が消えていき、極端な統制と自由のない生活、自主性のない社会……。私の心の中にいつしか、平和で、平等な、飢えのない、自主性のある社会の構築のイメージが描かれていった。

【コラム】　広島から

かつて、「国連児童基金」（ユニセフ）を退任する前、広島で講演する機会があった。そのとき私は、「私見ながら」と断ったうえで、「日本が一九・五パーセントの国連予算を負担しながら安全保障理事会の理事国入りができないのは、第二次世界大戦の戦勝国の五大国（英・米・仏・露・中）が既得権を持つ仕組みにあるからである。日本がどうやって先に進むのか、どこの国と組むか、先が見えてこない。今後の展開は悲観的である」と指摘した。

日本とユニセフとの関わりは第二次世界大戦後間もない頃、われわれの世代が最初にお世話になった「粉ミルク」（脱脂粉乳）に始まり六〇余年になる。そのユニセフで働く日本人は九〇〇〇人の職員のうち、わずか八〇人。国連全体では二・六パーセント（六七〇人）である。そのうえで、「四〇近い国際機関で構成される国連システムでもっと日本人が参加すべきである」と申し上げた。

すると、参加していた高校生や大学生、若者から「どうすれば参加できるか」「いま、何を学べばよいか」「広島から何ができるか」といった質問を多く受けた。かれらの関心の大きさを感じた。

また、秋葉忠利・広島市長（二〇一一年退任）と会見したおり、広島が取り組んでいる「平和市長会議」が二〇二〇年を目標に「核廃絶」を目指した運動は、国の枠を超え、自治体が結束してできる、「広島だからできる国際貢献」であると高く評価した。

原爆で壊滅し、ガレキの中から立ち上がった広島の経験は重い。それゆえ、国連・国際機関を目指す日本や世界の若者が広島から学ぶことは多いはずである。微力ながら広島のために役立ちたいと思っている。

（元ユニセフ事務局次長・丹羽敏之）

生家と祖父・辻豊、祖母・くま。祖父・豊は福山市高等中学校長をつとめた

丹羽家の人びと

前列左から丹羽ちえこ（父寿人の長兄壽之の妻）、容子（壽之・ちえこの長女）、壽（祖父）、そう（祖母）、筆者、淑子（母）、後列左から丹羽茂（父寿人の弟、原爆被爆死）、清水いつみ（父寿人の妹、料理研究家）、丹羽寿人（父）、丹羽六一（父寿人の弟、戦死）、丹羽壽之（父寿人の兄、広島市金座街で眼鏡店経営）、小川かずえ（父寿人の妹）、丹羽守（父寿人の弟、広島地方公務員）

両親の結婚式
前列左から３人目が祖父・丹羽壽、そのとなりに父・寿人、母・淑子、祖父・辻豊。後列左から丹羽そう、日野原善輔牧師、２人おいて５人目が辻くま

両親の結婚式・日野原善輔牧師のもとで

母と

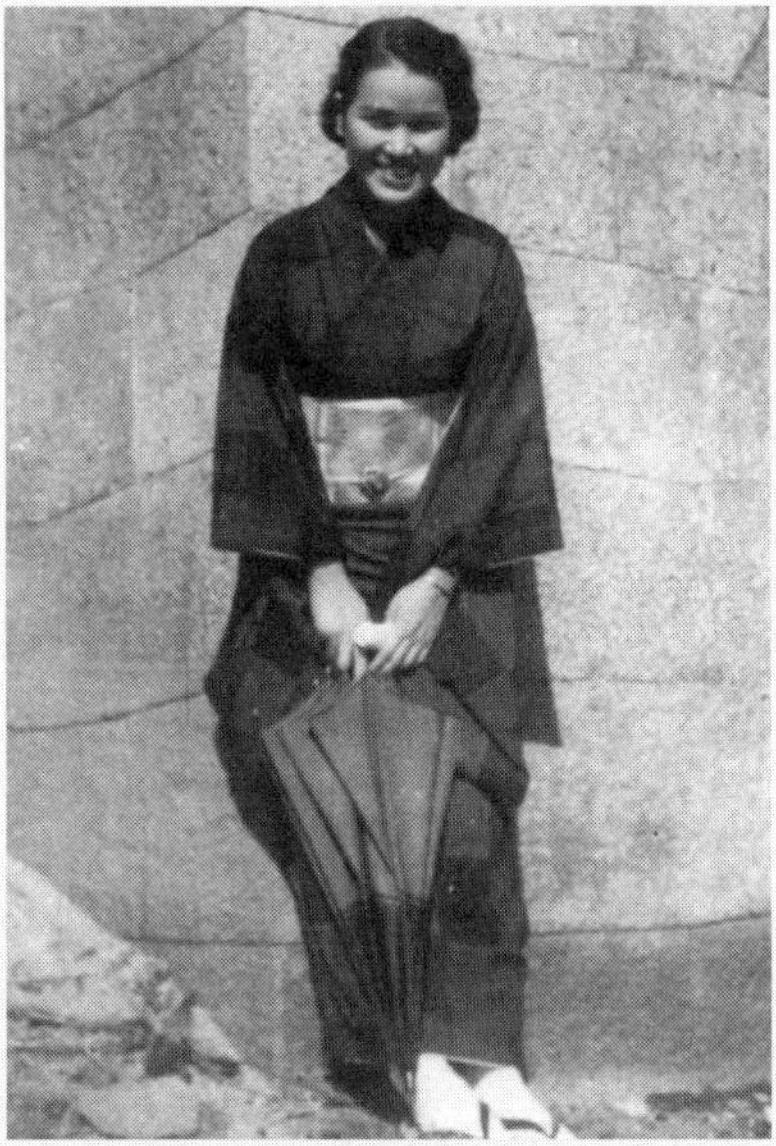

母・広島女学院専門学校教師の頃。昭和 16 年

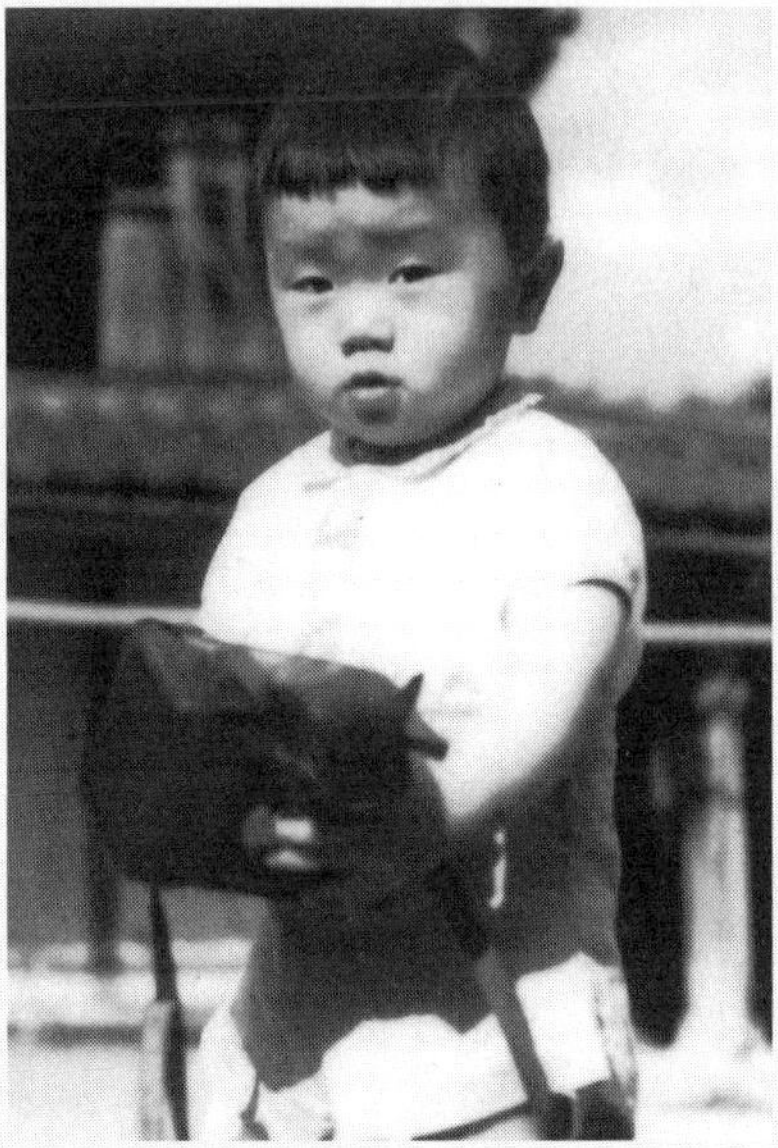

2、3 歳の頃

父と。小布施の結核療養所にて

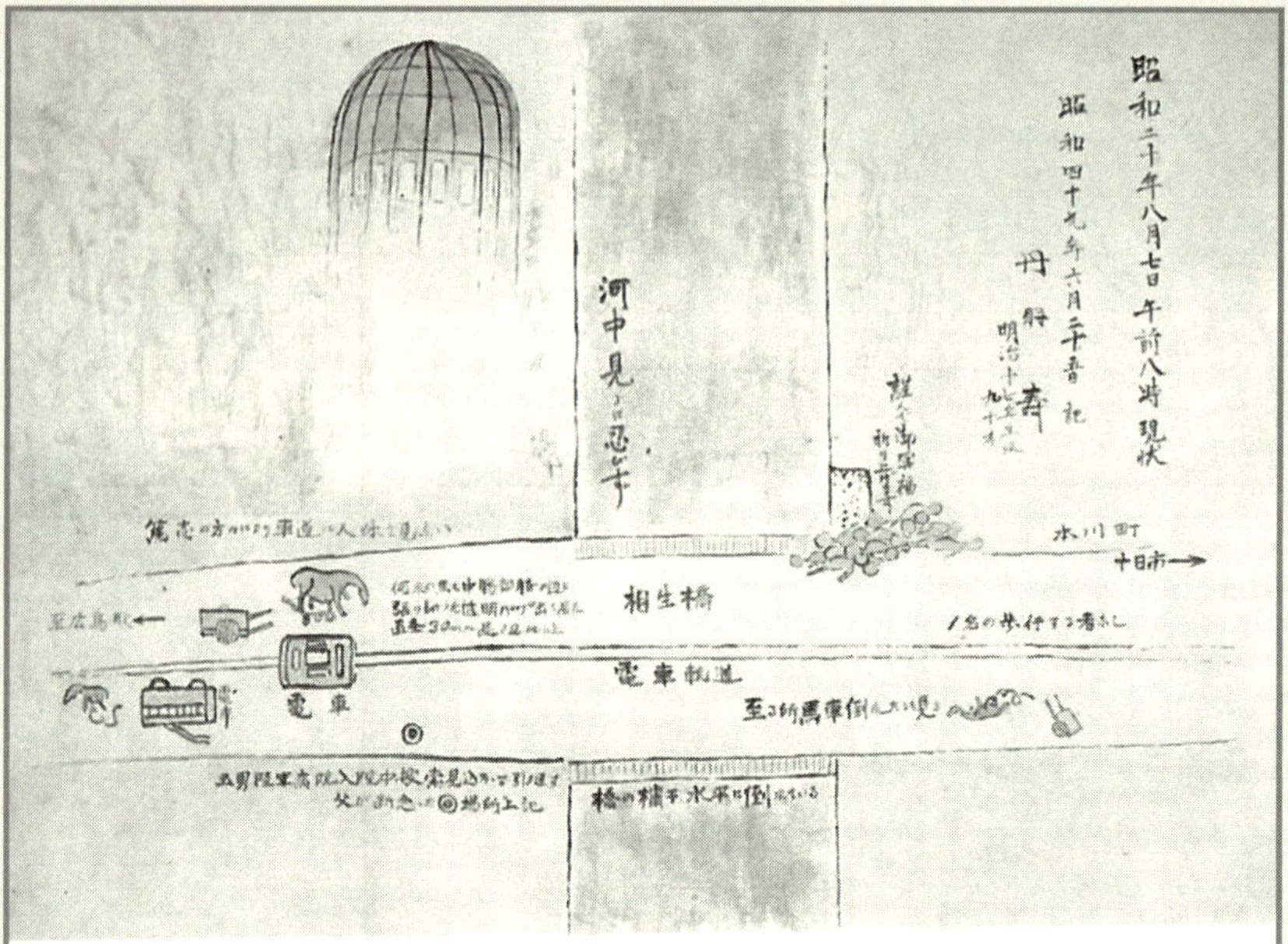

Hisashi Niwa age 93 (197)

August 7, 1945 about 8 : 00 A.M.
Aioi Bridge
It was too horrifying to look into the river.
I prayed for these dead people.
The area was deserted.
This horse's intestines were laying on the ground, clear and puffy, 3 centimeters in diameter by about 2 meters in length.
Freight from horse carts was scattered over the road.
Streetcar tracks
Streetcars turned over.
My fifth son was in the army hospital and at this spot ◉ I gave up looking for him.
Flattened concrete bridge railing

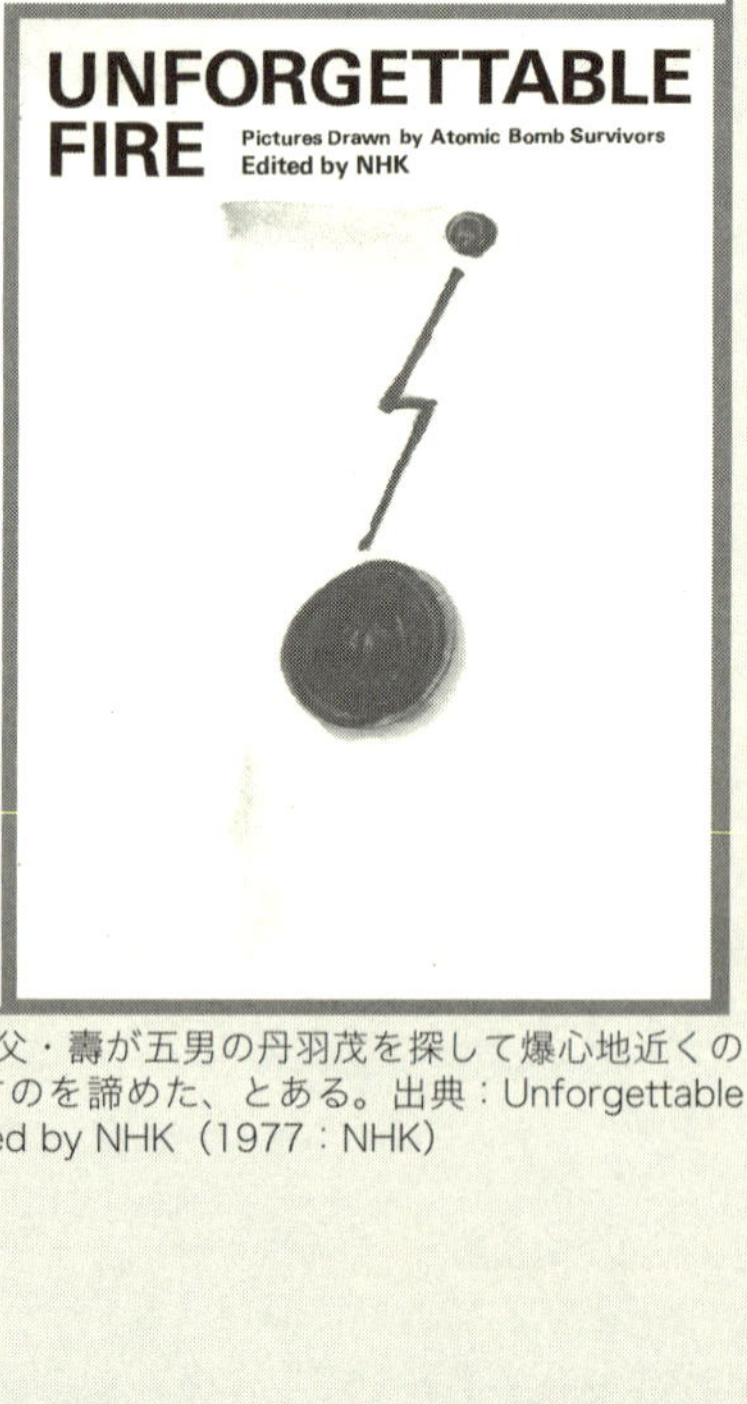

原爆投下の翌日、昭和 20 年 8 月 7 日午前 8 時頃、祖父・壽が五男の丹羽茂を探して爆心地近くの相生橋を訪れている。しかし、この橋のたもとで探すのを諦めた、とある。出典：Unforgettable Fire: Pictures Drawn by Atomic Bom Survivors, Edited by NHK（1977：NHK）

戦後の混乱

一九四五〜一九五五

平和は力では保たれない。平和はただ分かりあうことで、達成できるのだ。

アインシュタイン

戦争の傷痕

戦争が終わっても、巷ではまだ戦争は終わっていなかった。人々はまだ戦争の傷痕と闘っていた。街の中では原子爆弾（原爆）で亡くなった人の遺体処理がまだ続いていた。広島市の記録には「一一月ころまで続いた」とある。まだ遺体が防空壕や井戸などに残されていたのである。遺体は引き上げられて学校の校庭で火葬された。遺体を焼くあの異様な臭いと黒煙が初冬の空に立ちのぼっていた。

空襲と夜の暗闇から解放されたが、私たちを待っていたのは圧倒的な生活物資の不足だった。食糧、住宅、衣類、寝具……。生活に必要な何もかもが不足していた。その確保のため、だれもが奔走しなければならなかった。人々は家財のいっさいを失っていたのだ。

なかでも食糧不足は深刻だった。秋ころからは主食の配給が滞るようになり、人々は焼け跡の空き地を耕作してサツマイモやカボチャ、野菜をつくり口を餬《のり》した。私たち家族も自宅の庭に自家製の野菜をつくって飢えをしのいだ。

住まいの確保も困難をきわめた。人々は焼け跡に資材をみつけ、焼け残った木材やトタンなどを集めては、ほったて小屋を建て、そこに住んだ。どの家（小屋）もドア（戸板）などなく、継ぎはぎだらけの粗末なつくりだったが、そこで過ごすほかなかった。もちろん窓ガラスなど手に入るはずもない。防空壕を仮住まいとするものもあった。私たちは半壊した家を修理し、なんとか雨露をしのいだ。そして九月一七日、枕崎に上陸し、広島に大きな被害をもたらした大型台風（枕崎台風）にもなんとか耐えた。

一一月ともなると、もうすぐそこに冬がある。冬の到来は人々をふるえあがらせた。寒さに対してなんの手立ても、対策ももたなかったからだ。人々はただ寒風に身をさらすほかなかった。なにせ隙間をふさぐ資材がないのである。子供たちは寒さにひもじさをつのらせるばかりだった。広島市内にバラック住宅ができたのは、年もあらたまった一九四六年（昭和21）のことであった。

燃料の不足も深刻だった。くべる薪さえないのである。人々は木材の端切れを燃やして寒さをしのぐのが精いっぱいだった。どの家も煙りに巻かれ、部屋はススで真っ黒になった。

衣服も寝具も足りなかった。人々は冬服の入手に必死だった。だが衣服も寝具もそう簡単には手に入らなかった。人々はあらんかぎりの服を着て寒さをしのいだ。こうして人々は、台風（九月）や大雨（一〇月）などの災害をも乗り越えて、原爆で焼け野原となったふるさとで必死に冬をしのぎ、生きたのである。

ギブ・ミー・チョコレート

ポツダム宣言を受諾し、無条件降伏すると、今度は進駐軍による占領がはじまった。最初に広島に進駐したのはアメリカ軍だった。戦争が終わって間もなくの「一九四五年一〇月ごろ」とある（翌年二月からはイギリス連邦の占領軍がアメリカ軍にかわって進駐した）。

進駐軍の兵士たちは四輪駆動のジープを駆って広島の街々を疾走した。市中、進駐軍のジープが行くところ子供ありで、行く先々でジープはすぐに子供たちにとり囲まれた。そして「ギブ・ミー・チョコレート」「ギブ・ミー・チューインガム」「ギブ・ミー・……」と手を差し出して兵士たちにねだった。子供たちは大人と違って、なじむのも早かった。だが、大人たちのなかには、「鬼畜米英のやつらからの施しなんか受けられるか」「あわれに思われて、物をめぐんでもらうのは卑しいことだ」と苦々しく思って見ていた人もあった。

進駐軍の兵士は、自宅のある江波にも現れた。ジープのそばで軽食をとるアメリカ軍兵士のまわりには子供たちが集まり、ものめずらしそうにのぞき込んだ。すると、間が悪くなったのか、兵士たちは手元にあったビスケットやチョコレートなどのお菓子を子供たちに施した。私はもらったお菓子を持って急いで自宅に帰り、得意げに母に見せた。すると母は、「むやみに人から物をもらうのは品性がない」といって、私の〝物乞い〟をきつくとがめたのだった。

四〇年後、これと同じ光景をネパールで自分が反対の立場をつとめることとなるとは思ってもみないことだった。外交官や国連開発の関係者と一緒にトレッキング（山歩き）をしていると、貧しいネパールの子供が行く先々で寄ってきた。そうした貧しい子供たちに、複雑な気持ちでお菓子を配りながら、立場が逆の終戦直後の自分を走馬灯のように思い出していた。

新たな生活

私たち家族は生活物資の不足に悩まされながらも、なんとか家族三人での生活を続けることができた。母は、母校の広島女学院専門学校に復帰し、ふたたび英語の教鞭をとった。広島女学院は原爆によって生徒・学生三三〇名、教職員二〇名が犠牲となり、高等女学部、幼稚園、寄宿舎、専門学校のすべてが倒壊、焼失したが、戦後まもなくバラックの仮校舎を建てて授業を再開していた。

父は三菱重工・広島造船所で仕事を続けていたが、終戦により解雇となった。しかし、英語が堪能なことから、呉《くれ》の進駐軍の兵士向け駐屯地売店（Post Exchange 通称「ＰＸ」）でしばらく働くこととなった。駐屯地売店では主に日用品・嗜好品を兵士に販売していて、その関係で、父は当時としてめずらしいアメリカの缶詰などを時どき持ち帰った。アメリカの味は私たち家族のおなかを満たすだけでなく、異国への憧憬をも刺激した。父はその後、戦前のようにふたたび外国人に日本語を教える専門教師に復帰し、広島で宣教師その他外国人に日本語を教えた。父は当時、外国人への日本語教育の草分けであった。

小学校入学

一九四六年（昭和21）私は試験と抽選により、広島高等師範学校附属小学校に入学した。広島高等師範学校（現・広島大学）は一九〇二年に設置の、全国二番目にできた高等教育機関で、付属小学校は一九〇五年（明治38）開設の歴史ある学校であった。校舎は原爆で被災し、黒こげになっていたが、鉄筋コンクリートづくりであったため比較的被害が少なかった。

小学校のある東千田町は江波から片道四キロの道のりで、それを毎日歩いて通った。子供の足で一時間ほどかかる登校だった。教室には黒板と椅子、そしてピアノ一台があるのみの、貧弱な環境の中で私の小学校教育は始まった。校庭は原爆によって破壊されたガレキでいっぱいだった。そのため体育の授業は極端に制限された。ぼくたちは、休み時間にはガレキをオモチャの建物に見立てて、ビー玉を走らせて遊んだ。

この小学校の特徴は、担任教師が一年生から六年生まで一貫して変わらないことである。私のクラスの担任は岡部充男先生という人で、規律正しい、教育愛に富んだ、すぐれた教育者であった。岡部先生はご家族が広島に来るまでのあいだ、私たちの住んでいた江波町の祖父のアパートに住むことになった。そのため、毎朝いっしょに登校した。

付属小学校では当時、公立学校としてはめずらしく高学年から英語のクラスがあり、私たちはイギリス人の先生に純正のキングズ・イングリシュ（クイーンズ・イングリッシュとも）を教わることができた。この付属小学校では、戦時下にあっても英語の授業が続けられていたという。英語が続けられたのは全国でも三校しかなかったとも聞いている。

また、父が戦前広島南部教会の「フレーザー英語学校」で英語を教えていた関係から、私も小学生ながら同じフレーザー校の先生から英語のレッスンを受けた。しかし本当は、英語よりも父と帰りに食べる屋台での「支那そば」と、土橋にあった三角屋の「肉うどん」が目当てであった。あるとき、父と一緒に、父の友人であるアメリカ人宣教師を西宮市の関西学院《かんせいがくいん》へ訪ねた。これがのちに教えることになる関西学院大学との初めての出会いであった。

サッカーが盛んで、付属中学校は私が小学校に入学した年（昭和21年）の八月に県大会で優勝している。原爆で何もかも失ったなか、みなが一緒に立ち上がろうとしていることが肌で感じられた。私は足が速く、スポーツ万能であった。小学校時代からサッカーに明けくれ、野球にも秀でていた。しかも学校一のボーイ・ソプラノで、学芸会ではよく独唱した。それを自慢する横柄な私を見て、母は「あなたは鼻もちならぬ」と不満をあらわにした。母のこの言葉はいまでも強い戒めとなっている。

原爆症

そうしたなか、一学期が過ぎ、一学年と過ぎるにしたがい、それこそ刃がこぼれるように、少しずつ、校友・級友が減っていった。「原爆症」のためだった。学校に行くと、昨日まで元気に登校してきていた友人が席にいない。そして死んだことをあとで聞いた。

原爆症はまるで死刑宣告のようだった。私は友人が亡くなるたびに、「自分もやがてああやって死ぬのだろうか」と思うと心身がふるえ、不安にかられた。なぜなら、かく言う私も原爆投下直後に爆心地を通り、被爆したひとりだからである。

被爆した人のほとんどは年内に発症した。多くはいったんは快復に向かったが、その後に重症化する例があとを絶たなかった。被爆してから症状が出るまで潜伏期があるのだ。数週間以内のものもあれば、もっとあとからくるものもある。あとからくるのが「後障害」と呼ばれるもので、「白血病」はその代表格であった。校友たちは原爆の放射線によって白血病が誘発され、未来をもはぎ取られたのだった。

広島市の記録によると、市職員のうち、被爆した職員は年内のうちに原爆症におそわれ、脱毛、脱力、出血など症状をみた。その多くは快復したが、一〇年、二〇年後に原爆症を発症し、昭和四一年（一九六四）時点で、約五割が死亡していたと記していた（『広島市役所と原爆被害8』）。

被曝後いちばん初めにくるのは、悪心、吐き気、疲労、頭重、頭痛、さむけ、発熱、食欲不振、下痢、貧血、脱毛、出血、脱力、倦怠、白血球の減少などの「急性障害」で、あとからくるのが「後障害」で、白血病やがん、肉腫などである。

放射線をある一定量以上受けると、骨髄などの血液を造るところが傷つけられ、血液中の白血球が減少する。白血球が減少すると感染への抵抗力がなくなり、出血その他の症状があらわれる。白血病は最初に認められた悪性疾患で、広島では一九四八年（昭和23）が最初で、その年から多発しはじめたといわれる。

私たち家族三人も原爆症にかかり、下痢、脱毛、白血球の減少におそわれた。しかし、被爆者の苦痛はそれで終わりではなかった。「原爆傷害調査委員会」（Atomic Bomb Casualty Commission）による検査が待っていた。戦後、広島に進駐してきたアメリカ軍は、すぐに広島市内を一望のもとに見渡せる比治山《ひじやま》に「原爆障害調査委員会」（通称「ＡＢＣＣ」）を設置して、原爆による放射能の影響の調査に乗り出した。そして生き残った被爆者を連行し、血液を採取し、傷やケロイドの写真、成長期の子供の胸（乳房）や体毛の発育状態を調査した。また被爆者が死亡すると、その臓器を摘出して徹底的に調査・研究を行なっていた。

被爆者は比治山にあるＡＢＣＣに連れて行かれ、身体検査を求められた。ある人は強制的に連れて行かれ、裸にされて写真を撮られた。ある人はモルモットのように扱われた。そこには人権などなかった。ある人は「ＡＢＣＣが何度も呼びに来て、最後は憲兵（ＭＰ）と一緒に来て、強制的に比治山の施設に連れて行かれた。抵抗すると『軍法会議にかける』と脅され、泣きながら採血され、脊髄液も取られた」といい、またある助産婦は「ＡＢＣＣに死産した奇形児などの胎児を渡すと、内緒で報酬がもらえた」と証言した。こうして、被爆者は「屈辱」というもうひとつの被爆を味あわなければならなかった。

私たち家族三人もABCCでの定期検査を義務づけられ、それに応じるしか術はなかった。しかも、ABCCはただ検査データを集めるだけで、被爆者への治療は行なわなかった。なぜ、ABCCは調査だけで治療しなかったのか。その理由をのちに、ペンシルベニア大学のスーザン・リンディー教授はこう証言している（朝日新聞、一九九八年七月二九日）。

「治療すれば、原爆投下の謝罪につながると考えていたようだ。ABCCは、多い時は千人を超える職員を抱えていた。一六万人の被爆者を選び、どこでどんな状況で被爆したかを数年かけて一人ひとりにインタビューし、亡くなった七五〇〇人を解剖した」……。

さらにABCCの研究目的については、「アメリカの将来の核戦争に備えるためだったことは疑いの余地がない。ニューヨークに原爆が落とされたら社会的にどうなるか、人間がどうなるか、というモデルでもあった」とも述べている。

そういえば、長女の真理佐がピッツバーグこども病院で生まれときのことである。真理佐はダウン症だった。そこで私たち夫婦は「なぜ、ダウン症の子どもが生まれてきたのか」と、その理由をくらやみの中で手さぐりで探していた。そのとき、病院の医師の一人が、「じつは私の父が広島のABCCで勤務していたことがあり、その報告書には、広島の被爆者にダウン症のような異常児が生まれる確率は普通よりも低いとある」と指摘したのである。

当時、ABCCは被爆二世について「遺伝的影響はない」としていた。私はその医師の言葉を聞きながら、「新生児の障害、染色体異常、血中タンパク質の異常などの発生率には関係がない」ことを強調していたABCCのことを思い出していた。そして医師の指摘を「どうもマユツバのような話だ」と思ったことが記憶に残っている。

母のアメリカ留学

一九四八年（昭和23）、とつぜん母のアメリカ留学の話がもち上がった。英語学教師としての資格を取得するのが目的であった。そのときの様子を母が記している（「前掲『みんなおなじいのちの仲間』より）。

「そんなとき、私は所属校（広島女学院）からアメリカへの留学を命ぜられた。敏之、九歳のときだった。九歳といえば、子どもの発達の面からいえば一番安定している時代だ。こうした年代の子どもの状態は一三歳くらいまで続く。この時期の子どもを、思春期前の『潜伏期』ともいう。私は学校から留学の話を受けたとき、まずこのことを思った。そして、主人にたずねる前に息子にたずねた。『敏之ちゃん、お母さんね一〇月からアメリカに行ってもいいかな』……。息子は『いいよ。行っといで』と、こんなふうに言ってくれた。息子がこんなふうに答えたので、主人は『イヤ』とは言えなくなった。息子が補完性の役割を演じてくれたことになる。この話があった頃は主人の両親も近くにいたので、『私たちが見てあげるから行っておいで』と言ってくれた。『淑子に休養をあげましょうよ』とも言ってくれた。そして、主人に向けこう言った。『淑子は本当に苦労してきたよ。淑子に休養をあげなきゃいけないよ』……。息子と主人、そして身内の者の理解を得て、私は太平洋を越え、三年間のアメリカ留学の旅に立った」

いまでも「敏之ちゃん、お母さんね一〇月からアメリカに行ってもいいかな」と問うた母の声が耳に残っている。そして私が「いいよ。行っといで」といったことも……。

いま思えば、父はかならず私が「ダメ」というと思って、楽観していたようであった。だが、予想に反して私が反対しなかった。それで父はしぶしぶ承知したのだった。母はのちに「私の夫はいちばんの被害者であったと思います」と語っている。しかし、幼い息子の私と、すでに奇跡的に回復していたとはいえ、結核という大病の病歴をもつ夫を置いての留学の決断は大変なことであったろうと、いまさらながらに思う。ましてや、戦後間もなくのことである。

祖父・壽は、「淑子は女手一つでそれまで敏之を育てたのだから、今度は淑子が自分の夢を追う番である」といって母の留学を支持した。これは、この時代の女性にとって、自己の道を開くことを許され、またそれを励ます家族に恵まれたことは、ほんとうに稀なことであったと思う。母はのちに、私が人生の岐路に立たされたとき、同じように寛容な態度と励ましを与えてくれたのだった。

こうして母は、時代の先を行く寛容な家族に恵まれて、父と私の二人を広島に残し、兵士輸送船の『ゼネラル・ゴードン号』に乗って、横浜から単身アメリカの大学へと旅立った。そして母の留学中、祖母のそうが母代わりとなり、父と祖父母に見守られながら私は育った。

母の「転向」

母は、本来が英語学教師のため、アメリカの大学では英語学教育を専攻した。しかし選択科目として選んだ児童心理学コースに魅了され、途中で「発達心理学」に転向した。そこで習った教育内容から、自分の育児方法がいかに理論に反したやり方であったかに気づき、「すまないことをした」と語ったことがあった。母は二〇〇四年に友人たちに宛てた手紙の中でこう記している。

「私はもともと英語の教師でした。旧制専門学校の英文科を出て、終戦後、留学の機会を与えられたときは、英語学教師としての資格を取得する目的でした。留学先は、母校（広島女学院）がアメリカ南部メソジスト関係のミッションスクールであり、宣教師の先生方が学ばれたテネシー州の大学が否応なく選ばれました。

選ばれたテネシー州ナッシュビルは、学都としてユニークな市でした。それぞれ特徴のある三大学、が協力体制を敷いていて、スキャレットカレッジ、ピーボディ教育大学、ヴァンダビルト総合大学です。スキャレットは大学院まであるシニアカレッジ、宣教師、社会事業家養成の単科大学です。学生は三大学のいずれかに学籍を置いておき、学位はそこで取得することになりますが、好む授業はそれぞれの大学で自由に選択できました。

私が本格的に最初の勉強を始めたのは一九四九年の秋、ピーボディ教育大学に席を置いて、スキャレットの寮に入り、一学期一科目、ヴァンダビルトでも一科目登録して、いよいよ留学生生活が始まりました。あと一年取らないと学士号（ＢＡ）は取得できないのです。生物学と体育理論は必修科目で、専門学科の他に学習しなければなりませんでした。それぞれ異なる学課の特別な専門用語を覚えることの困難さと、南部なまりのひどい教授の講義は大変でした。大学院の授業のほうがよほど楽だったのです。

二学期に、私は発達心理学『成長と発達』というドクター・グレイの授業に登録しました。これが私の人生を一八〇度変更する契機となろうとは思いも及びませんでした。『生後二〇年』と題する授業は幼児期、児童期、青年期（前・後期）の人の子の成長、発達がテーマでした。私の心を奪ったのは、幼児期と青年期で、まず教科書のほか三冊の指定図書を読み、それが試験の対象となるのです。しかも授業はリーディングの宿題について学生同士での討論で、その内容は、私が母としてわが子を育てた方法とはるかに異なり、息子（敏之）がなぜ言うことを聞かなかったか、よく理解できるのです。思い当たることばかりで、遠く日本に離れ住むわが子に幾度、心で詫びたことでしょう。

電話もない時代、わが子と離れた生活は、自分の子育ての間違いに気づかされて、いとしさと悔恨とで夜半に目いっぱいシャワーを出し、声を上げて泣いたこともありました」

いま手元にグレーの地に白と赤で装丁された本がある。手にとって書名および著者名を確かめてみると、『Two Decades of Life』（生後二〇年）とある。出版年度は一九五〇年。これは母が使った発達心理学『Growth and Development』（『成長と発達』）と題する学課のテキストである。開いてみると、書入れがすさまじい。本文がよく読めないほどで、下線、山印、二重丸、日本語での意味の書き込みなどなど、悪戦苦闘の跡が生々しく残っていた。これが母が心を奪われた、当時専門外の履修科目の教科書であった。

こうして、母は二年半、全力を尽くし、学士号と修士号を手に入れたのだった。卒業証書（ディプロマ）はのちに大学から郵送されてきたが、念願の「キャップ・アンド・ガウン」（卒業式につけるガウンと帽子）の機会を逸したといっては悔やんでいたのが印象的だった。私のことを気にかけながらも、母は充実していたのだろう、留学での思い出をこう記している。

「私は所定の英語学で学士号（英語・英米文学）を取ると、大学院の学習は思い切って専攻を『教育心理学』に変更しました。二度と学べないさまざまな学問、人間理解のための基礎知識を三大学で学び、私の二年有半の留学生活は苦しい中にも充実感に充たされていました。それぞれ国情も人種、文化も異なる世界中の留学生との交友関係は、生きた人類学でもあり、勝者も敗者もないのです。戦中・戦後の体験を語り合った各国の友人との交わりは、人間理解を深め、私の留学生活はまたとない得がたい体験となったのです。ピーボディ教育大で修士号（心理学）を取得することができました」

ちなみに母は、帰国後、広島女学院大学で教鞭をとるかたわら、広島大学の古賀行義教授（のち日本心理学会会長）のもとで博士号をとるための研究をつづけ、一九五七年、日本大学に移られた古賀行義教授の指導のもと、博士課程を終了した。そして一九七〇年、日本大学から「文学博士」（五六〇号）を取得、ようやく宿願を果たした。そこには、博士課程の同僚で友人でもある日本大学の大村政男博士と高嶋正士博士、それに山内茂教授らのお力添えがあったことは申すまでもない。

ついでにいえば、母は一九七〇年に先立つこと数年前、すでに博士論文を完成していた。しかし、日本大学の何人もの心理学教授が博士号を取得していなかったため、母は教授たちが博士号を取得するのを待って博士論文を審査委員会に提出しなければならなかった。新制度による博士号を目指す母は一三年という長い月日を待たされ、そのあいだに論文は古くなり、まったく新しい二つ目の論文を完成させ、提出したということだった。

あるとき、国際文化会館で母主催の「茶話会」があり、そこで大村政男教授が挨拶されたことがあった。大村教授は研究室時代のことを追憶し、男ばかりの掃きだめのような研究室に「まるで鶴が降り立ったような美しさだった」と母を評した。

こうして母は、師と友人にめぐまれ、おそらく日本で女性として初めて発達心理学での文学博士号を取得したのだった。これは当時の女性としてきわめてまれな業績であったろうと思われる。

母・帰国、父・上京、母・上京

母が留学してから二年半がたったころ、父・寿人は「一人でもうこれ以上息子の面倒をみることは無理だ」と母に告げた。父は私との「父子家庭」の生活にすっかり疲れ果て、限界に達していた。母は「博士号取得まで続けたい」と願ったが、父は「無理だ」と返した。こうして母は大学院終了後、三年の留学の予定を切り上げ、博士課程をとらずして帰国することになった。そして一九五二年（昭和27）一月二二日、母を乗せた『プレジデント・ウィルソン号』が横浜港に入港した。

帰国後、母は母校の広島女学院に帰任し、大学の英文学科で教鞭をとった。父は、母が帰ってきたこともあり、私との父子生活から解放されたのか、落ち着きをとり戻し、私たち家族三人にようやく穏やかな生活がもどった。だが、この安逸の日々は長くつづかなかった。

こんどは父が「外国人の少ない広島では日本語を学ぶ生徒が少ない」との理由から、母と私を広島に残して上京し、東京・渋谷の「長沼スクール」（〔財団法人・言語文化研究所付属東京日本語学校〕、一九四八年創立）で日本語の教鞭をとることになった。この頃の受講生は主として欧米人宣教師やアメリカ大使館、駐留軍の関係者であった。ちなみに創立者である長沼直兄《ながぬまなおえ》の作った『標準日本語讀本』は日本文学者であるドナルド・キーン氏を導いたことでも知られる。父はその後独立し、横浜ＹＭＣＡで

「横浜日本語学院」を設立した。

その一年後、こんどは母が父のあとを追って上京した。広島女学院を退任し、東京麻布鳥居坂にある東洋英和女学院短期大学に新設された英文科の専任教授として赴任することになったからである。母が四一歳、私が広島大学附属中学一年生、一三歳のときであった。

私はまたもやひとり、広島に取り残されることとなった。そして、ふたたび祖父母に見守られながら中学時代を過ごすこととなったのである。ただ小学生の時とは違い、このころには一人住まいができるようになっていた。もちろん、となりに住む祖父母の監督のもとであるが……。そうして私は江波のアパートで一人で住まい、中学二年、三年をすごすこととなった。そして、祖父母とはさらに親しくなった。自分で料理することを覚えたのもこのときであった。

中学時代は寂しさを晴らすようにサッカーに専念した。そして、きたる東京での高等学校入学試験に備えたのだった。ふりかえってみると、私の人生の中で父・母と一緒に生活したのは広島での六年と、のちの横浜での二年の合計八年のみであった。

いま思い出すだけでも胸が痛む思い出がある。それは無免許運転による警察の補導だった。

当時私は中学一年生で、そのころオートバイに興味をもった。きっかけは近くの競技場で開かれていたオートバイ競争（オートレース）を見たことだった。まだ手元にはバイクもなく、もちろん免許もなかった。だが、どうしてもバイクに乗ってみたい……。いてもたってもいられなくなった私は、ある休日の日、近所のクリーニング屋のお兄さんに頼みこみ、バイクを借りることに成功した。バイクといっても、自転車に小さなエンジンを取り付けただけの単純なものである。それを駆って江波から宮島口までドライブとしゃれこんだ。そこまではよかったのだが、なにせ制服・学帽のいでたちである。もうすぐ宮島口というところで警官に呼び止められてしまった。当然、免許証はもっていない。

結果は明らかだった。「無免許運転」ということで書類送検となってしまった。後日、保護者である母にともなわれて家庭裁判所へ出頭した。教育者である母は「わたしの監督不行届」と身を縮めて泣いた。その姿を横目でみながら、余計な心配をかけてしまったことを大いに後悔し、母に詫びた。後にも先にも、母と私にとって裁判所に出頭した経験はこれだけである。

いとこと。右から清水敬子、悦生、直二、手前が筆者。広島江波でのアパートにて。1946 年

父と。小学 2、3 年生のころ

父と母と。小学 3 年生のとき

母・淑子と恩師・古賀行義教授。古賀教授とは何冊かの共著を残している

母・淑子のアメリカ留学中（1950～52）の一コマ

母・淑子と中学２年生の時の筆者。アパートの前で

広島時代（1953 ～ 54）の母・淑子（筆者撮影）

父・寿人（写真中央）の設立した「横浜日本語学院」の前で
２人の教師と４人の受講生とともに。1955 年

在籍した広島大学教育学部附属東千田中学校は英語教育の先進校であった。
写真は英語のオールビン先生の授業風景（筆者撮影）。1954 年

東京・学生時代

一九五五〜一九六二

ひとびとの心が戦争を生む。その同じ心が愛と思いやりによって平和を守る壁を築く。
ウ・タント（第3代国連事務総長）

高校入学

一九五五年（昭和30）の春、中学校を卒業した私は父と母を追って上京した。高校進学のためであったが、同時にそれは親子三人で再び一緒に暮らすことでもあった。

私は慶應義塾高等学校普通部と早稲田大学高等学院を受験した。受験経験は広島高等師範学校付属小学校以来でもあり、さすがに緊張を隠せなかった。結果は、慶應は不合格だったが、早稲田には合格した。住まいは東横線妙蓮寺駅近くに借りた両親の住む家から通うことになった。のちに横浜市港北区日吉本町の公団住宅に移ったが、近くに慶應義塾高等学校普通部があり、毎夕、慶應の学生と通学で顔を合わせることとなり、なんという「アイロニー」（皮肉）かと思った。

東京都新宿区戸塚町にあった早稲田高等学院へは日吉から電車で通学した。しかし翌年（昭和31）に学院が練馬区の上石神井へ移転したため、私は西武新宿線の下井草に下宿して、「そこから通学したい」と両親に希望した。両親もそれを許可した。部屋は四畳半一間だったが、食事つきでなんの不便もなく、時間を惜しんではサッカーに打ち込んだ。週末は日吉に帰り、両親と一緒に過ごした。そのために私は一計を案じ、週末を日吉で両親と一緒に過ごすことを理由に、変速ギア・チェンジ付き自転車を購入してもらうことに成功した。久しぶりの一家だんらんは楽しいものであった。一緒に囲む食事は格別だった。そうして私は毎週末、片道三時間半ほどをかけて、杉並の下井草から横浜の日吉の間を自転車で往復した。時間はかかったが、いわばトレーニングのようなもので、まったく苦にならなかった。

高校は四二～四五人のクラスで、成績はいつもクラスで五～六番目くらいだった。化学は苦手だったものの、英語、社会が得意で、特別全校テストではつねに一番か二番であった。第二外国語はドイツ語を選択した。これにはいわくが付いていて、早稲田高等学院への進学が決まったとき、私が東京にいなかったので、父が代わりにドイツ語を選択したのだった。いま思えば、「国連」での仕事の関係からいえば外交用語のフランス語のほうが有利だったろう。しかし、当時の私にはその選択肢はなかったのである。それでもすでに高校の段階でトーマス・マン（ドイツの作家、『ブッデンブローク家の人々』で名声を得る。『魔の山』『ヨセフとその兄弟』など。一八七五～一九五五）の『ベニスに死す』や『トーニオ・クレーガー』などを原書で読むことができるまでになっていた。

高校ではサッカーに全力を注ぎ、早稲田大学の選手と一緒に、毎日練習場のある東伏見で練習した。さらにはモダンジャズに傾倒、麻雀も覚え、近所の友人たちと手合わせするのを楽しみとした。また、年頃のせいもあって異性に心が動かされるようになった。早稲田高等学院は男子校のため、女子学生は一人もいなかった。そんなとき、一人の女性に淡い恋心を抱いた。いとこの清水敬子である。私より三つ上の彼女は東洋英和女学院短期大学生で、マドンナ的存在であった。

そのころ父が中古車を購入した。はじめはタクシー上がりの故障ばかりするダットサンで、次はトヨペットクラウン。その丸い特徴のある外型から、父と二人で「年増」と命名した。その後、イギリス製のヒルマンミンスクと続いた。当時はマイカー時代ではなく、車を持った生活は珍しかった。それまで父との対話は比較的限られていたが、車が媒体となり、ドライブしながら活発に話すようになった。政治・経済・社会、生き方、友人のことなど、いろんなことを話しあった。

昭和三〇年代に入ると、第二次世界大戦（太平洋戦争）の終結から一〇年が経ち、人々の戦争の記憶は遠くなりつつあった。東京の街は復興から高度成長への胎動へとギア・チェンジしていた。国会では、自由民主党と社会党による二大政党制、いわゆる「五五年体制」がはじまった（一九九三年、自民党の分裂と総選挙に敗北し崩壊）。また「森永ヒ素ミルク中毒事件」があり、死者一三八人を出し、乳児一万二〇〇〇人がヒ素中毒となり、社会問題化した。そして、学習院大学に在学中だった旧満州国皇帝・溥儀《ふぎ》の姪・愛新覚羅慧生《あいしんかくらえいせい》が伊豆の天城山で同級生の男子学生とピストルで心中するという事件（「天城山心中」「天城山事件」）があり、「天国に結ぶ恋」として世相が大きく揺れた。広島では第一回原水爆禁止世界大会が開かれるなど、広島の街は急速に復興した。

記憶にのこっているのは、ジェームス・ディーン主演の『エデンの東』、石原慎太郎の『太陽の季節』（芥川賞）。街ではフランク永井の『有楽町で逢いましょう』が流れていた。五千円札が発行されたのもこのころで、鳳凰《ほうおう》がデザインされた一〇〇円硬貨が出たのもこのころだった。新聞では、東京都の人口がロンドンを抜いて世界一となったと報じていた。

大学入学

一九五八年（昭和33）四月、早稲田高等学院から入試なしで早稲田大学政経学部経済学科に入学した。しかし、正直なところエスカレーター式の進学だったので、大学生になったとの自覚が希薄であった。恒例の大学野球の「早慶戦」には必ず神宮球場に出向き観戦した。当時、立教大学には長嶋茂雄という稀有の天才選手が活躍していたことから、早立戦も逃さず観戦した。その長嶋は立教大学を出て読売巨人軍に入団したばかりで、四打席四三振という鮮烈デビューしたのをよく覚えている。当時はまだ家庭にテレビが普及しておらず、人々は街頭テレビで観戦したものだった。また、早稲田実業から王貞治が巨人軍に入団が決まったのもこの年だった。

私といえば、大学生になったものの、相変わらずのサッカー浸けで、下宿先も高校時代のまま、下井草に身をおきながら、毎日を東伏見にある早稲田大学のサッカー場で過ごした。早稲田大学サッカー部（「早稲田大学ア式蹴球部」）は創部一九二四年の伝統校で、天皇杯・総理大臣杯を含め、タイトルは全国の大学で最多を誇るサッカー一流校である。私のころには、のちに日本サッカー殿堂入りした八重樫茂生、川淵三郎、宮本征勝、鬼武健二といった選手が活躍していた。鬼武健二は広島大学付属小学校と中学校のクラスメイトでもあった。

当時、ほとんどの選手は夜間部の学生で、彼らは昼間にサッカーを練習し、夕方に登校するというのが常であった。そのため、私が昼間の授業に出てから練習に向かうと、ほかの選手たちとリズムが合わず、練習に加わることができなかった。そこで私は、彼らとの練習に合わせるために、昼間ほとんど授業に出なくなっていった。しかし、こんな生活を続けていては本業の学業からとり残されていくのは目に見えている。悩んだすえ、私はサッカー部を退部することを決意した。大学二年生のときであった。それはサッカー選手としての限界を認識していたうえでの退部でもあった。サッカー一筋の私が、いざサッカーを離れてみると、眼前の目標を失ったせいか、手もち無沙汰で張り合いもなく、すっかり魂の抜けたぬけがらとなっていた。私は完全に生きる羅針盤を失ったようだった。

私は自分をとり戻すため、下宿を引き払い、日吉の両親の元に戻ることにした。時間の余裕ができたことから、新潮社から出ていたヘルマン・ヘッセ（ドイツの詩人・小説家。一八七七〜一九六二）の全集を買いこみ、『ペーター・カーメンチント（郷愁）』『デミアン』『シッダルタ』『車輪の下』をむさぼるように読んだ。ヘッセの西欧文明への懐疑、東洋的神秘へのあこがれ、自己の内面の追求、文明批評は、乾いた私の心に浸潤するように染みいった。さらには、アフリカ（ガボン）で医療活動に従事し、「原生林の聖者」と呼ばれたアルベルト・シュバイツァー（一八七五〜一九六五）に傾倒し、白水社から出ていた全集を購入し、人道援助活動だけでなく、バッハ研究や音楽論の著作を、十分理解できたとはいい難いが、一生懸命に読んだことを覚えている。医療と伝道に献身したシュバイツァーの姿は、いまも私の心の中に輝いている。

それでも満たされず、かつて覚えた麻雀に明け暮れ、授業をすっぽかしては早稲田の雀荘でほとんど毎日を送った。そして「年増」のトヨペットとヒルマンでいろいろなところへとドライブした。あるときは両親とともに、あるときは母方の祖母・くまと一緒に、またあるときは上京中の父方の祖父・壽、祖母・ソウとも遠出してドライブを楽しんだ。こうして車が仲立ちとなって、いつの間にか私はアイデンティティを取り戻し、家族とのコミュニケーションと、絆を深めたのだった。

そういえば、東京タワーが竣工したのも昭和三三年（一九五八）のことだった。高さ三三三メートルで、エッフェル塔を抜いて世界一だった。広島では、二歳のとき原爆に被爆し、原爆症の「後障害」である白血病のために亡くなった佐々木禎子《ささきさだこ》さん（「原爆の子の像」のモデル）を追悼する「原爆の子」の除幕式が行なわれていた。禎子さんは私より四歳年下（一九四三年生まれ）で、「お茶漬けを食べたい」といって、ふた口ほど食べ、「あー、おいしかった」とつぶやいて息を引き取ったという。一二年の生涯であった。

祖父・壽

私の身辺には特出した家族がいた。祖父・壽《ひさし》はその筆頭であった。祖父は、あらかじめ事を暗示的に感ずることのできる不思議な感性の持ち主であった。われわれが原爆から逃れることができたのも、祖父のあの第六感、予知能力のおかげであった。また器用で、創作力に富み、いつも新しいことを試みていた。祖父はもともと広島工業高等学校で「金属学」の教授をしていた学者であった。しかし、七人の子だくさんのため、教師の給料では家族を十分にまかなえず、生活のためビジネスに転向した。祖父はまず、金属・貴金属の細工を生業にした。鉄板に龍を彫った作品は天皇家に奉納されたという。それと同じ作品が私の手元に遺されている。

その後、広島市の金座街で眼鏡店を経営した。土地投機にも携わった。それがせいで多額の借金を背負い込み、取り立てに追いまわされていた。あるときは借金返済のため、息子の寿人（私の父）からお金を借りて返済に充てたこともあったという。しかし、原爆により債権者のすべてが死亡、そのため債務は自然に消滅した。祖父は債務なしの資産を持つことになる。戦後は養鶏業を営み、各種発明に没頭した。なかでも、汲み取り式便所で使える「簡易水洗トイレ」を開発し、特許を取った。さらには

「KO印水洗便器製作所」を設立し、自身で企業化を目指した。この特許が日本国有鉄道（現・JR）の「列車内便器」に抵触するとして異議対象となり、特許侵害の告訴を受けた。訴訟は昭和三四年から三九年までの五年にわたって続いた。その間、祖父は第二回異議答弁に専門弁護士を使ったほかすべてを自身で国鉄総裁（十河信二、石田礼助）を対象に異議答弁を行ない、最終的に「国鉄の登録異議申し立ては理由がない」との決定を特許庁より得た。祖父は金銭による賠償には興味がなく、その代わりに国鉄総裁の「詫び状」を要求し、この件は落着した。また、松下電器産業（現・パナソニック）の特許購入の申し入れを断り、自力で製品化を試みた。私は車を運転して便器のデモ（宣伝）の手伝いをした。しかし、こうした努力も効なく、便器事業の実現には結びつかなかった。

趣味として弓道をたしなみ、鶏の羽を使った自作の矢を使って自前の弓道場で練習し、八二歳のとき中国五県対抗弓道大会に出場した。八四歳のときに三段を取得、そして九〇歳のときには母校・広島工業高等学校での「矢渡し」に参加、〝つわもの〟であった。その勇姿は地元の新聞にも紹介された。

大学生活

大学での専攻は「厚生経済学」であったが、勉強はほとんどろくにせず、しかもノンポリ（ノン・ポリティカル）で、読書とステレオでジャズを鑑賞するのがいちばんの趣味、ひまさえあればモダンジャズに浸っていた。当時いくつかあった新宿・渋谷のジャズ喫茶にせっせと通い、なけなしの小遣いをはたいてはアメリカ直輸入版の「ブルーノート」「プレスティッジ」「サヴォイ」などのレーベルをせっせと買い集めた。ルー・ドナルドソンの「ブルース・ウォーク」（一九五八年）、ソニー・クラークの「クール・ストラッティン」（一九五八年）、カーティス・フラーの「ブルースエット」（一九五九年）、ジミー・スミスの「クレイジー・ベイビー」（一九六〇年）……。これらは私の自慢コレクションの一部であった。

近所に住む友人の父君の筧《かけい》太郎・早稲田大学教授は、「ガラード」（イギリス）「マッキントッシュ」（アメリカ）「タンノイ」（イギリス）といった高級音響装置をそろえていて、年齢が親子ほど違ったが、私の親しいステレオ仲間であった。一週間に一度、かならず筧家を訪れては、音量を気にせず、お互いのレコードをかけては夜遅くまで鑑賞しあい、音楽談義に花を咲かせた。はじめ筧教授はクラシック一辺倒だったが、次第にジャズに耳を傾けるようになった。筧教授にジャズを紹介できたことはいまでも私の静かな誇りとなっている。その後も私のジャズ熱は高まり、一時、大学を卒業したら油井正一、大橋巨泉のようなジャズ評論家になりたいと思っていた。

大学時代の思い出といえば、サッカーと麻雀と読書、それにジャス鑑賞ぐらいしかないが、とりたてていえば大学生になってから初めてガールフレンドができたことである。彼女は近所に住む親友であった国士舘大学生の藤井征史の妹で、藤井友子といった。彼女は近藤玲子バレエ団に所属するバレリーナで、すらりとした長身の美しい人であった。だが、当時まだ二人は若く、真剣な付き合いには発展しなかった。

アメリカ留学を間近に控えたいとこの清水敬子が東京・神田の渡辺一高教授の主催するニューファミリーセンターで英会話を学ぶことになり、私を誘ってくれた。もともと英語が好きで、私は敬子と一緒に英会話を学べることがうれしかった。そして、このときの英会話の努力は、のちのアメリカ留学の支えとなった。それに授業のあと、近くの小さなラーメン屋で彼女と一緒にラーメンをすするのも楽しみだった。どうやら私の英語勉強には広島での支那そばと肉うどん、それに東京ではラーメンと食べものがついてまわるらしかった。そんなわけで、私の学生生活は総じて凡庸で、読書と音楽鑑賞以外とり立てていうべきことのない、起伏に欠けたものだった。そのツケがアメリカの大学院（フレッチャースクール）に入ったときに回ってきた。いちばんの弱点は勉強の仕方、理解不足、とくに書くことの訓練をほとんどしなかったことが悔やまれる。そうして一九六二年（昭和37）に大学を卒業したのだった。

こうして平凡な、ノン・ポリティカルな学生時代を送っていても、世界ではさまざまな事件、出来事が起きていた。編集者の求めもあり、ここで少しふり返ってみたい。学生のころには気づかなかったこと、知ってはいても奥ふかくまで考察することができなかったことのなんと多いことか……。改めてそう思う。

歴史とは現代の物語

一九五八年（昭和33）は、ソ連のフルシチョフがスターリン批判を行ない、首相に就任した年である。のちにJ・F・ケネディと「キューバ危機」をめぐって対立（一九六二年）し、一触即発の危機をつくった。翌年（一九五九年）、そのキューバでフィデル・カストロ、チェ・ゲバラらによって対米従属のバティスタ独裁政権が倒され（「キューバ革命」）、のちに私の担当（ラテンアメリカ・カリブ海地域局）となるラテン・アメリカに最初の社会主義国が誕生した。この年（一九五九年）の七月、チェ・ゲバラが通商使節団を連れて来日、そのさい、みずから広島に行くことを熱望し、広島平和記念公園を訪れて原爆死没者慰霊碑に献花している。毎日新聞（二〇一七年九月二日）によると、チェ・ゲバラが広島を訪問したさい、現地から妻に宛てて送ったハガキがキューバで見つかり、そこには「平和のために断固として闘うには、この地を訪れるのがよい」と書いてあったと報じていた。

一九六〇年代になると、アジア・アフリカで独立が相次いだ。その政治理念となったのが、それぞれの民族は自らの運命を自ら決する権利があるという「民族自決」の原理であった。民族自決とは、「各民族が自己の政治組織または帰属を、他の民族や国家によって干渉されることなく、自ら任意に選択し決定すること」であり、基本的人権のひとつとみなされる。一九六〇年の国連総会（第一五回）で採択された「植民地独立付与宣言」によって、「人民の自決」の権利が植民地の独立にも適用されたことが大きかった。このインド、パキスタン、ガーナ、といった旧植民地の相次ぐ独立により、「国づくり」が各国の急務となり、一九七二年の国連総会決議による新国連開発体制、とくに「国別計画システム」の導入につながっていくこととなる。

私が大学四年生（一九六一年）のとき、ジョン・F・ケネディがアメリカ大統領に就任した。四三歳という若さとニュー・フロンティア（開拓精神による政策）と清新な言動はアメリカ国民を熱狂させた。とくに大統領就任演説、「国があなたのために何をしてくれるのか、を問うのではなく、あなたが国のために何をなすことができるのかを問うてほしい」という言葉はアメリカ国民だけでなく、われわれ日本人の心をも動かし、影響をあたえた。おとなりの韓国では朴正熙（パクチョンヒ。一九七九年暗殺）が軍事クーデターに成功し、軍部独裁政治を樹立した。ベルリンを東西に分ける「ベルリンの壁」がつくられたのも、この年（一九六一年）の八月だった。全長一五六キロメートルにもおよぶ壁は、一九八九年の一一月に市民の手によって崩されるまで、東西冷戦の象徴であった。

この年（一九六一年）九月、第二代国連事務総長ダグ・ハマーショルド（スウェーデンの外交官。一九〇五〜一九六一）が飛行機事故で死亡したと報じられた。コンゴでの和平ミッション（内戦調停）の遂行中であった。在任中に死亡した事務総長は彼ただ一人である。ケネディはハマーショルドの死に接し、「彼に比べたら、私はちっぽけな人間なのだと気づかされた。彼は今世紀で最も偉大な政治家であった」と語ったという。ハマーショルドの著書『道しるべ』（みすず書房）にはこうある。

「おまえ自身の、また全人類の中核に留まってあれ。そのためにおまえに課される目標めざして行動せよ。一瞬一瞬に、能うかぎりの力を尽して行動せよ。結果を顧慮せず、自分のためにはなにごとも求めずに行動せよ」——。

また、かれの携えていた書物の中には次の誓約が書きこまれていた。

「事務総長として、私に託された任務の全般に、忠誠・分別・良心を以って当たりたい……ただ国連精神にのっとってのみ務めを果たし行動したい……自らの責務の遂行にあたり、国連以外のいかなる権威、いかなる政府からの指図も求めないし、また受け入れる心算もないことを、私、ダグ・ハマーショルドは厳かに誓う」

ハマーショルドはこの高邁な使命感をもって「世界が期待する国連」の重責を最後の瞬間まで担い続けた。ハマーショルドは歴代国連事務総長の中で、もっとも高い評価を受けており、彼の死を悼む声はいまでも高い。ちなみに、フォード財団から寄託された国連本部ビル図書館は、彼の業績をしのび「ダグ・ハマーショルド図書館」と名づけられている。翌年、ビルマのウ・タント（一九〇九～一九七四）が第三代国連事務総長に選出されたが、敬虔な仏教徒であったこと以外、いまではまったく話題にならない。ソ連の宇宙飛行士・ガガーリンが人類初の宇宙飛行として「ヴォストーク1号」で地球一周に成功したのも一九六一年のことであった。「地球は青かった」は時の名言となった。

こうしてふり返ってみると、私が学生のころ、世界ではさまざまな出来事が起きていたことに改めて気づかされる。まさに「歴史とは現代の物語」である。

学友とともに（左端筆者）

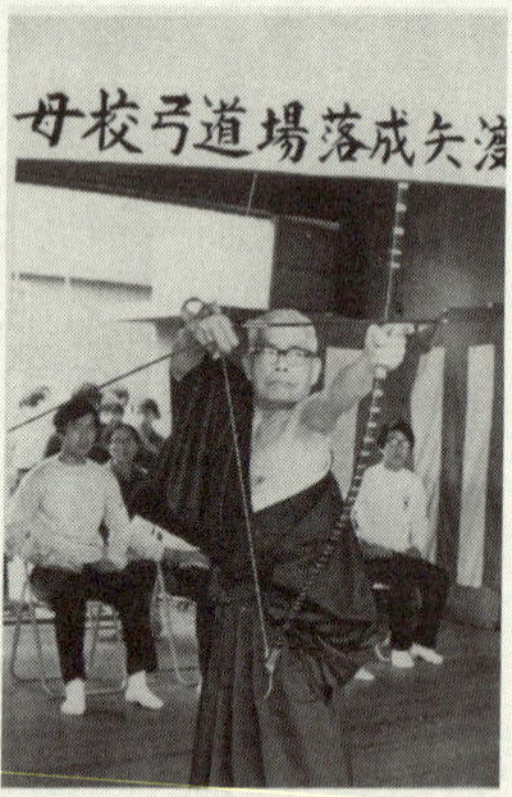

写真左：祖父・壽と祖母・そう。この写真は２人の性格をよく表している
写真上：母校広島工業高等学校での矢渡しに参加した祖父。当時90歳だった

安宅産業・留学への旅立ち

一九六二～一九六四

我々には、運命の枠組みを自ら決めることは許されていない。しかし、何を枠の中に入れるかは、我々自身が決めることだ。
ダグ・ハマーショルド（第2代国連事務総長）

安宅産業に入社

大学卒業を間近に控えた一九六二年（昭和37）二月、ついに東京の人口が一〇〇〇万人を突破し、世界で初めての「一〇〇〇万都市」となった。東京大空襲（一九四五年三月一〇日）からわずか一七年、だれがこれほどの復興を想像しえたであろうか。人々の記憶から「戦争」の二文字が遠ざかり、かわりに成長を告げる建設のつち音が街のあちこちにこだましていた。

時代は高度成長の時代へとまっしぐらに突き進んでいた。「所得倍増」が叫ばれ、石炭から石油へとエネルギーの転換が進められ、技術革新が進行、スーパーマーケットが出現して流通革命も進んだ。政府は労働人口を増強するために、農業人口の削減を打ち出した。東京への一極集中である。若者は貧しい農村を離れ、経済的自立をもとめ、仕事をもとめて東京をめざした。中卒者は「金のたまご」と呼ばれ、彼らもまた全国から集団列車で東京をめざした。その結果、急激な人口の増加は都市の拡大・過密化を招き、通勤ラッシュや交通渋滞、大気汚染などが深刻化した。一方、農村では急速な過疎化が進行した。

そのころ、私は卒業を控えて人なみの就職活動を行なっていた。私は商社かメーカーを希望することとした。そんなおり、両親の友人から紹介をうけて、総合商社の安宅産業、日綿實業（現・双日）、メーカーの味の素に応募した。そして、その中から「安宅産業」を選び、東京本社に入社した。しかし、特別の情熱や気骨をもって安宅産業を選んだわけではなく、あくまで社会常識に沿って行動したまでであった。そうして、私はこれまでの凡庸なる学生生活に別れを告げ、実社会に乗り出したのだが、その後の二年ほどの間に〝何かが〟起こるとは私自身、予想だにしなかった。

もともと安宅産業は官営八幡製鉄所の指定商社として発展、堅実な経営として知られていた。最大売上二兆六〇〇〇億円を誇る大企業で、当時一〇大総合商社の一角を占めていた。創業は一九〇四年（明治37）。安宅弥吉《あたかやきち》（一八七三〜一九四九）によって個人商会「安宅商会」として設立され、「深追いはなにより禁物」を旨としながらも、攻めの経営で業績をのばしていった。同じ金沢の生まれで、禅を欧米に広めた鈴木大拙《すずきだいせつ》（仏教学者・思想家。一八七〇〜一九六六）のパトロン的存在としても知られ、「久徴館」（旧加賀藩の前田家が石川県出身者を支援するためにつくられた寄宿舎）で、弥吉は大拙に「おまえは学問をやれ、おれは金儲けをしておまえを食わせてやる」と約束し、支援した。

東京本社に入社すると総務部庶務課に配属された。ほとんど本質的な仕事はなく、特別の名目のない雑多な〝庶務〟に従事した。たとえば、安宅家がスポンサーとなったピアニスト・中村紘子氏（当時アメリカに留学中）の日常のサポート、絵画収集（「安宅コレクション」）に関する業務、くわえて怪しげな業界誌・総会屋対応、池田勇人（一九六〇〜六四年首相、高度経済成長政策を推進）、鳩山一郎（一九五四〜五六年首相。日ソ国交回復を推進）、田中角栄（一九七二〜七四年首相、日中国交回復を実現。「日本列島改造」を主唱、ロッキード事件で実刑）などの政治家、それに財界要人（たとえば稲山嘉寛《いなやまよしひろ》・日本製鐵会長など）へ、「鷹被り《こもかぶ》」をお中元・お歳暮として届ける仕事だった。

こうした挨拶まわりで、訪問先の対応がそれぞれ違っているのが興味深かった。信濃町の池田勇人宅ではお手伝いさんが玄関で事務的に対応され、文京区の鳩山一郎宅では奥様が直接出られて、ていねいに対応された。目白台の田中角栄宅では、到着するや、別棟の贈り物が山積みになった部屋に案内され、秘書のほうから「そこにおいて、記帳して帰るように」との対応だった。

安宅家の〝ボンボン〟である安宅昭弥《あたかてるや》（当時取締役。安宅英一の長男）氏は配属先の総務部付きで、じつに〝チャランポラン〟で遊ぶことしか知らない無能な三代目であった。彼はよく大手町ビルの地下倉庫にわれわれを〝招待〟して、白昼下、八ミリの「ブルーフィルム」（いわゆるポルノ映画）を自慢げに見せたりした。それはまさにわれわれにとって「白昼夢」そのものであった。また彼はクラシックカーのコレクターとしても有名で、子会社の「安宅興産」を通して四〇数台ものクラシックカーを購入していた。そしてその後の彼の悲劇を、私は身近で観察することとなった。ちなみに、安宅産業破綻の過程を描いた松本清張の『空の城』（一九七八年）は安宅昭弥氏がモデルとされる。

その後、安宅産業は倒産、破綻を迎える。破綻の背景には「多角化」への焦り、「偽装売上」などさまざまにいわれるが、最大の原因は安宅ファミリー、とくに創業者の長男・安宅英一氏による企業の私物化（人事権の濫用）と、安宅一族の浪費癖にあった。一九四二年ごろ、英一氏は芸術のパトロンとしてすでに有名で、月に一〇〇〇〇円以上も浪費していたといわれる。当時の大学卒の初任給は七〇〜八〇円であったことからみれば、破格である。また、安宅一族は公私混同もはなはだしく、「安宅コレクション」（のち大阪市立東洋陶磁美術館に収蔵）として世界有数の中国・朝鮮（高麗）陶磁器の膨大なコレクションは、英一氏が安宅産業で美術部をつくって購入したものである。また先の昭弥氏の四〇数台ものクラシックカーも、結局は社費で購入されたものであった。

安宅産業を破綻に導いた直接の原因は、一九七五年のカナダでの石油精製プロジェクトの失敗がきっかけであった。米国安宅は中東からの原油を変動価格で買い、カナダにあるプラントで石油を精製し、アメリカで固定価格で販売することを主力事業としていた。オイルショックで原油価格が上がったため、赤字が積み上がり、これが破綻のトリガー（引き金）となった。

一九七七年一〇月、安宅産業は倒産、伊藤忠商事に吸収され消滅した。あとに三六〇〇人余の社員が残された。その裏側では、どなりあい、ののしり合いの泥沼の壮絶な人間ドラマが展開され、社員間の絆を切り裂いていったと聞く。入社後まもなく親しくなった総務部会計課の多木田拡君は同志社大学出身の優秀な社員で、安宅産業が伊藤忠商事に吸収・合併されたときの残務会計処理担当であった。伊藤忠の社員からは〝バカ〟扱いされ、安宅産業を退社したあとの再就職でも「たいへん苦労した」とのちに聞いた。

私は自分の〝こころ〟の危険信号に導かれ、安宅産業退職を決意するのだが、あのまま安宅産業に残っていたら彼らと同じような道を強いられていたであろう。そう思うと、私の〝決断〟が正しかったのか、はたまたそれが〝運命〟だったのか、いまでも人生の岐路を思うのである。

私が安宅産業でいろいろな雑務をこなしているころ、巷では堀江謙一氏が小型ヨット「マーメイド号」で太平洋単独横断（一九六二年）に成功した話でもちきりだった。かれの書いた『太平洋ひとりぼっち』はベストセラーとなり、菊池寛賞を受賞した。また一九歳のファイティング原田がフライ級の世界チャンピオンとなったことも、おおいに国民を勇気づけた。街では学ランを着た舟木一夫の「高校三年生」（一九六三年）が大ヒット。だれもが口ずさんでいた。そのころ、私は同じ職場に勤務する斎藤優子と親しくなった。付き合ううちに、彼女が大学進学を希望していることがわかり、母・淑子に相談して東洋英和女学院短期大学入学をめざすこととなり、やがて彼女は母の教え子となった。のちにわれわれ二人は結婚を前提に付き合うこととなった。

海外に眼を転ずると、のちに「国連開発計画」の常駐代表として訪れることになるアラビア半島の「イエメン」では内戦が勃発していた。軍事クーデターによってイエメン王国が崩壊。「イエメン・アラブ共和国」が成立するも内部紛争が絶えず、イエメン国内での抗争はアリー・アブドッラー・サーレハが政権を把握する一九八〇年代まで続いた。また、インドシナ半島の「ベトナム」でも戦争のキナ臭い気配がただよっていた。

留学を志望

安宅産業にいるあいだ、こころにぽっかりと穴が空いてくるのを感じていた。しだいに私は「このままでいいのだろうか」「このような生き方でいいのだろうか」と考えるようになった。自分のこれまでの安逸さに危険信号が灯った瞬間だった。そして、これは自分の将来をちゃんと考える機会だと思った。結果的に主流の仕事である営業に回されなかったことが幸いしたのかもしれない。私は、母の例にならってアメリカ留学を志すことにした。安宅産業に入社して二年目のことであった。

そこで将来のアメリカ留学に備え、四谷にある「日米会話学院」で英会話の特訓をはじめた。さらに東京タワー近くにあった「アメリカ情報局事務所」（ＵＳＩＳ）を訪れて大学院を探した。ビジネススクール（経営大学院）をはじめ、いくつかの社会科学系の大学院を検討した。その結果、「フレッチャー法律外交大学院」（通称・フレッチャースクール）という、いっぷう変わった名前の大学院を選んだ。説明によると、この大学院は卓越した卒業生を生み出している国際関係論専門の大学院だということがわかった。

私はフレッチャースクールへの留学を決断し、一九六四年六月付けで安宅産業を退職することにした。当時、外国為替法が厳しく、ドルが自由に手に入らないため、会社に便宜を図ってもらい、アメリカ到着後、ドルを受け取る手配をした。一方、ガールフレンドの斎藤優子は東洋英和女学院短期大学で二年間勉強することとなり、私もアメリカ留学で同じく二年間を過ごすことになったので、結婚は私が帰国したあとにすることとなった。

アメリカ留学

フレッチャースクールは小さな大学院で奨学金制度が充実していなかった。また卓越した技能を持つ学生でもなかったので、私の場合、フレッチャースクールからの奨学金は一年目の五〇〇ドルのみで、事実上「自費」留学であった。当時一ドル三六〇円の時代で、私を二年間も留学させるには相当な費用を要した。両親は自分たちのマイホームの夢をたな上げにして、ひと言も不満をもらさず、よろこんで私の留学の費用を捻出してくれた。あとで聞いた話では、自分たちの蓄えでは足らず、残りを親戚から借りたということであった。そうまでして私を留学させてくれた両親への感謝の念でいっぱいであった。

留学に先立ち、一九六四年五月にビザ取得のために東京・赤坂にあるアメリカ大使館へ出向いた。するとどういうわけか、かなり待たされたあと、ビザ担当のジェームス・ベーカー一等書記官が対応してくれた。そこでわかったのは、ベーカー書記官がフレッチャースクールの卒業生ゆえの、大使館の私へのうれしい配慮であった。その後、私がネパールで勤務していた一九八〇年代に、国連事務局政治局の職員となったジェームス・ベーカー氏と再会した。

また留学に先だって、カナダ人のロビー・ロバートソン東洋英和女学院短期大学特別英語講師に付いて、さらなる英会話の特訓を行なうことにした。特訓を受けているとき、ロバートソンからおもしろいアイディアが提案された。それは、二人で横浜からアメリカ西海岸まで貨物船で渡航し、その後シアトルからバスでアメリカを縦断するという計画だった。二人とも大いにこの計画に乗り気であったが、出発直前になって彼の結婚が破綻してしまい、急きょわれわれの計画は中止となってしまった。

そこで私は、まず飛行機で羽田・シアトル間を飛び、シアトルからグレーハウンドバスの特別料金制度「99日間を99ドルで」(「99 Dollars for 99 Days」)を利用して、シアトル・シカゴ・インディアナ経由で、目的地「ボストン」に向かうという計画をたてた。ロバートソンは家族とともに一足先に日本を離れたのだが、日本を発つにあたって彼は私の「一人旅」を案じ、シアトルとシカゴでの短期滞在の手はずを整えておいてくれたのだった。

そうして日本を発ち、私はひとり不安をかかえたままワシントン州シアトル・タコマ空港に降り立った。シアトルではロバートソンの紹介のもと、中年の未亡人オリーブ・ゲデス宅に身を寄せた。彼女は親切にも、右も左もわからない、しかも英語もあまり話せない私を一週間ほど滞在させ、スーパーマーケットやファミリーレストラン、郵便局へと連れ出して、アメリカの生活に慣れさせてくれた。

シアトルからシカゴまでの丸三日を費やすアメリカ北部ルートの長距離バスでのひとり旅は勝手がわからず、不安と失敗だらけであった。とくに苦労したのは、バスが一時停車中に手早くトイレをすませて食事をするという段取りがわからなかったことである。そのため、ほかの乗客の後手にまわり、食事を逃すこともしばしばであった。途中、停車時間が一時間を超えることもあった。そんなとき、バスターミナル近くの街並みをあてもなくフラフラと見てまわったのだが、私の乗った北部バス路線では東洋人が珍しいらしく、いつの間にか近所から集まってきた子供が私について回った。

ようやく到着したシカゴはシアトルと違い、大都会ですべてが威圧的だった。街といい、ビルといい、人といい、なにもかもがケタ外れのスケールなのである。バスターミナルでそれまで出会ったことのない大勢の大柄な黒人たちに遭遇したときは仰天した。その巨体に驚くとともに、それまで経験したことのない迫力と威圧を感じた。その威圧に私はすっかりうろたえてしまった。

シカゴのバスターミナルではロバートソンの友人夫妻の出迎えを受けた。ここでもロバートソンの手はずが生きていた。そのままタクシーに乗り、市内にある彼らのアパートに向かった。三日間の滞在中、彼らは私を地下鉄に乗せて、高級レストラン、美術館、博物館へと誘ってくれ、私にアメリカの都会生活を初めて経験させてくれたのだった。

シアトルを発って一週間後、私はいとこの清水敬子が一年前までテイラー大学に留学中にお世話になったインディアナ州ディケーターのホスト・ファミリーのソリデーさん宅にホームステイした。ディケーターはトウモロコシ畑で囲まれた真っ平らな田舎町で、ソリデーさんはここで農薬販売会社を経営する実直な一家であった。ソリデーさんは私をわが子のように面倒を見てくださった。ここでの週末の最大イベントは、教会へ晴れ着を着て集まり、牧師の説教を聞くことであった。ここでの説教に「共産主義は悪であり、それと断固として闘わなければならない」と垂訓する言葉が頻繁に出てきて、私を驚かせた。

この田舎町で、アメリカに来て初めてバーバー（床屋）に行った。そのバーバーは東洋人の真っ直ぐな硬い髪の毛を切ったことがないらしく、そのうえ切れ味の悪いハサミで切られ、痛い目にあいながらの散髪であった。しかめっ面をしてもバーバーはまったく意に介しない。終わってみると、まるで〝ハリネズミ〟のような頭になっていた。わが目を疑い、おもわず「ヘッ」といった。バーバーは顔色一つ変えず、気にとめる風もない。私は「まあ、フレッチャースクールに着くころまでに伸びていればいいか」と自らに言い聞かせるようにして、外に出た。後ろからバーバーの「サンキュー」という声が聞こえた。

〝ハリネズミ〟の頭のまま三週間をディケーターで過ごしたあと、ワシントンのポトマック川沿いにある母の友人で、心理学者で画家でもあるウィリアム・ガーヴィー夫妻宅でひと息つかせてもらった。ガーヴィーさんは都会の雰囲気をまとった知識人で、かつ理知的な人であった。しかし、ときおり見せる表情に少し冷たさを感じさせた。翌年、夏季休暇のおり、二カ月ほど滞在させていただいたが、そのとき改めてガーヴィーさんの人柄がよく理解できた。

ワシントンを出発し、グレーハウンドバスでボストン近郊にある大学院へと向かった。三カ月にわたるアメリカ縦断バス旅行は、私にいろいろな経験を与えてくれた。お世話になった方たちの親切と思いやり、そしてなによりアメリカの大きさを身をもって教えてくれたのだった。

こうして日本を出発してからというもの、さまざまな経験を積んだこともあって、ボストンに着いたころにはもうドギマギすることもなく、バスターミナルから大学院のあるメドフォード市まで、余裕をもってタクシーで向かったのだった。

フレッチャースクール時代

一九六四〜一九六六

われわれが未来に信頼を持つには、まずわれわれ自身を信頼することである。

ジョン・F・ケネディ

フレッチャースクール

私の国連（国際連合）への道は、ここ「フレッチャースクール」で始まったといってよい。ここで基本となる「国際関係論」を学び、ジェネラリストとしての教育を受け、論理的展開にもとづく問題提起・解決手法を身につけることができた。またここで、生涯にわたるすばらしい教授と学友にめぐり会い、国際社会で働くための国際感覚を取得した。

マサチューセッツ州メドフォード市にある「フレッチャー法律外交大学院」（The Fletcher School of Law and Diplomacy）は、タフツ大学とハーバード大学が共同で創立・管理したアメリカ最古（一九三三年創設）の国際関係学の専門大学院である。このフレッチャー法律外交大学院（通称・フレッチャースクール）設立時の合意にもとづき、ハーバード大学は今日にいたるまで独自の国際関係学部を設けていない。高度の専門化・分化をかたくなに回避し、ジェネラリスト教育に徹し、国際法・政治学・経済学、そして地域研究分野にまたがる間口の広い国際関係学教育で知られている。

また、世界規模でのリーダーシップを発揮しうる人材の育成、地球規模の複雑な問題に取り組むための新しいものの考え方、くわえて文化の界（さかい）を越えて共感し、行動する能力……。そうした教育方針を反映し、大学から進学してきた一般学生にくわえ、すでに社会人として活躍している各国外交官、アメリカ国務省および国防総省、中央情報局、海軍などからの政府関係者、それに大学教授、マスコミ関係者、ビジネスマンなどが学んでいた。あとで述べるように日本からは伝統的に外務省から優秀な外交官が派遣されて来ている。毎年二～三人の日本人が在籍しており、多くは公費派遣である。

タフツ大学は、ボストンの商人チャールズ・タフツ（一八七六年没）から二〇エーカーの土地（当時の価値で二万ドル）を寄贈されて、一八五二年に設立された私立大学で、全米最難関大学の一校とされ、なかでも、医学、歯科、そして「外交学」における実績は世界的にも屈指である。その大学院が「フレッチャー法律外交大学院」である。

フレッチャースクールは、ニューヨークの著名弁護士でタフツ大学評議会会長を一九一三年から一九二三年まで務めたオースチン・バークレー・フレッチャー（一八五二～一九二三年）の遺産の一部を使用し、世界の外交におけるリーダーを育成することを理念に、世界大恐慌のさなかの一九三三年に設立された。フレッチャーの標榜は「世界を知れ」である。

ちなみに、フレッチャースクールの日本人の主な出身者を挙げると、元日本銀行理事で緒方貞子氏の夫・緒方四十郎氏（一九五四年卒）、国連邦人職員第一号で国連事務次長・国連総長特別代表を務めた明石康氏（一九五七年卒）、元外務事務次官で現国家安全保障局長兼内閣特別顧問（国家安全保障担当）の谷内正太郎氏（一九六九年卒）、外務事務次官を務めた齋木昭隆氏（一九七七年卒）、元防衛大臣で拓殖大学総長の森本敏氏（一九八〇年卒）などがいる。フレッチャースクール出身の著名なアメリカ人はあまりに多くて選ぶのが難しいが、元シティ銀行会長のウォルター・リストン（一九四二年卒）、元アメリカ国連大使・上院議員のパトリック・モイニハン（一九四九年卒）、元アメリカ国連大使、ソビエト大使のトーマス・ピカリング（一九五四年卒）、クリントン政権下で国連大使を務めたビル・リチャードソン（一九七一年卒）などの名前が浮かぶ。

さらにもう一つの特長として、フレッチャースクールには外国各国からの留学生が四割近くにおよび、あたかも「ミニ国連」のような多文化・多国籍の雰囲気がある。その基底には「国際関係」を共通項として、自在に学ぶことのできる学際性と国際性が流れている。またフレッチャースクールは、伝統的に卒業生の連帯意識が強いことでも知られる。その卒業生の結びつきは強く、「フレッチャー・マフィア」という表現がアメリカ国務省、国連事務局で生まれた。そうしたことから、アメリカ外交安全保障政策を知るには「フレッチャー・マフィアに聞け」といわれるくらい、先輩・後輩間のネットワーク、助け合う伝統が強い。また教員は政界との結びつきが強いのも特長のひとつである。

さらには、フレッチャースクールの強みはその小ささにある。他の国際関係の大学院よりも規模が小さいため、より深く学生と教員が理解しあえるのが特長でもあり、価値でもある。そのため深みのある学問の追求ができるというものである。その基底を支えているのが少数精鋭教育である。

学長・副学長の出迎え

一九六四年八月、グレーハウンドバスの「99ドルで99日間有効周遊券」を利用して、シアトル・シカゴ・インディアナ経由でボストンに到着した。そこからタクシーでハーバード大学のあるケンブリッジ市を通過し、隣接のメドフォード市にあるフレッチャースクールに着いた。まさに99日間近くのアメリカ大陸周遊の旅であった。

当時のフレッチャースクールの本館「ゴッダード・ホール」の玄関口で、数人の人たちに混じって二人の紳士が立っていた。歩み寄って自己紹介と挨拶をすると、「ああ、丹羽くんですか」と手を差し伸べ、握手を求められた。どうやら私を待ち受けていたようだった。そして、その二人が学長と副学長と知ったとき、私の胸中は驚きと大きな感動に包まれた。日本からの一留学生を、これほどまでにあたたかく歓迎してくれるとは……。ここまで至れりつくせりの歓迎はまったく考えてもみないことであった。

当時、新入学生が毎年九〇人そこそこの小さな大学院だからこそ、そうした歓迎が可能であったのだろうと思うが、それにしてもこれほどまでの気配りに、私は心の底から感激した。そして、それまでアメリカ到着以来、すべて新しい経験の連続で、英語も自然に出ず、コチコチになっていた私の緊張をすっかり和らげてくれたのだった。

学長のエドモンド・ガリオン（一九九八年没）は、アメリカ第三五代大統領ジョン・F・ケネディ（在職一九六一〜六三）の外交アドバイザーを長くつとめた生粋の国務省外交官であった。ケネディの大統領就任後すぐに抜擢され、当時紛争中の駐コンゴアメリカ大使に任命され、ディーン・ラスク国務長官を迂回するかたちで、ケネディ大統領の直接指示のもとコンゴで大活躍した。そのため国務長官の反感を買ったであろうことは容易に想像できた。一九六三年一一月のケネディ大統領暗殺後、国務省を辞し、フレッチャースクール学長となった。身だしなみの整った理知的な紳士で、縁のある帽子をつねに愛用していた。一九六五年、「対市民外交」「広報外交」とも訳される「パブリック・ディプロマシー」（Public Diplomacy）」という言葉を初めて公に用いたのはこのエドモンド・ガリオン氏である。

ちなみに「ラスク国務長官」といえば、日本人にとってはなつかしい名前であろう。戦後、一九五〇年に極東担当国務次官補となり、朝鮮戦争の収拾、サンフランシスコ講和条約・日米行政協定の成立に重要な役割を果たした人物である。ケネディ、ジョンソン政権下で国務長官（一九六一〜六八）として米ソ接近策を推進した。

副学長のピーター・クロー（一九三七年生まれ）は、ハーバード大学の出身で、フレッチャースクールで博士号を取得し、若くして副学長に抜擢された実務家の教育管理者であった。クロー副学長はまことにハンサムにして〝オールアメリカン〟という表現がぴったりの紳士で、学生指導とサポート、広報担当であった。のちに彼は「ジョージタウン大学外交政策大学院」の初代学長に抜擢された。補足すれば、一九六四年〜六五年はガリオン／クロー体制の初年度であり、特別の思いで私をはじめとして新入生を迎え入れたのかもしれない。

挨拶したあと、私は日本から船便で送っておいた黒い幅広の「スチーマー・トランク」（船旅用のトランク）を探しあて、ガリオン学長、クロー副学長、それに数人の助けを借りて、となりのフレッチャーホール（現在は改名されてブレークリー・ホール）二階の部屋まで担ぎ上げてもらった。後年、このことをフレッチャースクールの卒業式で話したことがあった。それは二〇〇五年五月、前出のビル・リチャードソン（元アメリカ国連大使・エネルギー省長官・ニューメキシコ州知事を歴任）と私が招待され、「招待スピーチ」を行なうこととなった。そのスピーチのなかで私は、ガリオン学長とクロー副学長らの助けを借りてスチーマー・トランクを部屋まで担ぎ上げてもらったことに触れたのである。すると、当時のステファン・ボズワース（元駐韓国・フィリピン・アメリカ大使）学長をはじめ、父兄ら聴衆から感嘆の声が上がった。その表情からは「そんなことが本当にあったのか」という驚きが見て取れた。

当時でも、また今日でも、学長・副学長が学生の荷物の運搬を助けるといったことは、異例のできごとであったのは間違いない。いずれにせよ、これは私にとって生涯忘れられない思い出となった。ちなみに「招待スピーチ」とは、毎年二人のスピーカーが招待され、タフツ大学での正式卒業式に先立ち、その前日に行なわれるフレッチャースクール独自の卒業行事のひとつである。

私が入寮したあと、ほかの学生もつぎつぎと到着するにいたり、私たちの寮はいきおい活気を帯びてきた。また学友の助けを借りて近くの大学売店や雑貨屋へ買い物に行き、勉学や生活に必要な物を手に入れた。こうして私のフレッチャースクール第一日目が暮れていった。

悪戦苦闘の毎日

フレッチャースクールに入学してみて、そのすばらしい教育環境と才知ある同級生たちに感激した。それとともに、あらためて自分にぴったりの大学院を選んだことを実感でき、心からうれしく思った。まず、留学生が多いことに感激した。日本、西ドイツ、イギリス、フランス、スイス、台湾、タイ、韓国、アルゼンチン、メキシコ、シエラレオネ、ナイジェリア、ガーナ、イラン、イラク、エジプト。まさしく世界の各地から集結した英才ぞろいであった。そして一世代上のアメリカ軍人を含む、実社会経験者もそろっていた。彼らと一緒に机を並べて勉強できたことで、同年代の学友からは得られない、円熟さ、豊富な経験、落ち着きを学ぶことができた。

それに、必須科目は別にして、一〇人から一五人程度のクラスで、かつ優秀で一流の経験豊かな教授陣……。この小人数教育方式によって、より深く学生と教員が理解し合うことができた。これこそがフレッチャースクールの特長である少数精鋭の教育であった。

くわえて快適な二人一組の寮部屋。寮の各部屋はそれぞれ四畳半の寝室と共同利用のリビングからなり、向かい部屋の二人と共同利用するトイレとシャワーが付いていた。独身の学生はほとんどこのフレッチャー・ホールに入ったが、妻帯者・子持ちの学生はキャンパス近くのアパートを借りていた。

食事は朝・昼・晩の三食とも、となりの建物のダイニングルームでとることができた。夕食は格別であった。なぜなら夕食のときだけ、タフツ大学の女子学部「ジャクソン・カレッジ」の女子学生がウェートレスをつとめてくれるからだ。そのおかげで、われわれは座ったままで食事することができた。

朝七時に起きて夜一一時に図書館から帰宅するまで、食事の時間を除いて教室と図書館での勉強に没頭することができる環境、それに規律だった毎日……。いずれをとってみても文句のない修学体制であった。一日のタイムテーブルは、朝食・授業・図書館・昼食・授業・図書館・夕食・図書館、そして帰寮……。それが毎日のスケジュールであった。

私のクラスの一年先輩に、外務省から派遣されたじつに優秀な時野谷《ときのや》敦《あつし》氏（のちに駐タイ大使）がいた。また私の一年後輩には、のちにユネスコ職員となり、中央大学教授になった内田猛男、そしてのちに彼と結婚した高橋京子がいた。

とはいうものの、留学初年度は悪戦苦闘の毎日であった。授業は国際経済学、国際政治学、アメリカ外交史、アジア地域研究などを履修した。当時、レオ・グロス（一九〇三〜一九九〇）というオーストリア系アメリカ人の著名な国際法教授がいたが、厳格で、きわめて厳しいとの前評判に恐れをなして、ついに私はグロス教授のコースを最後まで取らずに終わった。

私にとって最大の問題は、授業での講義が十分理解できないことであった。しかも、六人掛けでの夕食テーブルで交わす学友との会話すらちゃんと理解できないのである。私は、自分の英語力の非力さを痛感した。この対策として、日本から持ってきたテープレコーダーを各教授の許しを得て教室に持ち込み、授業を録音し、夜間そのテープを聴きながらノートを充実させることを試みた。だがこのやり方ではあまりにも時間がかかりすぎ、実用的でないことにすぐに気づいた。そこで別の対策として、出来のよさそうな学友二人からノートを借り、複合ノートを作成することを思いついた。この方式はうまくいき、すべての講義をフォローすることができた。

次に大変だったのは、毎週提示される驚くほど大量の関係文献に目を通すことであった。その量ときたら半端なく、もはや自分の能力ではとうてい扱うことのできないほどの量なのである。それにくわえて、読む力が英語を母国語とする学生にくらべてはるかに遅いときている。そのため彼らの三倍も四倍もの努力を強いられた。これに対処するためには睡眠時間を削る以外に方法がなく、新学期が始まってから数カ月のあいだ、一日、二時間から三時間の睡眠時間でしのいだ。ただうれしいことに、アメリカには「サマータイム」(夏時間)というのがあって、ちょうど試験のある一一月初旬に平常時間に切り替わるため、試験準備時間を一時間稼げた。これは時間不足で四苦八苦していた私にとってラッキーなことだった。

そのうち文献に目を通すことにも慣れてきて、斜め読みなどのコツも覚え、一学期が終わる一二月頃には、少しずつ自信がついてきて、睡眠時間も平常に近づいていった。

小人数式教育

前述のように、フレッチャースクールの授業で印象的で特徴的だったのは、ほとんどのクラスが一〇人から一五人単位と小さく、こうした少数精鋭のもと、教授、学生ともリラックスした雰囲気で授業が行なわれたことである。とくに、なんでも質問できる形式はとても好ましかった。

「国際経済学」の授業でのことであった。つい一週間前から、生まれて初めて経済学を習い始めた学生が、その道の大家であるマサチューセッツ工科大学（ＭＩＴ）からの客員教授のチャールズ・キンドルバーガー教授（のちアメリカ経済学会会長。主著『国際経済学』は現在も読まれている。他に『経済大国興亡史』など。一九一〇～二〇〇三）に面と向かってこう言ったのである。

「あなたの理論はなっていない」……。

そして、どうしてそう思うか、みずからの意見を正々堂々と述べた。するとキンドルバーガー教授は嫌な顔ひとつせず、意見を述べた学生の論点を真剣に受け止め、それを吟味・解明して学生が納得のいくよう返答したのである。私はこのやり取りをみてたいへん驚くとともに、新鮮さをおぼえた。

そこで、あまりにも新しい経験で印象的だったので、授業のあと、キンドルバーガー教授に直接いまのやり取りについて聞いてみた。すると教授は、「ああいうことはよくあることで大いに歓迎している。なぜなら、そうした学生の素朴な質問と疑問が自分の研究に大いに役立っている」というのである。私はいまもあの日の学生と教授のやり取りを忘れえないでいる。

ルームメートたち

寮では、すばらしいルームメートたちに恵まれた。そのなかでいちばん親しかったのが、いまも交流のあるウィリアム・ダンカンである。かれはフレッチャースクールで修士号を取得したあと日本の慶應義塾大学に学び、日本の「自動車業界」について研究し、フレッチャースクールに戻って博士号を取得した。その後かれは、ワシントンの「日本自動車工業会」（ＪＡＭＡ）事務所の所長となり、当時、反日感情の強かったワシントン政界と世論を相手に、アメリカにおける日本自動車業界の地位向上に尽力し、その確保に一生を捧げた。とくにアメリカ自動車業界保護を念頭においたミシガン州選出の民主党上院議員カール・レビンとの壮烈な掛け合いはいまも私の記憶に刻み込まれている。アメリカにおける日本自動車メーカーの今日があるのは、多分にアメリカ議会でのダンカンのたゆみなき悪戦苦闘の努力によるものと私は高く評価している。ついでながら、かれは日本に留学中、父・寿人に付いて日本語を勉強した。

ダンカンの両親は近くのコンコードに住んでいて、週末にはよく自宅に招かれ、二枚貝のむき身、小さく切ったジャガイモ、牛乳で作るニューイングランド・クラムチャウダー、それにローストビーフをご馳走になった。またダンカンの父親は「ベルモントハイスクール」という、マサチューセッツ州ベルモント市にある学校の校長で、ニューイングランド巡航ガイド『The Cruising Guide to the New England Coast』まで出版したセーリング（帆走）の専門家だった。

もうひとり親友となったのが、となり部屋だったユダヤ系イラン人のサイラス・マンズールである。サイラスは〝万が一〟のためにと家族が与えてくれた綺麗なペルシャ絨毯が自慢で、天気のよい日には寮の中庭の芝生に広げて横になり、楽しんだものだった。約五万人というイランの少数ユダヤ人社会からユダヤ系の多いアメリカに移り住んだとたん、サイラスのユダヤ人意識を大いに刺激したらしく、マサチューセッツ工科大学でのパーティに行ったときなどは、帰ってくるなり「ＭＩＴの教授はほとんどユダヤ系である」と高ぶる気持ちで語ったものだった。金曜日のタフツ大学チャペルでのユダヤ教礼拝には毎週欠かさず出席し、私も誘われて黒い「ヤムルカ」（ユダヤ人の男性がかぶる縁のない小さな帽子）を頭につけて礼拝に出てみたことがあった。当然ながら、かれのガールフレンドはみなユダヤ系であった。

サイラスはイランの将来に強い関心を示し、われわれの授業で使っていたジョン・カウツキーの『期待に満ちた民衆』（Expectant People, 1963）になぞらえ、「民衆（people）」の代わりに「指導者（leader）」の言葉を使って、イランの国づくりにおける民衆の重要性よりもモハンマド・レザー・パーレビ国王の指導力を期待した。かれはよく「Expectant Leader」なる造語を使って、熱っぽくイランの未来像を論じていたのが印象的だった。

帰国後、かれは一九七〇年初めにパーレビ国王（一九一九〜一九八〇）に請われてイラン原子力機構の副総裁となった。だが、一九七九年、「イラン革命」（イスラム共和制を樹立）が起こり、国王・パーレビはエジプトに亡命（のちカイロで死去）、これをうけて亡命中の宗教指導者ホメイニ師（イスラム教シーア派の神学・法学の権威。一九〇〇〜一九八九）がパリから帰国、政治・宗教の最高指導者となった。そのおり、サイラスはホメイニ師と同じ飛行便でパリから帰国したフランス人の妻の強い勧めで、間一髪、その折り返し便で妻とともに脱出に成功、イラン革命の迫害から逃れた。

サイラスの夢見たイランの未来像は「イラン革命」により断たれ、かれが描いた政治的展開は国王（パーレビ）から宗教指導者（ホメイニ師）へと移っていった。私は思いだすたび、かれの無念を思うのである。かれはその後、キプロスでの大学教育に余生を捧げた。

刺激的な講義

私の指導教授は経済学のジョージ・ハルム（主著『自由と計画の経済学』は今も読まれる名著。

一九〇一～一九八四）であった。かれはドイツ出身のケインズ派経済学者で、ドイツのウルツブルグ大学で教鞭をとったあと、ユダヤ人の配偶者と二人の「半分ユダヤ」の子供を持つものとして迫害を受け、一九三七年アメリカに逃れ、タフツ大学、フレチャースクールで教鞭をとった。シカゴ大学のミルトン・フリードマン（アメリカ生まれのシカゴ学派の代表。通貨政策を重視するマネタリスト。『貨幣の安定をめざして』『資本主義と自由』など。一九一二～二〇〇六）、フリードリヒ・ハイエク（オーストリア学派の代表的学者で二〇世紀を代表する自由主義の思想家。『隷属への道』『自由の条件』など。一八九九～一九九二）の両教授を目の敵にしたケインズ派の経済学講義が印象的だった。

ハルム教授は私の早稲田大学での経済学の経験を過大評価し、私に初歩の経済学講座を飛び越して中級経済学のコースを第一学期から取るように勧めた。これが裏目に出て、第一年度はたいへん苦労した。そこで私は、第二年度はひるがえって初歩的コースを履修して軌道修正し、私の経済学基盤を構築した。これを機に、いかに私が日本での大学教育を怠ってきたか、身をもって痛感したことだった。

フレッチャースクールでの数ある講義のうち、私にとって非常に有意義だったコースはルール・バートレット（一八九七～一九九五）教授の「アメリカ外交史」であった。バートレット教授はアメリカ外交史の権威で、かれのアメリカ大陸とヨーロッパ大陸間の相互不干渉を提唱した「モンロー主義」、超大国アメリカの覇権に関する「パクス・アメリカーナ」、ウッドロウ・ウィルソン大統領と国際連盟、といったアメリカ外交史を興味深く受講した。この講義を通じて、アメリカ側からみた原爆投下決定も含めた第二次世界大戦史を学び、自分の日本での教育による理解と並行させて習得することができた。

この授業において私は、自身の原爆（被爆）体験とともに、原爆投下の整合性についてふれた。太平洋戦争末期、もはや日本の戦力は兵器も燃料も底をつき、完全に戦闘能力を喪失していたこと、とくに日本海軍の連合艦隊は主要艦船のほとんどを失い、その戦闘能力を完全に失っていたこと、さらには戦闘機のほとんどを失い、制海権も制空権も完全に喪失していたことを挙げ、こうした日本の戦闘能力の喪失下において、戦争早期終結のためにこれ以上の犠牲者を出さないためとはいえ、「原爆投下は不可避」としたアメリカ側の説明に疑問を投げかけた。さらに、広島への原爆投下（八月六日）はさておいても（やむを得ずとも）、三日後（八日九日）の長崎への原爆投下はまったく承服しかねる旨、言及した。

私は当時の日本の国情から鑑み、原爆投下が行なわれなくとも、アメリカ・連合軍の「オリンピック作戦」（九州上陸作戦予定日の一九四五年一一月）までに、おそらく日本は降伏したであろうと思っている。事実、日本海軍の連合艦隊はマリアナ沖海戦で機動部隊を失い、レイテ沖海戦でその戦闘能力を完全に失っていた。目を転ずれば、国民は本土空襲の激化につねに生命と財産をおびやかされ、逃げ惑い、疲弊し、物資不足からくる極度の耐乏生活を強いられていた。一方、こうした戦況の悪化と生活の逼迫化は、国民のなかに「敗戦」の意識を蓄積させていった。そうしたなかでの広島への原爆投下は国民に敗戦を決定づけるものであった。したがって、少なくとも長崎の原爆投下は必要なかったというのが私の見解である。

ライシャワーとキッシンジャー

フレッチャースクールがハーバード大学と共同管理関係にあり、また地理的にもこの二つの大学は車で一〇分くらいの近距離にあることから、フレッチャースクールはハーバード大学の著名な教授を招待して、夕食後「ラウンジ・レクチャー」（居間での講義）と称する教課外講義を頻繁に行なった。

なかでもエドウィン・ライシャワー（一九一〇〜一九九〇）とヘンリー・キッシンジャーの両氏の面影はいまでも私の記憶にくっきりと残っている。とくにエドウィン・ライシャワーは「日本生まれの駐日アメリカ大使」（在職一九六一〜六六年）として、再婚相手のハルとともに多くの日本人に慕われた。現在でも、歴代の駐日アメリカ大使の名前は知らなくとも、「ライシャワー」の名前を知っている人は多く、ジョン・F・ケネディの長女・キャロラインとならんで、もっとも日本人に愛された駐日大使であった。そうした来歴もあり、駐日本大使を辞任してハーバード大学に復職直後のライシャワーの講義には特別な感情をいだきながら聴講した。

エドウィン・ライシャワーは、宣教師として来日していたオーガスト・ライシャワーの次男として東京に生まれ、みずからをして「日本に生まれたアメリカ人」と記し、日本語がよくでき、ごはんを好んだという。のち家族とともにアメリカに転居し、オーバリン大学に入学、「一八六〇年以前の日米関係」という論文を残している。一八六〇年といえば、江戸幕府が日米修好通商条約の批准書交換のため使節団を派遣（万延元年遣米使節）した年である。一八五四年の日米和親条約後、最初の公式訪問団であった。使節団一行は米海軍のポーハタン号で太平洋を横断、サンフランシスコに到着、その後パナマ、ワシントン、フィラデルフィア、ニューヨークへと向かった。一方、幕府は万一に備えポーハタン号の護衛の名目で咸臨丸《かんりんまる》を派遣、木村喜毅《きむらよしたけ》を軍艦奉行にして、海軍伝習所教授の勝海舟を筆頭に、福沢諭吉、通訳のジョン万次郎らが乗り組んだ。福沢は日米の文化の違いに衝撃を受け、日本では徳川家康の子孫がどうなったか知らぬ者はいないが、アメリカではジョージ・ワシントンの子孫がいまどうしているかはほとんどの国民は知らないことに「不思議に思った」と書き残している。これが日本人が見たアメリカの真実の姿であった。またこの年（一八六〇年）、アブラハム・リンカーンがアメリカ合衆国の大統領に当選している。

さて、話を戻して、ライシャワーはその後ハーバード大学院で平安期の仏教（円仁）の研究で博士号を取得、当時、数少ない日本研究家であった。一九四一年、ハーバード大学極東言語学部で日本語の専任講師となるが、パールハーバー（真珠湾攻撃）によって日米が開戦すると、以後暗号解読を指揮した。戦後、ハーバード大学に戻り、極東学会の副会長、会長を歴任。教え子にジミー・カーター政権で国家安全保障問題担当大統領補佐官を務め、キッシンジャーと並ぶ戦略思想家と評されたズビグネフ・ブレジンスキーがいる。一九四八年には占領下の日本に戻り、ダグラス・マッカーサーとも会談。一九五〇年、ハーバード大学教授となる。

一九五五年、妻のアドリエンが三人の子どもを残して急逝、翌年（昭和31）明治の元勲・松方正義（薩摩藩士。蔵相・首相を歴任。一八三五〜一九二四）の孫・松方ハル（一九一五〜一九九八）と再婚。披露宴は父母が創立にかかわった東京女子大学で行なわれた。この年、ハーバード燕京研究所所長となる。このころ円仁の『入唐求法巡礼行記』を英訳して紹介、各国語に翻訳されて広く知られるところとなった。

一九六〇年（昭和35）の夏、来日。ライシャワーは「日本は、私たちが一九五六年に見たとき以来めざましい経済発展をとげ、もはや戦中から戦後にかけての疲弊の跡をとどめなかった。『日本の奇跡』は、すでに始まっていた」と称賛するも、その一方で政治面の不安定さに目を向け、安保闘争は日米関係において最大の危機と指摘した。

「私は戦後日本に対する自分の解釈を修正し、憂うべきは日本の経済よりも政治面だと思わざるを得なかった。日本は五月から六月にかけて起こった日米安全保障条約の改定をめぐる大騒動のあと、まだ立ち直っていないように見えた。いわゆる安保闘争は、戦後日本の政治と日米関係にとって最大の危機であった」

ライシャワーのいう「安保闘争」（安保反対運動とも）とは、一九五八年一〇月にはじまった日米安全保障条約の改定交渉に対応して、安保改定阻止国民会議を中心に革新政党、労働組合、学生団体、市民団体が強力な運動を展開するなか、一九六〇年一月一九日、岸信介を全権としてワシントンで新安保条約が調印、アイゼンハワー大統領が訪日することで合意した。その結果、この改定に反対して闘争が激化、一九六〇年の五月から六月にかけて運動は全国的規模で展開、日本史上空前の反政府・反米運動となった。とくに一九六〇年五月一九日の国会における与党のみの強行採決以後、連日国会に抗議デモが押し寄せ、六月にはいると、一〇日にハガチー事件（ハガチー大統領補佐官が羽田空港でデモ隊に囲まれ米軍のヘリコプターで救出された事件）、一五日全学連国会突入（東大生・樺美智子死亡）と事件が相次ぎ、一六日にはアイゼンハワー大統領の訪日が中止となった。一九日、法案は自然成立、結局条約は改定され、岸内閣は総辞職した。

ライシャワーは安保闘争の直後に来日しているが、その直前、「損なわれた対話」という短い論文を書いている。

「私は論文（『損なわれた対話』）の大半を使って、日本の保守と各野党とアメリカ政府の間に状況把握において食い違いのあることを指摘した。日本の左翼は、アメリカの国際政策と世界情勢について全く見当外れの誤解をし、保守派がアメリカの黙認のもとに日本を戦前の軍国主義的で民主主義なき状態に戻すのではないかと恐れていた。保守は保守で、左翼は現実無視で、ありていに言えば跳ねっ返りの愚者と軽蔑している。さらにアメリカは、日本指導層を臆病だがアメリカに忠実なところが取り柄と甘く見て、その協力を当然視し、左派の意見は顧慮するに足りずと思っていた」「私の主たる結論は、安保騒動は『アメリカと日本の反政府勢力とのコミュニケーションの不足』にあるというのだった。私は相互理解におけるギャップが『じつに戦慄すべき域』に達していると書き、日本社会のあらゆる層との対話を持つことこそアメリカにとって急務であると指摘した」

的確な分析といわざるをえない。この「損なわれた対話」が契機となって駐日大使就任要請につながり、一九六一年、ライシャワーはジョン・F・ケネディ大統領から日本大使を命ぜられる。妻のハルは猛烈に反対した。しかし、「私は最初からこの（日本大使）就任要請は受けるほかないのを悟っていた。すでに何度も本や雑誌記事や講演の中でアメリカのアジア政策を批判してきた者が、それを改善する機会から逃げることは許されない。まさに『起つか、黙るか』の分かれ目。しかもわが半生を捧げてきた日米関係のキー・ポストに就いて働ける生涯に一度のチャンスである」との認識のうえで、「大任を前にここで尻尾を巻いて学究生活に戻ることは許されなかった」と受諾の理由を述べている。

「逃げるかどうかは、水に飛び込んでみないとわからない。ただ、自由は与えられるはずだと信じるに足る理由はあった。私の指名が、主に日本との『破れた対話』を批判する論文から出たものである以上、ケネディ大統領やワシントンにいる私の支持者たちは私に対話復活をさせようと期待しているはずである。それなら大使職に伴う雑用の海に溺れることもなく、日米関係についての私の考えを実行する機会が与えられるはずではないか……。」

「精神的に悩み抜いた数日間は、数年に匹敵するかと思われた。指名を受けてから五日後の一月三十一日、私はとうとう電話で受諾の旨を伝えた」

私はこの一文に自らの人生を重ねた。それは一九八〇年、国連開発計画常駐代表として北イエメンに赴任するさい、身の危険も予想される仕事環境で「溺れるか、泳ぐか」と悩みながら決意したのだった。そして、実際に北イエメンでも、次に赴任したネパールでもナイフを持った乱入者に襲われそうになったことも思い出した。

こうして、ケネディ大統領からの大使就任要請を受諾したライシャワーは、一九六一年四月、駐日アメリカ特命全権大使として赴任、日本国民からは「日本生まれのアメリカ大使」として日本人の妻・ハルとともに日本国民から人気を博した。そういえば、私がアメリカ留学準備をしていたとき(一九六四年)、「ライシャワーが刺された」というニュースを聞いた。アメリカ大使館門前で統合失調症の一九歳の若者に大腿部を刺され、重傷を負ったということだった。いわゆる「ライシャワー事件」である。このときの様子を次のように書いている。

「ドアを通り抜けようとした私は、小柄で痩せた日本人に突き当たった。薄汚れたレインコートを着、大使館にいるべき男に見えなかった。……私を見上げた男の顔が光り、大きな出刃包丁を手に突進してきた。……包丁は私の右の腿に真っ直に入り、大腿骨に達して刃先が折れた」

（以上引用『ライシャワー自伝』、文藝春秋より）

すぐに近くの虎ノ門病院に運び込まれ、すぐ手術を受けた。このとき輸血を受けたライシャワーは、のちに「これで私の体の中に日本人の血がながれることになりました」といって、多くの日本人から称賛を浴びたのだが、この輸血がもとで肝炎を発症し、死の淵まで苦しめられることとなる。この事件がきっかけとなり売血問題がクローズアップされ、輸血用血液が「献血」によることとなり、また精神衛生法の改正にもつながった。詳しくは『ライシャワー自伝』（文藝春秋、一九八九）を参照されたい。

ライシャワーは一九六六年（昭和41）七月、ワシントンに帰国したおり、ジョンソン大統領に辞任の意向を伝え、七月二五日、辞任を発表。八月一九日、離日した。帰国後、ハーバード大学に帰任し、南ベトナムの干渉や中国（中華人民共和国）の承認、沖縄返還、対韓国政策の再考など、精力的に発言し、極東問題の専門家として歴代政権やヘンリー・キッシンジャー、教え子のズビグネフ・ブレジンスキーなどのアメリカ外交関係者、中曽根康弘首相や韓国の金大中（その後大統領）に対しても助言を行なった。

私がライシャワー教授の駐日アメリカ大使経験にもとづく日米関係に関する講義を聴講したのは一九六六年のことで、ちょうど駐日大使を離任した直後であった。講義のあと、ライシャワー教授と妻のハルさんとお会いし、ざっくばらんな経験談を身近に聞かせていただいた。お二人とも気負ったところがまったくなく、とても好感がもてた記憶がある。

一九九〇年（平成二）、ライシャワーは輸血による肝炎が悪化、延命治療を拒否し、墓も葬式をも拒否して、みずからの意思で七九歳の生涯にラホーヤの自宅で幕をおろした。ライシャワーの死を悼み、美智子皇后が和歌を詠んでいる。

雨なきに秋の夕空虹たてば　ラホヤに逝《ゆ》きし君し偲《しの》ばる
一つ窓思ひて止《や》まず病《や》みし君の　太平洋を望みましとふ
生命装置こばみて逝きぬ彼《か》の人の　一生《ひとよ》の果てと思へば重し
海原に海の枕のありときく　君が眠りの安けくあらまし

もう一人は「現代の怪物」と呼ばれるヘンリー・キッシンジャーである。かれは一九二三年、ドイツ生まれのユダヤ系ドイツ人で、一九三八年にアメリカにわたり、一九四三年に帰化した。ニューヨーク市立大学シティカレッジで学び、とくに会計学で優秀な成績を修める。一九四六年、アメリカ陸軍から復員、ハーバード大学に入学、一九五〇年、政治学の学士を取得した。その後、大学院に進み、一九五二年に修士、一九五四年に博士号（ウィーン体制についての研究）を取得、その後ハーバード大学政治学部で教鞭をとるかたわら、同時代の外交政策に積極的に発言し、一九六〇年代、ケネディ政権の外交政策立案にも関与した。アメリカを代表する国際政治学者であり、ニクソン政権下で米中国交回復、ベトナム戦争（一九六〇〜七五）の停戦に貢献したことで知られる。

そのキッシンジャー教授も、一九六五年、フレッチャースクールの「ラウンジ・レクチャー」に招かれ、専門の「北大西洋条約機構」（ＮＡＴＯ）に関する講義を行なった。当時、ベトナム戦争は泥沼状態にあった。そんなとき、新学期が始まってすぐフレッチャー スクールの同期生二人が徴兵され、そのうちの一人がベトナム到着後、間もなくして戦死した。この出来事は同級生たちをおおいに動揺させ、不安におとしいれた。そこで、「自分もそのうち徴兵されるのでは」と不安をいだく同級生らの特別の要請で、キッシンジャー教授に「ベトナム戦争」に関しても語ってもらった。

キッシンジャー教授は、「自分はベトナム戦争の権威ではないが」と前置きしてうえで話しだした。とくに印象的だったのは、キッシンジャー教授が「アメリカはベトナム戦争に勝てない。なぜならば、敵味方が地理的に明確に分かれ、向かい合う従来の戦闘形態ではなく、つねに敵と味方が入り混じり、味方は敵に取りまかれ、敵は味方に取りまかれるゲリラ戦だからである」と話したことだった。

皮肉にもキッシンジャー博士は一九六九年に、そのベトナム戦争にニクソン大統領特別補佐官（国家安全保障担当）として、また一九七三年には国務長官として関与し、同年の「パリ協定」によりベトナム戦争終結に寄与した。ちなみに、フレッチャースクール卒業生とキッシンジャー博士とはとても親しい関係にあり、後述するジェームス・パットン（のちに潜水艦長）をはじめ、私の多くの学友が博士の補佐官として大統領府と国務省で仕事を共にすることとなる。

そのひとり、ロバート・D・ホーマッツは、キッシンジャー博士が一九八二年に設立したコンサルティング会社「キッシンジャー・アソシエイツ」の副会長を務めている。かれは私の一年後輩で、アメリカ連邦政府で民主・共和両党下で国務次官補を数々歴任し、オバマ政権では経済担当国務次官補を務めた。

サッカーチームを結成

フレッチャースクールでの勉強に明け暮れる毎日であったが、ときに学業以外の息ぬきも必要である。そこで一九六五年、われわれ外国人留学生を中心にサッカーチームをつくることにした。久しぶりの「サッカー」である。早稲田大学では挫折したが、サッカーとなると気持ちがたかぶった。試合となるとなおさらである。

チームをつくるうちに、イラン人のサイラスもそうだが、留学生の何人かが自国の選抜チームに選ばれるほどの優れたサッカー選手だったことがわかった。そこで、イラン、ドイツ、イギリス、シエラレオネ、タイ、台湾、アルゼンチン、メキシコ、アメリカの各国出身選手と私でチームを結成し、毎日、昼食を早く切りあげては、三〇分ほどボールを蹴り合い、練習しては試合に備えた。前述のロバート・ホーマッツも、初心者ではあったが熱心に参加した。ユニフォームはなく、それこそ寄せ集めの「野武士集団」のごときチームであったが、タフツ大学を簡単に破り、さらにはハーバード大学と2対2の日没引き分けとするなど、大いにその実力を発揮した。その後、このチームはあまりに勉学に忙しいため、一年で自然解体となった。

また一九六五年の夏休みには、学資を稼ぐため、ワシントン近郊の新興カントリークラブでウエイターとしてアルバイトをした。だが、最低賃金のうえ、チップは「ピンハネ」されたあげく、休暇なしで毎日午前一〇時から夜中の一二時まで一四時間休むことなく働かされた。このカントリークラブでは大統領専用機「エアーフォースワン」のスチュアード、スチュワーデスが非番の日にアルバイトとして働いていた。理由はわからなかったが、これには少し驚かされた。こうして、ちょっと違った、ふつうでは味わうことのできない経験をさせてもらったのだった。

突然の招待

あるとき、テネシー州オークリッジのキリスト教教会からとつぜん手紙をもらった。そこには、私をぜひオークリッジに招待したいとの旨が記してあり、続けて母の淑子も一六年前に招待しており、私にも「広島での原爆体験について語って欲しい」と書かれていた。オークリッジといえば、第二次大戦中の一九四三年に、原子爆弾用ウラン分離工場建設で誕生した町である。原爆製造の秘密基地であったことから「アトミック・シティ」とも呼ばれた。いわば「マンハッタン計画」（原子爆弾開発計画）を推進するために、アメリカ各地から物理学者をかき集めてつくられた町であった。

こうして私はオークリッジに招待され、自分の被爆体験を話す機会を持つことになった。主催者側の説明を聞くと、「戦時中、原子力学者たちは当初アメリカ各地からオークリッジに集められ、原子力研究に携わった。当時、その究極目的は明確にされておらず、ある程度研究が進み、その後の活動がニューメキシコ州ロス・アラモスに移された段階で、初めてそれまで関わってきた研究が原子爆弾開発のためであったことを知った」とのことだった。

さらに、「こうして科学者として原爆製造に関与したものとして、また人間として、この第二次世界大戦で自分の国であるアメリカが広島、長崎に原爆を投下したことを心から遺憾に思った。そこであなたのお母さんにお願いして来ていただき、そうした気持ちを率直に伝えたが、息子であるあなたがアメリカで勉学中であることを知って今回招待し、われわれの気持ちを改めて伝えたいと思った」と、私を招待した趣意を語ってくれた。

私はその真摯な態度に打たれ、心からそうした気持ちを伝えていただいたことに対して深く感謝した。さらに私の率直な意見として、「原爆投下は戦争行為のひとつであって、戦争そのものを責めるべきであり、今後こうした戦争を回避するため、お互いに力を合わせて努力すべきであると思う」と話した。

その帰り、同じ飛行便で、かつて日本を訪れたことがあるという、初老の紳士と席がとなり合わせになった。たいへんな〝日本びいき〟のようで、東京、京都、奈良から日本食のことまで話はつきず、長いこと時間を忘れて楽しく語り合った。

目的地のボストンに着陸する直前のときであった。それまで、縷々《るる》日本のことを好意的に話していた紳士が、とつぜん「しかし、パールハーバーは許せない！」（But, I cannot forgive you for Peal Harbor!）と言ったのである。私はとつぜんの言葉と強い口調にとまどったが、もう少し時間があれば、私の被爆体験を含めて相互理解の話し合いができたのではないかと思った。当時、すでに戦後二〇年の歳月がすぎていたが、こうした複雑な感情が日米両国民の心に残っていることを改めて認識したことだった。

すばらしき学友たち

大学ではたくさんのすばらしい学友と知り合うことができた。日本、西ドイツ、イギリス、台湾の外交官、慶應義塾大学の教授、台湾からの留学生、タイからの留学生（のちにチュラロンコン大学教授）、韓国からの留学生（のちの延世大学教授）、アルゼンチンからの留学生（のちに外務大臣）、のちネパール大使となったアメリカ人の学友、その他たくさんの良き学友を得ることができた。

なかでもとくに印象に残っているのは、潜水艦艦長を務めたジェームス・パットン（前出）で、私はかれを通じて初めて職業軍人と親しく知り合う機会を得た。彼は家族持ちで、妻と子供三人と近くのアパートに住んでおり、私を自宅に招待してくれ、私にとってまったく別世界に生きてきた職業軍人とその家族の姿を知る機会を与えてくれた。かれはフレッチャースクール卒業後の一九七〇年代に太平洋艦隊に配属され、二年ごと六カ月間極東に配置され、横須賀港を基点として、冷戦下の日本海でソビエト潜水艦と〝追いつ追われつ〟（〝cat and mouse〟）の攻防を演じたとのことであった。
パットンの指揮する「ヴォラドール」という攻撃型潜水艦は搭乗員九〇人、士官八人で、いったん潜行すると二カ月ほど浮上せずに任務を遂行し、横須賀に帰港して慰労休暇を二～三週間楽しんだあと、再び次の任務につくということだった。そうした命を張った任務の心理負担は大変であったと思われる。
かれはフレッチャースクール同窓生の回想録『In the Shadow of Camelot』のなかで、私との出会いを次のように語っている。

「長年、自分と同じような格好で仕事と生活をする同僚と潜水艦の狭い上級士官室に閉じ込められてきた結果、私は〝異邦人〟の視点を知りたいと切望した。私は戦時中、日本人を憎むように教育されてきた。しかし戦後、日本に幾度も休暇上陸した時の自分は実際に受けた教育との違いに混乱し、自分の中にある日本観を疑うようになった。そうしたときに会った丹羽敏之君は近づきやすく、私の日本人に対する偏見に寛容であった。その後、対日本人関係が私なりに啓発され、豊かになったのはひとえに当時の敏之君との友情によると思う。彼は自分で気づいたであろう以上に、第一級の（日本からの）〝無任所大使〟であった」

〝After years in the confines of submarine wardrooms, working and living with mirror images of myself, I was greedy to learn from 'alien' perspectives. I had been taught to hate Japanese (a nasty imposition made on most American children during World War II.) Numerous submarine rest stops in early post-war Japan had only left me confused and dubious. I found Toshiyuki Niwa approachable and tolerant of my 'chip on the shoulder'. I suppose all of my subsequent dealings with Japanese have been enlightened and enriched by my friendship with Toshi-san. More than he knew, he was a first rate success as an ambassador without portfolio.»

(In the Shadow of Camelot, the Black Rock Press, 2005, page 69)

国連への道

私の国連（国際連合）への道は、フレッチャースクールで受けた教育、そしてオープンな態度と心で政治・法律・経済・外交・国際関係等の基本を教えてくれた教授陣、そしてなによりすばらしき友人によって拓けたといってよい。

フレッチャースクール卒業後、私は、すぐには国連を職場に選ばなかったが、多くの学友が外交職や国際公務員への道を選び、国連（ＵＮ）、世界銀行、国際通貨基金（ＩＭＦ）といった国際機関へ積極的に就職していった。また民間企業への進出も多くみられた。そうした具体的な例の数々を身近に見てきた。

数年後、民間企業（エッソ石油）にいた私を国連機関に誘ってくれたのは、一年後輩で国連開発計画人事部にいたインド出身のソメンド・バナジーであった。さらには、やはりフレッチャースクールの一年後輩で、私に先立ちユネスコ職員となり、私に国際公務員になる道があることを身をもって示唆してくれたのが、のちに中央大学教授となった内田孟男であった。

こうして私は、一九六六年の木々の緑が美しい五月、とっておきの思い出と経験を胸にフレッチャースクールを卒業したのであった。ちなみに私の修士論文のタイトルは、「日米貿易関係の分析と展望」で、まだアメリカにおける「メイドインジャパン」の名声と地位が確立されておらず、やっと日本製の

「ダットサン」（日産）がボストン近郊にチラホラ姿を現した時代で、そのころに書き上げた日米貿易関係研究論文であった。

エッソ石油に就職

フレッチャースクールの特色は、スタンダード・オイル・オブ・ニュージャージー（「エクソン」。日本法人は「エッソスタンダード石油」）、モービル石油（のち一九九九年、エクソンと合併し「エクソン・モービル・コーポレーション」となる）、シティ銀行、チェースマンハッタン銀行、コンチネンタル・イリノイ銀行（二〇〇八年破綻）といった、当時一流民間企業がフレッチャースクールへ幹部を送り込み、採用面接を行なうことであった。

スタンダード・オイル・オブ・ニュージャージーの就職面接は、本来アメリカ人のみ対象であったが、試みで面接を求めたら例外的に許された。面接者はチャールズ・シッター同社トレジャラーで、「日本法人のエッソスタンダード石油で働くつもりはないか」と聞かれた。私が「はい」と答えると、後日ニューヨーク本社での追加面接を経て、採用となった。ついでながらチャールズ・シッターはインド専門家で、のちに本社社長となった。

フレッチャースクール卒業後、私は「スタンダード・オイル・オブ・ニュージャージー」（エクソン）本社とアジア地域持ち株会社の「エッソ・スタンダード・イースタン社」で、一九六六年一二月に日本に帰国するまでファイナンシャル・アナリストとして訓練のための勤務をした。その間、戦略論文「Investment Climate in Asia」（「アジア地域の投資環境」）を作成して、同社幹部会に提出し、そのなかで政治・経済・社会分析を展開したが、「賄賂問題に言及しすぎ」だとして一部担当部長から待ったがかかり、結局、私の論文は最終的に〝ボツ〟となった。

フレッチャースクール留学中、婚約者の斎藤優子とは頻繁に手紙を交換し、お互いの経験を分かち合い、二人の気持ちを確かめ合った。お互いの意思の疎通には何の変化もなかったつもりであったが、いざ二年半後に帰国してみると、何かお互いに以前のように〝しっくり〟こないことに気づいた。そこでよく二人で話し合い、このまま婚約状態を続けるよりも、いったん解消し、お互いに改めて出直すことにした。

ワシントン郊外の新興カントリークラブにて。
バスボーイ（食事後の皿の片づけ係）、そして
ウエイターとして働いた。1965 年

カントリークラブ近くでのクラブフィースト
(crab feast) にて。1965 年

フレッチャースクールの寮の前庭にて。1964 年

ルームメートのロイ・ロックハイマー。慶応大学を卒業後、博士号取得のためフレッチャースクールに復学。のち日本大学法学部教授となる。著書に『日本人への直言』潮文社、など。

学友で親友のジェームス・メイ。彼の車でいろいろな所へ連れて行ってもらった。

卒業式にて

無二の親友のビル・ダンカン（私の左側）とサイラス・マンズール（右側）。ダンカンはその後慶應大学に留学して日本の自動車業界を研究、卒業後「日本自動車工業会」ワシントン事務所の所長となり、日本自動車界のアメリカでの地位確保向上に尽力した。マンズールはユダヤ系イラン人で、帰国後イラン原子力機構副総裁となった。

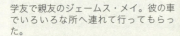

エッソ石油時代

一九六六～一九七一

成功は幸せの鍵ではありません。幸せが成功の鍵です。もし自分のしていることが大好きなら、あなたは成功しているのです。

アルベルト・シュバイツァー

エッソ石油入社

日本に帰国後の一九六七年（昭和42）一月、「エッソスタンダード石油株式会社」に入社し、トレジャラー部に配属された。私は日本法人社員扱いで、初任給は月額六万六〇〇〇円であった。もちろんアメリカの給与水準とは比較にならないが、それでも当時の日本ではかなりの高給であった。

しばらくして、フレッチャースクールの同窓生、ウィリアム・フォードが直属の上司として赴任してきた。エッソ石油幹部はわれわれ二人の待遇のあまりの違いに危惧したようだった。フォードはアメリカ国籍で本社社員なので、同じような学歴ながら給料は私にくらべ数倍、いや一〇倍もあったろう。くわえて東京・青山の高級アパート、のちには横浜・山下町の豪華な邸宅、そして運転手付きの待遇であった。対して私はというと、もちろん給料のみであった。だが、私自身はそうした植民地支配的な雇用制度をまったく気にしなかった。

しかし、のちに私の妻となったアメリカ国籍のジェーンは、このような多国間企業の現地採用制度を「まったく理不尽である」と憤慨した。こうしたアメリカ本国レベルと現地国レベルの並立給与体系は国連組織にも存在し、国連正規職員給与体系と国連各国現地採用職員給与体系との間にはかなりの格差があった。この現地法人「エッソ石油」での経験は、のちに国連現地事務所を管理・監督するうえで良き参考となった。

そうした問題はあったが、「エッソ石油」ではよい上司に恵まれた。八城政基副社長（のちにエッソ石油社長、新生銀行取締役会長）、阿部宏トレジャラー部次長、田中富男財務部長にはとくに世話になった。また、優秀な多数の若手の社員がいたのが頼もしいことだった。なかでも傑出していたのは海老原寛君で、マサチューセッツ工科大学（ＭＩＴ）に留学し、その後コンサルティング会社の「マッキンゼー・アンド・カンパニー」に入った。本社から派遣されたほかのトレジャラー幹部社員もまた優秀で、そのなかでＣ・Ｊ・Ｄ・デーヴィスはのちに「パンアメリカン航空」（パンナム）の最高財務責任者となり、マイケル・キャラハンはのちに「ワールプール」というアメリカの家電メーカーの副社長兼最高財務責任者となった。

仕事は順調に進み、私はファイナンシャル・アナリストからトレジャラー部外国為替・保険課長に昇格し、部下一五名をもつ、当時三一歳の社内でもっとも若い課長となっていた。

ジェーン・ファーガソン

母・淑子の勤務する東洋英和女学院短期大学に新しいアメリカ人英語教師として、ハワイ大学イースト・ウエスト・センター出身のジェーン・ファーガソン（Jane Ann Ferguson）が着任した。ジェーンはフロリダ州のフロリダ・プレスビテリアン・カレッジ（のちに「エッカード・カレッジ」と改名）在学中に、フロリダ州セント・ピーターズバーグ市と四国の高松市が姉妹都市であったため、高松第一高等学校で一年間英語を教えた経験の持ち主であった。

母の紹介で顔を合わせ、私たちは意気投合し、六カ月後（一九六九年）に結婚した。彼女は当時、NHK教育テレビで田崎清忠氏の英語会話番組にレギュラー出演し、松本亨氏のNHKラジオ「英会話」の番組にも出演していた。また日本航空（JAL）向けの邦画の吹き替え（栗原小巻役など）やコマーシャルの出演など、引く手あまたであった。そのため私よりも高給とりであった。ちなみに私が国連開発計画の仕事で海外に勤務していたころ、すでに妻はNHKの英会話からは身をひいていたが、二人で日本に帰国するたびに、羽田空港と成田空港で税関職員から「ジェーン・ファーガソンさんですか？」とたずねられることがしばらくのあいだ続いた。長いこと視聴者に覚えてもらっていたことに、「光栄なこと」と二人で感謝したものである。

さて、結婚してからのわれわれ二人であるが、文化的な違いもあって、〝波長〟（心の動き）がなかなか合わなかった。「エッソ石油」の社内親善旅行に妻が特別同行したり、私がNHKをはじめ彼女の仕事場を訪れたりと、二人ともそれなりに努力をした。しかし、ここは男性上位の日本社会、どうしても会社のことを優先してしまいがちで、妻を自宅に残して外出することが多かった。のちに彼女は「新婚であるにも関わらず、とても寂しい思いをした」とその本心をうち明けた。私なりに彼女を大切にしていたつもりだったが、そのじつ「男を立てる文化」に生きていたのだった。そこで、これからはできるだけ一緒に自分たちの幸せを求める必要を思った。

世界銀行に応募

私は三一歳の若き課長としてエッソ石油での仕事は順調であったが、私生活では国際結婚のこともあり、二人のこころの動きの行き違いもあることから、私はこのまま日本での生活を続けることに疑問をもちはじめた。そうしたおり、大蔵省（現・財務省）を通じて世界銀行の「Young Professional Program」（通称・ＹＰ）のための採用試験があることを知り、応募することにした。しかし、このプログラムは三〇歳未満という付帯条件があり、不採用であった。だが、エッソ石油での経験をもとに普通専門職として考慮されることとなった。そこで候補に上がったのが「Development Finance Companies Department」という部署であった。これは世界各国の開発銀行の経営管理分析を実施・監督する専門部署で、それまでの勤務経験年数が最低八年必要とのことだった。東京の帝国ホテルで世界銀行担当局長のウィリアム・ダイヤモンド氏と面接の結果、私はその当時まだ五年の実務経験しかなかったので、予備リストに載せられ、その後の候補者状況待ちとなった。

世界銀行の採用結果を待機しているあいだ、エッソ石油のアメリカ本社出張に合わせて、まだ会ったことのない妻の両親に会うためピッツバーグへ向かい、その途中、世界銀行本部での追加面接を受けるためにワシントンを訪問した。くわえて、フレッチャー時代の友人で、ニューヨークの「国連開発計画」（ＵＮＤＰ）人事部で働いているインド出身のソメンド・バナジーを訪問した。彼がいうには、「いま国連開発計画で働く日本人が極度に少ない。だから、いちど国連開発計画本部を訪れて、ぜひ面接を受けてはどうか」とのことであった。

バナジーの勧めもあって、国連開発計画本部を訪れると、ちょうど日本人採用特別ミッションを東京へ送ったところで、私とすれ違いになったとのことから、簡単な三〇分ほどの人事担当者の面接を受けることとなった。当時、「国連開発計画」の仕事内容を説明する文献は皆無で、いったい国連開発計画が何をする国連機関かもはっきりしなかった。多くの疑問をもちながら簡単な履歴書だけを記入・提出し、日本に帰国した。かといって、国連機関への就職には熱意はあまりなく、また期待感もまったくといっていいほど無かった。

国連開発計画からのオファー

日本に帰国後、世界銀行からの通知を待った。ところが世界銀行の代わりにオファーのテレックスを受け取ったのは国連開発計画からであった。そこには「南米ガイアナ事務所のプログラム・オフィサー（P2）として赴任してはどうか」とあった。そこで、四国を旅行中の妻に電話で連絡して事情を説明して相談すると、「期待の世界銀行とは違うけれど、若いときにできることはやってみてはどうか」との返事だった。

だが、エッソ石油ではすでに課長となり、将来を嘱望されている。しかも、国連開発計画といっても何をする国連機関かもわからない。ここで転職するのはリスクではないか……。私はおおいに悩んだ。

エッソ石油の親しい上司に相談しても、「なぜここで海のものとも山のものともわからない国連に転職するのか」と疑問を呈するばかりだった。トレジャラーのマイケル・キャラハンは、「朝起きて一番に考えるのは、『ああ、また今日も会社に行かなければ』といったやりきれない気持ちか、それともそのようなことはぜんぜん頭に上がらないか、どっちだ？」と問いかけてきた。私は「後者です」と答えた。するとキャラハンは、「では、なぜそのように満足した毎日を過ごしているのに転身を考えるのか?」という。そうした意見はもっともであったが、一方で私は「このまま日本で会社員を続けたら、われわれの結婚は将来うまくいかなくなるな」と本能的に感じていた。

国連開発計画へ

考えてみると、あまりにあっけない、拍子抜けするほどの国連職員採用制度であった。たった三〇分の面接で決定するやり方は、エッソ石油の念には念を入れた採用方式とまったく違っていた。エッソ石油では、まず最初にしっかりとした質疑にもとづく選考があり、続けてニューヨーク本社での朝九時から昼食での面接を含め、午後四時三〇分ごろまで立て続けに合計一〇人の面接があった。

後日聞くところによると、当時の国連の採用率は平均して一つのポストに対して候補者が二人以下であり、私の場合も競争者がもう一人いたかいないかであったことになる。いわば実質的「縁故採用システム」であった。現在はその正反対で、一つのポストに対して数百人の候補者がいるという状況である。正直なところ、自分がいま国連に応募しても受かる可能性はまずないのではないかと思う。

そこで、国連からのオファーの「P2」での就職が果たして妥当なものかどうか、国連にいる友人に聞いてみたがはっきりしない。そこで思い切って霞が関の外務省国連局に出向き、担当官に問い合わせてみたが、直後に迫ったチリ・サンティアゴでの「国連開発計画特別管理理事会」への準備のため多忙中とかで、けんもほろろの対応であった。とりつく島もないうえ、あまりにも不親切な対応に怒り心頭に発し、「もう、今後どんなことがあっても外務省の世話にはならない」と固く決心した。

その後、国連開発計画人事部との折衝で、給料的にほとんど「P3」に近いというかたちで「P2/Step7」で折り合った。だが、就職後に友人たちにこの話を持ち出すと、「すでに日本の一流会社で課長までしていたのに、なぜそんなに自分を安売りしたのか」との反応である。「なぜ早くそれを言ってくれなかったのか」と思ったが、時すでに遅しであった。

こうした経緯を経て「国連開発計画」入りの決意をしたのだが、いまから考えると少し無茶な身の振り方であったとも思う。エッソ石油とくらべて給料がそれほどよいわけでもなく、役職的にもただの「平職員」からの出発である。しかも未来を約束されたわけでもない。それに輪をかけるように、日本で高給取りだった妻は無職となってしまった。まったくいいところ無しである。ただ、当時一ドル三六〇円の時代であったので、少なくとも給料に関するかぎり、今後最低七〜八年は「国連のほうが有利なのでは」と、なんの根拠もない、自分をなだめての転職であった。ところが、現実には日本の高度経済成長とそれに伴う円高から、約三年でエッソ石油での想定給与のほうが、国連給与水準を上回ったのだった。

ついに日本を離れる日がやってきた。われわれ二人にとって思い出深い麻布・鳥居坂の「国際文化会館」(婚約式・結婚披露宴をあげた所)で送別会を開き、親戚・友人・同僚に別れの挨拶をし、新しい勤務地へと飛び立った。余談だが、その後休暇で帰国するたびに、エッソ石油から「ぜひとも戻ってこないか」と打診された。そして、そのたびにオファーがだんだんと上昇していく状態が一〇年以上も続き、最終的には「トレジャラーで帰ってきてはどうか」という打診まで頂戴した。こうした古い職場からの配慮を、心からうれしく思った。

エッソ石油トレジャラー部にて。当時、外国為替・保険課長。1970 年

「英語会話初級」収録の合間。NHK のスタジオにて。1970 年

ジェーン・ファーガソンと結婚。1969 年 11 月 15 日。於・東京ユニオン教会

安宅産業時代の親友・多木田拡君と。ニューヨークの短期アパートにて。1971 年

妻・ジェーンの母と。ピッツバーグにて。1971 年

ガイアナ

一九七一〜一九七五

解決できない問題などありません。平和を実現する仕事は、楽天主義でなければ務まりません。人の命を救う医者と同じです。ものごとを肯定的にとらえるからこそ、うまくいくのです。

ブトロス・ガリ（第6代国連事務総長）

ニューヨーク本部に駆けつける

いったん国連開発計画入りが決まると、「一日も早く赴任しろ」と矢の催促である。「エッソ石油」退職後、休暇もろくに取らず、一カ月たらずで妻・ジェーンとニューヨークの本部に駆けつけた。

当時、ニューヨーク国連本部北隣東48丁目のアルコアビルにあった国連開発計画本部に顔を出すと、「なんでそんなに急いで来たのか。夏季だし、すこし休暇をとってゆっくりしてきてもよかったではないか」という。この経験を通し、国連の言うことを必ずしもすべてまじめに受けとめて反応し、行動する必要はない、との教訓を学んだ。もう少しゆっくりと、ちゃんと日本で頭と心の切り替えをしてから「新しい仕事に赴任すべきだった」と後悔した。

国連開発計画人事部によると、私は私企業（エッソ石油）からの外部採用のため、ガイアナに赴任する前に十分な準備が必要だという。その準備のため、二カ月間のニューヨーク本部でのブリーフィングが、ガイアナ担当官のカリブ海アンティグア出身のアレキサンダー・サイモン氏によって行なわれることとなった。われわれはその間、ニューヨーク国連本部近くの東39丁目に小さな短期賃貸アパートを確保し、歩いて一五分の国連開発計画事務所へ通うことにした。八時過ぎには出勤し、サイモン氏の現れるのを待った。

ところがである。サイモン氏はまったくチャランポランで、出勤はいつも一〇時三〇分以降、しかもブリーフィングらしいブリーフィングはまったく〝無し〟なのだ。ただファイルを私の机の上に積みあげ、「よく読んで、毎日終業前に質問があったらなんでもどうぞ」という。これを真に受けて、毎日、午後四時三〇分から質問をまとめて待っていても、ほとんどすっぽかされる始末。どうにも投げやりなのだ。肩を落として帰宅する途中、ガールフレンドと一緒のサイモン氏が楽しそうに歩いているのを見かけたこともあった。楽しそうな二人を横目に見ながら、「いったい何でこんなに面倒見の悪い国連なんかに移ったのだろう」と悔やんだ。

もう一人のガイアナ担任官でイギリス出身のデレック・ラブジョイ氏はまだマシで、質問すれば真面目に答えてくれた。しかし忙しそうで、十分時間を割いてもらえなかった。

〝上から目線〟の開発援助

本部で説明を受けたガイアナの開発プロジェクトのなかに、国連開発計画の前身であった「国連特別基金」が当時二〇〇〇万ドル近くを費やして、国連食糧農業機関（ＦＡＯ）に依頼して一九六五年から一九六六年に実施したガイアナ全土の「土質調査プロジェクト」があった。このプロジェクトは土壌科学と管理の観点からイギリス領ギアナ（ガイアナの旧称）全土で土質調査を行ない、詳細な「土質地図」を作成した。

担任官のラブジョイ氏の説明では、このプロジェクトは「まったくの失敗であった」とのことである。なぜなら、農業革命が起ったわけでもなく、農業生産がとりわけ増加したわけでもなかったからだという。この件を含め、ラブジョイ氏のブリーフィングで気になったのは、いわば宗主国《そうしゅこく》が植民地を見るような目線でガイアナを見ており、あたかも「国連を含む国際社会の指導と英知がなければ何もできない」と、途上国ガイアナを見下したような口ぶりが少し気になった。

この「土質調査プロジェクト」に関しては後日談がある。ガイアナに赴任後、政府各省のスタッフにあいさつに行って気づいたのは、多くの職員が手あかで汚れた国連開発計画の「土質調査プロジェクト

国連の職員ランク

SG：
Secretary-General
事務総長

DSG：
Deputy Secretary-General
副事務総長

USG：
Under-Secretary General
事務次長

ASG：
Assistant Secretary General
事務次長補

D-2：
Director
部長レベル

D-1：
Deputy Director
部次長レベル

P-5：
Senior Officer/Chief of Section
課長レベル

P-4：
First Officer
官

P-3：
Second Officer
官

P-2：
Associate Officer
官補

P-1：
Assistant Officer
官補

レポート」をたいせつに〝座右の銘〟として手元に持っていたことである。農業革命は未達成にせよ、あれほど大切に多くの職員によりレポートが日々使われているということは、ある意味でこのプロジェクトの「成功を意味するのではないか」と感じたほどだった。また、いわゆるプロジェクト評価は評価する時点によって結果が変わってくるということも、その後の国連開発計画の仕事に精通するにつれて徐々にわかってきた。

この年（一九七一年）は、投資プロジェクトの実行可能性の予備調査といった大型技術援助プロジェクトを実施する前述の「国連特別基金」（通称ＳＦ）と、世界各国に事務所を持ち、小型の技術援助プロジェクトを専門とする「国連拡張技術援助計画」（通称ＥＰＴＡ）との二頭立ての国連開発計画体制の最終年であった。

翌一九七二年からロバート・ジャクソン卿の、国連開発援助体制の能力検証「キャパシティ・スタディ」によって新国連開発援助理念と体制が考案され、国連総会決議二六八八号により、受益国中心ともいえる新しい援助理念が導入され、新体制が確立された。いってみれば、国連において以前の〝上から目線〟ともいえる援助提供組織主導の援助体系から、援助受益国の優先順位にもとづいた〝水平目線〟での開発途上国援助を試みる時代への切り替えであった。これは当時画期的な試みで、ほかの多国間援助、二国間援助では「要請主義」を旗印としたが、まだ本質的に〝上から目線〟の開発途上国援助姿勢を崩していなかったからである。

人とのつながりの大切さ

国連開発計画赴任に際し、日本人の先輩二人にあいさつし、アドバイスを請うことにした。ひとりは、のちに国連開発計画本部部長およびミャンマー常駐代表、国連人口基金事務局次長を務め、最近まで東京でNPO法人「2050」を運営してきた北谷勝秀《きたたにかつひで》氏で、もう一人はのちに国連開発計画東京事務所長で、東ティモール国連平和維持活動国連事務総長特別代表となり、法政大学教授になった長谷川祐弘《はせがわすけひろ》氏である。北谷さんは親分肌で部下や若い職員の面倒見がよく、監査関係の専門家で、国連開発計画の国事務所の実情に詳しいことからいろいろと的確なアドバイスをいただいた。長谷川さんは私と同年代で、アジア局に勤務し、地域局の立場からいかに国事務所を監督、指導、サポートしていくか、具体例を交えて説明してもらった。

私が国連開発計画に入るきっかけをつくってくれたのは、前述したように、フレッチャースクールの同窓生で、人事部にいたソメンド・バナジーである。その彼が同年輩の国連職員たちのグループ数人を紹介してくれ、歓談する機会をつくってくれた。このグループには、イギリス出身のアラン・ドス、イアン・ケニボロー、のちに国際通貨基金へ転出したナイジェル・ブラッドショー、アイルランド出身のデニス・ハリデイ、アメリカ出身のアーサー・ホルコム、ロバート・トムソンたちがいた。

かれらはすべて「国連開発計画」の若きエリートで、それぞれがイギリス、アメリカでのすぐれた学歴を持ち、将来を嘱望されていた。私はこうした彼らとはいささか背景は違っていたが、このいわばアングロサクソン系ともいえる仲間（トムソンはアフリカ系アメリカ人）に入れてもらい、この若い、そして威勢のいい国連職員グループとの会話を通じ、いろいろと勉強できた。その後、かれらは部長(D2)、事務次長補（ASG）、あるいは事務総長特別代表（USG）に昇格し、各国連組織で成功した。

かれらが集まってビールを飲みながら話しだすと、決まって「国連はなっていない」「理不尽だ」「失望することばかりだ」「世界銀行にくらべ、国連開発計画の先行きがあやしい」など、国連開発計画に関する悲観的観測をしょっちゅう口にした。あまりに聞くに耐えないので、「では、そんな国連組織になんで勤めるのだ。思いきって辞めて世界銀行その他に移ればいいではないか」と口をはさむと、みんなして「あなたはいったい何をいい出すのか」という顔つきで即座に反論し、「国連開発計画がいかに開発援助にとってたいせつな機関」であり、「世界の将来にとって不可欠な機関である」か、異口同音にその存在を称えるのだった。不平・不満はいっぱいあっても、みんな使命感を持ってつとめており、国連開発計画を選んだことは「間違いでなかった」と胸をなでおろした。

追加ブリーフィング

その後、ガイアナに赴任する前に国連開発計画の国事務所の雰囲気を知るため、一カ月ほどトリニダード・トバゴ事務所での「追加ブリーフィング」を受けることになった。ニューヨーク本部で訓練らしい訓練を受けていなかったので大歓迎である。

ポート・オブ・スペイン空港に車を差し向けてもらい、事務所に向かう途中、妻のジェーンが運転手さんに「ここでは何語を話しますか?」と問うと、彼は毅然として「英語です!」と答えた。二人とも英語圏であることはよくわかっていたものの、いざ空港に着くと、まわりで話している「トリニダードことば」、あるいは「カリブことば」がまったく理解できず、英語教育の専門家の妻でさえ、一瞬「別の言語では」という錯覚におそわれてしまった。さほどに現地なまりのきいた英語であった。

事務所ではアメリカ出身のロス・ミリー副所長が、まことにていねいに国連開発計画事務所の活動について教えてくれた。ミリー副所長はエリートではなく、総務分野からのたたき上げの人で、新米の私に噛んで含めるように説明してくれ、やっとこれで今後の仕事のメドがついてきたように思った。

いざガイアナへ

ポート・オブ・スペイン空港から夜行便で、夜遅くガイアナのジョージタウン空港に到着した。掘っ建て小屋のようなこの空港には多数の大きな〝ゴキブリ〟が所せましと飛びかっていた。

深夜のまっ暗な空港からの一本道を車で飛ばし、オランダ風木造建築のパークホテルへと向かった。その間、妻と二人で「本当にわれわれは大変な決心をしたな」と、後悔ともとれる沈黙をつづけた。

ガイアナは、正式には「ガイアナ協同共和国」である。面積は八万三〇〇〇平方マイルの、ちょうどイギリス連邦と同じ大きさで、人口は一九七三年初期には七三万二〇〇〇人と比較的少なく、世界で三番目に小さい国である。国名である「ガイアナ」は現地の言葉で「ゆたかな水の池」という意味である。

ベネズエラとブラジル、そしてスリナム（旧オランダ領ギアナ）に囲まれた南アメリカに位置する国であるが、文化的・人種的にカリブ海域に属する。ヨーロッパ人が来るまではアフワク人、カリブ人、ワラオ人などが先住し、マニオクの栽培や狩猟、漁労で生計を立てていた。大航海時代の一四九八年に、クリストファー・コロンブス（一四五一～一五〇六）が来航、一四九九年にはイタリアの探検家アメリゴ・ヴェスプッチ（一四五四～一五一二）らが上陸すると、ヨーロッパ人に「エル・ドラード」（黄金郷）伝説が広まった。一七世紀から一八世紀にオランダが三つの植民地を設立、一八三一年に三つの植民地は統合され、単一の植民地「イギリス領ギアナ」となった。一九六六年、イギリス領ギアナより「ガイアナ」の名のもとに独立した。オランダ人の町だったスタブルークは「ジョージタウン」となり、首都となった。政体は大統領制をとる。

ガイアナは四つの自然地域に区分され、狭く肥沃《ひよく》で沼地の多い平地（沿岸低地）に人口の大部分が居住し、内陸の白砂地帯（砂丘と粘土の地域）は鉱物鉱床（ボーキサイト・マンガン・金・ダイヤモンドなど）があり、国土の八〇パーセントを占める熱帯雨林（森林高地地域）は国土の中心に横たわる。それに南部と内陸高地にある芝生に覆われたサバナ（内陸サバナ）がある。多くの川があり、エセキボ川、デメララ川、バービス川の主要な河川が流れている。五月から七月半ばと、一一月から一月の半ばまで雨季があり、八月から一二月にかけて弱い乾期がある。総じて暑く、しめっぽいが、大西洋から吹き込む貿易風の影響で沿岸部は過ごしやすい。年間を通して降雨量が多い。ウミガメ（主にオサガメ）などの、野生生物の繁殖地でもある。

私が赴任した当時のガイアナは、一人当たりの国民総生産は約五〇〇ドルであった。綿花、サトウキビの栽培などのため、アフリカ・南アジアから連れてこられた年季奉公労働者が主要人口で、約五〇％が東インド系、アフリカ系が約三二％、混血が約一二％、その他が先住民・中国・ポルトガルの約六％であった。主産業は鉱業、ボーキサイトそして農業である。

ガイアナの政治社会情勢は、一九六〇年代から私の赴任した一九七〇年代まで、イデオロギーと人種問題で不安定な状態であった。一九六六年の独立達成後、アフリカ系（弁護士）のフォーブス・バーナム首相の率いる人民国民会議「People's National Congress」（PNC）が優位を確保、一方のインド系チェディ・ジェーガン元首相の率いる人民進歩党「People's Progressive Party」（PPP）は、人種的優位にもかかわらず、一九九〇年代まで政治的主導権を獲得することができなかった。

ジョージタウン国連開発計画事務所

次の日（九月二〇日）、首府ジョージタウンのブリックダム通りにある国連開発計画現地事務所に向かう。当時、常駐代表は空席で、世界保健機関アメリカ地域事務所（WHO/PAHO）常駐代表のインド出身のスメタ・カーナ博士が国連開発計画常駐代表代行を兼任していた。唯一の国連開発計画国際職員は同じインド出身で総務担当のナリンダー・カカーであった。

さっそく運転手を含め、約四〇人の現地スタッフ全員に会った。多人種国ガイアナらしく、アフリカ系、インド系、中国系、ポルトガル系、先住民系、それに混血とさまざまである。インド系運転手のデスモンド・プラサードはおっとりとして温和だが、もう一人の運転手エドモンド・リーはアフリカ・中国系で、頭の回転が早く、テキパキと仕事をこなすが少し棘《とげ》がある。中国系のエドミー・インは頭の良い会計士で、個人的に友だちになり、国内各地を彼女の一家と車で旅行したりした。彼女はのち、ロンドンに本部のある国際海事機関（ＩＭＯ）に転職した。

そして私の秘書はテキパキと仕事をさばく、礼儀正しいアフリカ系のヘイゼル・スコット。それに、この事務所の名物であるすばらしく美味しいコンデンスミルクの入ったとても甘いミルクティーをつくり、午後三時ごろ職員全員に配ってくれる事務所に住み込みの、いつも白いユニフォームと頭巾をかぶったモードおばさん。本当にローカル色豊かで、雰囲気があたたかく、ガイアナを象徴するかのごとき多民族からなるジョージタウン国連開発計画事務所であった。

ガイアナは独立を達成した一九六六年に国際連合（国連）に正式加盟した。同年、国連開発計画事務所がジョージタウンに開設され、国連による組織的技術援助活動が始まった。ガイアナのような小国の新独立国にとって、「一国一票」主義の国連はたいせつな国際外交の場であった。加盟直後に国連ナミビア理事会*（三一カ国）のメンバーとなり、一九七五〜七六年には安全保障理事会の非常任理事国を務めた。ガイアナの国連大使は歴代優秀な外交官が多く、私が赴任していた一九七〇代初頭にはラシュレー・ジャクソン氏が大使を務め、国連における非同盟運動（通称ＮＡＭ）で手腕を発揮した。

＊国連ナミビア理事会　一九六六年の第二一回国連総会決議により、ナミビアに対する南アフリカの委任統治は終了し、同地域は国連の直接の責任下におかれたが、その福祉のため一九六七年に設置された機構。同理事会は、①ナミビアを独立に至るまで多数の住民参加のもと施政する、②普通選挙による立法議会が設置されるまで施政に必要な法律・命令・行政規則を制定するなどの権限を総会から委任。一九九〇年解散。

ガイアナでの生活

着任と同時に、つぎは〝家探し〟である。いろいろと探したあげくに、ジョージタウン市クインズタウン区にある三階建のオランダ風木造建築の二階に落ち着いた。雨戸も兼ねた窓をつっかえ棒で外に押し出すと、とても気持ちのよい貿易風が入ってくる〝風通し〟のよいアパートである。気がつくと、コウモリ（蝙蝠）の一家が天井に巣をつくっていて、ときどきわれわれの頭上を飛びかって窓から出入りをしていた。家主はイギリス系白人のドロシー・バーナード夫人で、われわれの選んだ二階のアパートと三階のアパートを賃貸し、生計を立てていた。彼女はイギリス名物のローストビーフとその付け合わせの定番であるヨークシャープディング料理が上手な未亡人であった。

ジョージタウンは治安が悪いので、国連開発計画事務所から斡旋された「ウォッチマン」（警備員）が軒下で毎夜警備してくれるのだが、よく〝コックリ、コックリ〟と眠るので、警備の効果ははなはだ疑問で、たんなる気休めであることがすぐに判明した。当時、ジョージタウンは失業率が高く、青少年犯罪が蔓延し、「チョーク・アンド・ロブ」（choke and rob）という、一人が首を締め、もう一人がポケットに手を突っ込んで金品を盗むという犯罪が白昼堂々と行なわれていて、せっかくのすばらしい快適な天候にかかわらず、一人歩きはジョージタウン市内のどこでも禁物であった。

日本から送った別送品も無事届き、アパートがやっと〝わが家〟らしくなった。ガイアナは日本ではほとんど知られてないらしく、荷物の送り状の宛先が「c/o UNDP Georgetown, Guyana, South Africa」となっていた。南アメリカ（South America）の代わりに「南アフリカ」（South Africa）との表示でよく荷物が無事に着いたものだと感心した。

つぎは〝クルマ探し〟である。妻ジェーンと相談のうえ、小さな真っ赤な「オースチンミニ一三〇〇」（イギリス製）を購入することにした。クラッチ付きの可愛い車で、ジェーンのお気に入りとなった。この車を使ってガイアナ各地を旅行した。デメララ川を渡り、ベネズエラと国境紛争地域のエセクイボへの旅行はとくに印象的であった。

あるとき、自宅のすぐ近所に「エビ漁」のため日本から移り住んできた水産会社駐在員の白岩さん一家と親しくなった。大陸棚のガイアナ沖は、ブラジルのアマゾン川、ベネズエラのオリノコ川から流れ出たシルト（砂と粘土の中間の土、砂泥）により、エビ資源が豊富なのである。その白岩さんから、漁船がジョージタウンに帰ってくるたびに、エビはもちろん、一緒に取れるタイ、イカ、カツオ、その他いろんな魚を大量にいただき、われわれだけでは食べきれず、そのたびに国連関係やその他の友人たちに車で分けてまわって感謝された。また、自家製のカツオ節や、燻《くん》製、乾燥スルメ・イワシなどを試作してみたりした。

白岩家とはガイアナ離任後も長いこと文通を続けた。伝え聞くところによると、白石さんたちはその後、腰を落ち着けてガイアナに居住し、三人の子どもたちは全員現地の学校に通い、長じてはカナダの一流大学に進学し、実社会に飛び立っていったとのことである。すばらしく国際的な日本人家庭に心から敬服したことだった。

余談だが、われわれがガイアナを去った数年後（一九七八年）、ここで、のちに映画化されたジム・ジョーンズ牧師による「People's Temple」（人民寺院）集団自殺という大事件が起き、教祖のジョーンズ牧師とその家族・信者をふくめ、九一四名が集団自殺し、さらにこの集団の調査に訪れていたアメリカ下院議員レオ・ライアンをふくむ四人が集団自殺の前に惨殺され、犠牲になった。この人民寺院はジム・ジョーンズ牧師によって創立されたキリスト教系宗教団体（カルト）で、ジョーンズ牧師は人種平等を訴えながらも、その一方でキリスト教と共産主義や社会主義の考え方とを組み合わせた自身のメセージを広めるためにこの教団を使った、とのことだった。

この事件に関して思い出すのは、ガイアナ赴任中の一九七四年のこと、とつぜん二〇数人の一行が私の事務所を訪れた。一行はガイアナを説教のため訪れていたジョーズ牧師の随員とのことで、ベネズエラに近いエセクイボ地域のことを「ぜひ知りたいと思い、国連事務所を訪れた」とのことだった。ほとんど経済活動のない、隔離された地域であるのに「なぜだろう?」と奇異に思ったが、とりあえず土質調査結果やその他の情報をもとにブリーフィングを行なった。とくに印象に残ったのは、男性と女性が半々で、白人と黒人が半々の構成だったことである。この一行のことは数年後「集団自殺事件」が起こって初めて、「ああ、あのときの一行だったのか」と気がついたことだった。

現地事務所と人材

私が赴任して二カ月の一九七一年一〇月、新しい国連開発計画常駐代表としてボリビア出身のハイメ・バルカザー氏が妻のイエダ（ブラジル出身）と三人の子供とともにブラジルから着任した。彼は国連のベテランで、その当時から国連において折り紙つきの〝社会主義者〟として知られ、政治感覚の優れた、しかも思慮深い、私にとって学ぶことの多い可能性を秘めた上司であった。なお、バルカザーはのちに、アンゴラ（一九七五年）、ニカラグア（一九八一年）が革命を経て新政府を樹立するや、当時のクルト・ワルトハイム国連事務総長（第四代）およびハビエル・ペレス・デ・クエヤル国連事務総長（第五代）から特別任命のかたちで「国連開発計画常駐代表」として起用され、さらに後年、母国ボリビアの駐ブラジル大使にも任命されている。

着任直後、彼はアメリカ系多国籍企業（エッソ石油）出身という資本主義的背景をもつ私にちょっと戸惑い、懐疑的であったが、すぐに洗練されていない荒削りで無知の私を受け入れてくれ、国連の仕事の一から一〇まで、それこそメモの書き方、手紙の書き方から始まり、政治・社会・開発分析などの〝コツ〟を手取り足取りで教えてくれた。彼から習ったことは無数にあるが、ユーモアの大切さ、簡潔にして論理的な文章の展開、外交上の配慮にくわえ、国際公務員の黄金律として「不審に思うことがあるときはつねに棄権すべし」という、その後の私の〝座右の銘〟となったモットーを教えてくれた。

いま、振り返ってみるとガイアナには優秀な外交官が赴任していたように思う。これは単なる偶然ともとれるが、当時の地政学的政治情勢によるところが大であると思えた。一九六〇年代、アメリカとイギリスの画策により、社会主義者で〝親東欧〟とみられていた当時のチェディ・ジェーガン首相を外し、〝親西欧〟とみられたフォーブス・バーナムを擁立して首相に据え、一九六六年に独立を迎えたが、その後、英米両国の期待に反してバーナムは非同盟・親東欧の路線を採り、非同盟運動も積極的に推進した。そうした政治環境もあって、ガイアナは七〇数万人（当時）の小国であるにもかかわらず、主要国は優秀な、しかも諜報活動にも長けた外交官の配置に踏み切ったのではないかと思われた。

事実、アメリカ大使しかり、イギリス高等弁務官しかり、カナダ大使、アメリカ政府開発援助（US

ＡＩＤ）所長、そしてソビエト大使、中国大使と、いずれ劣らぬ一流の外交官であったことは私の目にも明らかであった。

一方、ガイアナには首相のフォーブス・バーナムをはじめ、外務大臣のソニー・ランファル（のちにイギリス連邦事務局事務総長）、内務大臣のデズモンド・ホイト（のちに大統領）、大蔵大臣のケネス・キング（前ＦＡＯ事務次長補）、それに反対党党首のチェディ・ジェーガンと妻のジャネット・ジェーガン夫人（両氏ともにのちに大統領）といった優秀な人材がそろっていた。さらにジョージタウンに本部を置く「カリブ共同体」に目を向けると、トリニダード・トバゴ出身のウィリアム・デーマスカリブ共同体事務局長で、後年バルバドスに本部のあるカリブ開発銀行総裁をも歴任したグレナダ出身のアリスター・マッキンタイアといった、ずば抜けた人材がそろっていた。

そのウィリアム・デーマスが私に語ってくれた言葉がいまでも記憶に残っている。

「観光は本質的に〝社会的売春〟である」……。「観光客は先進国から輸入したものを食べ、カリブ海地域が生産するものはほとんど消費してくれない。また若者は汗を流して農業に従事する道を選ばず、ホテルで荷物などを運ぶことで簡単に儲けられる観光業を選んでしまう。しかもトップレスといったヨーロッパの〝露出文化〟へもさらされている」とぼやいていたのが印象的で、当時のカリブ海諸国の開発苦悩を物語るエピソードとして私の記憶に残った。

そうした政治環境でガイアナは非同盟運動*、Ｇ７７**の先鋒となり、フィデロ・カストロキューバ大統領、ジュリアス・ニエレレタンザニア大統領、マイケル・マンレイジャマイカ首相、イスマット・キッタニ国連政務担当事務次長といった要人を招待し、非同盟運動を積極的に進めて、一九七二年八月には「非同盟外相会議」をジョージタウンで開催した。小国のガイアナにとって国連はたいせつな外交舞台であり、ほかの開発途上国と歩調を合わせた非同盟運動とG77関連の活動はガイアナの国連外交の中核であった。

こうした政治的背景をもとに、上司のバルカザーは非同盟運動関連案件の推進に積極的に尽力した。その一つの案件が、当時「ユネスコ」が推進していた「新しい世界情報秩序」のもと、「カリブニュース社」の設立をイギリス出身のウィリアム・グッドカインド（ユネスコ）、ガイアナ出身のヒュー・チョムリー（ユネスコ）の協力で積極的に支援した。

当時、開発途上国は「ロイター」（イギリスの国際通信社）、「AP」（アメリカの通信社）、「AFP」（フランスの通信社）といった先進国のニュースサービスからしか情報を得ることができなかった。しかも、それらの情報は西欧の価値判断のフィルターをかけたかたちでしか入手できなかったことから、バルカザーは価値判断の中立な情報の確保・発信が不可欠との立場をとり、独自のニュースサービスの確立に努力した。

＊非同盟運動　第二次大戦後の東西冷戦期以降に、東側・西側いずれの陣営とも同盟を結ばず、積極的中立主義・平和共存・反植民地主義の原則を掲げる。アジア・アフリカ・中東諸国の国際組織。一九六一年設立。

＊＊G77　一九六四年の国連貿易開発会議総会時にアジア・アフリカ・ラテンアメリカの開発途上国77カ国で形成されたグループ。現在一三〇カ国。

「国連五カ年援助計画」

一九七二年は、ロバート・ジャクソン卿の主唱した国連開発援助体制の能力検証（キャパシティ・スタディ）にもとづいて導入された受益国主導ともいえる「国連開発計画国別計画制度」導入の初年度であり、私はこの新作業にバルカザー常駐代表の指導のもと、着手した。当時、ガイアナ政府は「第一次国家五カ年経済発展計画」（一九七二〜七六）の作成に着手しており、その主幹である大蔵省のウィンストン・キング氏と相談のうえ、「国家五カ年計画」の統計と経済分析を最大限利用し、各国連専門機関からのインプット（意見）を考慮に入れたうえで、「国連五カ年援助計画」（一九七二〜七六）の内容を練り上げた。

このガイアナ政府の「五カ年経済発展計画」と国連の「国別計画」とのドッキングは世界で初めての試みで、ガイアナ政府の国連援助計画へのオーナーシップを高め、また国連国別計画援助内容がガイアナの「五カ年経済発展計画」に反映される理想的な形となった。この協力結果は「国連開発計画背景文書」および「国連開発計画五カ年ガイアナ国別計画」として正式発表された。

「国連開発計画五カ年ガイアナ国別計画」は、1 教育・保健・職業訓練、その他の社会サービスを対象とした人的資源開発、2 行政・貿易・商業・観光を対象とした制度づくりと組織づくり、3 運輸・通信・電信・電話を対象としたインフラ構築、の三点からなっていた。こうして作成された「五カ年ガイアナ国別計画」は一九七三年度の国連開発計画管理理事会に提出され、絶賛をあびた。これはガイアナ政府にとって、とくにガイアナ国家開発計画の主幹であるウィンストン・キング氏にとってうれしい、かつ自慢できる成果であり、ガイアナ政府の「五カ年経済発展計画」完成に弾みをつけた。

この開発文書作成経験で痛切に感じたことは、タテ割りの国連専門機関のアドバイスが、総体的な国づくりの観点からみて、いかに一面的で、限界のあるものであったかということであった。たとえば、国連食糧農業機関（FAO）からみると、いちばん大切な分野である農業・林業・漁業からみて、これらのプロジェクトが十分に反映されていない五カ年計画は「思慮不足」との帰結となった。

総体的に考えて、国連としてやらなければならないこと、国連にしかできない（たとえば「ガバナンス」といった）プロジェクトを実施するという意識が大切なのだが、当時の国連専門機関にはそういった意識はなく、「自分たちの取り分」「シェアーがどのくらいか」といったことが、その国別計画の〝成功・不成功〟の基準とされていた。それゆえ、そうした国連専門機関の自己中心の基準によって評価されたわれわれの「五カ年ガイアナ国別計画」は好ましいものではなかった。したがって、五カ年ガイアナ国別計画が管理理事会において高く評価されたことは、そうした国連専門機関のそれまでの一方的評価を覆すこととなり、ガイアナの国連開発計画にとっても、また国連開発計画の国別計画全体の将来にとっても、とても意味のある結果となった。こうして受益国であるガイアナの開発優先順にもとづき、国連のなすべきことを共同で決定し、実施・実行することとなった。

この間、ガイアナに赴任して一年半足らずの一九七三年一月P2からP3に加速昇進した。

本部ガイアナ担当官・ニコラエフ

国連開発計画本部のガイアナ担当官は、ソビエト出身のボリス・ニコラエフ氏であった。当時、国連開発計画組織内では、ソビエト出身職員の多くは秘密警察（ＫＧＢ）出身者であると了解されていた。もちろん国連はＫＧＢおよび各国諜報機関との間には何の関係もないが、ソビエトの場合は半ば公然とそうした背景のある職員を国連に送り込んでおり、当時のソビエトの外貨不足事情もあって、各職員に国連から支払われれる給料はいったん政府に納めることが義務づけられ、しかも政府から改めて「ピンハネされた給料が支払われていた」とのことだった。

そこで上司のバルカザーは、私をニコラエフのガイアナ出張中の〝番人〟（見張り役）に仕立て、「ジョージタウン事務所に四六時中滞在されると迷惑なので、地方へのプロジェクト訪問に出ろ」との指示で、われわれ二人は二日ほどガイアナの国内旅に出た。出張から帰ってくると、ニコラエフを毎晩自宅に招待し、トマトと塩を肴《さかな》にウオッカ、そして夕食を共にした。ニコラエフは私のセイコー社製の腕時計とソニーのトランジスターラジオが気に入り、「ぜひ譲れ」という。私はそれに応じた。ニコラエフ氏はラジオを持ち帰ったのだが、ホテルで間違って二二〇ボルトの電源につないでしまい、発火・故障させてしまったという。しかし、翌朝までに自力で修理したとのことであった。

ある日、ニコラエフがカゼ気味であったので、日本製のカゼ薬「ルル」を勧めたところ、「ウオッカのほうがいい」という。彼にとってはウオッカが万能薬なのだ。そのニコラエフ、お酒が入ると前任地・キューバの〝嘆き〟が出る。「どうして私の国は一日あたり一〇〇万ドルもキューバのために使わないといけないのか。まったく理解に苦しむ」……。

彼のミッション（出張）が終わった段階で、彼の「出張報告」を私が代わって書いた。そんなこともあってか、ニューヨークへ行ったときは必ず会うことを約束した。個人的には気持ちの良い、おおらかな人で、その後もニューヨークで交友を続けた。

ある日のこと、国連政治問題担当事務次長で中国出身のタンミン・チャオ氏がニューヨーク本部からガイアナを公式訪問した。だが、バルカザーは食事を含め、「中国人の接待方法がわからない」といって、私に相談してきた。そこで私は日本式の「エビフライ」にすることを提案し、白岩家からもらった新鮮な〝車エビ〟を使い、バルカザー邸の台所でみずから料理し、キャベツ、トンカツソースを添えて出した。するとこの「エビフライ」がチャオ氏には好評だったようで、大いによろこばれた。国連事務所は世界に一〇〇カ所以上あるが、「国連職員が厨房に入ってまで上司に尽くすのはまれなのでは」と、みんなで爆笑した。そうしたおおらかな関係を保つことができたことを、心から感謝した。

チリ・クーデター

ガイアナ在任中、南米の「チリ共和国」でクーデター（一九七三年九月一一日）が起き、サルバドール・アジェンデ政権が崩壊した。クーデターの数日前、私はたまたま首都サンティアゴに「ラテンアメリカ・カリブ海地域局」（ラ米局）の仕事の打ち合わせのため滞在し、眼下にデモ隊と警官隊とのたび重なる衝突を目撃して帰国した直後でもあり、感慨もひとしおであった。

このクーデターが起こったすぐあと、上司のバルカザーは「アメリカ政府が必ず背後にいる」と断定し、イギリスBBC、「ボイス・オブ・アメリカ」（VOA：アメリカ政府の海外向け短波放送）などの一般報道よりも「米軍放送網」（AFN）のみを傍受して情報を収集していた。そこには理由があった。彼のアパートがアジェンデ大統領府の近くであること、また彼の長女がそのアパートから大学に通学していることなど、そうしたこともあってサンティアゴ入りすることを決意し、アルゼンチン・ブエノスアイレス経由でクーデター後、いの一番でサンティアゴ入りを果たした。

数週間後、バルカザーはガイアナに帰国して、チリ・サンティアゴでの経験を私と共有した。かれによると、多くのサンティアゴ在住の社会主義者がチリ政府の招きで入国した周辺各国の秘密警察の手によって逮捕され、本国に送還されたか、あるいはその場で処刑されたとのことである。彼は追われていた友人・知人をできるだけ自分のアパートにかくまったという。その後、バルカザーは国連難民高等弁務官事務所（UNHCR）の協力を得て、自分の長女も含め、チリ警察・軍隊に捕らわれた避難民をスウェーデン南東部にあるウプサラに無事避難させたということであった。彼は『エコノミスト』誌の赤い手帳に、逮捕され処刑された社会主義者の友人の名前を数十ページにぎっしりと書き込み、涙を流しながら亡くなった友人のことを私に語ってくれた。

クーデター直後に殺害された市民は二〇〇〇~三〇〇〇人ともいわれ、翌年成立したピノチェト軍事独裁政権による治安作戦は苛烈をきわめ、数十万人が強制収容所に送られ、約三〇〇〇〇人の市民が殺害された（人権団体の調査）といわれる。

「チリ・クーデター」は南アメリカで初めて自由選挙によって合法的に選出されたサルバドール・アジェンデ大統領の社会主義政権を、アウグスト・ピノチェト将軍の率いるチリ軍が武力で覆した事件であった。このクーデターの背景にはアジェンデ政権の行なう社会主義的政策に対する裕福層や軍部の反発、さらにドミノ理論（一国が共産化するとこれに隣接する国々もドミノ倒しのように共産化するとする考え）による南アメリカの左傾斜を警戒するアメリカの反発と、ニクソン大統領——キッシンジャー国務長官——CIA（大統領直属の中央情報局）——ピノチェト将軍とつながる暗躍があったことが、その後明らかになった。そして、一九九〇年に民主的な文民政権に移管されるまでの一七年間（一九七三~九〇）、チリの「恐怖政治」は続くこととなる。

このチリ・クーデターをめぐってもうひとつのエピソードがある。のちに私の上司となるガブリエル・バルデス（当時、国連開発計画ラテンアメリカ・カリブ海地域局局長）はクーデター後、いち早く母国であるチリに戻り、公然とピノチェト将軍を「暗殺者」と名指しして批判した。その後も彼は母国の政治展開に心を痛め、国連を退職したあとチリ政界に復帰し、上院議長となり、何度かの投獄を挟んでピノチェト大統領と対立しつづけ、チリの民主化に貢献した。バルデスはピノチェトの失脚から二二年後（二〇一一年）、九二歳でこの世を去った。人として、ふみ行なうべき正しい道を歩んだ人生であった。

国民選挙の不正操作

ガイアナの近代史をさかのぼると、一九五三年の初の総選挙でインド・パキスタン系のチェディ・ジェーガンが率いる人民進歩党が勝利、一九五七年にはアフリカ系のフォーブス・バーナムが人民国民会議を結成、一九六四年には人民国民会議が連立政権で勢力を占めた。その後、バーナムがボーキサイトを国有化し、電気、通信、流通などのインフラも国家統制をはかった。一九六六年にイギリス連邦の一員として独立、一九七〇年に共和制に移行、国名を「ガイアナ協同共和国」とした。

一九七三年、「国民選挙」が行なわれたが、選挙の不正操作をめぐって人民国民会議のバーナムと反政府の人民進歩党党首チェディ・ジェーガンが対立、ジェーガンが「不正操作があった」として、これを国連事務総長に報告すべく国連開発計画事務所を訪問した。そのさい、バルカザーの命令で、彼に代わって私が応対した。ジェーガン氏の要請は、国連外交パウチ（郵便袋）による「抗議文」を国連事務総長へ伝達することであった。

バーナム政権はこれを強く否定したが、「国民選挙」の不正操作があったことは誰の目にも容易に想像ができた。しかし、この件で首相であるバーナムの意向に反し、反政府派のジェーガンの肩を持つことはバルカザーの本意ではなかったし、実質的選択肢でもなかった。そこで私は上司のバルカザーに代わって、「国連事務総長にそうした嘆願書を転送する」と約束するのみにとどめ、それ以上のイニシアチブ（たとえばジェーガン氏の申し立てに対する意見や選挙状況報告など）は取らなかった。こうした独自の裁量ができるのも現地国連職員ならではの仕事であった。ただ、私が当時国連開発計画事務所長であったなら、バルカザーの立場にあったなら、いかなる判断をしたであろうかと回顧している。

そのジェーガン氏であるが、かれはインド系で歯科医の経歴を持ち、とても清廉な政治家であった。イギリス植民地下で一九六一年から一九六四年まで首相を務め、バーナムの死後、一九九二年から一九九七年まで大統領を務めた。彼の夫人であるアメリカ出身のジャネット・ジェーガンも、ジェーガン氏の死後、首相と大統領を一九九七年から一九九九年まで務め、ガイアナに尽くした。私は個人的にジェーガン夫妻をよく存じ上げていることから、夫妻で大統領になられたことを心からうれしく思った。

仕事の楽しさと難しさ

さて、一九七三年の半ばのことである。ガイアナでの常駐代表でありながら、バルカザーは非同盟運動関係のプロジェクトにしばらく打ち込むこととなった。そのためしばらくのあいだ私が常駐代表代行となり、事務所を統括することになった。このことは私にすばらしい機会を与えてくれた。

それは、常駐代表代行となったことで、これまで経験不足のため、どうしていいかわからないときにはいつもバルカザーに直接相談していたが、このときは電話やテレックスで相談しながらも、自分の裁量で判断することとなった。その反面、すべての業務は私の名前で行なわれ、その成果はもちろん失敗も明白に私の責任となった。だが、そうして行なった業務はやがてニューヨーク本部の認知することとなり、私の評判が広がりはじめた。

その結果、国連開発計画入り三年目の若輩にもかかわらず、ジョージタウンにおいて本部ラテンアメリカ局幹部一同を招き、私がホストになりカリブ海域、そしてカリブ海に面している国連開発計画国事務所常駐代表出席による「国連開発計画カリブ海地域会議」を開催する運びとなった。この会議が成功したことから、私に対する評価は決定的なものとなった。またカリブ共同体本部がジョージタウンに位置することから、トリニダード・トバゴ、ジャマイカを除く東カリブ海全域（アンティグア、セントルシア、セントヴィンセント、セントキッツ、バルバドス、ドミニカ、モンセラット、そして仏領のグアドループとマーチニーク）もガイアナの国連開発計画事務所が管轄することとなった。しかし、この会議での過労がたたってか、ダウンしてしまい、しばらくの休養を余儀なくされた。

そこで、健康回復目的の意味も含めて、六カ月ほどセントルシアに一時的に赴任することにした。そのおりには上記の島国を歴訪し、常駐代表代行として政府関係者に挨拶することができた。これほど公私ともに整った任地はその後をふくめて皆無である。そのうえ妻の両親も長期滞在し、結婚前に会うことができなかった〝償い〟をすることができたことは二重のよろこびであった。

同僚の監督・指導

任務上、もっとも心を悩ませたのは、同僚およびランク的に上司にあたる同僚の監督・指導だった。その一人がドイツ出身のハンス・ボイムラーであった。彼はフランス人の妻をもち、フランスの名門外交専門学校出身のエリート感覚の高い、私と同格のP3スタッフであったが、「カンボジア内戦」でのクメールルージュの暴挙に心を痛めて精神障害を起こし、ガイアナに急きょ転任されたのだった。かれは「同格のニワからなぜ指示を受けなければならないか」といって、つねに抵抗した。

もう一人はイタリア出身のアルセニヨ・サラである。かれは私よりも一階級上のP4であったことから、なおさら私の指示に抵抗した。ひと言でもかれの手紙を訂正すると、「なぜそのような変更をしなければならないのか」と詰問してくるのが常だった。しかし考えてみると、そうした抵抗は無理もない反応であったかもしれない。

日本人で得？

初めての経験ながら、「開発」にたずさわってつくづく感じたのは、「日本人で得をした」ということだった。日本は旧宗主国ではなく、アメリカのように巨大な政治・経済大国でもなく、戦後、西欧諸国からの遅れを取り戻すために極力努力し、急速な経済発展を遂げたことに対する「尊敬」の感情をもつ国々が多かった。

その背景には、当時の日本がいわゆる〝中進国〟の自覚にもとづく謙虚な態度が途上国から好意をもって見られていたことも事実である。いわば、日本は途上国にとって実現可能な〝モデル〟であり、また仲間内とでも言えそうな親近感と尊敬の感情が、政府関係者だけでなく、一般市民からも自然な形で伝わってきた。

ガイアナでの思い出

カナダの外交官で、東京からガイアナに赴任してきたクリスチャンセン夫妻と親しくなった。日本にいたというよしみもあり、妻と一緒にゴルフを始めることとなった。9ホールの、牛がしょっちゅう横切る小さなゴルフ場で友人たちと毎週プレーした。そんなある日、グアム出身のアメリカ政府開発援助（USAID）職員のマクブーとコースを回っていたときのこと、彼の打った球が四五度スライスして妻の顎先を直撃するという事故が起きた。それこそ、当たりどころがあと二センチ上か下かだったらいのち取りになるようなケガだった。すぐにプレーを中断し、とるものもとりあえず、知り合いの韓国人医師・ユーさんが勤務するジョージタウン病院に行き、緊急で麻酔なしで縫ってもらった。これに懲りて二人ともゴルフからしばらく遠ざかった。

また、ガイアナでは趣味の写真の現像・引き伸ばしに精を出した。夜間だけの〝にわか暗室〟で朝方まで白黒写真の現像・引き伸ばしに汗をかきながら専念した。だがすぐに現像液の温度が高くなるため、氷の入ったポリ袋で温度調節をしなければならず、それが面倒だったが、ほとんど娯楽施設のないジョージタウンで頻繁にこの趣味に打ち込んだ。

休日にはガイアナ東部にあるデメララ川によく出向いた。ミルクティーの色をしたこの川は流れが速く、川幅も広くて水深も深いことから、ボーキサイトを積んだ運搬船が自由に行きかうことができる大きな川であった。そのデメララ川で友人から購入した小型の双胴ヨット船を操縦したりもした。ヨットの操縦は初心者程度の知識しかなかったが、大胆にも週末には妻と二人で友人とともに楽しんだ。川べりで漁業会社の白岩さんからもらった新鮮な魚の燻製もつくり、ピクニック気分にひたった。

ガイアナ人は「スチール・バンド」(スチール・ドラムと打楽器から構成される楽団)に合わせて自由に踊ることが大好きである。これは「ジャンプ・アップ」といって、誰でも飛び込みで踊ることができ、生まれつきのすばらしいリズム感でみんなが躍動する姿はまことにみごとである。娯楽の少ないジョージタウンでのジャンプ・アップ・パーティはいつも盛会だった。

また、ガイアナ人は「黒い英国人」というあだ名があり、政治家に限らず、まことに正式のスピーチが上手である。外務大臣のランファルなどはその典型で、国連で働くガイアナ人でスピーチが上手な人が多い。たとえば、現在国連総会担当事務次長を務めるキャサリン・ポラードの国連総会でのそつのない、言葉巧みな議事進行はその好例である。

外国からの訪問者があるたびにガイアナの内陸地を案内した。世界で一番高い滝と称せられるカイヤチュアー滝、ブラジル国境近くのアマゾン川流域、アメリインディアン村、エクセイボなどを、飛行機や乗り心地の悪い、しかもハンドルの重いランドローバを使って旅行した。

空から見るガイアナの森林はちょうど野菜の〝ブロッコリー〟のような形をしており、飛行機が墜落すると機体はすっぽり飲み込まれてしまい、探すことは不可能だという。「なるほど」と思った。なかでもいちばん印象に残っているのは、南西部のブラジル国境近くの「ルプヌニ」である。ここにはポーランド系一家が移り住み、快適なロッジを経営していた。南米大陸特有の珍しい動物、たとえばオッター（カワウソ）、カピラ、オセロット（大型ヤマネコ）、イノシシ、アリクイなどに囲まれ、深夜に懐中電灯と荒縄を持っての食用ワニ狩り（チキンのような味がする）や、すばらしい自然蘭《ラン》のコレクションなどを楽しんだ。

「ルプヌニ」は、私が赴任三年前の一九六九年に先住民（アメリインディアン）が、ガイアナ共和国政府に対して「先住民としての権利を十分守ってくれない」との理由から「反乱」を起こした。このとき、以前からルプヌニ地域を〝自国領〟と主張していた隣国のベネズエラがこの地を「統合」することを求めたが、反乱は航空機をつかったガイアナ国防軍（ＧＤＦ）によってすばやく鎮圧された。ルプヌニは地理的にも隔絶した土地であり、交通手段は飛行機しかなく、広いサバンナの一角であることを考えると、こうした反乱を抑えることは容易ではなかったと思われた。

この近くには水底に〝大蛇〟が潜んでいる（おそらく冗談であろうが）といわれる岩間があり、そこを泳いで滝壺に到達するのだが、いつ大蛇に下から巻きつかれるかと心配しながら往復したことだった。

長女・真理佐の誕生とダウン症

ガイアナに赴任して二年後、妻のジェーンが身ごもった。そこで一九七三年夏、ジェーンの出身地であるピッツバーグで、日本から来た私の両親とジェーンの両親との家族の〝集い〟を楽しみ、私は任地のガイアナに、ジェーンはそのままアメリカに残り、ピッツバーグで出産することとした。

アメリカに向けて出発する数日前、電話があり、「予定より早く出産した」ということであった。そこで急きょピッツバーグへ向かい、空港から病院に直行した。病院に着くと、顔を合わせたすべての病院のスタッフがあまりにも親切なので、喜びと同時に「何かあるな」という疑念と、胸が騒ぐのを覚えた。

担当の看護婦は、明朝八時に担当の医者がわれわれ「二人に会いたい」といっていると告げた。翌日、医師に会うと、単刀直入に、生まれてきた長女・真理佐は「ダウン症」であること、さらにダウン症児に付随する先天性の心疾患を患っていることを告げられた。しかも「重症」だという。

予測しなかった事態にまったく戸惑ったが、病院のアドバイスに従って「シャーチアーズ・センター」という非営利団体に連絡してみることとした。すぐに連絡すると、電話に出た職員のナンシー・グリーンさんが、「どういう質問をしてよいかわからないのでしょう」と対応してくれ、会話のきっかけをつくってくれたのだった。

われわれの任地が医療施設の充実していない開発途上国ガイアナであり、重度の心疾患をもつ「真理佐」の健康管理が不可能なことを了解せざるを得なかった。選択肢は極端に限られた。一つは、家族三人アメリカとガイアナに離ればなれで過ごすか、あるいは真理佐をアメリカに残し、里子あるいは里子扱いしてもらう施設を探すかの二つであった。前者は開発途上国を職場とするわれわれに、正常な結婚・家族生活を、あるいはこの仕事自体を「このさい、あきらめろ」という過酷な選択であり、後者は母親のジェーンにとってまことに苦しい選択であった。

そこで、ペンシルバニア州ニューブライトンにある「マクガイア・メモリアルホーム」というカトリック系の障害児福祉施設に一時預かってもらうこととし、次の任地がニューヨークの場合は、そのとき引き取って育てることができる可能性のあることから、「ホームに預ける」という選択肢を選んだ。一時的にせよ、この決定は妻のジェーンには過酷で、耐えがたいものであった。

真理佐が「ダウン症」と聞いたときの心境を母・淑子はこう記している。

一九七三年一〇月一三日、私に初孫が生まれた。私の一人息子・敏之と、妻・ジェーンとの間に生まれたその娘は、「真理佐」と名づけられた。真理佐は、アメリカのピッツバーグの郊外、ジェーンの両親の実家のあるマウントレバノンの病院で生まれた。敏之は国連に勤務しており、当時、南米ガイアナ共和国・ジョージタウンに常駐していた。赴任地が発展途上国であることもあって、ジェーンは単身実家に戻り、そこで出産することになったのだった。

誕生の知らせに急遽帰国した夫とともに、二人が医師から告げられたのは、生まれた子どもが「ダウン症」であるという事実であった。翌日一四日の深夜に、私は国際電話で、その「真実」を打ち明けられた。私はその衝撃に耐えながら、手もとの南山堂刊『医学大辞典』で、「ダウン症候群」(蒙古症)について調べた。そして、その概略が分かった。

祖母である私が、そのとき受けた衝撃の記憶は、いまも忘れられない。その後、深夜のコールには、かなり長くおびえを感じるようになっていた。さらに、真理佐がダウン症であるばかりでなく、かなり重篤な合併症があるという事実が分かった。

医療の恩恵を期待できない発展途上国には連れて行けない……。そこで、彼らはつらい決断の末、「マクガイア・メモリアルホーム」に入院させることにした。そして、それまでの数ヵ月間、ジェーンは実家で、真理佐とともに過ごした。そのころジェーンはすでに友人、知人に真理佐誕生のメッセージ・カードを送っていた。そして、私には「告知」に際して、ドクターから読むようにと勧められたスミス・ウィルソン著の『The Child with Down's Syndrome（ダウン症の子ども）』という世にも美しい本を送ってきた。その本は、一九七三年の発刊であることを私は知った。

「アメリカでは、医師の告知が患者にとってどのような衝撃を与えるか、十二分の配慮がなされている」と、息子は語った。医師から、九九パーセント「ダウン症」であると思うこと、簡単ながら要領よくダウン症の説明があり、それは両親のせいではないこと、もし家庭で育てられない事情があれば、しかるべきところを紹介するから、そこで納得いくまで検討してみるように。そして、「この本を読んでごらんなさい」と手渡されたという。

私はむさぼるように読んだ。そこには「ダウン症」とは何か、どうして起こったか、ダウン症の子どもはどんな子どもか――が、じつに分かりやすく解説されており、愛らしいダウン症の子どもの写真が、数多く載せられていた。三カ月後に、休暇で息子夫婦が日本に帰ってきた。ジェーンは、友人、知人に出したという誕生の知らせを、私どもに手渡した。そのメッセージ・カードには、彼女の美しい英語で、真理佐の誕生、夫が南米の任地から駆けつけたこと、二人で医師から二日後に告知を受けたこと、その医師からとても率直に、真理佐がダウン症であると告げられたこと、なぜどうしてこんなことになったのだろうかと二人で涙を流したあとで、自分たちにはお互いに支えあい、そして助け合える家族があることに気づき、現実を受け入れることができたこと、そしておそらく、この子は特別な人々に大切にされるために遣わされた「特別な子ども」であったのだと思うと、そこまでの心境に至ったいきさつが書かれていた。

そして、真理佐という日本語の名前をつけた理由を述べ、それは「真理」に奉仕する、または支えるという意味だということ、自分たちとともに挑戦し、新しい生命が誕生したことをともに喜んでくださるように——と結んでいた。カードの表には、折り紙でつくった女の子のしおり、裏には真理佐の足型がプリントされていた。私ども夫婦はこれを読んで、このような心境に達したことを健気に思いながらも、親も子も不憫でならなかった。

その後、伊豆の温泉に二人を伴ったときのこと、朝早く、二人は「散歩に」といって、海岸に出かけていった。私は二人の後ろ姿を、宿の窓から追っていた。平静なジェーンの表の顔と異なる深い悲しみが、彼女の両肩を落とした後ろ姿に、にじみ出ていた。私はその風景を忘れることができない。折りあるごとに思い出す。

私は、彼女らに何もしてやれない自分が悲しく、切なかった。彼らを見送って、再びいつもの生活に戻った。しかし、私は自分の中に、何か新しい意識の芽生えを感じるようになった。いままで気づかずにいたダウン症の子どもに街角で出会うと、つい言葉をかけたくなる。私は自分にできそうなことを、無意識のうちに、絶えず探していたようだ。

マクガイア・ホームに入った真理佐の消息が、ジェーンの母・ヴァージニアから、写真入りで送られるようになった。彼女は子ども図書館の主任司書で、多忙な人であるが、折りあるごとにホームを訪れ、真理佐の成長を知らせてくる。写真には年月日が記され、短いコメントがついている。もう一人の祖母の人柄が偲ばれるような、素敵なコメントである。そして、それと同じものが、娘のところにも送られていたことであろう。

インターネットのない時代の手づくりの愛のメッセージである。彼女は、受信者の期待を裏切らないように、定期便のように送信してきた。アメリカのピッツバーグから、日本と南米ガイアナへ。そして次には、アラビア半島のイエメンにと、地球に三角形を描きながら、それは彼女の存命中ずっと続いた。ヴァージニアとは、このような人であった。そして、この行為の動機が、真理佐にあったことは疑う余地がない。

しかし、私はまだ具体的に自分の志を実現する方途は、見いだしていなかった。一九七六年の夏、ともかく真理佐に会うためにマクガイア・ホームを訪ねることにした。母親のジェーンが、ガイアナから合流した。その年の八月のその旅は、私を現在の仕事に導く意味ある探索の旅となった。


（『あなたたちは希望である――ダウン症と生きる』丹羽淑子著、人間と歴史社、二〇〇五年）


そうして母はダウン症の母と子のカウンセラーの道を選んだのだった。私の母は、もとは発達心理学者であったが、この機会に専門分野をダウン症児とその両親へのカウンセリングに変更し、一九七七年から東京・代々木にある「花クリニック」児童精神科ダウン症母子発達相談カウンセラーとなった。こうして、われわれの長女「真理佐」の誕生は、私の母に新しい挑戦の機会を与えたこととなった。

三年半の任務を無事に終え、ニューヨーク本部へ転勤することとなった。そのさい、上司のバルカザーは「将来あなたが副総裁あるいは副総裁代行になったときは、いつでも喜んで仕える」と、冗談とも本気ともつかない別れの言葉をくれた。その後、実際に私が四カ月間ではあるが、副総裁代行になったとき、「あのときの私の言葉を覚えているか」と、得意そうに電話の向こうで昔を懐かしがった。

【キャリア・アドバイス ❖ ガイアナ】

1 新しく仕事についた場合はどんなことでも質問できる。とくに国連外部から入ってきた場合はわからないことがあってあたり前であることを周囲はよく理解している。しかし、なるたけ早く（最初の三カ月間）質問をすること。この期間を過ぎるとだんだんと質問すること自体難しくなる。

2 新しい上司と同僚との間に信頼関係をできるだけ早くつくること。とくに上司との間の信頼と信任の関係を築くことは不可欠である。

3 良いメンターを見つけることが大切。その過程で自分がいかにしてメンターに貢献できるかも考えておくべきである。一方的なメンターとメンティーの関係は長期間にわたって維持することは難しい。

4 謙虚、根回しといった日本の美徳は普遍性があり、国連でも十分通用する。

5 ユーモアを大切にすること。ユーモアは相手のガードを下げさせる効果がある。とくにへりくだったユーモアは効果がある。

6 リスクを取ること。もちろん無茶なリスクはダメだが、考え抜かれた、計算されたリスクは欠かせない。

7 他人に花（褒め言葉）を与える。

8 もしも自分で任地を選ぶことができれば、誰の下で働くことができるかにより任地・赴任先を選ぶことが望ましい。赴任地・国よりもいかなる上司を持てるかのほうが大切。

9 できれば初任地は大きい国事務所よりも小さい国事務所を選ぶほうが望ましい。小さい事務所ではより大きな責任を持たせてもらう可能性が高い。

国連開発計画事務所にて。当時は常駐代表代行であった。1973 年

ジョージタウン・ブリックダム通りにある木造建ての国連開発計画事務所ビル。1971 年

写真右からカカー、上司のハイメ・バルカザー国連開発計画常駐代表、妻・ジェーン、バルカザー夫人・イエダ、メッセンジャーのテリー、運転手のリー、筆者、運転手のデスモンド。1971 年

中国外交官（左 2 人）と大蔵大臣ケネス・キング（右端）。

ガイアナ国連開発計画事務所の同僚と。右から筆者、デニスとジョーン・スワンバー（ガイアナ）、ビルギータ・ニグレン（スウェーデン）、レネー・ツリニー（カナダ）、妻・ジェーン。1974 年

ラテンアメリカ・カリブ海地域局幹部一同を招待して国連開発計画カリブ諸国常駐代表会議を主催 1974 年

国連開発計画の代表代理スメタ・カーナ博士（右から 5 人目）ら国連のエクスパートとともに。カーナ博士は私の着任当時 WHO 代表であった。右端が総務担当官のナリンダー・カカー。左端がカカー夫人。カカーはその後モルジブの国連開発計画代表となった。1971 年

国連開発計画大先輩の北谷勝秀さん一家と、私を国連開発計画に紹介してくれたソメンド・バナジー（後列右）。ニューヨーク・ジョーンズビーチにて。1971 年

●著者インタビュー①

（聞き手・人間と歴史社　佐々木久夫）

――一九七一〜一九七五年の出来事を列挙してみます。これらについて丹羽先生のご意見、ご感想をお聞かせください。一九七一〜一九七五年は米中関係改善の年でした。一九七一年、いわゆる「ピンポン外交」が行なわれ、米中の緊張緩和が進みました。それを仕掛けたのがキッシンジャー補佐官です。キッシンジャーの訪中がニクソンの訪中を導き、米中国交回復から国交樹立（一九七九年）へとつながりました。そして日本も「日中国交正常化」へとつながりました。丹羽先生はこの一連の流れをどう見ていましたか。

丹羽●まことに興味深く見ていました。大局を見た的確な戦略の重要性、秘密外交の周到さ、したたかさ、何をとっても頭が下がります。いまのトランプ大統領の思いつき外交では何も期待できません。しかし、聞くところによると、キッシンジャーは現在トランプの黒幕的存在とのこと。あまりに意識の低いトランプと切れ者のキッシンジャーと照らし合わせることができません。トランプの何に目がくらんだのでしょうか。以前もっていた尊敬感が薄くなりました。

――また一九七一年は二つの「ニクソンショック」（訪中ショック・ドルショック）がありました。日本では「変動相場制」への移行がありました。これが世界および国連開発計画に与えた影響はどんなものでしたでしょうか。

丹羽●フレッチャースクールの恩師・ハルム教授は、「固定相場制から離れ、変動相場制に移行すべし」と、私が留学当時、盛んに主張していました。短期的にはいろいろな試練を伴いましたが、そうした経済試練を乗り越えて経済構造を変えてゆくことが大切であり、日本にとっても、世界にとっても適切であったと思います。

——また一九七一年は「アラブ首長国連邦」が建国された年です。この建国が中東に与えた影響はどんなものでしたでしょうか。

丹羽●正直なところ、わかりません。私が赴任したころのアラブ首長国連邦は、たとえばイエメン大地震のときには潤沢な石油からの収入で大きな貢献していました（結果的にはサウジアラビアやほかのアラブ諸国と同様に無調整でガムシャラな援助で、その効果は限られていましたが）。サウジアラビアと違って狂信的なイスラム主義ではなく、社会的にも穏健だったので、政治的には中東に安定的影響を及ぼしたのではなかったでしょうか。

——一九七二年の一月に、国連事務総長にオーストリアのワルトハイム氏が就任しました。このワルトハイム氏の政治的影響力と構想力を評価してください。

丹羽●私の印象は貴族的雰囲気の、傲慢な印象を与える人で、能力の優れた人とは思えませんでした。オーストリア大統領になって、自分の自伝に空白があったことから、ナチスのシンパでヒトラーの親衛隊に属していたことが露見し、大統領であるにもかかわらず国際社会から締め出され、自分が以前勤務したアメリカにも訪問することができなかったのは元国連事務総長としてまったくみっともない限りでした。私がいまでも気にするのは、どうしてこの事実が事前に事務総長に選ばれる前に、アメリカ、ソビエトを含め、国連常任理事国によって感知されなかったかということです。それを知ったうえでの沈黙だったのでしょうか？

——一九七二年の三月、ローマクラブが『成長の限界』を発表しました。国連はこの『成長の限界』をどうみていましたか。また丹羽先生はどうみていましたか。

丹羽●正直なところ、当時の私の仕事環境から、個人的にはあまり注意を払いませんでした。一つにはこうしたグローバルなテーマは、環境問題を含め、経済発展を目指す開発途上国にとっては〝金持ちの道楽〟のように映ったでしょう。環境破壊が起こっても、「われわれはそれで経済発展に結びつけばそれでよい」との考え方、態度です。事実、ガイアナで日本の瀬戸内海の製紙工場からのヘドロの問題、東京の光化学スモッグのことに言及すると、「そうした弊害があっても、われわれは工業化を望む」「環境問題はわれわれにとって〝ぜいたく品〟だ」との反応が返ってきました。

――一九七二年の六月、いわゆる「ウォーターゲート事件」が起こります。丹羽先生はこれをどう見ていましたか。

丹羽●考えられない事件でした。民主国家として崇拝していたアメリカで起こった事件で、「そんな盲点のある社会なのか」とびっくりしたものです。数十年経過した今日、トランプ大統領が同じような問題・可能性を抱えていることを思うと、驚きはなおさらです。トランプと比べればニクソンはもっとまじめで〝人間的〟であったと思います。

――またこの時期は「ベトナム戦争」が深刻化するときでもありました。

丹羽●私が留学中、「ベトナム戦争」はフレッチャースクールで一緒に学ぶ学友にとって大変な試練でした。夕食後、毎夕六時三〇分から放送されたウォルター・クロンカイトのCBSイブニングニュースにむさぼるように見入る学友の姿がとても印象的でした。「明日にも徴兵されるのでは」と危惧しながらテレビ画面に見入る姿は悲壮でした。

――一九七二年一二月、ついにアメリカは「北爆」を開始します。国連および丹羽先生はこの動きをどう見ていましたか。またアメリカは北ベトナムに勝つと思っていましたか。キッシンジャーは「勝てる見込はない」とフレッチャースクールで講演したとありましたが、その根拠は何だったと思われますか。

丹羽●「まったく良い結果を期待できない」「暴挙である」と言ったフレッチャースクールの同窓生

の反応を思い出します。あの時点では誰も勝つことなどは考えていなかったでしょう。

――一九七三年の一月、「ベトナム和平協定」が結ばれ、キッシンジャーはニクソンから国務長官への指名を受けます。そして一九七三年一〇月、キッシンジャーはベトナムの和平への功績でノーベル平和賞を受けます。そして一九七五年の四月に、ついにサイゴンが陥落、「ベトナム戦争」が終結します。この間の日本の外交の在り方と、キッシンジャーの外交の何が違うのでしょうか。われわれはキッシンジャーから何を学べばいいのでしょうか。

丹羽●正直なところよくわかりませんが、あの大局の読み方、千載一遇の読み、そして行動力には頭が下がります。日本の外交のあり方に対する特別の思いは正直なところありません。

――余談ですが、一九七三年の四月、のちにジェット旅客機によるテロで崩壊するワールド・トレード・センターがオープンしました。

丹羽●考えてみると、三〇年後、破壊される運命にあったと思うと感無量です。私が「グラウンド・ゼロ」をおとずれたときは大型のひとかけらの金属材だけを残してほとんど粉々になっており、形の整ったものは何も残っていなかったわけですから……。それにしてもワールド・トレードセンターの建物はまるで「砂上の楼閣」というがごとく、いとも簡単に崩れ去りましたね。

国連開発計画ニューヨーク本部

一九七五〜一九八〇

国際機関の分野別断片化は各国政府の断片化方式を反映している。たとえば、財務大臣は国際金融機関とだけ協働し、開発大臣は開発プログラム、農業大臣は食糧プログラム、環境大臣は環境機関とだけ協働する傾向が強い。
（脅威・挑戦・変化に関するハイレベル・パネル）

初めての国連本部勤務

三年半のガイアナでの勤務のあと、国連開発計画ニューヨーク本部「ラテンアメリカ・カリブ海地域局」（ラ米局）に配属となった。この転勤はガイアナにおける私の業績に対する報奨であると同時に、ダウン症の長女・真理佐をペンシルバニア州に残してガイアナに赴任していることを勘案した「ラ米局」幹部の恩情ある計らいでもあった。

この「ラ米局」は、本質的にスペイン語圏を主体とする地域局であり、局長のガブリエル・バルデスが英語を不得意としていたため、局内の会議はすべてスペイン語でなされ、スペイン語を話すことのできない私にとって、大きなハンデのある職場だった。また、転勤とほぼ同時にガイアナでの業績が認められ、職位もP3からP4へと二年加速昇進となった。

家庭の事情

ニューヨークに着任するなり、私はダウン症の長女・真理佐を引き取るべく妻のジェーンと話し合った。まず、真理佐には重大な心臓疾患がある。したがって、すぐに自宅に引き取ることができない。また、私の職務は途上国まわりである……。こうした条件を考慮し、今後の途上国での生活をも前提に善後策を検討した。そして、われわれの要件に見合った施設とその可能性を探すことにした。

その結果、残念ながらニューヨーク近辺にはペンシルバニア州のような施設も、またわれわれが相談できる公的な団体も非営利団体も存在せず、真理佐のような障害児のサポートを提供してくれる組織もまったく見当たらなかった。

そうした状況のなか、生まれて間もないときにお世話になった非営利団体「シャーチアーズ・センター」(Chartiers Mental Health and Mental Retardation Center)の計らいで、カトリック系のマクガイア・メモリアルホームでの養育から、妻ジェーンの実家のあるピッツバーグ市のマウントレバノンで特別の障害児育成資格を持ち、かつご自身が障害児と一緒に家族の一員として育った経験のある夫婦家庭で、〝家族の一員〟として育ててくれる可能性にめぐり合うことができ、あえてペンシルバニア州からニューヨークに真理佐を移さないことにした。その後、真理佐は開胸手術を受けて重症の心臓疾患を治療し、健康上の懸念も取り除くことができた。

ラテンアメリカ・カリブ海地域局

当時の「ラテンアメリカ・カリブ海地域局」(ラ米局)はチリ出身のガブリエル・バルデスが局長

（事務次長補）で、局次長はイギリス出身のマーガレット・アンスティー女史（D2）であった。

バルデスはすぐれた政治家で、国連開発計画に抜擢される前にはチリの外務大臣を歴任しており、国連開発計画退職後はチリ政界に復帰し、国会上院議長となった人物である。一方のアンスティーは生え抜きの国連人で、チリ、ボリビア、エチオピア、モロッコで国連開発計画常駐代表を務め上げ、一九六九年には国連開発新路線を提唱したロバート・ジャクソン卿の国連開発援助体制の能力検証「キャパシティ・スタディ」の主筆を務めたあと、「ラ米局」局次長となった人物である。

「ラ米局」には三つの「地域課」と一つの「総括課」があり、プエルトリコ出身のヌネツ・メレンデス、イスラエル出身のマイケル・グコフスキー、アメリカ出身のデービッド・ハーゾグがそれぞれの地域課を、そしてアルゼンチン出身のカルロス・ダベシアスが総括課をおのおのD1課長として管理した。

私はダベシアスの監督下で、プログラム資金管理担当として中国系のスタッフ（P2）とエクアドルとフィリピン出身の二人の助手とともに勤務した。前任者はスリランカ出身のジェハン・ラヒムで、私の赴任直前にネパールの副代表として栄転した。ダベシアスの引退後、私はアンスティー局次長の直属部下となった。

私の任務は「ラ米局」全域の「国別計画」の資金計画と援助実施状態をモニターし、局次長に報告する役目であった。国別計画を管理する、いわば表看板の「ラ米局」の国別担当官の本質的仕事にくらべ、控えめな陰の仕事であるが、独立して仕事ができ、特定の国ではなく、ラテンアメリカ・カリブ海地域全体を仕事の対象とし、またアンスティーと直接働くメリットがあった。

アンスティーはいたく几帳面で、しかもせっかちな上司であった。そのため当初はなかなか折り合いがつかず、あまりにもうまくいかないので、ガイアナ時代の上司バルカザーに、「なかなかうまくいっていない」と打ち明けた。すると彼は、「まず彼女（アンスティー）がイギリス人で、そして女性である。そのことを頭において対応すべきである」とのアドバイスをくれた。

「具体的には？」と問うと、

「まったく正しいと思ったら、強く叩け。しかし、もしもそうした確信がない場合は叩くことを極力避けよ」……。

そこで私は、正しいと確信したときは、思いきって力強く提言し、意見を述べた。しかし、少しでも疑問が残る案件では、強い主張を極力回避した。私のこの対応は功を奏し、アンスティーとの関係は一八〇度改善され、相互理解と信頼にもとづくよい仕事関係を築くことができた。この関係はその後もつづき、数十年にわたり親しい関係を続けることができた。

国連開発計画の歴史的・時代的背景

ここで「国連開発計画」*（ＵＮＤＰ）に関する歴史的、時代的背景を簡単に記しておきたい。国連開発計画は、一九六六年に「国連特別基金」と「国連拡大技術援助計画」とが合併してできた国連開発組織である。初代総裁には、アメリカ「マーシャル・プラン」（欧州復興計画）最高責任者で、元自動車メーカーのステュードベーカー会長・元フォード財団理事長のポール・グレイ・ホフマンが就任した。

その後ホフマンは、一九六九年に自分の管理する国連開発計画の見直しのため、ロバート・ジャクソン卿に国連開発援助体制の能力検証「キャパシティ・スタディ」を依頼した。しかし、このスタディから出てきた結論はホフマンの期待を大いに失望させる、まったく新しい国連開発援助理念の導入と抜本的な新体制確立の提言であった。そうした事情から、ホフマンは私が国連開発計画入りした一年後の一九七二年に引退し、前アメリカ銀行頭取のルドルフ・ピーターソンに総裁の座を譲った。

ピーターソン総裁はアメリカ西海岸のサンフランシスコに拠点を置き、サンフランシスコからニューヨークへ飛行機で毎週通勤した。ニューヨーク滞在中はニューヨークに本社を持つ複数の企業の外部役員をも務め、結果的に国連開発計画に全力投球していなかった。そのため実務は、元インド連邦準備銀行総裁でプログラム担当のI・G・パテルと、スウェーデン出身の元銀行家で「財務・総務」担当のバート・リンドストロムの二人の副総裁に任され、二極体制が敷かれていた。なお、パテルはその後「ロンドン経済大学」（LSE）学長となった逸材である。

二人とも優秀な人材であったが、この国連開発計画経営陣の二極化は〝右手〟と〝左手〟の勢力構造をつくりだし、その結果、意思の疎通が問題となり、経営・財政危機を引き起こす要因をつくってしまった。

＊国連開発計画　開発途上国に対する技術援助活動を目的として一九六六年に設立された国連の機関。約一七〇の国と地域でプロジェクトを進めている。その援助は開発途上国が人的・物的資源を生活水準と生産性の向上のために最大限に利用できるように行なわれる。内容は、資源開発のための事前調査、経済計画の作成、研究所の設立などのプロジェクトへの専門家の派遣や機材供与とか奨学金供与などで、国連および国連食糧農業機関、国際労働機関など国連関連機関を通じて行われる。資金は国連およびその機関の加盟国からの任意拠出金によってまかなわれる。本部はニューヨーク。

国連開発計画の資金管理課題

私が赴任した直後の一九七六年は、一九七二年に始まった「新五カ年国連国別計画システム」の最終年度であったが、国連開発計画として未だ管理面で試行錯誤の過程を収斂できずにいた。そのうえ、新体制に適した情報システムの導入も遅れ、組織として新しい政策の定着と改善に苦慮していた時期であった。とくに、国連開発計画の単年度予算・資金調達制度と、多年度にまたがるプロジェクト資金支出をいかにバランスさせるか、そしてどのくらい手持ちの資金量を超えて将来支出の続くプロジェクト実施を許可すべきか、といった資金管理根本課題に対するしっかりとした回答を見いだしていなかった。

一九七六年一二月、ピーターソン総裁の四年任期満了により、前国連事務局国連総会担当事務次長のアメリカ出身のブラッドフォード・モース新総裁が着任した。ちなみに、モースは元マサチューセッツ州選出の下院議員(共和党)である。

モース新総裁の着任直前の一九七六年末、国連開発計画は財政・資金繰り危機に陥った。そこで世界銀行と国連食糧農業機関(FAO)から合計四〇〇〇万ドルの一時借入金を受け、なんとか年末の危機を回避した。しかし、これは考えてみるとおかしな話で、毎月この両援助実施機関には開発援助実施のために国連開発計画が前渡金を支払っており、それを一時差し止めることによって当座必要な資金は確保できたはずであるが、当時、その選択肢はどういうわけか選ばれなかった。おそらくその理由は、上述の国連開発計画の資金管理体制の未解決課題と、国連開発計画の〝右手〟(プログラム)と〝左手〟(財務)の連携不足にあった。すなわち、これは国連開発計画内部の連携不足が招いた経営危機であった。

ふり返ってみると、この国連開発計画の財政危機はその後の資金提供機関としての国連開発計画と、実施機関としての国連専門機関、たとえば「国連食糧農業機関」、「国連教育科学文化機関」(UNESCO)、「世界保健機関」(WHO)などとの力関係に微妙な影響を及ぼした。

一九七二年に導入された新国連開発援助体制は、国づくりの観点から国連専門機関の「各論」よりも、国連開発計画の「総論」重視への移行の企てであったため、この国連援助実施機関への主要資金提供者としての国連開発計画の失策は、クラウト(政治的影響力)を弱める結果となった。

この国連開発計画の財政危機は、ラテンアメリカ・カリブ海地域局（ラ米局）でプログラム資金運営を担当する私に、思わぬ〝ヒノキ舞台〟を提供することとなった。それは、パテル副総裁を議長とする「財政危機管理幹部会議」に、英語の不得意なバルデス局長に付き添って出席し、局長に代わって「どういうかたちでこの財務・経営危機と対処していくべきか」を私独自の統計と分析を基に説明したところ、この提言が注目を浴び、私の〝株〟が一気に上がるところとなったのである。

総裁特別任務室への出向

当面の危機回避が終了した段階で、モース総裁は今後の組織改革を含めて経営立直しのため、四人の職員からなる「総裁特別任務室」を設立し、「ラ米局」副局長マーガレット・アンスティーをその「室長」に任命して、経営再建に乗り出した。私はアンスティーの推薦で、イエメン、シエラレオネ出身の二人の中堅スタッフ（P4）とともに選ばれ、任務に就いた。「キャパシティ・スタディ」のロバート・ジャクソン卿もモース総裁の特別アドバイザーとして起用され、コンサルタントの「マッキンゼー・アンド・カンパニー」を起用して国連開発計画の経営再建を図ることとなった。

その後の四カ月間、すべての幹部（事務次長二人、事務次長補六人）を素通りして「特別任務室」が国連開発計画の主要決定に直接携わった。その間、われわれ「特別任務室」の若手〝三羽ガラス〟は極秘での仕事を強いられた。そのため、極度の〝疑惑〟〝陰謀〟〝駆け引き〟〝妬《ねた》み〟の渦中におかれることになった。そうした仕事環境の中でも、われわれは任務に邁進した。このような微妙な仕事環境では、高度の思慮分別、敏感さ、注意、噂と嫉妬対策、そして完全沈黙が要求された。とくに同年輩の同僚の〝嫉妬〟には細心の注意を要した。

この「特別任務室」の仕事を通して、上司であるアンスティーの〝能力〟をさらに知る機会にめぐまれた。私にとって彼女はこのうえない先生であり、メンターであり、そして私を守ってくれる〝ゴッドマザー〟でもあった。

彼女の仕事ぶりを間近に観察して、私はことごとくその神気に当てられてしまった。たとえば、朝八時から秘書四人全員を順番に動員して、秘書一人一回三〇分ずつ休みなくディクテーション（口述筆記）を取らせ、秘書を次々と交代させながら午後一時までの五時間ぶっ通しでディクテーションを続けた。その作業が終わったあと、四人の秘書は丸一週間かけてそれらをタイプし、最終文書の形でアンスティーに提出した。これが簡単な手紙であればまだわかるが、すべて込み入った小論文ともいえる文書のディクテーションであり、さらに草案ではなく最終文書なので、われわれ若い三人はその〝すさまじさ〟に度肝を抜かれた。

また、われわれがアンスティーに提出した「草案」はすべてていねいに赤ペンで手を入れられて戻ってきた。彼女のすごさは、言葉と文章の配列を変えることにより、すべての草案をすばらしいものに変えたことである。新しい文章を挿入することなく、配列を変化させるだけで見違えるような文書にして返す様（さま）は、まさに神業に近かった。

ゴッドマザー・アンスティー

アンスティーは女性の〝良さ〟を持った配慮深い人であった。私の長男・正爾《せいじ》が生まれたとき、彼女から手編みの〝国連ブルー〟の帽子とカーディガンをプレゼントされた。彼女は男社会の中でのフロントランナーで、仕事一筋の人かと思っていたところだったので、この手づくりのプレゼントには正直、驚いた。

「こんなに忙しい毎日なのに、いつ編んだのですか?」と聞くと、「夜、テレビを見ているあいだに編んだのよ」という。この正爾への手編みの誕生プレゼントは、障がいをもつ長女の真理佐のこともあり、われわれ夫婦に対する格別の配慮だったのだろう。その心づかいに感謝の思いを捧げた。

また、当時(いまでもそうだが)国連は男性上位の組織で、いくら優秀でもアンスティーの「事務次長補」(ASG)への昇進の道は厳しかったようである。男性であれば、黙って見過ごされることも、女性だと問題視される傾向が強かった時代である。それゆえ、われわれのあずかり知らぬところで、有ること無いことすべてが噂《うわさ》・流言《りゅうげん》の対象になっていたことは当時の私にも十分推測できた。

その後一〇年以上事務次長補を務めたあと、アンスティーは女性として初めての「国連事務次長」(USG)となった。それまでは、「なかなか事務次長になれなくて、一〇何年間も事務次長補やっているのよ」とこぼしていたのを思いだす。

アンスティーの人生は彼女の自伝『タイプを学んだことのない国連女性』(『Never Learn to Type: A Woman at the United Nations』)に詳しく書かれている。この自伝は、国連の能吏らしく、与えられたミッションと彼女が歩んできたプロセスを詳細に、しかも心を込めて書かれてあった。さらには、国連への想い、ロバート・ジャクソン卿との果たせなかった結婚、友人との出会いなど、忌憚《きたん》なく描写していた。また、私が北イエメンに国連開発計画常駐代表として赴任していたときのこと、ファド・モハメドが開発大臣を務めていたときに、彼女が国連事務次長補として北イエメンを訪問したときのことにも触れ、うれしそうに書かれてあった。私もファドもアンスティーのもとで一緒に鍛えられた同志だった。

アンスティーは、二〇一六年八月に亡くなった。九〇歳であった。ボリビアをこよなく愛し、チチカカ湖湖畔とロンドン近郊の自宅で庭づくりをしながら余生を過ごした。イギリス王室のキャサリン妃によく似た長身の美人で、ロバート・ジャクソン卿と結婚し、〝家庭人〟となることを夢見た彼女の一生だった。それとともに国連に生きた生涯でもあった。水泳が得意で、好きな色は黄色と藤色、そして紫だった。

アンスティーは、国連の官僚機構の中で女性の地位を高めようと第一線で取り組んだ。現在、多くの女性が国連内で幅広い要職に就いているが、その陰には女性の地位向上に取り組んだ彼女の活躍を見逃すことはできない。彼女はその足跡と未来像をこう述べている。

私は六三年間にわたり、国連のさまざまな側面に関わってきましたが、うち一九五二年から一九九三年までの四一年間は正規の職員として、そして退職後は、顧問やボランティアとして活動しています。私が一九五二年、国連が初めて技術援助の拠点を設けた国の一つ、フィリピンで現地職員となったのは、単なる偶然でした。こうして始まった長い職務経験で、私は多くの満足を感じただけでなく、いくつか落胆も味わいました。主として現場での活動プログラムに携わり、アジアやラテンアメリカ、アフリカの貧しい開発途上国で二二年を過ごせたことは、私にとって幸運でした。これらは具体的な目標と測定可能な成果を伴う、目に見える活動だったからです。

当時、経済・社会開発の推進は、貧困国への支援提供と同様に、まだ新しい概念でした。私たちも国連も共に若く、大きな希望を持っていた時代に、この新しい取り組みに参加できたことは、刺激的な冒険でした。男性ばかりの職場に足を踏み入れた私にとって、それは特に困難な、しかしやりがいのある仕事でした。私は、のちに国連開発計画（ＵＮＤＰ）へと発展する拡大技術援助計画

（ＥＰＴＡ）で初の女性国際フィールド担当官となりました。一九五六年には、コロンビアでＥＰＴＡ常駐代表代理を務め、一九五七年には、ウルグアイで正式に常駐代表となりました。私は自分が「試験的採用」であるとの警告を受けましたが、七年たっても他に女性の常駐代表はいなかったので、私は「試験には不合格だったのですか」と尋ねたほどです。すると、二人目の女性が任命されましたが、その後何年もの間、ほかに女性はいない状態が続きました。そして半世紀が経過したいまも、ＵＮＤＰの国別ミッション責任者（現在は通常「常駐調整官」と呼ばれています）一三一人のうち、女性はわずか四八人と、模範を示すべき組織としては及第点に達していません。

私はさらに、アルゼンチン、ボリビア、エチオピア、モロッコ、チリでも常駐代表を務めました。一九七四年、アウグスト・ピノチェト将軍による流血クーデターのあと、秘密警察から家宅捜索を受けた私は、ニューヨークに転勤になりました。そして一九七七年には、ＵＮＤＰ初の女性総裁補に抜擢され、計画政策・評価局を率いることになりました。

当時の事務総長の強い要請により、国連事務局に移った私は、初の女性事務次長補としてラインのポストに就き、技術協力・開発局（ＤＴＣＤ）の局長として、全世界の活動プログラムを管理しました（一九七八〜一九八七年）。一九八七年には、これも女性としては初の事務次長に昇進し、国連ウィーン事務局長に就任しましたが、ここで私は、東欧で事務総長を代表するだけでなく、麻薬統制、犯罪防止、刑事司法、さらには社会開発に関する全世界のプログラムの運営も任されました。女性が事務次長や専門機関の長に就任することが稀でなくなってきたことは、うれしく思っています。……（略）……

女性のパイオニアとしての役割は容易ではありません。男性の職員よりもはるかに大きな実績を残さねばならず、しかも、自分自身のキャリアだけでなく、後に続こうとする後輩の女性たちの未来もかかっていることを実感せざるを得ないのです。（略）

国連システムの実効性は、半ば自律的な機関やその他の主体が数多くあることで損なわれています。とくに開発協力の現場では、一貫性のなさが露呈しています。私は何度となく、この状況を改めるための取り組みに関わってきましたが、その最初が、私が首席補佐官を務めてロバート・ジャクソン氏が作成した『国連開発システムの能力に関する研究』（一九六九年）でした。この報告書は、「財布の力」を通じてUNDPの権限を強化し、援助が各機関から押し付けられたプロジェクトではなく、各国の優先課題を反映するようにするとともに、システムの「声をひとつにする」という、徹底的な改革を提案しました。これは包括的な提案として意図されましたが、断片的にしか採用されませんでした。またとない機会を活用できなかったことで、開発協力を提供する国際的、地域的、国内的機関の数は増幅し、組織の遠心力が強まり、UNDPの役割は曖昧になりました。その後の改革への取り組みでも、同じ主張が繰り返されたものの、加盟国と硬直した官僚組織双方の既得権益による反発に再び遭いました。私たちが開発協力を受取国の優先課題に適合させるまでには、依然として長い道のりが残されています。

（国際連合広報センター・ウェブサイトより）

総裁特別任務室の解体

危機管理終了後、当初の予定どおり、四カ月でこの「特別任務室」は解体され、四人はそれぞれ新しい仕事に散っていった。アンスティーは国連開発計画政策担当事務次長補となり、栄転した。またシエラレオネ出身のセコ・セセイはアフリカ地域局に、イエメン出身のファド・モハメドはアラブ地域局へと戻った。だが、セコとファドの二人は総裁特別任務室での仕事のとばっちり（巻き添え）を食らい、古巣・地域局への「協力が不十分」だとしてしばらく冷遇された。私は総裁室に残り、新しく設立された、インド出身のマダン・モハン（D2）の率いる「総裁室計画調整部」に配属された。そして、モース総裁への日本関係特別アドバイザーの役割も務めることとなった。

総裁室計画調整部でのその後の三年間（一九七七〜八〇）は、一九七六年の経営財務危機を教訓として、マッキンゼーからの組織改革提案の実施、コンサルティング会社のプライスウォーターハウス社（現在のプライスウォーターハウス・クーパース）を利用して、新しい情報システムの開発と導入、そして組織内政策調整に従事した。新情報システム開発プロジェクトでは、アルゼンチン出身の辣腕家ルイス・マリア・ゴメスに仕えることとなった。

モース総裁と日本

国連開発計画のモース総裁と日本をめぐるこんなエピソードが残されている。それは、モース総裁が初めてイランと日本への公式訪問を終え、ニューヨークでの幹部会にその成果を報告したときのことである。幹部会の席上、モース総裁はこう報告した。

「イランでは国王、防衛大臣、外務大臣と会った。一方、日本では国連のP3かP4に相当する担当官と課長に会った」……。あまりの違いに、出席者が唖然とした。

さらにモース総裁は末席にいた私に向かい、

「ニワくん、日本では課長は偉いんだよな」

といって、あいづちを求めた。

当時、国連開発計画総裁は日本の外務省局長や大臣に会えなかった。総裁が外務省局長レベルに会えるようになったのは、それから一〇年以上もたった一九八九年のことで、私がネパールを訪れていた福田赳夫元首相にお願いして、ウィリアム・ドレイパー総裁の松浦晃一郎経済協力局長（のち駐仏大使、ユネスコ事務局長）への表敬が初めてであった。それまで国連開発計画には日本における政治基盤がまったくなく、国連事務局、ユニセフ、国連人口基金、その他の国連専門機関とくらべて明らかに不利であった。

総裁のブラッドフォード・モースは生粋のアメリカ共和党革新派に属する政治家である。彼のアイドルは南米の解放者シモン・ボリバル[*]で、お酒が入ると自作のボリバル賛歌をピアノの弾き語りで歌った。アメリカインディアンの血が混じっているせいか、若干東洋人的な顔立ちで、加藤清正[**]に似ていることが自慢だった。メンソールタバコの『クール』をいつも欠かさない喫煙家で、国連事務次長だったころ、国連総会開催中ひな壇でタバコが吸えないことで「大いに苦しんだ」と語っていた。大酒飲みだが、いくら飲んでもまったく崩れなかった。

モースは「国連開発計画」を引退後、日本の福田赳夫元首相とヘルムート・シュミット元西独首相とともに「インターアクション・カウンシル」（通称「OBサミット[***]」）を創設（一九八三年）し、世界中の元大統領、元首相によるフォーラムを立ち上げた。

＊シモン・ボリバル　ベネズエラのカラカスにアメリカ大陸屈指の名家の男子として生まれたが、早いうちに妻を亡くしたことがきっかけとなって、その後の生涯をラテンアメリカの解放と統一に捧げた。南米大陸の五カ国をスペインから独立に導き、統一したコロンビア共和国を打ち立てようとした革命家にして政治家。ベネズエラ第二共和国大統領、ベネズエラ第三共和国大統領、大コロンビア初代大統領、ボリビア初代大統領、ペルー第八代大統領を務めた。ラテンアメリカでは「解放者」

とも呼ばれる。ちなみに、ガルシア・マルケスによる歴史小説でボリバル最期の日々を描いた『迷宮の将軍』は有名である。一七八三〜一八三〇

＊＊加藤清正　安土桃山時代の武将。豊臣秀吉に仕えた。賤ヶ岳七本槍の一人。文禄・慶長の役で蔚山（ウルサン）に勇名を馳せ、関が原の戦いでは家康に味方し、肥後五四万石を得た。秀吉の恩を忘れず豊臣家にも尽くした。名古屋城の設計など築城・治水の名人。熊本城主。一五六二〜一六一一

＊＊＊OBサミット　世界の大統領・首相経験者が集まり、地球人類的な課題をテーマに提言する会議。「人類が直面する政治、経済、社会、倫理等の分野における諸問題の実践的な解決へ向けた提言を検討する」を趣旨とし、「平和と安全保障」「世界経済の活性化」「普遍的倫理基準」の三分野に関する国際協力と提言を主な活動としている。一九八三年（昭和58）創設。ウィーンでの初会合には二〇人の大統領・首相経験者が集まった。

ロバート・ジャクソン卿

本書にたびたび登場するロバート・ジャクソン卿は、オーストラリア出身で、国連の開発途上国における技術とロジスティック（物資の効率的な総合管理を行なうシステム）の専門家で、イギリスの首相ウィンストン・チャーチル（一八七四〜一九六五）に登用された。前妻はイギリスの高名な経済学者バーバラ・ワード（著に『世界資源分割論』など。一九一四〜八一）である。

アンスティーの長年の伴侶であり、われわれが中華料理店に食事に行くと、同行するも中華料理は食べず、どこからかステーキとポテトを取り寄せていた。かれの自宅での得意料理はベルギー・エンダイブのサラダで、昼食に呼ばれると必ず食卓を飾ったものである。また大のネコ好きで、ニューヨークのウォーターサイド・プラザのアンスティーとのアパートにはネコが数匹いた。国連の伝説的成功努力とされる人道開発援助活動をバングラデシュ、タイ、カンボジアで進めた人物である。

辣腕家ゴメス

ルイス・マリア・ゴメスは驚くほどの敏腕家で、私はその辣腕ぶりに目を見張ったものである。どこ

で誰から学んだのかは不明だが、日本の戦国時代を思わせる〝駆け引き〟や〝だまし合い〟が彼の経営理念だという。性格的には受け入れがたい面が多々あったが、マネージャーとしては超一流であった。とくに権限移譲と具体的指導力は抜群で、失敗を気にしないで自由に働かせてもらった。

一方、行動には若干問題があり、いろいろと耳障りな〝ウワサ〟のあった人でもあった。その後、国連本部に移り、財務官、管理部事務次長歴任ののち、国連開発計画に副総裁として復帰し、ドレイパー総裁の良き女房役となった。しかし、国連本部時代の悪行がたたり、一九九四年、国連で最初の〝セクハラ容疑〟で不本意な辞任を強いられた。

映画『ミッシング』の妻

国連で働いていると、いろいろな人に遭遇する。たとえば、私の仲のよい仕事仲間であるジョイス・ホーマンは、南米チリで起こったクーデターのときに拉致され、チリ秘密警察によって殺害されたアメリカ人ジャーナリスト、チャールズ・ホーマンの妻であった。

一九七三年九月一一日、チリでクーデターが起こり、選挙によって成立した世界史上初めての社会主義政権（サルバドール・アジェンデ大統領）が、アメリカによる執拗な内政干渉を受けたあげく、アメリカが支援した軍部（ピノチェト将軍）によって打倒された。クーデターを仕掛けたのはリチャード・ニクソン政権であり、指揮していたのは大統領補佐官を務めていたヘンリー・キッシンジャーであった。クーデターから間もなくして、三一歳のアメリカ人ジャーナリスト、チャールズ・ホーマンが行方不明となった。チャールズはクーデター派のチリ軍部に逮捕され、サンティアゴの国立競技場に連行され、殺害されたのだった。

その後、ジョイスは夫の死の真相を求めてチャールズ・ホーマンの真実を求める財団を設立し、チリの裁判所に訴訟を起こした。二〇一四年、チリ法廷はチャールズの死に関し、アメリカ軍事諜報機関がチリ軍部に情報を流して殺害を教唆したとの判決を下した。ホワイトハウスは、CIA（アメリカ大統領直属の中央情報局）のチリ・クーデターへの介入を一貫して否定してきたが、クリントン政権になって秘密文書を調査し、CIAのチリ・クーデターへの介入を認めた。ガイアナ時代の上司バルカザーの憶測が的中していたことを改めて確認した。

この事件は一九八二年、ジャック・レモン主演の『ミッシング』*（原題『Missing』）として映画化されたが、当時はそうした背景をもった友人とはつゆ知らず、ニューヨーク・タイムズ紙が二〇〇四年三月一二日号でこの事件を取り上げた記事に遭遇して、初めてジョイスの夫がこの映画の中心人物であることを知った。ジョイスは四〇余年たったいまも真実を求めて闘いを続けている。

＊ミッシング　一九七三年九月に南米チリで発生した軍事クーデターの最中に起きたアメリカ人男性（チャールズ・ホーマン）失踪事件を描いた映画。第三五回カンヌ映画祭最高賞パルム・ドールおよび男優賞（ジャック・レモン）受賞。監督はコスタ・ガウラス。一九八二年のアメリカ映画。

総裁日本担当アドバイザーとして

その後、私は日本担当アドバイザーとしてモース総裁に仕えた。日本における国連開発計画の政治基盤の開拓、それまで「事務局長」と呼ばれていた国連開発計画最高責任者の日本語の名称を、外務省の協力により「総裁」と変更した。さらには国連開発計画の外務省での管轄を、国連局から「経済協力局」に移行してもらうなど、さまざまな知恵も働かせた。

さらに親しくさせていただいていた福田赳夫元首相に、国連開発計画の〝旗振り役〟をお願いしたが、

「私はすでに国連人口基金の支援をしているので、いくら丹羽君の頼みでもだめだ」と、あっさり断られた。

こうしてモース総裁の補佐官として働くうちに、いつの間にか「モース総裁の懐刀《ふところがたな》」と呼ばれるようになった。その後、日本の国連代表部から明石康さんと緒方貞子さんにならって「国連代表部に出向しないか」という話もでたが、国連勤務が楽しくてならず、また長いこと使っていない日本語での仕事には自信がなかったのでお断りした。

転勤の知らせ

ようやくニューヨーク生活が身についてきて、「さて、ニューヨーク交響楽団のシーズン切符を手に入れて、ニューヨーク文化を満喫しよう」と思った矢先、「転勤」の知らせが来た。

「総裁があなたをイエメンの常駐代表に選んだ。どうするか」……。人事部長のイラン出身のユージン・ユンケルがそう聞いてきた。

「イエメン？」……。まったく土地勘も知識もなかったが、南北二つのイエメンがあることだけは承知していた。そこで「どちらのイエメンですか」と聞き返すと人事部長は返答に詰まり、しばし「さて、どちらかしら」と思案顔だったが、すぐ落ち着きを取り戻して、「いずれにせよ、良いほうのイエメンである」という。一般的に、国が南北に分かれている場合は〝北〟が共産主義国なので、おそらくはそのこともあって人事部長は答えを躊躇したのだろうと思われた。その間、私はP4からP5に昇進した。

この一〇年をふり返って

一九七一年から一九八〇年。この最初の一〇年間にガイアナとニューヨーク本部で国際公務員の「基礎」を学ぶことができた。その結果、私に対する周囲の評判と評価がほぼ確定したが、よきにつけ悪しきにつけ「名前が先にひとり歩き」することにもなった。

私が幸運だったことは、最初の任地「ガイアナ」が小国・小事務所であり、万事にわたって全体を見きわめながら仕事ができたことである。またニューヨークの本部では、ふつう中堅スタッフでは経験できないような組織の重要事項に携わることができ、経営実務経験を積むことができたことであった。

そして何よりも〝優れた上司〟に恵まれたことである。上司と仕事上の〝補完関係〟がお互いに満足のいくかたちで確立できたことはすばらしい経験であった。そうして周囲と良い人間関係を築けたことを、いまさらながら幸いに思う。

【キャリア・アドバイス❖国連開発計画・ニューヨーク本部】

❶新しい仕事についた場合も、なるたけ早く、できるだけ多くの質問をすること。一定の期間（たとえば一カ月）を超えるとだんだんと質問をすること自体難しくなる。

❷組織あるいは物事の全体像を把握する努力が必要。真実はもちろん大切であるが、他人による認識、受け取られ方も同様に大切である。

❸注意深さ、思慮・配慮深さ、誠実な態度が大切。とくに受益国相手の場合はこうした態度が望ましい。

❹知的な誠実さが重要。

❺謙遜とユーモアは重要。とくにへりくだったユーモアは効果がある。

❻論理的で、簡潔な、バランスのとれた提示と説明を心がけること。これは口頭上でも文書上でも重要である。

❼勤勉さとハードワークは不可欠。

❽ゴシップには決して加わらないこと。仕事上の「秘密」はいっさい口外しないこと。

❾同僚を大切にし、ネットワークを作ること。

❿上司、同僚、部下、そして仕事相手への褒め言葉（「花」）を忘れぬこと。

⓫「出る杭は打たれる」。日本に限らず、国連でも「出る杭は打たれる」。成功すればするほど嫉妬が生まれる。したがって嫉妬の対処方法が重要である。

こうした教訓・経験は、組織における生存競争と成長のために不可欠である。

●著者インタビュー②

（聞き手・佐々木久夫）

――一九七六年は中国の周恩来の死去から始まります（一月九日）。丹羽先生は周恩来をどう評価しておられますか。

丹羽●すばらしい、平衡感覚に優れた、まれに見る政治家だったと思います。キッシンジャーもネゴシエーション（交渉）の相手として申し分ないと思ったでしょう。

――一九七六年の八月にスーダンとザイール（いまのコンゴ民主共和国）で国際伝染病の一つ、「エボラ出血熱」が発生しました。致死率八〇～九〇パーセントで有効な治療法もない。このとき、WHO・国連の対処は正しかったのでしょうか。

丹羽●正直なところ、一九七六年にエボラ熱が発生したことも知りませんでした。最近のエボラ出血熱に対するWHOの処置は後手、後手で、脆弱なことでした。

――一九七〇年代は「カンボジア」が政治的・地政学的に揺れました。先生はカンボジアの動向をどう見ていましたか。

丹羽●映画『キリングフィールド』（一九八四年製作・英国映画。ニューヨーク・タイムズ記者としてカンボジア内戦を取材し、のちにピューリッツァー賞を受賞したシドニー・シャンバーグの体験にもとづく実話を映画化したもの）でハイライトを浴びたより以上の注目は払いませんでした。ガイアナのときにカンボジア勤務で傷ついた同僚に会い、またイエメン勤務のときも、例の死の行進を経験しそうになったベルギー人の次席からエピソードを聞きました。本当にカンボジアのことを知ったのは一九八八年に、タイ・カンボジア国境でのカンボジア国内難民救済にあたったときです。

――一九八〇年、WHOがついに「天然痘」の根絶宣言をしました。

丹羽●おそらくこれは国連が誇れる最大の成果の一つだと思います。

——そして一九八〇年代になると民主化運動が世界を席巻し、社会主義・共産主義政権の崩壊を招きます。世界は、時代は刻々と動いていることを実感します。

北イエメン

一九八〇～一九八三

優柔不断や中途半端な行動、その場しのぎや先送りの時代は終わりつつある。重大な影響ある行動を起こす時代だ。

ウィンストン・チャーチル

溺れるか、泳ぐか

一九八〇年一月、五年間在任したニューヨーク本部を離れ、北イエメン（イエメン・アラブ共和国）国連開発計画常駐代表および国連常駐調整官として赴任した。次席の経験が皆無でこの要職についたことは経歴の面では喜ばしいことであったが、反面、経験不足もあって失敗の可能性が高く、リスクの伴う赴任であった。

そんな不安のなか、一九七三年に初めて訪れたマイアミ海岸でのできごとを思い出した。それは、一人のお年寄りが自分の孫とみられる赤ちゃんを〝ポーン〟と水に投げ入れて、泳ぎを教えている光景に出くわしたときのことである。あまりにも驚きのできごとに話しかけてみると、「赤ちゃんはああして水に放り込むと、本能的に泳ぐことを体で覚える」ということだった。

そうだ、「溺れるか、泳ぐか」なのだ。ライシャワーのことばを借りれば、「逃げるかどうかは、水に飛び込んでみないとわからない」。日本流にいうなら「伸《の》るか反《そ》るか」……。ことの成否は天に任せて思いっきりやってやろう、それしかない！　私はこの境地で目の前の困難を乗り越えようと思った。そして、それを地で行った。

ニューヨークを立つ前のことである。ブリーフィングのため北イエメン関係の国連部署を訪れると、「先日も同じことを聞きに来た人がいた」という。「だれですか？」と聞くと、「北イエメンに転勤する予定のオランダ国連代表部外交官のコンラッド・バントーレン」だという。それを聞いて私は、北イエメンにはオランダ政府拠出の巨額のマルチ・バイ基金（multi-bilateral funding）があることを思いだし、彼と一緒に仕事ができるのを楽しみにした。しかし、四歳の息子・正爾《せいじ》と生後一〇カ月の次女・絵里香《えりか》らを伴っての赴任である。彼らの健康管理や医療、そして治安の観点から一抹の不安を抱えての赴任であった。

イエメン到着

さまざまな思案を胸に北イエメンの首都サヌアに到着した。まずは住まうところ、家探しである。あちこち見てまわった結果、イエメン特有の、ガッチリとした大きな石をあたかもレンガのように積み上げた三日月型のステンドグラスの飾り窓のある、そして給水・水道の便のよい家を探し当て、そこに家族四人で移り住むことにした。

庭にニューヨークから別送した子供たちのためのジャングルジムを建て、日本から持ってきた野菜の種（キュウリ、ナス、シソ、トマト、レタスなど）を植えて、日々の生活にそなえた。息子・正爾の幼稚園の先生の紹介で、料理人兼家政夫兼子守を兼ねたハミードを雇うことにし、同じ敷地で同居させることにした。ハミードは北イエメンの田舎の出身だが、長身で、彫りの深い顔つきの温和な三〇代の男性で、妻と三人の子供を実家に残しての勤務だった。

さて、赴任した「北イエメン」は、一九六二年、軍事クーデター（共和制革命）により、イエメン王国から「イエメン・アラブ共和国」となった比較的新しい独立国家である。一九八〇年当時、人口は八七〇万人、一人当たりの国民総生産が約五五〇ドルで、アラブ地域における唯一の「後発開発途上国」（ＬＬＤＣ）であった。しかも中央政府の支配（統治）が十分に行き届いておらず、北イエメンは本質的に部族国家、軍事独裁国、そして警察国家でもあった。地政学的には東欧陣営（ソビエト、南イエメン）と西欧陣営（アメリカ、サウジアラビア）に挟まれた「緩衛国」であり、その関係から国家予算補助を含め、サウジアラビアの影響が強かった。国連開発計画北イエメン事務所は一九六六年に、国連開発計画の誕生とともに開設された。

一九六七年にはソビエト衛星国の「南イエメン」（イエメン人民民主共和国）が誕生したが、イデオロギーの異なる南北イエメンは一九九〇年に統合し、「イエメン共和国」が誕生した。赴任した当時は、国連開発計画事務所が南イエメンのアデンにもあり、オランダ出身の常駐代表が務めていた。

三八歳の大統領

当時の北イエメン大統領は一九七八年に就任した、私よりも三歳若い、弱冠三八歳のアリー・アブドッラー・サーレハ（一九四二〜二〇一七）で、初めて表敬訪問したとき、「こんなに若くてだいじょうぶか」と思ったほど、若く、活気に満ちた、しかし気取りの少ない好感の持てる指導者であった。

当時、北イエメンと南イエメンは爆弾を潜ませた「アタッシュ・ケース」をお互いに持ち込む暗殺合戦をくり返しており、また一九七四年から一九七八年にかけて〝三回〟も大統領暗殺クーデターが起きていることから、誰もがサーレハ大統領がその後三六年間にもわたって政権に無事君臨できるとは予想していなかった。

しかし、サーレハ大統領は首相のアブドルカリム・アリ・アルイリヤーニ博士をはじめとする優秀な人材を閣僚に登用し、部族バランスも考慮に入れた、すぐれた文民内閣を維持していた。友人のファド・モハメド開発大臣もその一人であった。くわえてほかの政府高官も外国で教育を受けた優秀な人材が多く、北イエメン政府は西欧諸国、世界銀行といった主要ドナー（援助提供）機関に好感をもって受け入れられていた。

膨大な開発課題

北イエメンの開発課題は膨大であった。近代化が遅れ、識字率・教育水準はともに低く、政府機能はまだまだ未開発の状態で、主だった産業はなく、天然資源にも恵まれず、八方ふさがりの状況であった。それゆえ開発機関としての国連の任務は多大で、援助効果を上げるため、国連内外での援助調節は不可欠であった。

そのうえ、巨大なサウジアラビアの影響力と国家予算サポートを受けており、国として政府体制とガバナンスはまったくの弱体で、国家建設や開発について膨大な課題があった。そうした開発環境における国連開発計画の使命は明白で、オランダ政府のマルチ・バイ基金のおかげもあり、幅広い、規模の大きい、拡充した援助活動を内容とする北イエメン国別計画が確立されていた。

私にとっての当面の最大課題は、新しい国連開発援助戦略を編み出すことよりも、いかにしてしっかりと作り上げられた既存の開発計画を成功裏に実施するかということであった。

盗聴の横行

当時、北イエメンは「中東で最も遅れた国」として、周辺のアラブ諸国から見下されていた。政治体制から見ると「部族国家」であり、中央政府の支配は「サヌア」、「タイズ」、そして紅海に面した「ホデイダ」周辺以外は十分ゆき届いておらず、各部族が各地方で勢力を張り合う群雄割拠の状態であった。「群雄割拠」といえば聞こえはいいが、要は各部族が各地方で、また首都サヌアで勢力を張り合って対立する、いわば〝司令塔なき国家〟の様相であり、国内政治は部族間の抗争に左右され、北イエメンは統一国家としての体制を確立できないでいた。また軍事独裁政権のため、さらにはソビエト衛星国である南イエメンとの軋轢下にある警察国家であることから、緊張した国内政治と東西冷戦の影響で、北イエメン国家治安局（秘密警察）の目は私の国連開発計画事務所にまで及んでいた。

私の執務室には盗聴装置が仕掛けられ、外部との電話はすべて盗聴されていた。そのうえ国連開発計画事務所の数人の職員は秘密警察からの〝出向者〟で、私を含む国連職員の動静をつねに見張っている様子であった。とくにイエメン人職員への監視は厳しく、事務所の職員が理由不明で秘密警察に引っ張られ、数日間にわたり喚問され、拷問を受ける事件が頻繁に発生した。そうしたときは、私自身が国家治安局に出向いて職員の釈放を求めた。そうした状況から、事務所で職員人事を含む秘密案件を話し合うときは、必ず執務室から盗聴の届かないベランダに出て職員と話し合った。

盗聴が明らかになったので、私はそれを逆に利用することを試みた。たとえば、わざと「国家治安局が国連職員に関する新しいファイルをつくった段階でその事実を知らせてくれればわれわれも助かるのに」と聞こえよがしにつぶやいて、国連と北イエメン政府の「利害は一致している」ことを示唆した。これが功を奏したのか、その後、私のところに「この人物は〝要注意〟として扱っている」といった情報がそれとなく伝わってきた。

これと同様の実例はまだある。たとえば、在北イエメン西ドイツ大使がボン（西ドイツ時代の首都）の外務省本省と電話していると、とつぜん誰かが割って入り、「ドイツ語でなく、英語で話すように」と要求されたという。西ドイツ大使は異議を申し立てたが、治安局（秘密警察）は承知せず、しぶしぶ英語に切り替えたということだった。オランダ大使館でも同じようなことがあったという。

東西陣営共存する空軍基地

地政学的には、北イエメンは西欧陣営のサウジアラビアと東欧・ソビエト陣営の南イエメンとに挟まれた「バッファー・ステイト」（緩衝国）であることから、ほかでは見ることのない事態が存在した。たとえば、北イエメン空軍基地にはソビエトと台湾・アメリカからの派遣軍事教官が共存し、それぞれスホイ戦闘機（ソ）とF-5戦闘機（米）を使って、北イエメン空軍への軍事訓練を輪番制で行なっていた。さらに空軍基地では、ソビエトで軍事訓練を受けた北イエメン飛行士が多いことから、英語と並行してロシア語が広く使われていた。世界広しといえども、ソビエトとアメリカ系の軍事教官が同じ基地に同居し、摩擦もなく、並行して活動している国はないであろう。

中国道路

われわれが赴任した当時、北イエメンの首都・サヌアの道路はほとんど未舗装であったが、徐々に中国の手によって舗装されていった。そしていつの間にか、ほとんどの道路が中国人技術者と労働者によって舗装され、すべての舗装道路は「中国道路」と呼ばれるようになった。これは北イエメンに限らず、アフリカ諸国でも同じである。

私の目には、中国の活動は援助ではなく、金儲け、外貨稼ぎ、中国人の雇用拡大を目指すもので、設計から資材調達、施工、労働者、監督にいたるまですべてビジネスで、あくまで中国の「利益」を念頭においた活動であるように映った。戦略的にみれば、こうして築いた中国の実績は、のちに政治利用することも可能であり、まことにしたたかなやり方だと思った。

イエメンの男性と女性

イエメンの男たちは民族衣装の上に洋装のジャケット（西洋上着）を羽織り、太い装飾ベルトを巻き、そこに「ジャンビヤ」と呼ばれる〝J字型〟（三日月型）をした大型の短刀を飾りとして体の正面に着け、肩には小銃や自動小銃をかけて街を闊歩していた。その姿はさながら日本刀を腰に差して歩く武士のようで、江戸時代の日本に戻ったようであった。

この二つの武器は、イエメンの男性（大人だけでなく、青少年まで）にとって〝男の象徴〟であり、片時も身から離さなかった。政府事務所に陳情に出向くときもこうした武器を身につけたままで、政府関係者とのやりとりを見ていると、あたかも力による直談判のような、もしくはアメリカの西部劇にでも出てきそうな様相であった。

国連開発計画事務所は武器の持ち込みを許さないことから、事務所を訪れたさいにはかならずその二つの武器（ジャンビヤと銃）を入り口で外して、一時預かり所に置くよう指示する。すると、誇り高い彼らにとってこの指示がたいへんに不満らしく、かなりの抵抗を示したものである。余談だが、サウジアラビアとの国境近くの「サダ」には武器市場があり、バズーカ砲からピストルまで、ありとあらゆる武器が自由に入手できた。ちなみに、最近のニューヨーク・タイムズによると、イエメン（共和国）は国民の銃の所有率がアメリカに次ぎ世界第二位とのことである。*

一方、女性は目の部分だけ空いた真黒の「ブルカ」を頭からすっぽりかぶり、自由に闊歩していた。とくに印象的だったのは、外出時は黒ずくめの格好でも、いったん外出から戻ると、ブルカの下は目の覚めるようなディオールやシャネルといったブランド品でオシャレを楽しんでいることだった。

あるとき、友人の女性に「ブルカはさぞ、うっとうしいのでは」と聞いてみたことがあった。すると彼女は「まったくそんなことはない」といい、それどころかブルカの利点は人に「悟られることなく、自由に男性を〝目で楽しむ〟ことができる」ということだった。この答えに私は思わず「なるほど」とひざを打った。ともかく、目の部分だけ開いたブルカを着た女性運転手の光景は圧巻である。サウジアラビアでは、ごく最近まで見られない光景であった。

＊〝How to Buy a Gun in 15 Countries〟 by Audrey Carlsen and Sahill Chinoy, New York Times, March 2, 2018

イエメン人の特性

イエメン人の特性は、総じて〝好き・嫌い〟がはっきりしていることである。その点はアフガニスタン人とよく似ている。「これは良い」と決めた場合には、とことんまでその人に尽くすが、「これは悪い」とした場合は、とことんまで意地悪をする。私の場合は幸いにも前者に認めてもらい、胸をなで下ろしたことだった。イエメンの人は誇り高い、好き嫌いのはっきりした国民性で、そのためある意味でやりやすかったといえる。

政府事務所で目撃した光景はいまでも忘れられない。ジャンビアを着け、武器を持ってケンカ腰で交渉するイエメン人の陳情にも驚いたが、話がつくとお互いの手を取り、その手にキスするがごとく和解する姿はイエメン人の特性を示しているようだった。竹を割ったような、飾りけのない、それでいて思慮深く、分別のあるイエメン人はとても魅力的だった。

あるときのこと、イエメン人の友人宅に夕食に呼ばれたことがあった。そのさい「これはすばらしい絨毯《じゅうたん》ですね」と、なんの気なしに私の妻がほめた。すると翌日、その友人がその絨毯を担いでわが家を訪れ、「どうぞお受け取りください」といって絨毯を差し出した。断っても断りきれず、最後には受け取ったのだが、まったく心苦しい経験であった。あとで、それ相当の贈り物を届けて、やっとわれわれの気持ちが落ち着いたことだった。イエメンで他人の持ち物を褒《ほ》めることは、「私はそれが欲しい」という意味に解釈される。そのことをあとで知って、妻と二人で「なんとハシタナイ」と恥ずかしく思った。このことがあってから、他人の持ち物に関するお世辞は極力避けることにした。

カートの功罪

イエメンでは「カート」（アラビア語では「カット」）。和名・アラビアチャノキ）という薬草を噛む習慣がある。ただこの薬草には向精神薬に含まれるアルカロイドの一種、「カチノン」が含まれており、新芽の葉を噛むと高揚感や多幸感をもたらし、食欲を抑制する効果があるといわれている。真偽はわからないが、ソマリア沖の海賊たちは恐怖心を抑えるために、また気分を高揚させるために、海賊行為や戦闘に出るまえに「カート」を噛むという話を聞いたことがある。

じつに高価な代物で、当時、一日一〇〇ドルもする「カート」を購入して、毎日午後時間をたっぷりかけて「マフラージ」と呼ばれる特別仕立ての客間（応接間）に仲間と座り込み、水パイプと共に楽しむ習慣がある。カートはすべての〝欲〟（食欲、睡眠欲、そして性欲）を抑えるので、興奮状態から覚めるにはウィスキーなどのアルコールを必要とした。こうしたことから、イエメンでのアルコール消費はケタ外れに高かった。

このアルコール消費は、「予算サポート」といった財政援助を提供するサウジアラビア政府の神経をいら立たせた。そこでイエメン政府は、サウジアラビアへの配慮から禁酒令をたびたび出したが、数日後にはそうした処置は自然解消し、もとの木阿弥《もくあみ》となってサウジアラビアの機嫌をさらに損なっていた。

カートは男性だけでなく、女性も噛む。カートは北イエメンでは合法で、イエメンの人たちの社交生活には欠かせない。午後になるとカートの若葉を噛みながら街角に集まり、なごやかに談笑する光景が見られる。新鮮な若葉を噛みつぶし、頬の片側に噛みくずをためながら汁を飲み下す。汁には、苦味と甘味、それに芳香性がある。

このカートの栽培が農業生産の主流になりつつあることから、経済的悪影響が恐れられている。というのは、イエメンはモカ・コーヒーが特産だが、カートによって農地がカート畑に転換されているからである。もはやカートの栽培は国民総生産（ＧＤＰ）の農業部門において三分の一を占めているともいわれる。それだけではない。カートの栽培には大量の水が必要なことから、それをまかなうために大量の地下水を汲み上げるため、水資源の枯渇、地盤低下が懸念されているのも事実である。イエメンにおける全雇用の一五パーセントがカート産業関連ともいわれ、対策がむずかしい。

その一方で、いったんそのマフラージ部屋に入り、カートを噛むことになると、意識の面で参加者全員が〝平等〟となり、身分の違いを超えて民主的な〝交流〟を可能にした。こうした社会的側面のプラスもあることから、必ずしも〝悪い習慣〟とは言い切れない、と思った。

緑のイエメン

イエメンは土地が肥えており、農村で目につくのは段々畑の多さと、その美しさである。そこには、フルーツ類、野菜、穀物、綿花、コーヒー、タバコといった作物が豊かに輝いていた。

イエメンは古代から農業の盛んな国で、古くは「緑のアラビア」と呼ばれていた。とくに首都のサヌアから二五〇キロほど南下して、第二の都市「タイズ」に向かう周辺には、各地にひときわ濃い緑におおわれた段々畑があり、その美しさは外国からの訪問者を驚かせた。何代にもわたって受け継いできた段々畑はみごとである。その段々畑の写真を黙って友人に見せると、みな「ネパール」（私の次の任地）の写真と勘違いしたものである

「タイズ」は北イエメンで第二の都市で、人口約四六万人の商業都市でもある。ついこの間（一九一八～一九六二）まで、イエメン王国の首都であった。その周辺地域からは優秀な人材が多数輩出し、北イエメン、南イエメン両政府で活躍しているとのことだった。農業が盛んで、国連開発計画が資金提供し、世界銀行が実施機関を務める農事試験場プロジェクトもタイズを拠点としていた。

中世の面影を残す首都サヌア

首都サヌアの街並みに目を移すと、われわれが赴任した一九八〇年初頭は、道路はほとんど未舗装のままで、市街はあたかも数百年をタイムスリップしたかのような、中世以来ほとんど変わることのない

独創的な美しさの街並であった。「世界最古の町」ともいわれ、その旧市街地は一九八六年、ユネスコにより世界遺産に登録された。それこそ、一九世紀の頃を彷彿とさせるような街の光景であった。

ほとんどの建物は石造りの、伝統的なイエメン建築である。窓は白い漆喰《しっくい》で縁取りされており、各窓の上部には三日月型のステンドグラス（カマリーア）が美しくはめ込まれている。このステンドグラスの多くは、その当時すでにほとんどイスラエルに移住したユダヤ系イエメン人の職人がつくったものといわれている。私のいる国連開発計画事務所にはユダヤの象徴である「ダビデの星」がはめ込まれており、事務所への訪問者、とくに国連のユダヤ系の訪問者に自慢したものだった。

一方、街並みに目を移すと、ところ狭しといろいろなガラクタやゴミ、空のプラスチック袋が散乱して、そのゴミを放牧のヤギがあさるという、まるでゴミの山に石造りの建物が埋もれているような光景であった。サヌアは標高二三〇〇メートルの高地にあり、空気が乾燥しているので悪臭はまったくしなかった。

国連開発計画・開発プログラム

「国連開発計画事務所」は比較的大規模で、職員は約一〇〇人ほどである。そのうち国際スタッフは日本を含むドナーからの資金提供による〝弁当持ち〟の「若手派遣制度」（Junior Professional Officers=JPOs）として派遣された職員を含めて、一〇～一二人がいた。プロジェクト要員は三〇〇人程度であった。

国連開発計画のプログラム規模は、国連開発計画自体の後発発展途上国への優先供与を反映して比較的大きく、それに加えてオランダ政府からの特別資金供与（マルチ・バイ）があり、その結果、資金は年間平均一五〇〇万ドル以上にものぼり、農業、林業、漁業から、開発行政、運輸・通信、入植と地域開発、保健、天然資源開発にいたるまでの、間口の広い、投資志向の高い、しかも創意に富んだ開発プログラムを誇っていた。このオランダからの特別資金供与は、ノーベル経済学賞を受賞したヤン・ティンバーゲン（計量経済学者。一九〇三～一九九四）の愛弟子であるオランダ開発大臣ヤン・プロンクの提唱で実現した。私の赴任当時、プロンクは国連貿易開発会議（ＵＮＣＴＡＤ）の副事務局長を務めていて、北イエメンを公式訪問した際は、政府の大歓迎を受けたことだった。

北イエメンでの国連機関は、「国連開発計画」（ＵＮＤＰ）「ユニセフ」、「世界食糧計画」（ＷＦＰ）「国連人口基金」（ＵＮＦＰＡ）「国連食糧農業機関」（ＦＡＯ）、そして「世界保健機構」（ＷＨＯ）であった。国連開発計画常駐代表の私は、世界食糧計画、国連人口基金の代表も兼任した。そのためユニセフ、そして専門機関の国連食糧農業機関と世界保健機構だけが管轄外であった。こうした布陣は国連組織内の調整を司る私の「国連常駐調整官*」としての役割に大きな意味を持っていた。

私が就任したとき、ユニセフ常駐代表はレバノン出身のハビブ・ハマムであった。ハマムは好人物で、仕事のできる同僚であったが、国連旗使用規定といった「国連儀典」に疎《うと》く、近所のスーパーマーケットに行くときでさえユニセフ公用車に〝国連旗〟をつけて出かけることがしばしばあった。その行動が物議を醸し、政府関係者を含め周囲から疑問視されていたが、私は国連常駐調整官で国レベルにおける国連のリーダーではあるものの、ほかの国連組織代表の行動を監督する立場にはなく、だまって彼の行動を見逃さざるをえなかった。こうした光景を見るにつけ、国連旗の濫用を防ぎ、任地で一番上席者のみ利用することが望ましいと思った。

そのハマム代表に代わって、新ユニセフ常駐代表としてベルギー出身のアンドレ・ロベールフロアが着任した。ロベールフロアはじつに優秀で、ものごとを的確に見通すことのできる人物で、国連開発計画とユニセフとの微妙な関係にも明敏なことからすぐに意気投合し、公私とも密接な関係を築いた。ユニセフのロベールフロア代表と良好な関係が築けたことは、国連常駐調整官の私にとって非常に大きな収穫（プラス）であった。なぜなら、先述したように、いかにユニセフ代表とうまく力を合わせて仕事を進めるかによって、国レベルでの国連開発システム全体の協調および調整の成功・不成功が決まっていたからである。

そのロベールフロア代表は、国連常駐調整官である私に例外的な「協力路線」をとった。たとえば、マーガレット・カトレー・カールソン・ユニセフ新事務局次長（のちにカナダ国際開発庁長官）が北イエメンを公式訪問したさい、ロベールフロア代表はカールソン次長の北イエメン公式プログラムの開始を私の事務所への表敬とし、私と共同でカールソン次長へ北イエメンに関するブリーフィングを行なった。さらに、そのころ北イエメンを同時訪問中のアンスティー国連事務次長補への配慮から、カールソン次長の公用車での国連旗の使用を自発的に控えてもらい、ややもすれば複数の国連幹部が国連旗を同時使用する混乱と、見苦しさを回避した。

こうしたことは国連外から見ればささいなことかもしれないが、国連カントリーチームが一体となって行動することは、国連にとって受益国（北イエメン）との関係を考え合わせると、まことに有意義であった。例外ともいえるこうしたユニセフとの関係は、あとで述べるイエメン大地震緊急援助調整のさいに、その真価を発揮した。なお、ロベールフロアは、その数年後、ユニセフ事務局次長に昇進し、ユニセフ退官後はモンテッソーリ・インターナショナルの会長を務めた。

＊国連常駐調整官　国連常駐調整官は、国連事務総長の代理として、またユニセフ、国連世界食糧計画（ＷＦＰ）や国連人口

基金（ＵＮＦＰＡ）、国連食糧農業機関（ＦＡＯ）などの現地代表で構成される国連国別チームのリーダーとして、駐在国の開発分野に関する活動の全般的な責任を負っている。

世界銀行との協調

世界銀行（世銀）は現地事務所を持たず、世銀ミッションが北イエメンを訪問するときは必ず私の事務所を訪れ、政治・経済・治安状況のブリーフィング、各経済セクター、そして北イエメン援助プロジェクトに関する意見交換を行なった。

当時、北イエメン担当の中東局長はアティラ・カラオスモノグル（のちに副総裁に昇格）であった。かれはトルコ元副首相を経験したこともあり、たいへん頭の切れる、物腰の柔らかな世銀幹部で、イエメンを訪れたさいには必ず私の事務所を訪れては意見交換し、世銀と国連開発計画との協調関係を積極的に進めた。そしてかれの「副官」ともいえる、インド出身でロシア語の堪能なアイヤー課長とは世銀との共同プロジェクト全般にわたり緊密な調整を行なった。

北イエメンに到着して六カ月後のこと、旧友で「総裁特別任務室」で同僚だったファド・モハメドが私の赴任のあとを追うように帰国し、国連担当の「開発大臣」に就任した。あとで考えると、私の北イエメン赴任は「ファドの差し金ではなかったか」と思わせるくらい、うれしいめぐり合わせであった。国連開発計画援助をよく知る担当大臣の到着で北イエメン政府との対応が軌道に乗り、仕事が一気にはかどり始めた。

私が日本に一時帰国したときも、うれしいことが待っていた。日本人として初めて国連開発計画常駐代表と国連常駐調整官となったためか、マスコミに注目され、朝日新聞の「人欄」をはじめ、サラリーマン向けの「夕刊フジ」にまで紹介記事が載った。これらの記事を読んだ安宅産業やエッソ石油時代の上司・同僚から喜びの手紙をもらった。その中には、「がんばれ」といった激励とともに、国連および国際公務員への関心・興味が見て取れた。私はこうした友人の反応が、ことのほかうれしかった。

北イエメンの外交団

北イエメンには大きく分けて〝三つの〟グループの外交団が存在していた。

「西欧陣営」では、アメリカ、イギリス、西ドイツ、フランス、イタリア、オランダ、インド、パキスタン、そして日本。「東欧陣営」では、ソビエト、東ドイツ、チェコスロヴァキア、中国、北朝鮮。「アラブ陣営」では、サウジアラビア、エジプト、アルジェリア、クエート、レバノン、リビア、イラク、シリア、アラブ首長国連邦（ＵＡＥ）、オマーン、ヨルダン、そしてパレスチナ解放機構（ＰＬＯ）……。

アラブ諸国大使館は結束が高く、つねに独立した〝外交団〟として活動していた。とくに「パレスチナ解放機構」の国際社会における位置づけに関しては共同歩調を取り、いわば国連大使の立場にある私に、グループとして北イエメンにおけるＰＬＯの外交地位向上のため、ＰＬＯを正式に大使館と認めて対応するよう、圧力をかけてきた。

北イエメンでいちばんの大きな存在は「アメリカ大使館」で、優秀な人材で固められていた。北イエメンが東西陣営の〝緩衝国〟であることから、そうした配置をしたと思われる。大使はアラビスト（アラブ専門家）のジョージ・レインで、政治任命でなく、キャリア出身のしっかりした大使であった。ちなみに、ニューヨーク本部「ラ米局」での前任者であるジハン・ラヒムはレイン大使の義理の弟である。

次席大使は同じくアラビストのエドワード・スキップ・グニームで、のちにニューヨークでマデレーン・オルブライト（のち女性初の国務長官）アメリカ国連大使の次席大使やヨルダン大使も務めた切れ者であった。初めてあいさつに行くと、グニームは「イエメンはあなたのような一流の国連職員に来てもらってまことに幸いである」といって歓迎してくれた。それがモース総裁の裏宣伝によるものなのか、それともワシントンの国務省の評価なのか、あるいは単なるお世辞なのかわからなかったが、いずれにしてもうれしい歓迎の言葉だった。

その他の大使館では、イギリス、西ドイツ、ソビエト、東ドイツ、中国、そしてシリア、サウジアラビアが優れた外交官を配置し、東西冷戦下のイエメンで際立った存在感を誇っていた。

日本大使館は私の赴任直前に開設され、初代臨時大使として鰐渕和雄氏が赴任した。鰐渕氏は温厚な、すぐれた外交官であった。わりとこじんまりした在イエメン大使館でもあったので、頻繁に行き来し、身近に国連開発計画常駐代表・国連常駐調整官としての仕事ぶりを見ていただいたことだった。鰐淵氏は私がレイン・アメリカ大使とファーストネームベースで親しく交わっているのを見て、「ロン・ヤス」と呼び合っていた当時のロナルド・レーガン大統領と中曽根康弘首相のような親密さだと、少し恥ずかしくなるようなお世辞をいった。鰐渕大使に引き続き、温和にして思慮ぶかい鹿毛純之助臨時大使が赴任し、公私にわたり親しく交際させていただいた。鹿毛氏は持ち前の〝美声〟をパーティで披露され、それ以来われわれは「声楽家・鹿毛大使」と呼ぶことにした。

前出のコンラッド・バントーレン・オランダ臨時代理大使とはニューヨーク時代のよしみから、密接な関係を取りながらオランダ政府からの拠出金による国連開発計画の「マルチ・バイ・プログラム」を共同で精査し、評価した。またバントーレン氏とは同じ年ごろの子供がいたことから、バントーレン一家とは家族ぐるみの付き合いをした。さらに重なる奇遇で、バントーレン一家とは七年後、再度赴任地がタイのバンコクで重なり、親交を続けた。

名前は失念したがチェコスロヴァキア大使は、教養の深い、洗練された外交官であった。かれに頼まれ、ヤマハ製のギターを日本で購入し、持ち帰ってよろこばれたことだった。そのチェコスロヴァキア大使主催の晩餐会でのことである。西欧側の大使たちが去ったあと、ソビエト大使が残った東欧側大使と私を見回しながら、「さあ、NATOが帰ったからいまから大いに飲もう。さて国連代表はどちらに属する?」……。そういって、私を見ながら「あなたは西欧陣営ではないよね?」とでも問うかのようにニタリと笑ったのだった。NATOとはいわずと知れた「北大西洋条約機構」のことである。まだ「冷戦」が続いており、当時東側には「ワルシャワ条約機構」(一九九一年解体)があった。

なかでも「北朝鮮大使館」は神秘的で、なかなかとっつきにくい大使館であった。国連事務所から手紙や公式文書を持っていっても、国連の配達人の目の前で破り捨てられることが頻繁であった。そのような事情から、着任してしばらく表敬あいさつを控えていたが、「もうそろそろ」と思い、着任一年後、表敬訪問を実行した。大使館の客間で北朝鮮大使と二人だけになると、驚いたことに、大使が完璧な日本語であたたかく私に語りかけてきた。反日本色の強い、閉鎖的な北朝鮮大使を予測していたので、少し戸惑ったが、会話を楽しみ、その後も友好な関係を保った。

正直なところ、北朝鮮がなぜ北イエメンに大使館を持っていたかは不明である。東欧陣営のメンバーであることを示すためか、それとも外貨稼ぎのためであったか、いまもって不明である。外交特権を使って「裏仕事」をしていたという〝うわさ〟もあった。

アラファト議長を送迎

ある日、パレスチナ解放機構（PLO）大使館から電話が入り、「われわれの〝大統領〟のアラファト議長が北イエメンを来訪するので、すぐにサヌア国際空港に出迎えに来て欲しい」という。するとその直後に、北イエメン外務省儀典官からも電話が入り、アラファト議長の出迎えを要請され、空港に向かった。

空港に着くと、アラブ諸国大使、東欧圏大使がすでに集まっていた。日ざしの強いなか、赤絨毯が敷かれた日除けのないタールマク（舗装路面）で待ったが、なかなかアラファト議長の姿が見えない。やっと三時間ほど経過したところで、アラファト議長を乗せた小型ジェット機が到着した。こうして待たされたのは〝暗殺回避〟のための方策であることが、あとでわかった。

自宅に帰ったとたん、妻のジェーンが私の顔をのぞき込むようにして、「いったいどこに行ってたの？」という。事情を説明すると妻は笑い出し、「あまりに日焼けして帰って来たので、わたしに内緒でどこかのプールに泳ぎに行ったのではないかと思った」とのことで、二人で大笑いした。

その後、レバノンからPLO戦士約五〇〇人が北イエメンに避難したことからアラファト議長は頻繁に北イエメンを訪れることになり、私の空港送迎の機会が増えたのだった。もちろん、依然として西欧大使連の姿はなく、アラブ、東欧以外の参加者は私一人であった。

アラファト議長はその後、イスラエルとの歴史的和平協定を結び、ノーベル平和賞を受けたが、イスラエル側で和平を主導していたラビン首相が暗殺され（一九九五年）、以後イスラエルとの和平プロセスは停滞することとなり、またパレスチナの意思統一も進まず、苦悩のうちに二〇〇四年、フランスのパリで死去した。享年七五歳であった。

世界銀行・スターン上級副総裁

世界銀行のアーネスト・スターン上級副総裁の北イエメン公式訪問のさい、北イエメン政府の要請で「国連常駐調整官」の立場で各地へ同行したときのことである。ヘリコプターを利用するため、空軍基地に到着して司令官室で待機していると、何人かのソビエト軍事教官が出入りし、司令官とロシア語で話し合っていた。そこにスターン副総裁に同行していたアイヤー課長（前出）が、なんの前触れもなくロシア語で声をかけ、いったい何を話していたかわからなかったが、ソビエト軍事教官を驚愕させた。そうして、われわれは「シバの女王」で有名なマアレブをはじめ、北イエメンの各地へ政府空軍提供のヘリコプターで視察に出かけた。だが、そうはいっても政府の力が及ばない地域への視察である。しかも北イエメン空軍ヘリコプターを使ってである。

案の定、予期しないハプニングが各地で続出した。到着したその地その地で、周辺の部族が機関銃を荷台に装備したトヨタの軽トラックで砂塵をあげながら四方から駆けつけ、部族同士が対立する〝いざこざ〟が起きた。どの部族も疑心暗鬼なのである。われわれはそのつど、集まってきた部族同士で時間をかけて話し合い、お互いに「怪しいことは何もない」ということを確かめるまで待たされた。こうして彼らの平和な関係が確認されるのを待って、やっとのことでサヌアの空軍基地に帰還したのだった。

ちなみに、スターン上級副総裁とはその二〇年後の二〇〇三年、私が国連事務局で国連ニューヨーク施設総改築計画、いわゆる「キャピタル・マスタープラン」の成立に奔走していたときに、当時チェイス・マンハッタン銀行の特別顧問をしてたスターン氏と再会した。国連の銀行借り入れの可能性を打診するためであった。

モース総裁の訪問

モース国連開発計画総裁がソマリア（アフリカ南端の共和国）経由で北イエメンを公式訪問したときのことである。空港での正式な送迎を終え、空港から国連開発計画事務所に向かう車の中で、総裁が「どうして北イエメンはこんなに汚いのか？　国連資本開発基金（ＵＮＣＤＦ）を使って都市清掃プロジェクトを試みてはどうだ」と聞こえよがしに言った。モース総裁の、北イエメンの国情にあまりに無神経ともとれるその言葉にいささか〝カチン〟ときたので、こう反論した。

「北イエメンは一九六〇年代の半ばまで近代社会に加わることができず、それまで病院はイマーム（国王）のための一つだけで、電話は複数の宮殿を結ぶものしかなかったとのことです。ですから、ここまで近代化が進んだことを良しとし、ゴミのことは大目に見るべきではないでしょうか？」

ホテルに着くと、総裁が「タバコが切れたのでタバコが欲しい」という。しかも自分の好みであるハッカ入りの「『クール』にしてくれ」とのこと。そこで国連開発計画事務所の職員にサヌアの市中を探させたが見つからない。その間、総裁はこの訪問のために私の事務所が作成した、分厚い、イエメンの社会・政治・経済分析、各開発援助機関の活動状況、国連開発計画プログラムを盛り込んだ「ブリーフィング・ノート」を初めから終わりまで読み終えていた。夕食のため総裁を迎えに行くと、私の顔を見るなり「なかなか良くできたブリーフィングノートだ」とうれしそうに言った。

さて、夕食前のホテルのバーでのこと、モース総裁は「マティーニ」を注文した。しかし、それが「ドライでない」と、またも不満顔である。それを見て私は、国連開発計画という開発途上国援助の中核機関の〝長〟が、あまりにも先進国的物質価値観に左右されているのではないかと、心の中でいささか憤慨していた。

次の日、サーレハ大統領をはじめ、政府高官への表敬も順調に進行し、むかしの部下であるファド・モハメド開発大臣の活躍する姿を見て、総裁は満足の様子であった。その後、国連開発計画事務所を訪れ、職員一同に激励の言葉を与え、一人一人と言葉を交わし、政治家としてのモース総裁の本領を遺憾なく発揮し、職員に大歓迎された。

予定行事を無事終え、出発のため空港に向かう車中、総裁は「しかし、トシ。もう少し道はきれいにならないものかな?」とウィンクしながら私に切り返したのだった。

アンスティー国連事務次長補の訪問

私とモハメド開発大臣の国連開発本部時代の上司であるアンスティー国連事務次長補が、中東公式訪問の一環として、一九八一年一二月、エジプト、ヨルダン、サウジアラビアに次いでイエメンを訪れた。彼女の好みである鮮やかな黄色(カナリヤ黄色)の装いはまるで「荒れた庭に咲いた一輪の花」のようだった。

むかしの部下である私たち二人の仕事ぶりを見て、アンスティーは〝ゴッドマザー〟らしく、誇らしげな様子だった。そのときのことが印象に残ったらしく、彼女の自伝『タイプを学んだことのない国連女性』(前出)には、われわれとの再会に触れて、こう書いていた。

「ニューヨークで一緒に仕事をした開発大臣のファド・モハメドと(国連開発計画)常駐代表の丹

羽敏（之）のいる北イエメンへの私の旅はとくにうれしかった。私はサヌアと北イエメンにすぐに惚れこんだ。人々は温かく親しみやすく、その魅力的な文化と歴史はどこからも見てとれた。サヌアの入念に彫り込まれたポルチコ（屋根付き・吹きさらしの玄関先の柱廊）とマグサ（門の扉の上に渡した横木）を備えた数階建の石と土で造られた建物は中世の面影をいまも残していた。三日間の国内旅行でタイズ、タハマ地方、ホデイダで（国連開発計画の）農村開発、農業プロジェクトを視察した」

イエメン大地震

一九八二年（昭和57）一二月一三日のことだった。石づくりの国連開発計画事務所の三階の執務室で会議をしている最中、とつぜん東京のNHKから電話が入った。

「先ほどイエメンでかなり大型の地震があったようですが、状況はいかがですか？」

いわれてみれば、たしかに数分前、地震とおもわれる軽い揺れがあった。ほかの職員は青くなったが、私は日本でこうした揺れに慣れているので「心配する必要なし」といって、そのまま会議を続けた。そこにNHKからの電話である。NHKの情報の対応の早さとその〝早耳〟に驚いた。それから間もなくしてモハメド開発大臣から、「今日の正午近くにザマール県で深刻な地震が発生し、相当な被害が出た模様で、国連の緊急援助調整を要請したい」との連絡が入った。「ザマール」はイエメンの南西部にある県都である。

その日の夜半、モハメド開発大臣が私の自宅を訪れ、これまで明らかとなった地震の被害情報をもとに「緊急災害援助調整を早急に行なって欲しい」との正式の申し入れを受けた。そこですぐにジュネーブのＵＮＤＲＯ（国連災害救済調整官事務所・通称アンドロ。現在は人道問題調整事務所〈ＯＣＨＡの一部〉）に連絡してロジスティックス専門家の派遣を要請するとともに、西欧各国の大使・援助機関、国際赤十字社を含むＮＧＯ、在北イエメン国連組織代表者に呼びかけ、翌日の一二月一四日の夜八時に、私の自宅において「第一回緊急援助調整会議」を開いた。この会議で、政府その他からの死者、負傷者、家屋崩壊・損害、医療施設状況、援助必要物資等に関する情報を収集・集約し、結果を一本にまとめて、出席者全員の総合意見として、各外交・援助機関チャネルを通じて広く世界に発信した。

こうした努力を続けることで、地震情報の乱立と無差別な流出を防ぎ、イエメン大地震に関する報告は、最初からまったく矛盾のない、一貫した情報として世界各国に伝わった。その結果、イエメン大地震関連活動の〝信憑性〟が確立され、その後の資金・物資調達を円滑にした。また、サウジアラビアのタラール・ビン・アブドルアジズ王子とともに、被災地であるザマール県を、当時、北イエメンに避難していたパレスチナ解放機構（ＰＬＯ）の戦士が操縦するソビエト製のガンシップ・ヘリコプターで視察し、被害状況を確かめた。

この地震は正午近くに起きたため、小学校で授業を受けていた多数の子供たちとモスクで祈っていた多数のイスラム教徒が、落ちて来た建材石の下敷きとなり、亡くなった。事故現場に落ちていた小学校の出席簿が「一二月一三日」で終わっているのを見つけたとき、私にも子供がいることから、胸が締めつけられる思いがした。

その後も毎晩、自宅での「援助調整会議」を続けていくうちに、参加者は回を重ねるごとに増え、三〇人を超えるにいたった。あまりの〝盛況〟に私の自宅では手狭となり、イギリス大使公邸を使わせてもらいながら援助調整会議を続け、最終的には六〇人にまでふくれ上がった。

その後、調整活動は着々と進み、大地震発生から一〇日で、西欧諸国、援助諸機関、国連機関による緊急援助調整を完了し、その後の資本援助による災害復興調整段階をアメリカ、世界銀行主導に委ねた。最終的に、この地震による被害は、マグニチュード六・二、死者二八〇〇、負傷者一五〇〇、家屋喪失者七〇万人を出す大型災害であることが判明した。

援助調整は本質的に受益国政府の役割であることから、私が行なったドナー間の被害・支援調整結果はアリ・アルイリヤニ首相を議長とする「国家災害最高会議」に逐一報告された。政治的理由から、サウジアラビアをはじめとする近隣アラブ諸国は調整には加わらなかった。しかし、それらアラブ近隣諸国からの大量の災害援助物資、緊急医療団派遣情報の獲得に務め、対外緊急援助総体の把握に務めた。

援助物資は、入手した情報をもとに、アラブ諸国からの援助状態を見きわめ、極力それらと重複することを避け、調達されていない品目、サービスに力を入れることに務めた。

こうした大災害でネックとなるのは援助物資の「国内配布」である。そのことから、西欧ドナーからの援助は現物でなく、原則的に「現金」による拠出とした。薬品、テント、毛布、食品、水浄化用品などの調達はすべて集めた現金をもとにユニセフ調達にまかせ、航空、トラックの輸送資金にも充てた。海外からの調達には西ドイツ・フランクフルトにあるアメリカ空軍基地と、デンマーク・コペンハーゲンにあるユニセフ供給基地を集中使用し、円滑かつ迅速な調達活動を行なった。

われわれの調整体制に入ってない東欧諸国、イエメンに大使館・事務所を持たないその他の国と組織とも関係をきめ細かく保ち、ヨーロッパ本部を持つ国際NGOとヨーロッパ共同体とはジュネーブのUNDROを通して連携した。サービスと物資の支給に加え、給水、保健、衛生分野、そして地震、地質、建築、土木に関しても、ユネスコを含む国連専門機関、二国間援助機関、そしてイエメン政府との緊急合同委員会をつくり、対策を練った。また、マスコミ関係ではＢＢＣ（イギリス放送協会）と「ラジオ・モンテ・カルロ」のインタビューに応じ、地震災害、援助活動を生放送のかたちで広く世界に発信した。こうして援助規模では産油国を中心とするアラブ近隣諸国とは比較にならないものの、的確な援助内容、迅速な西欧諸国・国際機関による「イエメン大地震緊急援助調整」はまれに見る成功を収めた。

こうした反響に接したモース総裁は、「きみの活躍はまるで魔術師のようだった。こうした自然災害でこれ以上の責任を政府から与えられ、その要求にこたえた国連開発計画常駐代表はいまだかつていなかった」と喜んでくれた。さらにはアリ・アルイリヤニ首相からの感謝状も届いたのだった。

かけがえのない仕事仲間

イエメン国連開発計画事務所について、一つぜひとも付け加えたいことがある。それは、総務、人事、会計といった、国事務所の管理業務がいかに大切であるかということである。すべてドナー国からの税金を使った任意拠出金により支えられている国連開発計画にとって、問題皆無の健全な管理業務は不可欠であった。

プログラム面では、ある程度の失策は看過されるが、管理面での失策はまったく許されず、スキャンダルとなればわれわれの事務所だけでなく、組織全体の命取りになりかねなかった。したがって、イエメンにおいて初めて常駐代表となった私がとくに神経を使ったのは「管理業務」であった。幸いなことに、大ベテランにして職人肌のファド・ショマリを管理部門担当常駐代表代理として得たことは幸運であった。ヨルダン出身でパレスチナ系のファドは明るく社交的で、国際スタッフと現地職員の区別をまったく感じさせず、すべての職員から慕われていた。ファドとはイエメンに限らず、その後ネパール、タイでも一緒に仕事をすることとなった。

もうひとり、忘れられない人材がいる。国連開発計画専属の運転手ヤシン・ガーリンである。ヤシンはわれわれによく仕えてくれた。アラビア語のできないわれわれにとってヤシンは貴重な通訳者でもあった。私の離任に際し、かれはイエメン男性の象徴ともいえる銀製の「ジャンビヤ」を「送別記念品」だといって差し出した。「どうしても受け取れない」と断ったがヤシンは引き下がらず、結局喜んで受け取ることにした。そのお返しにテレビとステレオを進呈したのだった。二二年後、ユニセフ事務局次長としてイエメンを訪問したさい、すでに引退した彼の一家を訪ね、再会した（後述）。

離任のとき

こうして一九八〇年一月から三年半勤務した北イエメンであったが、一九八三年六月、次の任地の「ネパール」に赴任することとなり、北イエメンを離れた。その間、次男の健蔵《けんぞう》がロンドンで生まれ、家族は合計五人となっていた。

北イエメンでの嫌な思い出といえばただひとつ、「アメーバ」と「ジアルジア」といった水を媒介とする〝寄生虫〟に悩まされたことである。アメーバは原生動物の一種で、アメーバ症（あるいはアメーバ感染症）をもたらす。食べものや水を介して人から人へと伝染する病気で、下痢、便秘、けいれん性の腹痛、上腹部の圧痛、発熱といった症状があらわれる。またジアルジア症（ランブル鞭毛虫症）は、小腸上部の粘膜に寄生して激しい水様性の下痢を引き起こすことから、子供では下痢が長びき、悩ましかった。このジアルジア症にかかると下痢、衰弱感、体重減少、腹痛、悪心や脂肪便などがあらわれてやっかいだった。日本でも増えているといわれ、飲料水や生野菜などを食べて感染するので注意が必要である。だが、この二つの病気には水事情の悪いネパールでも引き続き悩まされることとなったのは皮肉なことだった。ニューヨークを出張・休暇で訪れたときは必ず一家でアメリカでの熱帯医学の権威、ケビン・ケーヒル博士のお世話になった。ちなみに子供たちはケーヒル博士に「お尻のお医者さん」との愛称をつけたのだった。

北イエメン勤務中も、私は日本関係特別アドバイザーとして遠くからモース総裁に仕えた。当時、北イエメンはスリランカに次いで一〇〇人近くの国連ボランティアをさまざまな開発分野で積極的に登用していた。そのころ一番の国連ボランティア利用国はスリランカで、自国の頭脳流失を補うため、医師・看護婦・土木技師といった人材を集中的に利用するボランティア利用法をとっていたが、二番目の利用国である北イエメンでは農業から航空の分野まで、広範囲の利用法をとっていた。

そうした背景から、「第一回ハイレベル国際国連ボランティア会議」（一九八二年三月）を北イエメンで開いた。北イエメンで活躍していた国連ボランティアの多くはネパール出身で、私の次の任地がネパールに決まったとき、多くのネパール人国連ボランティアが喜んでくれた。

任務を終えて

こうして終えた、「溺れるか、泳ぐか」の仕事であったが、振り返ってみると、常識、ひらめき、本能にもとづく仕事ぶりであったように思う。メンターに頼ることはできず、とにかくガムシャラに自分の判断を信じて仕事にあたった。そして、この北イエメン勤務で、後発開発途上国のチャレンジの真髄を学び、また開発を含む「国づくり」が経済だけでなく、社会・政治の三部分から成っていることを改めて認識した。

開発のAからZまで、多くの課題を持つ「後発開発途上国」のチャレンジは並大抵ではない。低開発性は「持つべきものを持たない」「あるべきものがない」ことを指すが、すでに持っているものをキチンと維持・管理することもチャレンジの一つであることを知った。さらに、先進国が何十年、あるいは一〇〇年以上かけて達成したものを、きわめて短期間に凝縮して数年あるいは数十年で作り上げねばならない後発開発途上国の試練は並大抵でないことも事実である。そうしたことを十分に気づかせてくれた北イエメンでの仕事であった。北イエメンからの離任を間近に控えて、私はP5からD1へ加速昇進した。

サーレハ大統領の暗殺

北イエメンを離れて三四年目の二〇一七年一二月四日、中東のテレビ局アルジャジーラが、アリー・アブドッラー・サーレハ前イエメン大統領が、首都サヌアでイスラム教シーア派系武装組織「フーシ」によって殺害されたと伝えた。サーレハ前大統領とフーシは同じ反政府勢力として連携してきたが、内紛が生じたとみられるとのコメントが添えてあった。

前述したように、サーレハ前大統領とは、私が北イエメンに赴任したときに国連の仕事で接触があり、好感のもてる大統領との印象をもっていた。たしかに、いろいろと評判のあった人物でもあったが、国をまとめることではなかなかの手腕を発揮した指導者であった。

サーレハ前大統領は一九七八年から二〇一二年までの三三年、権力の座にあった。私の離任後の一九九〇年五月、「イエメン共和国」の初代大統領となった。二〇一一年一月には退陣を求めるデモが本格化、六月には暗殺未遂の爆破により負傷、一一月には訴追免除と引き換えに退陣を定めたサウジアラビアなどの仲介案に署名。二〇一二年二月、暫定大統領選でハディ副大統領が当選、正式に退陣した。

「アラブの春」（二〇一〇〜二〇一二年の反政府運動）が波及するなか、交渉によって独裁体制が終結した唯一の国である。内戦状態が続くなか、その後も影響力を維持していたこともあり、いまのイエメンで唯一、内戦を終わらせる可能性を持った人物であった。私は、この暗殺によりイエメンの内戦は混迷の度を深めるだろうと思った。

イエメンでは、二〇一四年の夏以降、ハディ大統領側とフーシの対立が激化、サヌアなど北部を掌握したフーシの排除をめざし、二〇一五年三月、サウジアラビアなどが軍事介入を開始し、内戦に突入した。これまでに一万人以上が死亡したといわれる。

二〇一七年一二月一〇日付、ニューヨークタイムズ紙にサーレハ大統領の暗殺に関するロバート・ワース記者の論評が載っている。その記述のいくつかを以下に紹介する。

「彼（サーレハ）を知る多くのものは、イエメンの長年の指導者でわれわれの時代の最も狡猾な独裁者の一人であるアリー・アブドッラー・サーレハが亡くなったことをなかなか信じられないであろう。何度も何度もサーレハ氏は死をまぬがれた。

サーレハ氏はイラクのサダム・フセインやシリアのアサドのように残酷ではなく、リビヤのカダフィのようにケバケバしくはなかったけれども、いろんな意味で典型的なアラブの独裁者であった。これらの指導者が一致してとった自己中心的政治の最たる達人であった。他の人間とすべてを腐敗させるか、破壊するかにより、自分を必要不可欠にすることに長けていた。これは数十年にわたりアラブ社会において反乱を打ち砕いた狡猾な生存者の知恵であった。これは二〇一一年に起こった反乱を失敗に終わらせ、内戦、ジハード主義の台頭、経済的破綻という結果を招く結果となった。

『イエメンを統治することは難しい』と、二〇〇八年に会ったときに私に語りかけた。『私はあたかも数匹のヘビの頭上で踊っているようなものだとよくいったものだ』。彼はこうした言葉が指導者の厳粛な姿を示すものだと思ったようである。しかしそうではなかった。彼はあたかも中毒患者のごとくもろく、性急であった」「彼の政権からの退陣は二〇一一年にチュニジアとカイロに始まったアラブ世界での大規模なデモ（編注・アラブの春）による。どこへでも亡命できたし、欲しいものはすべて買うこともできた。しかし彼はイエメンにとどまり、復讐の夢を持ち続けた」

【キャリア・アドバイス ❖ 北イエメン】

❶ 比較優位性をつねに考え、行動すること。国連にしかできないことを探求すること、そして自分自身の比較優位性を考慮して行動すること。

❷ 誠実と、尊敬によって現地の人の心を勝ち取ること。

❸ 他の国連機関との密接な協調関係を築くこと。とくに国連開発計画とユニセフとの協調は重要である。

❹ 加えて、国連外のさまざまな対外援助組織（二国間組織とＮＧＯ）との調整を行ない、意義ある結果を引き出すよう努力すること。

❺ 国連での調整活動では自我を抑制し、周囲の顔を立てる姿勢が大切。

❻ 国レベル、コミュニティーレベルのオーナーシップ（自分たちで主体的に事業を行なう意識）の重要性を認識すること。

❼ 国連旗の乱用の回避。理想的には任地で一番上席者のみ利用することが望ましい。

国連開発計画北イエメン事務所のベランダにて。典型的なイエメン建築の３階建で、飾り窓にはユダヤ民族の象徴である「ダビデの星」（右上写真）が嵌め込まれていた。1980 年

サヌアの自宅。大きな石積みの建築で、朝夕は冷えたが、熱を遮断し快適であった。1980 年

写真右:ハミードと次女・絵里香。写真左:右から運転手のヤシン、ハミードの息子、ハミード、長男・正爾。1981 年

妻・ジェーンと地元の子どもたちとの一コマ。ジェーンに抱かれているのは次男・健蔵。1983 年

日本国臨時大使・鹿毛純之助氏（右）。
“声楽家”の大使と呼ばれた。左端は妻・ジェーン。1983 年

右からジェリー・ポナセック (USAID)、ジル・カシース、アンドレ・ロベルフア・ユニセフ代表、マリテー・ロベルフア、筆者、ダイアン・ポナセック、ジョージ・カシース・ユニセフ副代表。後方に次男・健蔵が見える。1983 年

ネパール

一九八三～一九八八

「文明の歴史は公共財の歴史であり……歴史的に公共財を提供してきた機構は国家である」「世界的な経済崩壊が起こらないかぎり、私たちの文明が必要とする公共財は世界的なもの、あるいは世界的な側面をもつものとなっていく」「このような難題の管理には特別な創造性が求められる」

マーチン・ウルフ（経済ジャーナリスト）

ネパール転勤

北イエメンに赴任して約三年経過したある早朝のこと、とつぜん邦人職員先輩のアジア局地域部長の北谷勝秀氏から電話があった。「アジア局長のアンドリュー・ジョセフ事務次長補の依頼で電話しているのだが、ネパールの常駐代表として赴任する気はないか」という。

北イエメンは「困難な任地」の一つとされ、そろそろ転勤の話が出てきてもおかしくない時期だと思っていたので、このタイミングでのオファーには驚かなかった。しかし、ジョセフ局長の長年のライバルであるマーガレット・アンスティー女史を〝ゴッドマザー〟とする私にオファーされるとは期待していなかったので驚いた。

ジョセフ局長にとって、アンスティーのもとで勤務したモース総裁特別任務室時代の私は目の上の〝たんこぶ〟のはず。煙たい存在であったことは十分に承知していたので、ジョセフ局長みずからが直接私に電話をしてこなかったのは、そのへんの事情を汲んでのことであろうと察した。

ネパールは複雑な開発課題、国連の存在価値、大規模なプログラム、充実した活動実績から国連開発計画職員の〝嘱望の的〟であった。それは国連開発計画の最前線で働く私にとっても同じで、登山・観光、そして逆境にもかかわらず笑みを絶やさない復元力に満ちた国民性……。それに日本の皇室とネパール王室といった関連からも、日本人の私にとってかけがえのない存在であった。ネパール赴任は千載一遇のチャンスである。私は、「乗り気である」と返事した。

くわえて、イエメンで出会った一〇〇人を超えるネパール出身の国連ボランティアを通じてネパールの開発課題と国民性に興味をもっていたことや、イエメンでつちかった後発開発途上国開発経験をさらに一段と磨けることも魅力であった。

ネパール概観

赴任したネパールは、中国とインドに囲まれた後発開発途上国であり、多民族（一二五）・多言語（一二三）の立憲君主制のヒンドゥー教王国であった。政党は禁止され、間接民主主義ともいえる「パンチャーヤト（村会組織。本来は五人の賢い尊敬されている年長者の意）制」を採っていたが、事実上は「王制国家」で絶対王朝であった。当時の人口は一六七〇万人で、一人当たりの国民総生産は約一七〇ドルと、後発開発途上国の中でももっとも貧困な国の一つであった。国民総生産の内訳は、農業が三八％、工業が二〇％、サービスが四二％で、開発予算の六〇パーセント以上を対外援助に依存していた。内陸国であるためほとんど輸入はインド経由であった。

ここでネパールの来歴を概観しておくと、古くは紀元前六世紀、仏教の開祖・釈迦（仏陀、ゴータマ・シッダールタ）が南ネパールに生誕、北インドにその教えを広めた。紀元前三世紀にはインドのアショーカ王が釈迦の生誕地を巡礼、仏塔を建立。マウリア朝時代にはアショーカの支配下に入る。

時代は下って、一六一九年ごろに三王国（マッラ朝・パタン王国・カトマンズ王国）時代となる。一八世紀前半、ネパール王国の前身ゴルカ王国（ゴルカ朝）が勢力を拡大。一七六九年、第一〇代ゴルカ王プリトゥビ・ナラヤン・シャハがネパールを統一、カトマンズを首都に「ネパール王国」（シャハ王家）を確立した。一七九〇年、清・ネパール戦争が勃発。ネパールがチベットに侵攻したことを契機に、その宗主国である清（中国）がチベットを援護するかたちでネパールと交戦、ネパールは敗北を認め、清の朝貢国となる。一八一四年、「ネパール・イギリス戦争」（グルカ戦争）に敗れ領土を割譲、実質的な保護国となる。以後、ネパール兵（グルカ兵）はイギリス軍の傭兵となった（「グルカ兵」は勇猛をもって知られる）。

一八四六年、宮廷内での虐殺事件を機に、ジャング・バハドゥル・ラナが宰相となる。以降、宰相は「ラナ家」の世襲となり、一九五一年までシャハ王家は傀儡《かいらい》となる。一九五一年、トリブバン国王が亡命先のインドより帰国、王位に就き「王政復古」、「立憲君主制」を宣言。ラナ家の支配が終わる。一九五五年、マヘンドラ国王が即位、独裁体制を強める。一九五六年、日本と外交関係を樹立。一九五九年、初の総選挙でネパール会議派が政権を取る。以来、封建的諸制度の改革を急速に進め、マヘンドラ国王との軋轢が強まる。

一九六〇年、マヘンドラ国王がクーデターにより議会を解散。全閣僚を逮捕し、政治活動を禁止。一九六二年、新憲法を制定、政党を禁止し、国王に有利で複雑な間接民主主義「パンチャーヤト制」を導入。ヒンドゥー教（バラモン教から発展したインドの宗教）の実質上の国教化。一九七二年、ビレンドラ国王即位。一九八〇年、国民投票により僅差でパンチャーヤト制の存続を決定。このとき憲法が改正され、国家パンチャーヤトの直接選挙が決まったが、政党の自由は認められなかった。その後、民主化の声が高まるなかパンチャーヤト制が廃止、主権在民を謳った新憲法が制定され、立憲君主制に移行した。これにより絶対君主制にピリオドがうたれ、二四〇年続いた王政も終焉を迎えることとなった。

ネパールはその歴史を通じて、一度も植民地化されたことのない国である。これは、中央ネパール南部の亜熱帯ジャングル（マラリアと猛獣が跋扈《ばっこ》）がインドとネパールを隔てる天然の緩衝帯となり、独立を守ることができたといわれる。また、インドはイギリスの植民地のもと社会基盤の整備を進めたが、ネパールはそうした植民地化の洗礼を受けなかったため、社会基盤の整備が遅れ、近代化が遅れた。

ネパールは一九五一年まで、事実上鎖国状態が続いており、近代化の歴史は浅い。そのため、森林資源に依存した自給的な農業を中心に、伝統的な生活形態が山間部を中心にまだ残っていた。一〇〇年以上続いたカースト制度は一九六三年に憲法によって廃止されたが、社会的慣習として存続し、上級カースト層と下級カースト層に生活水準の格差が著しかった。

一九五一年のトリブバン国王による「王政復古」以降、国家規模の教育制度の整備が段階的に進められていたが、初等教育が無料化されていない農村地域に広まってきたのは一九八〇年代のころである。ちなみに一九五一年当時、ネパール国民の識字率は一・九％であった。こうした初等教育の普及とともに、喫緊の課題となったのが成人の識字教育である。そのため一九七一年に国家教育システム計画が出され、国内の学校制度の統合、近代国家づくりの人的資源開発をめざした。一九七三年には初等教育（三年間）の授業料が無償化され、一九八一年には学校制度が変更されて初等教育が五年間になり、女子児童を含め、授業料は無償化された。その結果、いまでは一五歳以上で読み書きできる人の割合が約五〇パーセントと大きく改善された。近年では高学歴化がすすみ、「近代的な職へのパスポート」から「就職の当然の前提」へと意識が変わったともいわれ、都市化が進んだ。また、近代的産業分野に新たに参入するインド系住民とネパール人との間に軋轢《あつれき》が起きている。

一九八〇年代になって、ネパールの教育・医療などの整備が進み、交通網が整備されるようになった。しかし衛生状態はきわめて悪く、感染症と栄養失調が大きな問題となっている。とくに下痢性疾患は深刻である。私たち家族もアメーバ、ジアルジア（ランプル鞭毛虫症）には大いに悩まされたことだった。五歳以下の小児の死因の第一位は「下痢性疾患」で、最大の原因は下痢による「脱水」である。識字率の低いところでは、いまだ下痢は「悪魔の仕業」と考えている母親も多く、重症化しないと病院に行かない傾向がある。また山岳地方では医療機関が遠いことも死亡率を高めている原因である。

ネパールの最大の課題は「貧困」である。貧困率は地域によって格差がみられ、山間部で高く、丘陵地帯の都市部では最も低くなっている。その要因として、干ばつや洪水で農作物の生長が阻害されていることや、土地保有者の割合が少なく、国の衛生状態はきわめて悪いこと、さらには人口増加の影響により、食糧危機の状態にあることなどが挙げられる。「失業率」は貧困なほど高い傾向にある。

主産業は農業で、就業人口の約七割、ＧＤＰの約四割を占める。米・小麦・トウモロコシ・ジャガイモ・ジュート（綱麻《つなそ》）が主農産物であるが、耕地面積が少なく農業の規模は小規模である。「電力」は、そのほとんどをヒマラヤ山脈を利用した水力発電で行なわれているが、発電量が足らず、計画停電が行なわれている。

「難民」の問題も深刻である。ネパールには、ブータンからの難民が一〇万人以上、チベットおよび中国からの難民が二万人ともいわれ、国内で家を失った人々は五~七万人(毛沢東派の人民戦争による)いるともいわれる。

ネパールと日本

日本とネパールとの関係は、一八九九年、漢語に音訳された仏典に疑問をもった日本人僧侶・河口《かわぐち》慧海《えかい》(一八六六~一九四五)がチベットでの仏典収集のためにネパールに入国したことにはじまる。一九〇二年にはネパールが八人の留学生を日本に派遣し、これが日本とネパールの交流の先駆けとなった。第二次大戦中、交流は一時中断するが、一九五六年(昭和31)、正式な外交を樹立した。

私が赴任した当時、ネパールは王政で日本の皇室とも関係がよく、ビレンドラ国王も何度か日本を訪問し、日本の皇室も何度かネパールを訪問していた。ビレンドラ国王夫妻は、一九七八年、一九八三年、一九八五年の三回にわたり日本を訪問したほか、王族も何度か日本を訪問している。一方、日本の皇室からは、当時の皇太子明仁親王(現・天皇)夫妻が一九六〇年(昭和35)と一九七五年(昭和50)にネパールを公式訪問しており、私が赴任していた一九八七年(昭和62)には皇太子徳仁《なるひと》親王がネパールを公式訪問している。

ビレンドラ国王(ビレンドラ・ビール・ビクラム・シャハ。九代マヘンドラの長男。一九四五~二〇〇一)はイギリスのイートン・カレッジを卒業し(一九六四年)、その後ネパールに戻り、国内の各地を歩いた。一九六七年には東京大学に留学し、親日家としても知られていた。またハーバード大学にも留学し、政治学を学んだ。一九九〇年の「パンチャーヤト制」を廃止したさいは「開明的君主」として国民の厚い信頼を得た。その後、承知のようにネパールの政争は激化、ついには「王族殺害事件」

（二〇〇一年六月一日）で王妃らとともに凶弾に倒れるという、数奇な運命をたどった。

私がビレンドラ国王にお会いしたさいには、東京大学留学時代のことや日本の皇室との親しい関係を楽しそうに語っておられたことが印象的だった。またネパールの開発について、国王は強い関心と興味を寄せられ、みずから年一回、スタッフを連れてテントに泊まりながら各開発地域を約一カ月にわたって訪問し、自分の目と耳で開発状況をつぶさに視察されていた。

そうしたビレンドラ国王の真摯な態度は国民にもよく伝わっていて、国民は国王を信頼し、国の将来を託しているようだった。一方の弟・ギャネンドラ王子は兄・ビレンドラ国王とは対照的に人望もなく、国民に不人気であった。またディペンドラ皇太子とも対照的だった。ディペンドラ皇太子が国民に慕われていたのに対し、ギャネンドラ王子と息子のパラス王子は尊敬も信頼もなく、国民に嫌われていた。

王族殺害事件でビレンドラ国王が殺害された後、ギャネンドラ王子が王位に就いた。ギャネンドラ国王は、兄・ビレンドラ国王が進めてきた民主化による立憲君主制を否定、議会を停止、内閣の人選をみずから行ない、事実上の専制君主として振る舞った。そのため政情の不安定は加速し、統治を困難にさせた。二〇〇八年、ネパールは共和制を採択し、王政廃止が決まり、ギャネンドラ国王は「ネパール王国」最後の国王となった。

ネパール事情

首都・カトマンズでは、パタンのシャンタバワン病院の近くのラナ元陸軍元帥一家が所有する二階建ての、とても見晴らしの良い家に移り住んだ。

イエメンのサヌアから空輸した家財道具一式は、途中バンコク空港で不幸にもモンスーンのさなか空港滑走路に何のカバーもなく数週間置きざりにされ、受け取ったときには梱包から水が漏れ出す始末であった。妻と子どもの衣類はほぼ全滅、家具の中に詰めた次男・健蔵のためのベビー用紙オムツは水を含んでビショビショに濡れて、もはや使い物にならなくなっていた。日本から持ってきた骨董タンスは変色し、カビで覆われて哀れな姿に化していた。ステレオのスピーカーは、ダンボールの箱から引き出すと同時に〝パタン〟と板が四方に崩れ落ち、目も当てられない惨状であった。それでも、たくさんの思い出がつまった大切な写真とアルバムは無傷であったことは不幸中の幸いと、胸をなでおろした。

そんななか、アメリカ国際開発庁（ＵＳＡＩＤ）に勤務する友人から「番犬」として純血のチベタン・マスティフ（通称・チベット犬）をもらい受けた。だが、からだは大きく勇壮な顔つきでも、性格は穏和で、番犬には向かないことが判明。さらに午後六時から朝の六時まで、事務所派遣のガードマンに警備に当たってもらうことになったのだが、ガイアナの時と同じで、夜間ほとんど眠りこんでしまい、まったく頼りにならぬことが判明した。

使用人は友人の紹介で、現地の習慣にならい、コック、番人、庭師、家事手伝い、子守、裁縫師、ハウスボーイの合計七人を雇った。あまりにもぜいたくに感じられて躊躇したが、ネパールのような貧困社会では「より裕福なものが雇用を創造する習わしである」と、自分を説得したことだった。

カトマンズの新居に移り住んで早々、集団強盗に襲われるハプニングがあった。翌日からの海外出張に備え、一階の食堂で深夜まで仕事をし、出張書類、旅行書類、現金、トラベラーズチェックなどをキチンと整理してテーブルに置き、午前二時ごろ二階の寝室に退いた。しかし、朝起きてみるとなんとなく様子がおかしい。そこで一階の台所に降りてみると、鉄製の窓格子がすっぽり外部から外されている。この状況からして、泥棒に入られたことは明白だった。急いで食堂に行くと、書類や旅券はそのままだったが、現金・クレジットカード類が見あたらない。警察に通報すると、すぐに警察官が来て、テレビの犯罪ドラマさながらに指紋を採取し、捜査活動を始めた。そして警察は、「これは明らかに多人数の犯行で」あり、「内部使用人との結託」と結論づけた。

当日、私は海外出張であったが、とるものもとりあえずクレジットカードの停止と現金確保に奔走した。あとで庭に出て見ると、クレジットカードが捨ててあることに気づいた。私は「クレジットカードを取り消さないでもよかったのに」と後悔したが、あとの祭りであった。妻の話では、私が出張に出たあと、使用人数人が警察に連行され、取り調べられたとのことであった。確証がなく釈放されたが、かれらとの間に何とも気まずい雰囲気が漂ったことだった。

考えて見ると、ああして食堂のテーブルに「はい、どうぞお持ちください」といわんばかりに現金や金目のものを置いた私にも不備があったが、一方であのとき現金が置いてなかったら寝室まで押し入られていたかもしれない。そう思うと背筋に冷たいものが走るのがわかった。そして改めてネパール社会の貧困の現実を思い知った。

家族にとってもネパールは決して楽な〝地〟ではなかった。健康管理、身の保全、貧困に起因する子供さらい、トラフィッキング（人身売買）の危険など、用心しなければいけないことがいろいろとあった。加えて水事情が悪く、不衛生であったためアメーバとジアルジアの寄生虫による下痢に悩まされた。そこで、飲み水対策として、北イエメンと同様に自宅では水を三〇分以上煮沸し、ろ過したあと飲み水とし、新鮮な野菜もろ過した水で洗って食べるようにした。

だが、いったん外出してしまうと〝水用心〟を完全に実行することは不可能であった。とくに政府事務所で出されるコーヒーはやっかいだった。カップが洗ったまま、ろくに乾かしていないのである。それを一日何杯も飲むと、必ずといっていいほど下痢をした。しかし、せっかく淹れてくれたコーヒーに手をつけないわけにもいかず、いつも目をつむって飲んだことだった。

それでも北イエメン赴任当時四歳だった長男・正爾は八歳になり、未だ一歳にも満たなかった次女・絵里香は四歳となっていた。イエメン在任中に生まれた次男の健蔵は一歳半になっていた。正爾と絵里香はカトマンズの英国小学校・幼稚園に入学させ、小さいながらもしっかりとした学校で教育を受けさせることにした。その後、二人とも小学二年生からアメリカンスクールの「リンカーンスクール」へ移った。

カトマンズには小さいながら日本人社会があった。そこには幾人かの魅力的な人たちがいた。自家製の味噌でつくった〝味噌ラーメン〟と〝ジンギスカン鍋〟がおいしい、レストラン「バンバン」の高久幸雄さん夫妻。日本大使館専門調査員で、のちに私に関する時事画報社出版記事の写真と文を提供してくれた「ライカにこだわり」の高山一義さん。青年海外協力隊出身で、ネパールに腰を落ち着け、おいしい日本米を作っていた藤田さん夫妻。それに、麻雀の手合わせをしていただいた国際協力事業団（現・国際協力機構）の果樹栽培専門家、近藤亨さん……。みなさんとはとても親しくさせていただいた。

ネパール国連開発計画事務所

当時、国連開発計画事務所は宮殿の近く、ホテル・シャンカーのとなりの宰相一族「ラナ家」の敷地内にあった。同じ敷地に、私の監督する「世界食糧計画」「国連人口基金」の事務所もあり、便利だった。

事務所は比較的大きく、本部任命の国際スタッフは「若手派遣制度」（ＪＰＯｓ）で派遣された職員を含めて約二〇名、現地スタッフは約一二〇人であった。当時、本部から派遣された私の次席（韓国出身、その後アメリカ出身）と、その他の幹部職員（アメリカ、バングラデシュ、イギリス、オランダ、フィリピン、デンマーク出身）は総じて優秀であった。のちに常駐代表代理として赴任したブルース・ジェンクスは、その後、国連開発計画総裁補渉外局長・国連事務次長補となった。現地採用の専門職のラム・マハットも優秀で、かれはその後ネパールの大蔵大臣を長きにわたって務めた。

ネパール政府の国連開発計画事務所の担当官庁は外務省と大蔵省であった。くわえてネパール国家開発計画の主管庁である「国家計画委員会」とも密接に接触することとなった。パドゥマ・カトリ外務大臣に、モース国連開発計画総裁からの国連開発計画常駐代表としての信任状と、デクエヤル国連事務総長からの国連常駐調整官としての信任状を提出し、ネパールでの任務に就いた。

ネパール着任早々、事務所の力量（能力）を確かめることにした。プログラム事業担当スタッフは比較的能力が高く強力だったが、総務・人事・会計関係部門は弱冠〝弱い〟との印象を受けた。われわれ国連開発計画国事務所の評価は本質的な「プログラム分野」での業績でなされるが、裏方ともいえる総務・人事・会計の仕事、とくに会計分野ではちょっとした間違いでも大問題となる恐れがあるので、即刻その強化に着手した。

そこでまず、イエメンで事務所の裏方体制にすばらしい力を発揮したヨルダン出身で職人肌のファド・ショマリをぜひとも迎えたいと思い、テレックスでかれを呼び出して「ネパールにぜひ来てくれないか」と打診した。するとショマリは間髪を入れず、「わかった」といって快く引き受けてくれた。こうして事務所の陣容が強化され、ホッとした。

特記すべきは、国連開発計画事務所にカナダ・デ・ハビラント社製の18人乗り双発機「ツインオッター」を備えていたことだった。航空安全訓練・新滑走路開発・緊急人道支援のためであったが、当時、飛行機を所持している国連開発計画事務所はスーダン（単発機）とネパールだけであった。

仕事はじめ

赴任後の最初の仕事は、スイス出身の飛行士ハーディ・フューラーの送別であった。フューラーは、単発機「ピラタス・ポーター」（スイスのピラタスが開発した多目的軽飛行機。山岳地帯や雪上でも運用が容易なように高いＳＴＯＬ性能と丈夫な機体構造を有する。愛称は「ポーターまたはターボ・ポーター」）を長年にわたって操縦し、航空プロジェクトに携わって多くの新しい滑走路を開発、ネパールの地形に沿ったアクロバット的離陸・着陸方法を創案した名物飛行家だった。

フューラーがこの航空プロジェクトから去ることになったのは、彼の発案でピラタス・ポーターからツインオッター機への格上げを求めたことにある。これが裏目に出て、プロジェクトの新しい実施機関である「国際民間航空機関」（ＩＣＡＯ）が最後になって彼の任命に強く反対したためプロジェクトを去ることになったのだ。彼の名誉を傷つけることなく、国連の決定を履行するのが私の役目で、誠心誠意フューラーと話し、慰めなだめながら送り出したのだった。

フューラーの「冒険飛行家」としての評判を如実に物語るエピソードが残されている。エベレスト・ベースキャンプに近い標高二八〇〇メートルの「ルクラ空港」は高地の斜面につくられており、その四六〇メートルの滑走路は短距離離発着が可能になるよう、少し上向きの角度でつくられていた。それは「ストール」（ＳＴＯＬ）と呼ばれる短距離離着陸機が斜面ブレーキで止まるような仕掛けになっていた。

反面、離陸のさいはその短い下方傾斜のある滑走路を走行し、まるで崖から空に飛び降りるようなかたちで発進するようになっている。フューラーの話によると、あるときルクラ空港に着陸後、雪が降り出し、出発するころにはまわりも暗くなってしまった。そこでフューラーは滑走路上の雪を飛行機の車輪が通れるだけ除雪させ、滑走路の先端に懐中電灯を掲げた人間を立たせて、その懐中電灯の灯りを頼りに離陸を試み、成功させて無事カトマンズ空港に帰着したということであった。

フューラーはまた、同じルクラ空港で、直進方向の山斜面を避けるため、発進後すぐに45度の角度で左旋回をしながら速度と高度を上げていく操縦テクニックも開発し、いまでも「フューラー旋回」と呼ばれている。そうした彼の性向と評判から、国際民間航空機関がフューラーの任命を躊躇したのだった。フューラーはその後もネパールが忘れられず、二〇〇〇年、再びネパールへ戻り、二〇〇五年一一月、カトマンズでこの世を去った。*

＊ "Last Flypast for Hardy", by Barbara Adams, Nepali Times, #274 (25Nov - 01 Dec2005).

空からの視察

表敬に訪れたパンチャーヤト（村会組織）担当大臣のパシュパティ・シャムシェル・ラナ（のちに水資源・通信大臣）に、「国王のヘリコプターをお借りして自分の選挙区に行くのでいっしょに来ないか」と誘われた。空からのネパール視察は「よい勉強となる」と思い、アメリカ出身の元ミシガン州立大学教授のジョージ・アクシン国連食糧農業機関（FAO）代表とともに便乗した。

空から見るネパールはじつに壮大で、眼下には段々畑が大きく広がっていた。だがよく見るとそれは秩序なく入り乱れ、家庭で使うのであろう薪木のゆき過ぎた伐採のためか、山肌が荒れた斜面があちこちに見えた。こうした土地に暮らす農民の生活は多難であることは私の目から見ても明らかだった。

そうした山岳地にヘリコプターで降り立ち、地元での政治集会に参加するラナ大臣の政治活動はじつに興味深かった。ある集会で若い男性がネパール語で熱弁をふるった。

「ここには過去要人が訪れ、いろいろな公約をして帰っていったが、いままで何も約束が実現していない。今日ここにラナ大臣を迎えたが、かれはほかと違って約束を果たしてくれるかもしれない。しかし、またいままでのほかの政治家と同じで、何も実現しないかもしれない」

私は熱弁にひかれ、集会後、彼の後を追い、英語で話しかけた。すると幸いにも彼は「グルカ兵」として海外勤務した経験の持ち主であった。英語が通じたので、「どのくらいラナ大臣に時間をあげるか」と聞いた。すると彼は「三カ月」だという。「それではあまりにも短いのでは」と切り返すと、「では最高六カ月。それでダメなら、ラナ大臣はやめるべき」という。

こうしたネパールの農村部において、国民生活を急速に向上させることは不可能に近い。しかし、住民は長年の度重なる失望にかかわらず、気長に〝変化〟を期待しているようでもあったが、同時に〝忍耐〟の限界にあることも確かである。彼の反応は、その後の政治展開を危惧させる瞬間でもあった。

絶大な世界銀行の影響力

ネパールにおける「世界銀行」（世銀）の影響力は絶大で、マクロ経済・国際収支分析から、水力発電、灌漑《かんがい》、道路・交通、環境、農業、その他主要セクターで大いなる影響力を持っていた。

その世界銀行が主導して「ネパール・エイドグループ」を結成。ネパールで活動するすべての援助組織を招待し、二年ごとにフランスのパリで援助国・組織会議を開催してネパールでの援助戦略を検討していた。このお膳立ては大切な仕組みであったが、これはあくまで「総論」を論じる場であり、「各論」を綿密に検討する国ベースの対話の場も不可欠だと感じた。また、世界銀行の〝弟分〟ともいえる「アジア開発銀行」も優秀な職員を擁し、とくに農業、工業といった生産セクターで活発な活動を展開していた。

これら国際金融機関と並行して、国連開発計画、ユニセフ、世界食糧計画（ＷＦＰ）、国連人口基金（ＵＮＦＰＡ）、国連食糧農業機関（ＦＡＯ）といった国連開発機関、そしてアメリカ、日本、イギリス、ドイツ、スイスを主体とする二国間援助機関、さらに各種国際ＮＧＯが活発に活動していた。そのため、ネパール国内において日常ベースで「援助調整」を行なうことの重要性は明白であり、私の国連常駐調整官としての役割を発揮する機会が存分にあることを速やかに認識した。

創意に富んだプロジェクト

ネパールにおいて、とくに印象に残る二つの創意に満ちたプロジェクトがあった。その一つが、ネパール西部のセティ県における国連開発計画とユネスコによる「農村開発のための教育プロジェクト」で、もう一つはムスタン郡における地方自治体実施の「リンゴ貯蔵庫建設プロジェクト」である。

〈農村開発のための教育プロジェクト〉

「農村開発のための教育プロジェクト」は、ネパール西部の貧しい農村のための学問というよりも、いかにして生活環境改善を果たすかという〝実践〟を主目的とした「特別教育」プロジェクトであった。このプロジェクトには、ユニセフと世界銀行が「将来のネパール小学校教育の観点」から、特段の興味を示した。とくにユニセフは希有なことに、国連開発計画へ資金供与まで行なった。

具体的な教育・実施内容としては、①保健衛生教育・訓練、②貧しい下級カーストの女児への青空教室・チェリベティ学校の開設、③夜間の大人向けの教室、④サテライト形態の学校施設［設備と人材の整った学校を軸として、周辺（といっても歩いて数日かかる距離であったが）の四~五校のあまり整っていない学校を必要に応じてサポートする体制］等々の、創意を組み込んだプロジェクトであった。

このプロジェクトには、ネパールの教育大臣、教育次官、それに日本、アメリカ、オーストラリアを含めた各国大使、援助NGO関係者が「国連機」を使い、トレッキングして訪れた。余談ながら、このプロジェクト訪問は、日本語と英語で『時事画報社』により紹介された。*

＊"UNDP Resident Representative in Nepal", The Pacific Friend：Photos of Japan, October 1988;『谷間の村にやってきた人々』、ネパール国連開発計画フォト、時事画報社、一九八八年

〈リンゴ貯蔵庫建設プロジェクト〉

「リンゴ貯蔵庫建設プロジェクト」は、13万ドル規模の小型の国連開発計画プロジェクトで、受益村であるジョムソム自治体が直接その実施に当たった。アンナプルナ山脈の北側にあるジョムソムではリンゴ栽培が盛んであったが、地理的ハンデからリンゴを市場に出すことがきわめて困難で、また電力を使用しての貯蔵も不可能であった。そこで坂の斜面に貯蔵庫を建設し、その床下に絶えず「冷水を流す」という土地固有の技術を利用し、冷蔵効果を確保するというプロジェクトだった。その効果により、この貯蔵庫でリンゴを（若干シワがよったが）四カ月以上蓄えることができた。このプロジェクトでは、土地と労働力、そして技術をジョムソム村が提供し、国連開発計画が資材を調達した。

このプロジェクト視察に、アメリカ、日本、西ドイツ大使、およびアメリカ国際開発庁事務所長とと

もに訪れたのだが、そのさい住民はこのプロジェクトをはるかに高額で何十倍規模のアメリカ環境関連プロジェクトよりも高く評価して関係者、とくにアメリカ政府出席者を驚かせた。

優秀なネパール政府高官

パシュパティ・シャムシェル・ラナ

ネパールではじつに優秀な人材に出会うことができた。まず政治家では、前出のオックスフォード大学出身で、宰相ラナ家直系のパシュパティ・シャムシェル・ラナ大臣である。かれは海外生活が長く、じつに頭のキレる、政治感覚の鋭い政治家であった。「ときおり、彼は不完全なネパール語を話す」と揶揄された。

パシュパティは若き政治家であった三二歳のときに、『ネパール展望』(一九七二年)(〝Nepal in Perspective〟)という興味深い本を編著者として発表していた。その冒頭には、次のような言葉が掲げられている。

「編者はこの本を、若き開発志向の君主であるビレンドラ・ビール・ビクラム・シャハ国王に捧げる。なぜならば、われわれは国王にこの本のテーマとなっているネパールの大胆な変革がネパール人民の将来に不可欠だ、とする夢を託するからである」

夫人のラニ・シンディアは、かつてインドのシンディア家・グワーリヤル潘王国のマハラジャ(国王)の娘で、カトマンズでガス会社を経営する才媛であった。ラナ大臣は週末に気軽に電話をかけてきて、一緒に食事をしたり、開発・政治談義に花を咲かせたり、公私にわたって親しくした。ラナ夫妻には、ウルバシとデブヤニの二人の娘がいて、あるときウルバシが野良犬に噛まれたことがあり、このとき私は急きょカナダ系診療所に駆けつけて「狂犬ワクチン」を手に入れてラナ邸に届け、感謝された。一方、妹のデブヤニ・ラナは、二〇〇一年六月一日、ビレンドラ国王一家が射殺される大事件の中心人物であるディペンドラ皇太子の恋愛相手で、二人の結婚がビレンドラ国王夫妻に認められないことから、皇太子が「国王一家殺害」という暴挙に走ったとされる（ディペンドラ皇太子が真犯人かどうか疑問視されており、またビレンドラ国王の弟・ギャネンドラのクーデターとする説もある）。

カルナ・アディカリ

ネパールに到着直後からお世話になったのが、カルナ・アディカリ大蔵次官であった。アディカリは温厚な人柄で、ネパールで右も左もよくわからない私を進んで指導してくださった。私が一時体調を崩し、タイ・バンコクで十二指腸潰瘍の診察・治療を受け、ネパールに帰国すると、「ああ、十二指腸潰瘍ですか。それなら三つのことに気をつければ大丈夫」と忠告してくれた。「その三つとは」と問うと、「急ぐこと、心痛すること、そしてカレーを避けること」だという。その通りにすると、いつの間にか十二指腸潰瘍は治っていた。その後、アディカリ氏は最高次官（Chief Secretary）をも務めた。

モハン・マン・サインジュウ

ネパールの開発課題に関し、いつも適切な助言をしてくれたのは、モハン・マン・サインジュウ国家開発計画委員会副議長であった。議長は首相なので、事実上委員会のトップである。かれはいつも微笑を絶やさず、頭の回転の速い、政治感覚の豊かな、いつでも気軽に相談に乗ってくださったすばらしい開発専門家であった。その後かれは、ネパールアメリカ大使を務めた。もし、私が尊敬するネパール高官を一人だけ選ぶとすれば、躊躇なくサインジュウ氏を選ぶであろう。私はサインジュウ氏と二〇〇八年、制憲議会選挙に日本選挙監視団団長としてネパールを訪れたときには旧交を温めたことだった。

三人の補佐官

当時のネパール政府は「文民内閣」であったが、事実上は「絶対王朝」であるため、国王・朝廷の力が強かった。そこには三人の主要な「国王補佐官」がいた。一人は内政担当のナラヤン・プラサド・シュレスタ、二人目は総務担当のゲヘンドラ・マン・シン、そして三人目は外政・外務担当のチラン・シャムシェル・タパであった。この三人のうち、オックスフォード大学出身のチラン・タパ氏と密接に連携を取りながら活動した。年二回の国王との接見では、かならずタパ氏が後ろで静かにノートを取っていた。最近ちょうどタパ氏の子息シカンダー・タパが国連開発計画本部職員であることから、久しぶりに文通により旧交を温めている。

ナレンドラ・シャー

外務次官のナレンドラ・シャーともウマが合い、親しく交際した。手動タイプライターを二本の人差し指で上手に操り、スタッフに任せずどんどん仕事を進めていく姿が印象的だった。シャー氏とは一九八八年の「叙勲」の件でお世話になり、ネパール政府とデクエヤル国連事務総長室との間で、私への叙勲に関する折衝の裏話を知ることとなった。国連職員規定をもとに難色を示す国連事務局に対し、叙勲が私の「ネパールでの任務最終日、仕事終了を待って行なわれること」、そして「宮廷のプロトコール（外交儀礼）は外交プロトコールに優先する」との主張をもとに私への叙勲を強行したとのことであった。シャー氏はその後国連大使となり、国連事務局総務担当事務次長補をしていた私と引き続き仕事を通じて顔を合せることとなった。ビレンドラ国王暗殺後、国王に即位したギャネンドラ国王の任命で二〇〇二年一〇月一一日から外務大臣をも務めた。

その他親しく仕事をした高官は、国連常駐調整官による援助調整に積極的だった大蔵大臣のバラット・バハドゥール・プラダン、大蔵次官のロック・バハドゥール・シュレスタ、外務次官補でのちに外務次官になったヤダブ・カント・シルワルとも、国連開発計画のルンビニ地域開発プロジェクトをめぐり、密な関係を保った。

あと二人言及したいネパール開発専門家がいる。一人は元大蔵次官・大蔵大臣を歴任したディベンドラ・ラジ・パンデイと、もう一人は地理学者・人類学者で国家開発計画委員会副議長を務めたハルカ・グルンである。この二人は私が赴任したころは公職を去り、ネパール開発の大家として、対外援助に対する辛口の評論で知られていた。

私が着任した当時、パンデイは〝Integrated Development Systems〟(統合開発システム)主催の「ネパールにおける対外援助と開発」と題するセミナーを一九八三年一〇月に行なっており、当時受益国ネパールにおいて「援助疲れ」の現象が発生しつつあることを指摘していた。一方のグルンは、前述のパシュパティ・シャムシェル・ラナの『ネパール展望』で「国土」の章を受け持っていたが、残念ながら二〇〇六年飛行機事故で亡くなった。

援助体制の整備

ネパール政府の計らいで、イギリス政府援助による「地域総合農村開発プロジェクト」を訪れたときのことである。同行したカールトン・クーンアメリカ大使が、プロジェクト担当者に「もちろん、アメリカが同じくネパールで実施中の地域総合農村開発プロジェクトと連携を持ち、成功・不成功の教訓を共有する試みをしているだろうと察するが、いかがですか」と切り出した。するとこの担当者は、この二つのプロジェクトの間で連絡も連携もまったくないことを告げた。このことから、これはイギリスとアメリカのプロジェクトだけでなく、日本を含む他の二国間援助、そして国連機関による地域農村開発計画でも同じような状況にあることが容易に推察できた。

その後もいろいろな国連内外の援助関係者に会い、活動状況を聞けば聞くほど、あたかも各自それぞれ自由気ままに活動地域を決め、有機的な横のつながりや他の機関の過去の経験などを十分に勘案せず、いわば〝離れ小島〟のようなプロジェクトをネパール各地に設立しているとの印象を日に日に強めた。そこで、これらすべての援助活動が有機的に結び合うよう、またお互いに協調して活動できるよう、イニシアチブを取ることにした。まずはじめに、誰がどんな活動をどこで行なっているか、それまで注目されることのなかった「国連開発計画年次援助活動調査」を活用して、ネパールで実施されている援助機関のプロジェクトのインベントリー（棚卸し）を実施した。それでもドナー（供与側）はあまり乗り気でなく、説得しながらの作業であった。

当初、この作業に対する風当たりが強く、各組織、大使館、援助関係機関から「なぜ？」と疑心暗鬼で見られた。また会計年度の違い、活動に関する定義の違いなどを理由に、消極的態度を示し、協力を拒む組織もあった。しかし、少しずつそうした誤解が薄れ、時を追うごとにドナー組織全体を包括する積極的展開となった。

ネパールは「開発援助の実験室」ともたとえられるように、いろいろな組織からの訪問者が絶えなかった。しかも、同じような分野での訪問者が重なっているにもかかわらず、横の連携がまったくないのである。そこで、国連関係訪問者リストを自発的に公開することにし、大使館をはじめ二国間援助機関の参加も求めた。こうした地道な努力により、横のつながりと対話がカトマンズの援助関係者の間で徐々に広がっていった。

モース総裁の訪問

赴任して間もなく、数カ月の間に新旧二人の国連開発計画総裁の訪問を受けることとなった。最初はモース総裁。かれはカトマンズに着いたとたん、どういうわけか不機嫌で、何をしても、また何をいっても無愛想で、空港に出迎えた大蔵次官のカルナ・アディカリも「いったい、どうなっているのか」と私の顔を心配そうにのぞき込んだ。

ソルティ・オベロイ・ホテルに到着し、三時間後に夕食のため迎えに行くと、「ブリーフィング・ノートを読んだ。北イエメンの常駐代表（私のこと）はもう少し分厚いものを準備してくれていたが」とチクリと皮肉った。「今晩アメリカ大使公邸でアメリカ独立記念日のパーティーがあるので同行をお願いします」というと、「どうして国際公務員の私がアメリカ独立記念祭の集いに行かなければならないのか」と不機嫌そうにかえってきた。説得してアメリカ大使公邸にお連れすると、ワシントン時代の旧知の顔を見つけ、ようやく機嫌がなおり、さらにジョン・リンゼイ元ニューヨーク市長（共和党）と顔を合わせると別人のように上機嫌となった。こうした無邪気なところがモース総裁の良いところでもあった。

翌日モース総裁と、同行のアジア局長アンドリュー・ジョセフが来所し、職員一同と顔を合わせた。するとモース総裁が、「少し仕事をしたいのでオマエの執務室を使わせろ」という。快諾して、私の小さな執務室にお連れしたのだが、私が執務室を出るなりジョセフ局長が「いったい何年モース総裁を支えている？　なんで私の写真を執務室に飾ったのか！」と厳しい顔で詰問した。最初は何のことかわからなかったが、よく考えてみると、今回の総裁と局長という両首脳の訪問直前、ジョセフ局長の写真も「私の部屋のどこかに飾らねば」と思っていたところ、何も掛かってないクギが一本、私の執務室の壁に残っていたのをみて、そこに局長の写真を何気なく吊るしたのを思い出した。私はジョセフ局長の厳しい顔を前に、「モース総裁の写真は歴代の国連事務総長の写真とともに、私の来客用応接室に飾ってありますので」と釈明したのだった。

これには後日談があって、すべての日程を消化し、総裁と局長を空港に見送りに行く車中、総裁が「トシ、アンドリュー（ジョセフ）の顔を見ながら毎日仕事ができて良いな」とひと言つぶやいた。私は助手席で前を見たまま、背中に痛いほどジョセフ局長の視線と「それ見たことか」との無言の圧力を感じていた。

国連合同庁舎落成

国連諸機関に関する仕事始めは、長年懸案であったカトマンズの「国連合同庁舎」を完成させ、国連組織すべてがそこに入ることであった。建物はほぼ完成していたが、国連諸機関の歩調が合わず、全体の合意はまだまだの状態であった。一番のネックは「ユニセフ」で、あれこれクレームをつけて、協力が得られなかった。私はあまりの遅れに苦悩し、ユニセフ本部の助けを要請した。その結果、ユニセフのナンバー2の、カール・エリック・クヌッツソン事務局次長（スウェーデン出身）が急きょネパール入りすることとなった。クヌッツソン次長はカトマンズ空港に着くなり、ユニセフのマルコム・ケネディー代表（ニュージーランド出身）の車でなく、同じく迎えに出向いた私の車に乗り込んだ。空港から合同庁舎までの三〇分の間にクヌッツソン次長と交渉し、車が合同庁舎に着くまでにはすでに合意に達し、先に着いて微妙な顔つきで待っているケネディー代表にその旨を通達して、やっとこの長年の案件に終止符を打つことができた。

合同庁舎の件で一つだけ、どうしても関係国連機関代表者の合意が得られなかったものがある。それは、正門脇の銅板製の大型告示板にどの順序で各機関の名前を刻み込むかであった。国連ではそうしたときのために、国連組織の正式な「席次」が決まっており、それを適用しようと提案したが、これもまた「ああだ、こうだ」と異論続出で決定できなかった。あまりにくだらない論争に嫌気がさし、私の議長特権で組織の名前をいっさい入れないことにした。現在、カトマンズ国連合同庁舎に、小さな国連のシンボルが真ん中にあるだけの大型告示板が立っているのはそうした事情による。

こうした経過をへて、一九八五年、国連合同庁舎に全国連組織が無事に移り、同年一二月一三日、ビレンドラ国王を迎えて正式落成式を行なった。私がネパールに赴任して二年後のことだった。

援助疲れ

私が赴任した一九八三年当時から、ネパールにおける「援助疲れ」(aid fatigue)がだんだんとドナー側(供与側)で、またネパール側(受益側)で、静かにではあるが口にされていることに気づいた。この食傷気味ともいえる援助に関する批判・不満については、援助を提供する側にも、また援助を受ける側にも問題意識があり、もう少しこの課題を広く認識・検討する段階に来ていると感じた。そこで、国王、首相をはじめとする各閣僚、政府高官、大使、援助関係者が一堂に会する国連合同庁舎落成式でのスピーチで、この問題に触れてみることにした。私はそのスピーチで、「援助疲れを認識したうえで、援助を出す側と受け取る側の両者により問題解決に鋭意臨むべきである」と指摘した。このスピーチをめぐっては、まず国連開発計画を担当するヒート・シン・シュレスタ大蔵次官補はすぐさま「あのような話題をああした国王の出席する公式イベントで発言するのは不適切であった」と難色を示した。しかし、スピーチを終えた直後、ひな壇を共にした国王自身からは「妥当な指摘だ」との反応を受けていたし、国王の弟のギャネンドラ王子（のちの国王）、閣僚、そしてドナー国の大使たちも大いに私の指摘を歓迎した。

その後、私のスピーチは反響を呼び、ドナーをはじめとする各方面からコピーの要求が絶えなかった。当時、ネパールを訪問中だったデビッド・ホッパー世界銀行上級副総裁（カナダ出身）は、「ニワさん、日本の剣客のごときみごとな剣さばきだったな。切られた本人は自分が切られたことも知らず、笑っているうちにドッとくずれ落ちた」とウィンクしながら私に語りかけた。かれは私の批判の主な対象が国連、世界銀行を含むドナーであったことを見事に見抜いていた。

国王夫妻は式典後、一時間以上かけて合同庁舎内を視察し、諸国連機関の代表とスタッフのネパールにおける国連の活動説明に熱心に耳を傾けられ、最後に国王から「もし相談したいことがあれば、いつでも会いに来るように」とのお言葉をいただいたことだった。

ドレイパー新総裁の就任と訪問

モース総裁の訪問から数カ月後、モース総裁の勇退を受けて、新たにウィリアム・ドレイパー氏が国連開発計画総裁に就任した。就任直後、ドレイパー総裁がネパールのわれわれの事務所を訪れた。こうしてわれわれ職員はこの数カ月の間に新旧二人の総裁の訪問を受けることとなった。

しかし、ドレイパー氏の総裁就任にいたる経緯は異例であった。かれは国連事務総長の決定・発表に先がけ、ワシントンで単独記者会見を行ない、みずから総裁就任を発表したのである。この発表には国連事務総長室、アメリカ国務省は大いに当惑した。しかもこのとき、レオン・ワイル駐ネパール大使がその場に居合わせた、というのである。ワイル大使は、ネパール政府のボーイング757機購入に関する打ち合わせも含めてワシントンを訪れていたのだった。

ドレイパー氏は、ジョージ・H・W・ブッシュ元大統領のイエール大学の学友で、アメリカ輸出入銀行総裁を務めたシリコンバレーの元ベンチャー・キャピタリストだった。かれは国連嫌いの共和党員で、国連開発計画の「国連」という名称が気に食わず、「国連」(United Nations) を外して「世界」(World) という言葉に差し替え、「World Development Fund」という組織名に変えることを真剣に考えているとのことだった。この事態にどう対処するか、かれの訪問を前に思案どころとなった。

当時、保守派のアメリカ・シンクタンクの「ヘリテージ財団」が活発に国連本体と専門機関を含む国連関連組織を批判・誹謗するレポートを発行して、世界各国の国連開発計画事務所にほぼ毎月送付していた。われわれの事務所も受け取ったが、その論調があまりにも一方的で食傷する内容だったので、ほとんど目を通さないまま無造作に積み上げていた。

私の執務室を訪れたドレイパー総裁は、それを見て「ああ、これはまだ見ていない。ああ、これもまだ見ていない」といっては、積み上げられたレポートを取り出し、熱心に目を通していた。総裁は、私を熱心なヘリテージ財団レポート採集とみたのだろう。感心しきりであった。これが思わぬきっかけとなり、新総裁との間に良好な関係構築のきっかけとなった。幸いなるかな、総裁の勘違いであった。

その一方で、ドレイパー総裁は、当事務所が飛行機を所有していることには大反対で、「飛行活動は民間に任せるべきである」と主張した。そして、「政府や国連の関与すべきことではない」と一方的に断定し、共和党の私企業優先の立場を一歩も譲らなかった。ちなみに、数年後、ツインオッター機を主体とする民間企業がネパールで育ち、国有ネパール航空とともに、その航空需要を賄うこととなる。

日本関係アドバイサーとして

さらには、ネパールの地にあって、ドレイパー総裁の日本関係のアドバイサーの役割を遠隔から果たすことも忘れなかった。それは一九八六年九月二六日から一〇月二日にかけて、福田赳夫元首相が国連人口基金のためネパールを訪問したさい、私は国連人口基金代表としてホストを務め、福田元首相に「国連開発計画の応援もしてください」とお願いした。だが、福田元首相からは「すでに国連人口基金の面倒を見ているからダメだ」と、通りいっぺんに断られてしまった。

しかし、ドレイパー総裁の父であるウィリアム・ヘンリー・ドレイパー二世が、ダグラス・マッカーサー連合国軍最高司令官の腹心として日本の経済再建に尽くし、また国連人口基金創設に尽力した「ウォール街将軍」(「Wall Street General」と呼ばれていた)のドレイパー将軍であることに言及すると、「父のドレイパー将軍にはお世話になったので、息子のドレイパー総裁を個人的にお助けすることにはやぶさかではない」との反応を得た。その後、国連開発計画総裁の外務省局長レベル、大臣レベルへの〝表敬〟が可能になったが、これはひとえに福田元総理のサポートによるものである。ちなみにドレイパー二世は、一九六五年に人口危機委員会を共同で設立し、「合衆国の軍事援助計画研究のための大統領委員会」(ドレイパー委員会)の議長も務めた。また一九六七~七一年まで「国連人口委員会」へのアメリカの使節を務めた。

ワイル・アメリカ大使

カトマンズにおけるアメリカ人社会は大きく、特別の存在であった。大使館に加え、援助関係のアメリカ国際開発庁事務所も、多くの職員と契約業者を抱えていた。

私が着任した当時は、アメリカの駐ネパール大使は国務省生え抜きのカールトン・クーン氏であったが、しばらくして、後任にレオン・ワイル氏が着任した。かれはニューヨークの証券取引会社の経営者で、ロナルド・レーガン大統領のスポーツ・健康管理委員会のメンバーでもあった。かれは筋金入りの共和党員で、夫人のメイベル・ワイルもまた聡明な社交家で、熱心な共和党員であった。さらに長女のキャリー・ワイルは元国連大使ジョン・ボルトン（現ドナルド・トランプ大統領補佐官国家安全保障問題担当）の司法省時代からの長年の側近でもある。この名だたる共和党右派で、国連嫌いの可能性の強い一家とどう向き合うべきか、そのことを意識して付き合うこととした。

そうした政治思想は別として、どことなく最初からこの二人（ワイル夫妻）と〝ウマ〟が合った。外交夕食会では席が近くだったので親しく談笑した。というのは、ワイル大使はネパール赴任直後であるため、各国大使の中ではもっとも席次が下位であり、私はいつも大使連のすぐ下の臨時大使クラスの筆頭であるため、外交夕食会では席がすぐ近くだったのだ。

「ニワさん、国連にはどのくらい職員が勤務していますか？」

とのワイル大使の質問を受けて、私は答える代わりに、こう申し上げた。

「大使閣下、アメリカ政府関係の職員はどのくらいネパールにおられますか？」

すると大使は一拍おいたのち、「わかっている」とのみ返答したのだった。これがよいきっかけとなり、その後、ワイル大使とはとくに親しくなった。

かたや、援助関係のアメリカ国際開発庁（ＵＳＡＩＤ）職員とも親しい間柄を確立するように努めた。公の場だと国連開発計画とアメリカ国際開発庁とは仕事のやり方が似たところがあり、お互いライバル意識も強く、少し時間をかけて親しい関係を構築する必要があった。

その後の公私にわたる交際を通じて、共和党右派として知られた保守的な夫妻がだんだんと国連の活動に理解を示すようになり、夫人も少しずつ「国連嫌い」のその認識を変えていった。当初、夫人は「国連はお金のムダづかいが多く、アメリカの国益の観点からはどうも……」と懐疑的態度であったが、しだいに変化し、ソビエト国籍を有する政治的難民の共同対応を迫られたときには、ロシア語のできるアメリカ次席大使夫人の助けを借りて難民のアメリカ施設での身の保全を確保し、さらには国連難民高等弁務官事務所（ＵＮＨＣＲ）と連携して無事政治亡命させたのであった。

またワイル大使も、少しずつその「国連嫌い」の認識を変貌させていった。その背景には、国連・アメリカ援助プロジェクトの合同視察と教訓努力、国連合同庁舎落成式での「援助疲れ」に言及した私のスピーチ、私の国連常駐調整官としての援助調整努力、等々を通じて、大使が離任する一九八七年までに「親国連派」へと一八〇度転換していった。ワイル大使はその後、国連開発計画の特別コンサルタントとして、東欧・アジア諸国で「証券取引所」の開設に尽力した。

ハレル・イギリス大使

もう一人、私がとくに懇意にしていた大使がいる。イギリス大使のアンソニー・ハレル卿である。かれはいまの「イギリス国際開発省」（ＤＦＩＤ）の前身、「イギリス海外開発庁」の元長官であり、労働党政権下で行政改革にも取り組んだ元イギリス文官首脳でもある。

かれは、保守党のマーガレット・サッチャー政権誕生（一九七九年）により、「イギリス国内でどのポストにつけていいかわからず、どこかに適当なポストはということで、ネパール大使に任命された」（本人談）とのことだった。いわば〝左遷人事〟での任命であるが、偉ぶらず、誠実で、すばらしい人物で、野鳥観察を趣味とした。ネパールを訪れたエリザベス女王から「ナイト爵位」を授かり、感涙にむせんでいた姿が印象的であった。

私たち夫婦とハレル大使夫妻の四人はすぐに意気投合し、くわえてワイル大使夫妻ともども懇意になった。私たちはネパール各地のプロジェクトを視察し、トレッキングにも精をだした。

インドと中国

ネパールはインドと中国という、二つの巨大国家に挟まれて位置している。それゆえ、両国はネパールにとって大切な存在であった。

インドにとってオープンな国境を共有するネパールは、政治・経済・社会のすべての点で重要であった。そのため、カトマンズにおけるインド大使館の規模は格段に大きく、私の赴任時には元国防長官のハリッシュ・チャンドラ・サリンといった大物大使を起用していた。

一方、ネパールに多くのチベット難民が逃れてきている関係上、中国も大規模な大使館を持っていた。この大使館をめぐっては、「大量の武器がひそかに蓄積されている」といったうわさがまことしやかにささやかれていた。当時の中国大使は物静かな人で、腰の低い、好感の持てる外交官であったが、その大使から「最近チベットのラサとネパールとが舗装道路で結ばれたので、一緒にラサまで旅行しないか」と誘われたが、デリケートな立場でもあり、お断りした。

スパイの見分け方

ガイアナしかり、北イエメンしかり、そしてネパールもしかり、いずれの国でも諜報活動がついてまわった。それゆえ、列強のスパイ活動の存在に敏感になっていた。

ソビエト亡命者のネパール経由での脱出、絶望的なアフガニスタン避難民の国連合同庁舎一時不法占拠があり、こうした出来事を通して、私はとくに敏感になった。そこで思いを強くしたのは、西側の人間であれ東側の人間であれ、諜報活動に従事する者は「明らかにスパイである」と誰の目にも明らかな場合と、反対に誰の目にも「この人は絶対にそうではない」と思われるかの、いずれかではないかということだった。

あるソビエト大使館員が、運転手や通訳、また随員といった見張りや監視もなく自由に動き回っていた。それを見て、私は「この人は諜報関係者に間違いない」と直感した。後日、そのソビエト大使館員があるパーティーの会場の隅で、アメリカ大使館員とひそひそ話をしているのを目撃した。アメリカ大使館員はノーマークであった。そこで私は冗談半分に、「お二人でそうして親しく話し合っておられる様子を見て、うれしく思います」と言葉をかけた。するとその瞬間、二人の間に漂う雰囲気が、微妙だが変わった。その反応を見て、私はこれまでの経験と勘から、「この二人は両大使館の諜報関係者である」との確信を持った。

このエピソードの数日後、インドのある新聞がインド亜大陸で活躍するソビエト諜報関係者をすっぱ抜き、ソビエト諜報関係者の「一覧表」を写真入りで報道した。その中に私がマークしていたソビエト大使館員の顔と名前があった。この直後、この大使館員夫妻はカトマンズから霧のように消えたのだった。

著名な二人の外国人との出会い

赴任中（一九八三〜八八）、幸いなことに、ネパールにとって大切な、そして尊敬されている二人の外国人と会うことができた。一人は、一九五三年、人類初となるエベレスト登頂をシェルパのテンジン・ノルゲイとともに果たしたエドモンド・ヒラリー（オークランド生まれ。一九一九〜二〇〇八）卿で、インド・ニューデリー在住のニュージーランド非居住ネパール大使であった。

ヒラリー卿は一九八五〜八九年まで駐インド高等弁務官を務めていた。また、慈善団体「ヒマラヤ基金」を創設して、ネパール・ナムチェバザール地区の開発に力を注いだ。この地区にはかれが一九六〇年に建設したクムジュン小学校があり、その校庭にはヒラリー卿の銅像がある。一九五三年、かれはイギリス国王エリザベス二世から大英帝国勲章ナイトの勲位を授与され、「Sir」（サー）の称号を得た。一九七五年には妻と次女がネパールにいるヒラリー卿の元を訪れる途中、飛行機事故で亡くなっている。私の了解では、この飛行機事故はヒラリー卿が見守るなかで起こった。彼をしてもっとも彼たらしめたのが、「なぜエベレストに登るのか？」と聞かれ、「そこに山があるからだ」（これは誤訳で、「そこにエベレストがあるからだ」）と答えたというエピソードであろう。この名言は一般にも広く流布した。しかし実際は、イギリス登山家・ジョージ・マロリー（一八八六〜一九二四）の言葉というのが真相らしい。

そのヒラリー卿であるが、アメリカ、イギリス、日本、イタリアらの各国大使とともにエベレスト地方をトレッキングしたとき、彼が進めていた教育・病院プロジェクトを訪れて、皆で楽しく歓談したことがあった。その飾り気のない、素朴な、それでいて力強いヒラリー卿の人柄に触れ、全員、心から感服したことだった。

もう一人はスイス出身の地質学者のトニー・ハーゲン（一九一七〜二〇〇三）氏である。彼は一九六〇年代、国連派遣のネパール政府職員（国連から給与をもらい受益国職員として勤務するシステム。Operational Expert）となり、その後も国連技術援助専門家として、またネパール・トレッキング許可証第一号を取得して、ネパール中をくまなく訪れた人物であった。彼の『Nepal：The Kingdom in the Himalayas』（Oxford & IBH Publishing Co., 1980）はネパールを愛する者にとって必読書である。邦訳は『ネパール――ヒマラヤの王国』（白水社、一九八九）として出版されている。また、彼のネパール調査記録フィルム（〝Uhileko Nepal-Nepal of the Past-A Documentary by Toni Hagen〟）が残されている。そこには古き良きネパールの真実と、近代化されてゆく新しいネパールの真実が映し出されている。

そのハーゲン氏が、ネパール政府から「トリ・シャクチ・パッタ二等勲章」を贈られることになり、受章のために訪れた一九八五年一〇月にお会いし、楽しく歓談させていただくとともに、敬意を表する機会と光栄をいただいた。これからさかのぼること三二年前の一九五三年の春に、日本の地理学者でネパールを研究フィールドにしてきた川喜田二郎（東京工業大学名誉教授。一九二〇〜二〇〇九）氏が「ポカラで会った」と『ネパール――ヒマラヤの王国』の序文で述べていた。その時の博士の印象を「スイス人らしい剛健・率直さを備えた人」と書き、「広々とした芝生のお茶の会を、私たちは忘れがたい奇遇と共に楽しんだ」と書いていた。さらにハーゲン博士が、ネパールの農業の将来性を見いだせるのはタライ地方だけだというそれまでの風潮を否定し、すでに農民が住んでいる中部山地の農業を改善すべし、と強調したことが印象的だったとも述べていた。

これら二人のネパールの大先達者に直接お会いする機会を得たことを、私は心から誇りに思っている。

国連だからできること

国連で働いていて、つねづね感じていたことは「国連でなければできないことが多々ある」ということであった。こうした考えは、国連の中立性、国境を越えての経験、受益国本位の考え方によるところが大きい。

非能率的な政府企業・公社をいかにして民営化すべきか……。それがネパールの課題であった。そこで、サッチャー政権下でイギリス国有鉄道の民営化に携わった責任者に来てもらい、ネパール政府にアドバイスした。こうしたアプローチはイギリス政府との二国間ベースでももちろん可能であるが、国連経由の多国間ベースであるからこそ、中立性が確保され、抵抗なく助言が受け入れられたのだと思われた。こうした国連の比較優位性を十分に打ち出した活動に重点を置きながらも、他の二国間援助機関でもできること、あるいは二国間がより適している場合には、いかにその分野の知識と経験が国連機関にあっても、まず二国間に機会を譲るよう努めた。

ネパール国連開発活動評価

そこで、ネパールでの国連開発計画の過去の援助活動を評価し、将来に向けての比較優位性を確認するため、過去一〇年間（一九七二〜八二）の援助活動評価と、その後の五年間（一九八二〜八七）までの新しい方向性の検討を行なった。そして、その客観的評価を国連内外から二人の優れた政治・開発専門家に依頼した。

一人は、クエンティン・リンゼイ教授。かれはネパールで高く評価されている政治・経済学者で、元アメリカ・ノースカロライナ州立大学教授でノースカロライナ州知事のジェイムス・ハントの特別アドバイザーを長く務めた。もう一人は、ケネス・ワッツ。かれは国連開発計画の先輩でもあり、ビルマ（ミャンマー）、バングラデシュの国連開発計画常駐代表を歴任した内部評価の高い人物である。

この二人の専門家と数カ月ほど議論したが、意見の相違でなかなか思うように進行しなかった。そこで思い切って、国連開発計画の後輩である弓削昭子（旧姓・内藤）を選び、私の直接指揮のもと、当該評価を実施することにした。彼女は当時、海外コンサルティング企業協会に出向中であった。

この評価では、ネパールにおける一九七二年からの一五年間にわたる国連開発計画の業績を精査し、その成果を忌憚なく自己評価した。第一段階の一九七二年から一九七六年までの「第一回国連国別計画」は、各種プロジェクトを必要に応じて立案・実施したものの、セクターへの焦点度・戦略といった方向感は希薄であるとの結論に達した。これはプロジェクト方式からプログラム方式への切り替えの時期で、まだプロジェクト体制から完全に脱皮できない姿が浮き彫りになった。

一九七七年から一九八一年までの「第二回国連国別計画」は、第一回に比べ少しプログラム体制へ向けてシステム化し、とくに投資活動を誘発するための実行可能性の事前調査を強調したアプローチは的を得たものであった、との結論に達した。一九八二年から一九八六までの「第三回国連国別計画」では、プログラム体制が地に着き、戦略もはっきりとして、プログラム実施要項も明確になってきた。とくに国連開発計画だからこそできる活動が明確に反映され、ネパール政府、その他のドナーに高く評価された、との結論が出た。

この評価は『The Report of the Nepal Country Evaluation Study』（April, 1987）として公表され、ネパール政府、各国連機関、世界銀行、国際通貨基金、経済協力開発機構・開発援助委員会などにも配布された。

政策対話

政策に関する対話は当初、プロジェクトレベルでの、お互いの経験の共有、新しい活動への連携の確立を目的として始まった援助調整の一環であったが、だんだんとそうした気運が〝下流域〟から〝上流域〟へと波及し、ついには開発全般に関わる本質的な「政策対話」へと発展していった。その結果、初め消極的な態度しか示さなかった他の国連開発機関も、政策対話の仲間入りを切望するようになってきた。これはいわば、兄弟間や親戚間（国連開発機関）との調整より、赤の他人（二国間援助機関やNGO）との調整のほうがしばしば〝楽〟であることを示していた。

こうした調整活動を可能にしたのは、いうまでもなくネパール政府の理解と前向きな態度であった。その背景には、定期的に行なうようになった国王との一対一の開発対話が、ネパール政府の、またドナーの態度を積極的に後押ししたことは間違いなかった。

いったんうまく動き出すと〝好循環〟が確立され、おもしろいように打つ手打つ手すべてがうまくいった。その一例が、NGO（非政府組織）間での相互調整である。当時、ネパールにおけるNGO間であまりにも利害が異なるため、相互調整がどうしてもうまくいかないという問題があった。そこでNGO団体からの要請もあり、国連常駐調整官として私が中立的な立場で座長となり、調整役を引き受けることとし、最低でも年二回、国連開発計画事務所で「NGO調整会議」を開催することにした。そのさい、私はあくまでも会議の進行係の役割に徹し、NGO会議の本質的議題にはほとんど触れなかった。ただ、議事の中で多国間・二国間組織の援助動向を逐次紹介し、NGOがODA（政府開発援助）を含む公的機関の活動とも協調できる可能性をできるかぎり示唆した。

こうして私の主導するネパールにおける調整活動は多国間・二国間にとどまらず、NGOをも含めたかたちで幅広く進められることとなった。

構造調整政策への対応

一九八〇年代に脚光を浴びたのは、世界銀行、国際通貨基金、それにアジア開発銀行が行なった「構造調整政策」の追求であった。この政策はネパールでも適用され、マクロ経済の安定、国営企業の民営化、金融の自由化、規制緩和をめざす政策勧告が世界銀行、国際通貨基金、そしてアジア開発銀行によってなされた。

そうした構造調整政策とは別に、ネパールでは国連開発計画のプログラムにおいて、「ガバナンス改革」を対象とするプロジェクトをすでに数多く企画していたことから、構造調整プログラムの融資条件のほとんどが、国連開発計画のプログラムの結果に依拠することになった。こうした状況から、構造調整政策にとって国連開発計画プロジェクトの成果は不可欠となり、世界銀行は国連開発計画ガバナンス・プロジェクトの「実施機関になりたい」と強くアピールしてきた。

しかし土壇場になって、いわゆる〝利害の抵触〟の観点から、「世界銀行は実施機関になるべきでない」との法律的意見が世界銀行自体から出され、私は新しい実施機関を模索する必要性に迫られた。そこで、それまであまり〝ソフト〟な政策的プロジェクトを実施した経験のない「アジア開発銀行」（ADB）に、なんとか実施機関になることを引き受けてくれるよう、本部のあるマニラに飛んだ。その結果、プロジェクト立案は世界銀行と国連開発計画事務所がいままで通り行ない、プロジェクト実施面でも両者が全面的に協力するとの前提のもとに、アジア開発銀行がプロジェクトの実施機関となることを例外的に引き受けてもらうことに成功した。こうして、ネパールにおける構造調整分野でも、国連開発計画が開発政策および政策調整の両面において中心的存在となった。

アジア開発銀行

一方、「アジア開発銀行」とも独自に密接な関係を確立していった。まず、アジア開発銀行の融資協力を実現するために、実行可能性の調査等を国連開発計画のプロジェクトとして行なった。次に、ハードで有形のアジア開発銀行融資プロジェクト（たとえば灌がい施設建設や植林など）に必要な技術援助（たとえば実行可能性事前調査、技術者の派遣、受益国受け入れ態勢の確立、組織づくりと人づくり、技術者の訓練など）を国連開発計画の無償資金を利用して行なった。こうした協調関係は、国連開発計画の約三五〇万ドルの無償資金に対し、アジア開発銀行の関連資本投資がその七〇倍の二億五〇〇〇万ドルにも上る結果となって現れた。

そうしたプロジェクトベースでの協力に加え、プログラムベース（いわゆる上流域）での開発政策対話も活発に行なった。さらに密接な協力関係を発展させるため、現地事務所を持たないアジア開発銀行のために、カトマンズとマニラ（本部）との間に特別外交パウチ（郵便袋）制度を導入し、書類・文書を直接一括交換するシステムを確立した。これは事実上、国連開発計画カトマンズ事務所がアジア開発銀行の現地事務所の役割を果たすこととなった。

これに加えて、いっそう関係を深めるため、アジア開発銀行は国連開発計画事務所への現地職員の赴任、乗用車と運転手の配置・供与をも申し出たが、ニューヨークの国連開発計画本部が「前例がない」ことを理由に難色を示し、実現しなかった。その後、アジア開発銀行は独自の事務所をカトマンズに開設することとなった。こうして、世界銀行とアジア開発銀行との協調に関しても、いわば「空が天井」(「可能性は無限」の意)とでも形容できるほど、すべてがうまく展開した。

国王とのパイプ

ビネンドラ国王とは、年に二度ほど開発対話の機会が許された。そのさい、私からネパール開発の進行状況をご説明するとともに、具体的成果や問題点(円滑な実施を阻む点)があれば、それについても言及した。国王からは、年に一度行なわれる地方開発視察旅行の成果をはじめ、お気づきの点をご説明いただいた。話題は国連活動に限らず、ドナー全般の活動に関する話題にも触れることもあった。

ネパールでは安易に対外援助を受け入れる傾向がある。そこで国王に、「対外援助にただ(無料)の昼食はありません」と少しくだけた表現で進言した。そう申し上げたあと、すぐに「あ、これはまずい不適切な表現」だと気づき、おわびした。すると国王は、「気にしなくていい。よくわかる」と答えられ、そのお言葉に私はホッと胸をなでおろすとともに、国を想う国王の心中を察した。

「これはタダだから」と援助を受けても、そのプロジェクトを支えるための国内予算、サポート体制が必要である。プロジェクトを引き受けた限りは、しっかりと監督・管理し、ドナーの期待に応えなければならない。援助は「決してタダではない」ということを伝えようとしたのだった。

国王との対話内容は必要に応じてドナー会議で言及し、個別の案件が話題になった場合には、かならず当該大使、援助責任者にその内容を伝えた。すると、ドナー会議で「国王に進言してほしい」との要求も少しずつ出てきた。そうした求めにはできるかぎり応じるよう努めた。だが、なかには表立ってはできない国王へのアドバイスを私経由で伝えようとするケースもあった。たとえば、クエンティン・リンゼイ教授（前出）はネパールの将来を憂い、国情をそのままにしていると政治的混乱を引き起こしたバングラデシュの二の舞のような結果になるとして、「政治改革」を促す論文を国王に直接手渡すよう、依頼があった。しかし、私はそのような要求には従わなかった。なぜなら、いかに有益と思われるアドバイスであれ、またいかに橋渡しを依頼してきた人物が信頼のおけようとも、政治的に中立公正であるべき国際公務員として一線を譲ることはできない。それゆえ、こうしたパイプになることを極力控えた。ガイアナでのかつての上司バルカザーのいう「不審に思うことがあるときはつねに棄権すべし」とのモットーに従ったのである。しかし、のちのネパールの混乱した政治展開を想うと、「あのときリンゼイ教授のアドバイスの橋渡しをすべきであったのでは」と考えないでもない。

日本特別基金

国際金融機関を通した日本の無償資金協力に「日本特別基金」（Japan Special Fund）なるものがある。これは、一九八〇年代初頭まで、日本の無償資金協力はすべて外務省および関係各省庁を通じて行なわれていたが、大蔵省が途上国開発により直接関わるため、世界銀行、アジア開発銀行、その他地域開発銀行にそれぞれ年間二〇〇万ドルの「特別無償資金」を開設したものである。これにより国際金融機関は〝初めて自分で自由になる〟無償開発資金を持つこととなり、国連開発計画に無償資金を頼る必要性がいちだんと下がった。

この展開をアジア開発銀行を通じて知り、アジア開発銀行理事会に出された「Japan Special Fund」と題する内部文書と合意書簡（一九八八年三月一〇日、一六日付）をもとに、その仕組みを理解した。

この新措置の恩恵を受けたアジア開発銀行にとって、無償開発援助資金を管理するのは初体験であることから、その利用方法に関する相談を受けた。そのうえで、具体的無償資金プロジェクトのアイディアを提供した。

この特別無償資金は、国際金融機関にとってみれば「有償・無償」の両資金を持つこととなった。その結果、技術援助のために有償資金を充てる必要がなくなり、開発活動を円滑にした。が、その反面、国際金融機関と国連諸機関の既存のユニークな補完関係を妨げる結果ともなった。この制度は国際金融機関の「ローン」（有償資金）と国連諸機関の「グラント資金」（無償資金）との組み合わせだけでなく、ハード専門屋とソフト専門屋の持ち味を生かした開発事業の共同実施体系の促進を阻害する結果ともなり、たとえば開発途上国の現状や可能性、限界を熟知した国連現地事務所の関与をも引き下げる結果となった。このことは、その後の国連開発計画と世界銀行・アジア開発銀行との関係に影を落とすことになった、と私は思っている。

代表兼任制度

ネパールにおいて私は、国連常駐調整官・国連開発計画常駐代表に加え、世界食糧計画、国連人口基金の代表をも兼任した。この兼任制度により、国レベルでの調整相手で私の傘下に入っていなかった現地事務所は「ユニセフ」だけであった。そのため、この兼任制度は私の国連常駐調整官としての役割を助けるものであった。

しかし、私がネパールでの任務を終えて、ニューヨーク本部に勤務することになった一九九〇年代から、世界食糧計画と国連人口基金は独自の国レベル代表を持つことを決定し、「兼任制度」は終わりを告げた。この二つの機関の決定は、広報、注目度、資金調達、組織の主体性強化の観点から理解できなくもなかったが、国連機関の国レベルでの調整促進の観点からは必ずしも好ましい展開ではなかった。

後進の指導

国連開発計画事務所長として、とてもやりがいのある仕事の一つに「後進の指導」がある。まず弁当持ちの雇用システム（ドナー国がすべての費用を負担し、自国出身の若者を二年間国連機関に送り出す）の「若手派遣制度」（JPO）に関しては、日本からの二人を含め合計一〇人、さらに何十人かの正規職員に手取り足とりで〝on the job training〟（仕事をしながらの実務訓練）を与え、数多くの優秀な職員を輩出することができた。そのなかには、ブルース・ジェンクスのような事務次長補や幹部職員、また現地専門職員のラム・マハットのような、その後コングレス党員として政界入りし、ネパール大蔵大臣を数期にわたり務めた人物まで、幅広く層の厚い人材を輩出することができた。このことは私の誇りとするものである。

援助調整の成果

一九八三年の着任以来、いかにして国連開発計画の援助内容を向上させ、他機関の援助活動との連携を強めるか、さらに国連組織の援助活動調整の要として、国連常駐調整官としての役割をいかにして果たし強化していくか、いろいろと努力を重ねた。その結果、ネパールにおける国連開発計画の存在と援助調整活動は内外に広く注目されるようになった。

その成果のいくつかを挙げておく。

[1] 一九八七年二月から四月にかけて実施した、ネパールにおける「国連開発計画活動自己評価」。これはネパール政府、国連開発計画、各国連機関、世界銀行、国際通貨基金、OECD・DAC（経済協力開発機構・開発援助委員会）などにも配布され、好評を得た。

[2] 国連副事務総長室が実施した、リーラナンダ・ダ・シルバ（スリランカ出身）による「国連システム開発活動の機能についてのネパール・ケーススタディ」*。このケーススタディは、ネパール援助調整活動の全貌を詳細に分析した。さらに、この援助調整努力をいっそう進めるべく、専門家の登用とその必要予算措置をも提言した。しかし、このネパール・ケーススタディは、アメリカ、ラテンアメリカで行なわれたものよりもはるかに私の国連常駐調整官の役割に肯定的であったため、このレポートを受け取った国連副事務総長室は躊躇し、このレポートの広い配布と提言の具体的フォローアップの対策を講ずることなく、いわば〝しり切れトンボ〟で終わるかたちとなった。

[3] OECD開発援助委員会が、スイス、アメリカ、日本政府代表により実施した「援助調整に関するネパール・ケーススタディ」**。このレポートは冒頭で無数の公式・非公式の援助調整活動が同時進行していることを歓迎し、ネパール政府とドナーの両者が調整の重要性を認め、積極的に推し進めていることを歓迎した。しかし、調整のイニシアチブ（主導権）はドナーの主唱で行なわれ、ネパール政府はそれに反応するかたちであることに異論を唱えた。さらに、このスイス、アメリカ、日本政府代表からなる調査団は、「調整役は一つの組織（国連）でなく複数の組織によることが望ましい」と

した。しかしネパール政府は「国連開発計画こそが最適である」との立場を崩さず、二国間機関、あるいは他の国連機関が与えられたセクターで活発に活動している場合でも、国連開発計画傘下で共同議長としてのみ務めるべきだとした。

いずれにしても、上記2の国連の内部調査と同様に、3においても国連開発計画が援助調整分野で発揮している指導力に〝あてられた〟感があり、ネパールは「例外」とする解釈から一歩出ることが出来なかったようである。

＊ (The Functioning of the Operational Activities for Development of the United Nations System - A Case Study of Nepal, June 1987)

＊＊ (Development Assistnce Committee, Aid Co-ordination: Nepal Case Study, October 1987)

援助調整活動と仕組み

ネパールにおいて実施された援助調整の具体的な活動と仕組みは、一九八七年の段階で次のような体制であった。

1 ネパール大蔵大臣主催の「援助調整会議」は年三回開かれ、ネパールにおける世界銀行提唱のネパール・エイド・グループのメンバーおよび国連内外のドナーが参加して行なわれた。この会議の事務局として国連開発計画事務所が議題から議事録までを運営・統括した。

2 ドナーのみの「援助調整会議」が国連開発計画常駐代表兼国連常駐調整官の私と世界銀行ネパール現地代表の輪番議長体制で、国際通貨基金、アジア開発銀行、二国間ドナー、国連機関の参加の下に二カ月に一度の頻度で開催された。この会議でも国連開発計画事務所が事務局の役割を果たした。

3 ネパールにおける国際ＮＧＯ社会の要請により、年二回、国連常駐調整官である私が主催・議長となり、国連開発計画事務所において「ネパールNGO調整会議」を開き、NGO間の対話と調整の促進を行なった。

④ネパール政府各省の主導で、セクターレベルの調整会議を国連開発計画を事務局として、国際金融機関、多国間・二国間技術援助機関、そしてNGOの参加のもとに必要に応じて開催した。議題は一九八七年度だけでも技術、職業訓練、灌がい、小規模企業開発、林業、エネルギー、運輸、と多岐にわたった。

余談であるが、こうした援助調整活動には経費（会場費その他）がかかることから、スイス政府は国連開発計画に特別拠出金を一〇万ドルほど提供するとし、それをネパール援助調整活動サポート経費（たとえば会議費、短期コンサルティング料）に充てることにした。さらにスイス政府は、必要に応じて追加特別拠出もやぶさかでないという。この例をみても、いかにネパールにおけるドナー社会が国連常駐調整官の調整活動と国連開発計画事務所の役割を高く評価していたか推察されよう。

こうして、国連開発計画プログラム、とくにガバナンス関係プロジェクトの充実、ネパール政府および主要ドナーとの政策対話、そして国連開発計画の援助調整における主導的役割により、国連開発計画常駐代表そして国連常駐調整官の確固たる地位が確立されていった。

ネパール地震・災害緊急援助対策

一九八八年八月二一日早暁（午前四時三九分）、ネパールのサガルマタ県南部を地震が襲った。マグニチュード六・八の規模で、被害は死者七二一人、負傷者七三二九人、家屋損壊一〇万戸であった。その当日、ネパール政府から「地震災害援助調整」の正式な依頼があった。この要請にもとづき、各国大使、援助組織代表者、国連機関代表に呼びかけ、自宅にて政府代表者の出席のもと、地震援助調整会議を開催した。

この会議で、まず出席者による被害状況の把握を試み、合同評定ののち、合意された情報を各外交・援助機関ルートを通じていっせいに発信、北イエメンでの大地震のときと同様に、地震対策の早期信ぴょう性の確立に務めた。その後、被害状況が確認されるに従い、災害救助資金および物資の調達に務めた。さらには、政府の援助活動の実施・進展状況を確かめ、問題点・疑問点が発生した場合は、政府代表を通じてその打開策の探求を要求した。私にとって、こうした緊急災害援助調整は一九八三年のイエメン大地震に次いで二回目であり、その時の教訓を十二分に活かして、この災害対策を迅速に進めた。さらに拡充した開発援助調整システムを確立していたことから、すべてが驚くほどスムースに進行し、一〇日間足らずで、第一段階の緊急援助調整を完了した。

第二段階である資本集約的な災害復興対策調整は、世界銀行、アジア開発銀行、そして二国間援助機関主導の調整に委ねることとしながらも、世界銀行現地代表と国連開発計画常駐代表である私と「共同議長」のかたちで復興対策調整にも邁進した。こうしたわれわれの援助調整活動はニューヨーク・タイムス紙（一九八八年八月三〇日付）で世界に向け、報道された。この記事では当時のネパールの開発状況につても言及しているので、その全文をここに掲載する。

「地震はネパールの開発計画を危険にさらす」

カトマンズ、ネパール、八月三〇日

先週ネパール東部を襲った地震はネパールの経済開発に深刻な打撃を与えた、と消息筋は語った。

「ネパール政府はいかにして財源を割り当てるか、そして地震の被害者の救済のため現在進行中の開発プログラムに加減を加えるべきか否かの決定に迫られている」、と国連開発計画の首脳は語った。

しかし、この日本出身の首脳・丹羽敏之氏はネパール人自身による、そしてネパール政府各省による迅速かつ広範囲に及ぶ対応に力づけられたと語った。

「この地震は自力による復旧が達成できることを示す良い例です」と国際援助活動の主要調整官である丹羽氏は語った。八月二一日の地震に死亡した七〇〇人以上の死体が捜し出され、数千人にのぼる負傷者が治療を受けた。一八、〇〇〇以上の家屋が破壊され、正式な調査結果はまだ出ていないが、被害総額は数億ドルに達するとみられている。

この地震では国境を隔てたインド・ビハール州で二〇〇人程度の死者と数百人の負傷者が出た。

ネパールは世界銀行の統計によると人口約一七〇〇万の世界の後発開発途上国の一つである。災害地人口は約二〇〇万。ネパールは貧困にかかわらず、地方団体は一〇〇万ドルの現金を自己調達し、それ以上の現金と物資の寄付約束をも取り付けている。こうした現地寄付額はアメリカ、EU、オーストラリア、イギリスを含む対外援助額に相当する。

アメリカ大使館スポークスマンはアメリカが臨時シェルターの屋根に使う六五〇、〇〇〇平方フィートの耐久性プラスチックシートを提供し、加えて一〇万ドルの現金供与を行なうつもりだと語った。ネパールは対外援助に大いに依存している。今年、ネパールの総開発予算の六六パーセントに当たる約三億七八〇〇万ドルにのぼる対外援助を、無償と低金利有償資金の形で受け取ることになっている。

ネパールで開発を妨げる要因は無数にある。地上水にもとずく灌がい施設の整ったインドと違い、ネパールでは雨水を利用する灌がいにより農業を営んでいる。工業はほとんどなく、観光が第二の外貨収入源で、消費財輸入は輸出を上回る。このインド亜大陸の通弊である人口増加率に関しては、ネパールは年率二・七パーセントで経済発展の足かせになっている。

こうしたハンデにかかわらずネパールは大規模な災害準備プランに投資し、ヒマラヤ山脈に沿って五〇〇マイルにわたる地震帯で将来の地震に備える必要がある、と援助、開発関係者は言う。たとえば一九八四年の二五〇〇人の死者を出したインド・ボパールで起きたガス爆発事故といった惨事にかかわらず、第三社会（開発途上国）ではごく限られた国のみしっかりとした災害準備計画を作成している。

丹羽氏、災害地域のネパール政府関係者、西欧の外交官は、災害地で多くの犠牲者を生んだ伝統的なレンガと土からできた家屋よりも、低価格で軽量な建築資材による家屋をつくることを優先するべきだと主張する。「われわれはNGOと協調し、そうした安くて簡単に作れるモデル家屋があるかどうかを調べている」と丹羽氏は言う。丹羽氏は地震災害を受けた多くは貧しく、漆喰《しっくい》や竹が適切な建材となろう、と強調した。

多忙だが充実した毎日

国連カントリーチームのリーダーとして、ネパールにおける外交団の一員として、ドナー社会の牽引者として、仕事を進めるうちにだんだんと私の毎日はきわめて多忙となった。妻のジェーンは「ネパール国連婦人連盟」会長として募金を含む多くの行事と連盟機関誌の隔月発行に打ち込み、多忙な毎日を送っていた。

こうしてわれわれ夫婦二人の日課は月曜から金曜日まで、朝八時から深夜一二時まで、毎日複数のカクテルパーティー、公式夕食会と、ほとんど切れ目なく仕事が続いた。週末はなるたけ社交行事は断るようにしたが、それでも事務所スタッフ、ネパール内外の友人との付き合いのため、ほとんど毎週末外出する〝ハメ〟となった。

当初は、一人の専用ドライバーが朝から晩までわれわれの面倒を見ていたが、あまりにもドライバーの残業時間がかさみ、毎月の残業時間が一五〇時間を超えるようになったため、国連任命医師から「非人道的で健康障害となる恐れがある」との勧告を受けた。そこで、運転手を二人に増やすことにし、残業時間への配慮のため、運転手二人は毎月一五日付けで交代させ、一人の残業時間が毎月一〇〇時間以内に収まるように努めた。これは、身の安全と保全の観点からも、警備担当者のアドバイスで時おり妻と子供たちの送迎も頼んでいたことからも、適切な処置であった。

こうして運転手の健康管理には十分気を配ったが、「さて、われわれ二人の健康管理のほうはどうなるのだろう」と、妻と二人で顔を見合わせたことだった。しかし多忙ではあるが、充実した毎日であったため、こうした忙しさはさほど気にならなかった。

反ソビエト?

ネパールでの任期が終わりに近づいた年の国王誕生日の祝典に宮廷に招待されたときのことである。行事も終わりに近づき、国王にお別れの挨拶をするため列についたところ、私の目の前にソビエト大使館の臨時大使が立っており、ニコニコしながら「ニワさん、あなたはモスクワで反ソビエトと見られてますよ」という。どう返事をしてよいかわからなかったので、「それはまことに光栄です」とだけ答えて、国王・王妃に挨拶ののち宮廷をあとにした。

当時、ソビエト連邦は崩壊に向かっており、元諜報関係者を含む多くの外交官が国連開発計画事務所を訪れてはビジネスチャンスを狙っていた。しかし、国連を通してソビエトから機材やサービスを調達したいという開発途上国はほとんど無く、ソビエト連邦のビジネスはまったく伸びていなかった。ネパールでも同様で、何度かソビエト政府のミッションが私の事務所を訪れたが、まったく伸展していなかったことに対する〝不満の表明〟であったのだろうと理解した。

転勤のオファー

ネパールでの勤務が五年を越したことから、次の任地のことを妻と語り始めていた。これまで、ガイアナ、北イエメンと、二回の後発開発途上国勤務が続いたことから、この次は観光で訪れたことがあり、妻・ジェーンのハワイ大学イーストウエストセンターでの学友の出身国でもある「インドネシアのような国がいいな」と話していた。するとどうだろう、「タイはどうか」とのオファーが舞い込んできた。タイはネパール同様、日本の皇室と関係の深い国である。しかも東南アジアではインドネシアに次ぐ経済大国でもある。一九八〇年代の経済成長はすさまじく、「アジアの虎」と呼称されていたほど、すばらしい経済発展を遂げている国であり、われわれは「またとない機会」であると、このオファーに飛びついた。

思わぬ叙勲

タイへの赴任を思い描いていたころ、ネパール外務省のナレンドラ・ビクラム・シャー次官から、非公式に、「叙勲の話があるがどう思うか」との問い合わせがあった。そのとき次官は、「どういった勲章になるかはいえない」とも付けくわえた。理由をただすと、以前、元大蔵大臣の橋本龍太郎氏がネパール・中国・日本三国同時エベレスト登頂を成功に導いた功績により叙勲の話があったが、橋本氏が「一等勲章でないと受けない」ということから、その対応に「苦慮した」とのエピソードを披瀝された。ちなみに橋本龍太郎元首相は一九九九年三月、ビレンドラ国王よりゴルカ・ダクシナ・バフ一等勲章を長年のネパール観光開発や保健衛生の向上と発展、両国の友好関係の促進に貢献してきた功績により授与されている。

国連職員は内部規定により、金品、勲章等、いかなる政府よりも受けてはいけないことになっている。そのことを承知していたので、報告と再確認を兼ね、国連開発計画本部に問い合わせてみた。すると、予想に反し、ドレイパー総裁から直接電報が入り、そこには「名誉なことなのでぜひもらえ」と記してあった。私はすぐにその旨をナレンドラ外務次官に伝えた。

ネパールでの勤務最終日である一九八八年一一月一日、午後四時。政府から回された車で宮廷に向かい、国王による特別授与式にて「ゴルカ・ダクシナ・バフ一等勲章」を授かった。のちに、外国人にこの勲章を授けることは「きわめてまれ」なことと聞き及んだ。前例としては唯一、一九七五年のビレンドラ国王戴冠に際し、当時の西ドイツ大使が同じ勲章を授かったとのことだった。

授与式のあと、勲章をつけたまま、政府手配の車で国連合同庁舎に帰ると、そこには送別会のために集まってくれていた国連関係職員の祝福があった。とりわけ、ネパール現地職員が喜んでくれた。これは私個人への叙勲であると同時に、国連開発計画ネパール事務所に対する評価である……。そう思うと、いっそううれしさが込み上げてくるのだった。この叙勲のニュースは、当日のネパール国営テレビの夜のニュースと翌日の『ライジングネパール』紙の一面トップ記事で広く報道された。

離任

ネパールにおける国連開発計画の援助調整活動の全貌は、国連副事務総長への「一九八八年度報告書」で詳しく説明し、注目された。さらにこの報告書は国連開発計画と国際協力事業団（ＪＩＣＡ）が東京で共同で行なった開発セミナー「UNDP/JICA Development Seminar, 8-13 October 1988」においても援助調整の実例として紹介された。くしくもその二〇年後、私はネパールの選挙監視団の団長として再度ネパールを訪ねることになる。私はネパール離任を間近にして、総裁決済によりD1からD2に昇進した。

離任のさい、私はトニー・ハーゲン博士の「ネパールを困難な状況から救うには、新しい開発援助形式が必要である。つまり、あらゆる生態学的な面を考慮に入れた山丘地における長期にわたる総合的な計画、状況への適合や環境との調和を図るための近代技術に対する短期的財政援助や刺激策などが必要になる」との言葉を思い起こしていた。

ネパール・その後

私の離任（一九八八年）後、ネパールでは激動の政治変化と展開が訪れることとなる。

一九九〇年、パンチャーヤト制が廃止。ネパール会議派首相が指名され、国民主権を謳った新憲法を制定。一九九一年、複数政党制による三〇年ぶりの総選挙が行なわれ、ネパール会議派が勝利。ギリジャー・プラサード・コイララが首相となる。

一九九四年、国連開発計画本部勤務のとき、出張でカトマンズを訪れたときのことである。私がカトマンズを訪れていることを漏れ聞いたビレンドラ国王から宮廷に招待され、夜遅く（一一時ごろ）まで親しく歓談させていただく機会をもった。私のネパール在任時代と違い、国王はネパールの国内政治、そして世界政治を率先して話題にされた。とくに印象的だったのは、「議会制民主主義に切り替え、私は政治から引退したけれど、さてお手並み拝見、といった気持ちで、ネパール政治を毎日見守っている」と楽しそうに語られていたことだった。あのとき、もはやこれが国王との「最後の出会い」になるとは、夢にも思わなかった。

一九九六年、ネパール共産党毛沢東主義派（マオイスト）が王政を打破すべく「人民戦争」を開始し、ネパールは事実上内戦に突入した。その五年後の二〇〇一年六月一日、「ネパール王族殺害事件」が起こり、ビレンドラ国王らが殺害され、弟のギャネンドラ王子が王位に就いた。このネパールを一時麻痺状態に陥れた大事件に関する公式発表は遅れに遅れ、しかも真相が釈然とせず、皇太子ディペンドラ一人による王家一家の「殺戮説」と、国王の弟・ギャネンドラ王子（のちの国王）と悪名高き長男・パラスによる「陰謀説」のうわさが飛びかった。この世界を驚かせたネパールの大事件は二〇〇一年六月三〇日付けのニューヨーカー誌で詳細に紹介された。* その記事が正確であるかどうかの確証はない。一七年が経過した今日でも陰謀説を信じるネパール人がまだ多い。

二〇〇五年、ギャネンドラ国王は再度議会・内閣を停止し、絶対君主制を導入。しかし、二〇〇六年にかけて民主化運動が高まり、国王は直接統治断念と国民への権力移譲、議会の復活に踏み切る。同年、政府とマオイストは無期限停戦を誓う「包括和平協定」に調印、そして制憲議会選挙の実施に合意した。

二〇〇七年一月、国連安保理は「国連ネパール政治ミッション」を設立し、国軍と人民解放軍の停戦を監視。

二〇〇八年四月、制憲議会選挙投票が行なわれ、毛沢東派が第一党となったが過半数を獲得できなかった。私はこの制憲議会選挙の日本国選挙監視団団長として、ジミー・カーター元大統領のカーターセンターおよびEUとともに国際選挙監視を行ない、選挙が公正に実施されたことを確認し、内外に報じた。

二〇〇八年五月、ネパール制憲議会が招集され、連邦民主共和制を宣言して正式に王制が廃止され、ギャネンドラ国王は退位。ここにネパール王国（ゴルカ朝）は終焉を迎えた。その後、この若き共和国の苦悩は続いている。

＊"Letter from Kathmandu: Royal Blood", Isabel Hilton, the New Yorker, July 30, 2001.

【キャリア・アドバイス◈ネパール】

❶国の開発基本課題は受益国自身が一番よく知っている。国連を含む部外者の役割はこうした課題にいかにして挑戦するか、その「方法論」の探索である。

❷開発過程はつねに試行錯誤である。ほかの例から学ぶことはあっても、与えられた開発過程は常にユニークで、それに適した方策を手探りで創成する必要がある。

❸終局的に援助活動の成功・不成功の決め手は受益国のオーナーシップにある。そうしたオーナーシップを確保するためには自助努力の高揚しかない。

❹好循環を信ずること。しっかりと布石し、仕事に着手し、地道な努力を進めていけば必ず道が開かれる。いったん物事が動き出すと、好循環の相乗効果も期待できる。

❺国連組織のセクト主義を打ち破り、組織の外に一歩踏み出る努力が不可欠。

❻国連の総体的ミッションを信ずること。世界広しといえども、政治・社会・経済すべてを見渡せる組織は国連しかない。

❼自我をできるだけ抑制し、相手の立場をよく理解すること。これは調整をつかさどる場合不可欠である。

❽不審に思うことがある時はつねに棄権すべし。

カトマンズの国連合同事務所

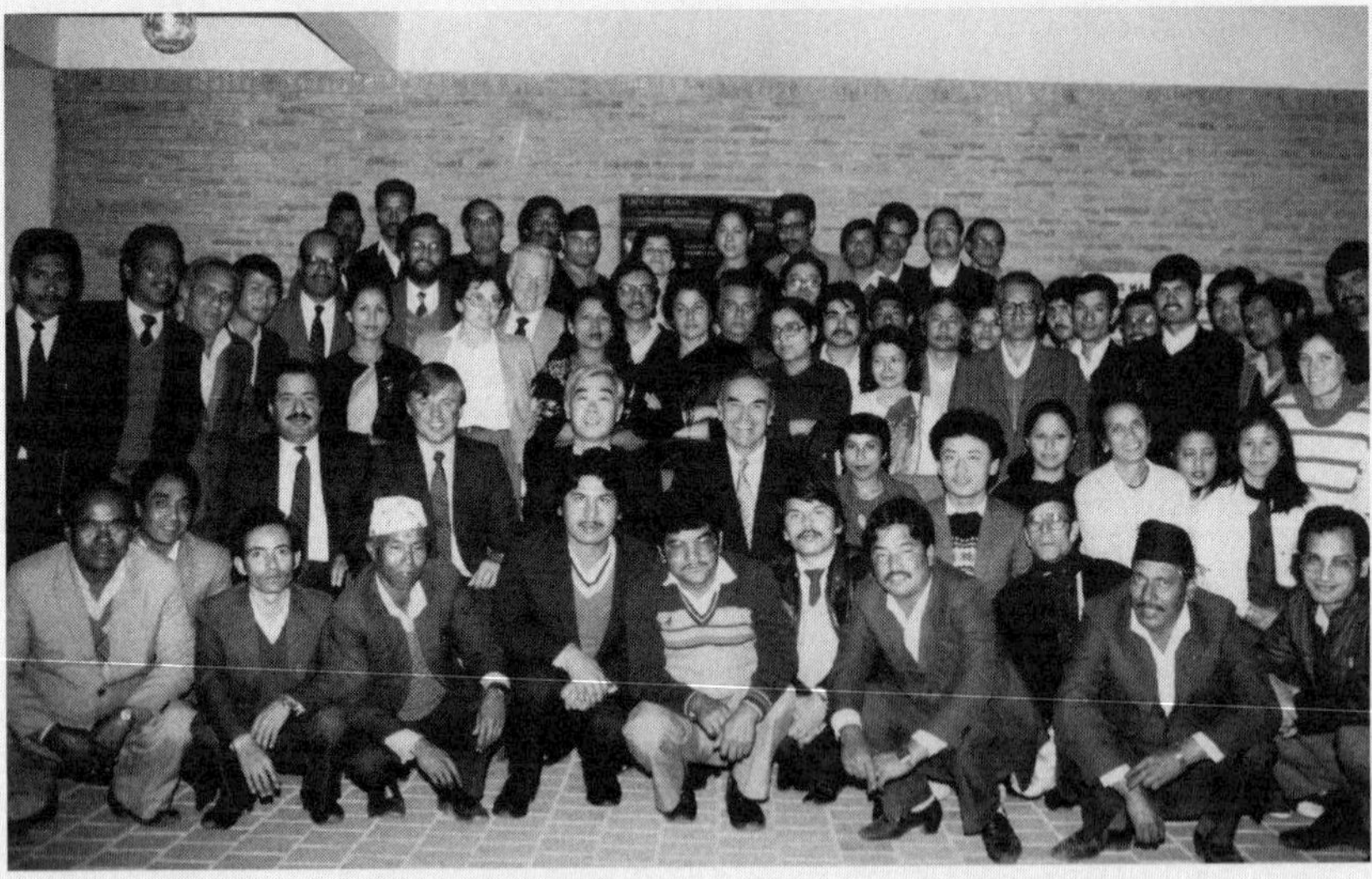

国連開発計画スタッフとともに。2列目左からファド・ショマリ、アンドリュー・ギヤ常駐副代表、筆者、ウィリアム・ドレイパー総裁。1986年

ネパール国王夫妻主催のクマリ祭り
写真上は在ネパール外交団。前列右から２番目が筆者。1985 年

モース総裁ネパール訪問。ハナマンドーカ（旧王宮）にて
右からネパール政府儀典官、モース総裁、筆者、アンドリュー・ジョーセフ・アジア局長。1985 年

ネパールを訪問された福田赳夫元総理と。
後ろに見える国連機とロイヤルネパール機の二機でお釈迦様の生誕地ルンビニを訪れた。1986 年

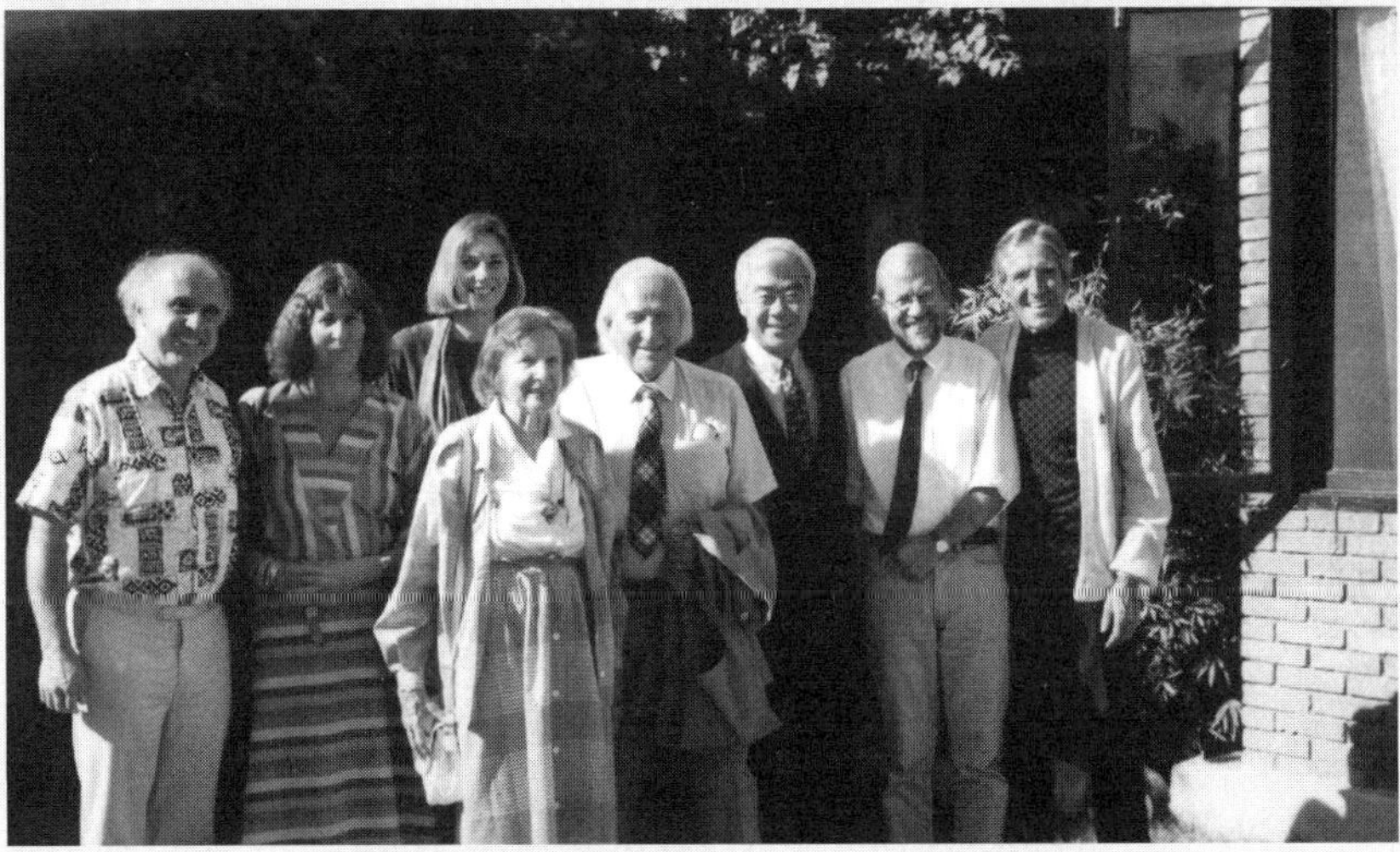

ネパール国連専門家第一号トニー・ハーゲン博士とともに。右からモラン神父、一人おいて筆者、トニー・ハーゲン、ハーゲン夫人、キャロル・ロング国連開発計画常駐代表、トニー・ハーゲンの娘と娘婿。1994 年

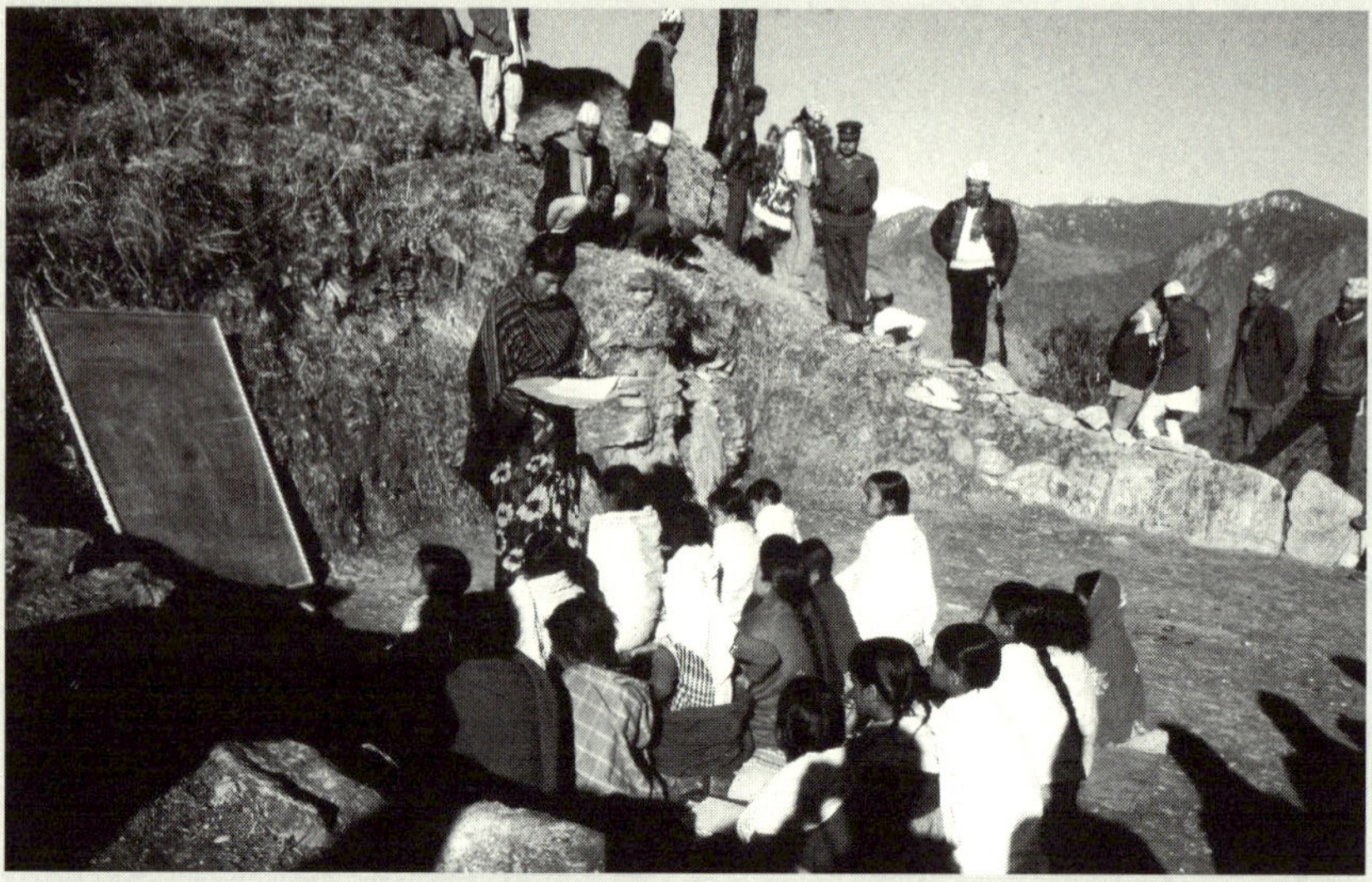

セチ郡における農村開発のための教育プロジェクト。少女たちのための青空教育。1986 年

叙勲・ビレンドラ国王よりゴルカ一等勲章を授かる。宮廷での特別授与式。1988 年 11 月 1 日

タイ

一九八八〜一九九〇

いまや、民間企業が開発プロセスの中心に位置している。利潤の追求に突き動かされて、あらゆるタイプの企業——農家から小規模起業家、地元メーカーから多国籍企業にいたるまで——が、経済成長と繁栄の基礎を固めるため新しいアイディアと新しい設備に投資している。

（世界銀行・『世界開発報告書二〇〇五』より）

タイ赴任

ネパールのカトマンズからタイ・バンコクに家族ともども赴任した。一九八八年（昭和63）一一月二日のことであった。いわば田舎から都会への移行である。バンコクは健康管理・医療施設がゆき届き、生活環境が豊かで、新鮮な魚介類をはじめ日本食があり、食糧が豊富である。しかも娯楽施設が整い、子供たちの学校も完備しており、暮らしやすい赴任地でもあった。そして妻のジェーンが専門とする、第二言語の「英語」を教える機会にも恵まれ、こうした生活環境は私たち家族にとってまさに一〇〇点満点の任地であった。

妻のジェーンは、着任して間もなくバンコク国際学校で第二言語としての英語の教鞭をとることになった。一九七一年（昭和46）に日本を発って以来、初めて自分の専門分野の仕事に就いたのだった。長女・真理佐は一六歳となり、引き続きピッツバーグ市マウントレバノン町でフォスター家族と生活を共にしながら、マウントレバノン高等学校に入学した。長男の正爾は一四歳、次女の絵里香は九歳、そして次男の健蔵は六歳に成長し、三人ともジェーンが教鞭をとるバンコク国際学校に入学した。

タイ事情

タイは漢字で「泰」と書き、インドシナ半島中央にある王国で、君主制国家である。正式名は「タイ王国」、旧名は一九三九年まで「シャム」がつかわれていた。北はラオス、南はマレーシア、東はカンボジア、西はミャンマー（旧ビルマ）と四方と国境を接するアジアの中心に位置する。通貨は「バーツ」、首都は「バンコク」である。民族はタイ族が七五％、華人が一四％、その他マレー系、インド系、モン系、カレン系などで構成され、言語もタイ語、北タイ語、南タイ語、イーサーン語、ビン南語、クメール語など多言語である。宗教は王室をはじめ、タイの国民のほとんど（九五％）が仏教徒である。

一三世紀以後、タイ族の国（スコータイ王朝。一二三八〜一三五〇）が起こり、その後、先住のモン族・クメール族などを合わせ、アユタヤー王朝（一三五〇〜一七六七）、トンブリー王朝（一七六七〜一七八二）をへて、現在のチャクリー王朝が成立した。映画『王様と私』（原作「アンナとシャム王」）のモデルとなったラーマ四世はチャクリー王朝の第四代シャム国王で、かれは自由貿易の推進、仏教の改革を行なったことで知られる。第二次大戦後の東西冷戦時代は、ベトナム、カンボジア、ラオスなどの近隣諸国の共産主義化に脅かされたが、アメリカの強力な支援を受けてこれをまぬかれた。

日本との交流は古く、その歴史は六〇〇年前の室町時代にまでさかのぼるといわれる（御朱印による交易）。近代に入ると、一八八七年にラーマ四世が東京を訪問、「修好通商ニ関スル日本国暹羅国間ノ宣言」（日・タイ修好宣言）が調印され、日本とタイの外交が本格的に始まった。

タイは立憲君主制をとるが、国王は象徴的な存在で、国民からの敬愛と人気は抜群である。とくにプミポン国王（二〇一六年崩御）は、その人柄と高い見識から国民の信頼が高かった。タイでは伝統的に王族に対して崇敬を払うよう国民は教えられている。またタイの人々はタイ王室に対する尊敬と敬愛の念を、日本の皇室にも抱いている。

日本の皇室とタイ王室との親交は深く、プミポン国王夫妻は一九六三年に日本を公式訪問して昭和天皇・香淳皇后と面会され、翌一九六四年には、当時の皇太子夫妻がタイを公式訪問している。またタイのシリントーン王女、チュラポーン王女もよく日本を訪問しており、こうした皇室と王室の親密な関係がいまも両国の基礎になっている。

一九六〇年代はまだ教育がゆき届いておらず、識字率も低かったが改善がすすめられ、現在では九五％の識字率を誇る。貧富の差が激しく、一九七〇年代から「貧困の撲滅」に取り組んでいる。

赴任当時、タイは目をみはる高度経済成長を遂げていた。一九八〇年以降、経済の安定、外国企業の誘致などが功を奏し、一九八五年ごろからすさまじい経済成長を記録した。そのことから「アジアの奇跡」「アジアの虎」とも呼ばれていた。またタイは、豊富な観光資源をもつ国であり、観光資源関連事業は大きな外貨獲得の手段となっている。

国連開発計画地域事務所

これまでのガイアナ、北イエメン、ネパールといった任地では、「国連」といえば国連開発計画（ＵＮＤＰ）事務所のことを指したが、ここタイ・バンコクでは「国連アジア太平洋経済社会委員会」（ＥＳＣＡＰ）を意味した。バンコクには、国連食糧農業機関（ＦＡＯ）、国際労働機関（ＩＬＯ）、国際民間航空機関（ＩＣＡＯ）といった国連専門機関とユニセフの東アジア・太平洋地域事務所があり、国連食糧農業機関と国際労働機関の〝長〟は国連事務次長補で、私よりもランクが高かった。とはいうものの、私はタイにおける国連常駐調整官として、タイに所在する各国連機関の調整の役割を担った。

「国連開発計画タイ地域事務所」は国連アジア太平洋経済社会委員会ビルにあり、イタリア出身のファブリチオ・オセラ副地域代表をはじめとした優秀なスタッフがそろっていた。「ネパール国連開発計画国別研究」に携わった弓削昭子氏（現・法政大学教授・三井住友海上社外取締役）も、地域代表代理三人のうちの一人であった。彼女はその後、私の後任として国連開発計画財務総務局局長を務めた。

タイ地域事務所はニューヨーク本部から派遣された国際スタッフ一〇名に加えて、国レベル専門職と現地一般職員の約三〇人で構成されていた。この事務所のタイ人現地職員は優秀で、すべての現地専門職は女性であった。タイでは「国際連合」（国連）の評価が高く、国連で働くことは〝名誉〟とみなされている。そうしたことから、いずれの国連機関も上流社会出身の高い教育を受けた女性を確保していた。いまから三〇年近く前に、すでにジェンダー面でタイ女性は絶対優位を誇っていたのである。「地域事務所」と呼ばれる理由は、管轄に「香港」が入っていること、それに国連開発計画のアジア地域プロジェクトがタイに集中しているためである。

私の役割は、国連開発計画タイ常駐地域代表として、タイにおける国連開発計画の活動の運営と監督、バンコクを中心とする国連開発計画の数多くのアジア地域プロジェクト（たとえば「メコン川流域開発」）を運営・監督すること、それに国連常駐調整官としてタイ国内の国連開発援助活動の調整にあたることであった。これにくわえ、ベトナムからのボート難民で苦慮していた「香港」も担当した。それら国連開発計画としての役割と同時に、国連開発計画が一九八八年から管理することになったタイ・カンボジア国境の約三五万人のカンボジア難民を対象とする「国連国境救済活動」（UNBRO）の執行局長として、人道支援活動にも携わった。ちなみに「メコン川流域開発」とは、メコン川流域の地域的一体性に注目して、総合的に開発しようとする構想である。カンボジア、ラオス、ミャンマー、タイ、ベトナムの五カ国と中国雲南省を流れるメコン川は全長四、九〇〇キロメートル、流域面積七九万五〇〇〇平方キロメートル、流域人口は二億五〇〇〇万にも及ぶ。その流域は水資源を中心とするさまざまな資源に恵まれ、東南アジアにおける開発フロンティアとして古くから注目されてきた。こうした背景をもとに、一九五七年にカンボジア、ラオス、タイ、ベトナムの四カ国で構成する「メコン委員会」が設立され、開発推進機運が高まったが、ベトナム戦争など、一連の政治的混乱により、流域開発は長らく停滞した。この間、国連開発計画はアジア地域プロジェクトとして「メコン川流域開発プロジェクト」を立ち上げ、メコン委員会への技術援助を提供していた。

この「メコン川流域開発」はその後、カンボジア和平の実現により、インドシナ半島における政治的安定が実現したことから、一九九〇年代に入ってメコン川流域の復興と開発を推進する機運が高まり、各種協力が進められるようになった。（外務省「我が国の政府開発援助・ODA白書」より）

国連常駐調整官

タイにおける「国連常駐調整官」は上席の同僚を相手としての任務であった。このことは私に特別の配慮と方策を必要とさせた。上席の国連食糧農業機関の代表と国際労働機関代表に私が主催する「調整会議」に出席をお願いするのは少し気が引けることから、「次席を出席させていただくことで結構」と伝えて調整会合プロセスを立ち上げた。そうした気遣いもあってか、回を追うごとに上席の代表も自発的に出席することとなり、すべての事務所代表の顔がそろう体制となっていった。

一方、後発開発途上国での調整とは違い、タイにおける国連組織の技術援助活動は特化されたものが多く、プログラムの調整というより、国連機関のタイ政府に対する歩調合わせがテーマとなることがほとんどであった。

タイにおいて、とくに留意したのは、財務・総務・人事といった管理部門であった。公金を扱う機関であるので、絶対にミスを起こさない体制を確立する必要があった。そこで無理を承知のうえで、北イエメンとネパールで一緒だったファド・ショマリに来てもらうよう、本部に要請した。ショマリを指名して要請するのはこれで二回目であり、異例の人事ではあったが、さまざまな難しい課題に直面するカンボジア難民の「国連国境救済活動」(UNBRO)も引き受ける、との条件で実現した。

香港・ベトナムボート難民

ベトナム戦争の最末期の一九七五年(昭和50)四月三〇日、北ベトナム(ベトナム民主共和国)の攻勢によって南ベトナムの首都サイゴンが陥落(「サイゴン陥落」)した。これを機に、南ベトナム(旧ベトナム共和国)からおびただしい数の難民が小さな船(ボート)で国外に脱出した。

一九七九年七月、香港が無条件で難民を受け入れる「第一収容港」となったことから、ベトナムのボート難民は圧倒的に香港に向かうようになった。私が赴任した一九八八年には、年間総数一万八〇〇〇人以上のボート難民が香港に漂着した。その数に圧倒された香港自治政府は、ボート難民を特設難民キャンプに収容し、国外移住が実現されるまで収容することになった。

香港は最終的に二〇万人以上を受け入れ、難民(問題)は二〇年以上にわたり香港の深刻な社会問題となった。一九八九年、私はこの頑丈な金網に囲まれた難民キャンプを訪れ、その状況をつぶさに視察した。これらの「ボートピープル」と呼ばれる難民は、南ベトナムで商業を営んでいた華僑や華人、そのほか南ベトナムの政府関係者とその家族や地主で、香港・マカオの難民収容所の七割は中国系ベトナム人であった。こうした状況を、オーストラリア政府はベトナム当局の華僑人口を減らすための社会事業の一環だとして非難した。

タイ王室

ネパールにつづいて、日本の皇室と親交の深いタイに赴任することは、私にとってうれしいめぐり合わせとなった。日本の皇室とタイの王室との親交については前に触れた。くわえて、タイの国連機関とタイ王室も親しい関係にあった。国連開発計画地域常駐代表のウィンストン・プラットリー（ニュージーランド出身）はプミポン国王の〝よきヨット友だち〟であった。かれは私に、「国王出席のパーティではいつも請われて国王のすぐそばにすわり、会話を楽しんだ」と語っていた。外交序列でいえば、プラットリーは下位である。そのプラットリーがいつも国王のすぐそばにいるのを〝快く〟思わない大使がいたらしく、文句を言い立てたというが、タイ政府側は一向に意に介さなかったとのことであった。

第二王女のマハー・チャクリ・シリントーン王女は、当時私が理事を務めていたアジア工科大学で「リモートセンシング」（遠隔測定・観測）を学んでいたことから知り合いとなり、これが縁でタイ・カンボジア国境における国連国境救済活動（ＵＮＢＲＯ）の「タイ王室プロジェクトの評価」要請へとつながった（後述）。シリントーン王女は秋篠宮文仁親王とも親しく、公式・非公式をふくめ、過去八回ほど日本を訪問しており、二〇〇一年には学習院大学から名誉学位を授与、二〇〇六年には東京工業大学・筑波技術大学を視察している。

また、第三王女のチュラポーン王女とも国連環境計画の同僚の紹介で親しくなった。チュラポーン王女は博学にして、化学者でもあり、学術研究にも業績を残している。東京大学でも勉強され、ことのほか日本の皇室と親しく、皇室行事などでよく日本を訪問している。王女の誕生日のパーティでのこと、過去に両王室・皇室の若者たちは双方の親（プミポン国王・王妃、天皇・皇后両陛下）に内緒で「よくヤンチャなことをしたものだった」との内輪話をうかがい、「はて、ヤンチャなこととは？」と思ったことだった。

カンボジア難民の「国連国境救済活動」

一九七九年（昭和54）一月、クメール・ルージュ（ポル・ポト派）がベトナム軍によってカンボジアから追放されてから、多くのカンボジア人がタイ・カンボジア国境に住居と食糧を求めて逃れた。このカンボジア（クメール）難民のため、当初はユニセフおよび赤十字国際委員会（ＩＣＲＣ）、国連難民高等弁務官事務所（ＵＮＨＣＲ）、それに世界食糧計画（ＷＦＰ）からなる「ジョイント・ミッション」と呼ばれるコンソーシアムが、食糧配布、健康管理、キャンプ建設、公衆衛生といった活動に、タイ政府の協力のもとに携わった。

一九八二年一月、国連事務総長はカンボジア難民を対象とする「国連国境救済活動」（ＵＮＢＲＯ）を設立し、国連事務総長特別代表として経験豊かなロバート・ジャクソン卿を任命し、カンボジア人道援助活動を行なうこととした。その後、ウィンストン・プラットリー氏（前出）がＵＮＢＲＯ執行局長に任命され、韓国出身のヨン・ユル・キム氏に引き継がれて、私が三代目の執行局長となった。

ＵＮＢＲＯのバンコク本部事務所は国連開発計画と同じ、国連アジア太平洋経済社会委員会ビルにあり、現地主要事務所はタイ・カンボジア国境に近いアランヤプラテートにあることから、毎週バンコクとの間を頻繁に往復する勤務となった。結果的には、私の勤務時間のほとんどをＵＮＢＲＯに注ぎ込むことになり、国連開発計画の仕事は次席のオセラにほとんど任せきりとなった。

ＵＮＢＲＯは、直接雇用のスタッフが約二〇〇人、ＮＧＯのスタッフが約三〇〇人の合計五〇〇人からなる大世帯であった。それらのスタッフには優秀な若手の活動家と、熟年ながら〝援助に対する熱意〟は若者に引けをとらない四〇歳代以上の実社会経験者も数多く含まれていた。かえりみると、当時このＵＮＢＲＯで活躍したかれら人材の多くは、その後アフリカ、アジア、中近東の国連人道援助の第一線で広く活躍した。

ＵＮＢＲＯの次席はベルギー出身のパトリック・バンデベルデ氏で、かれは卓出した政治感覚の持ち主で、対人関係に優れていた。そのバンデベルデの部下には優秀な職員が多数いた。人事担当のピーター・バンラーレ氏もその一人で、私がその後国連開発計画の財務総務局長を務めたさい、特別補佐官として支えてもらった。かれもまたベルギー出身の若者で、得がたい人材であった。バンラーレはその後、明石康事務総長特別代表の国連カンボジア暫定統治機構（ＵＮＴＡＣ）、国連プロジェクトサービス機関（ＵＮＯＰＳ）をへて、パン・ギムン（潘基文）、アントニオ・グテーレス両国連事務総長の「儀典長」として活躍。

ＵＮＢＲＯの活動に対して、タイ外務省、タイ王室、タイ国軍最高司令部、各国大使館（諜報関係を含め）、各ＮＧＯ、マスコミなど、すべての機関が好意的であった。そのため良い関係を保持することができた。これもひとえにＵＮＢＲＯの名声と、そのすばらしい活動実績によると思われた。ただ、首都バンコクは地政学的にアジアの中心に位置することから、UNBROの活動がソビエト、中国を含む各国の諜報機関の注目の的になっていたことは想像に難くなかった。

タイ王室では、とくにプミポン国王がカンボジア国境に隣接する地域の諸問題に心を痛め、タイ国民の安全および福祉のため、自費による「タイ王室プロジェクト」をUNBROの活動と並行して展開していた。UNBROとしても、この地域のタイ住民を対象とした独自の支援活動を行なっていた。このことがのちに「国王プロジェクトの評価」要請へとつながる。

UNBROにとって、カンボジア難民の保護とタイ自体の治安の観点から、陸・海・空の三軍を統括するタイ国軍最高司令部との連携が不可欠であった。そこで国軍最高司令官であるスントーン・コンポンソン大将を必ず三カ月ごとに表敬し、UNBROの「難民保護」権限に関する協力を確認した。くわえて、タイ陸軍総司令官でのちに国王の枢密院委員となったピチット大将と、その直属の部下であるチャイナロン大佐には公私にわたってお世話になった。この二人はUNBROの得難い理解者であり、良き支援者であった。私にとって、軍幹部と日常ベースで関わるのは、これが初めての経験だった。

後日談だが、私の離任後の一九九一年二月、政府の汚職を不満にスントーン国軍最高司令官をリーダーとする軍事クーデターが起こり、スントーン大将はクーデター後、それまでのチャチャイ首相に代わり国家治安維持団団長として指導的立場に立った（「タイ国軍がクーデター、戒厳令布告、首相も拘禁」、朝日新聞、一九九一年〈平成3〉二月二四日）。

西欧諸国でUNBROのカンボジア難民の救済活動を支持したのは、アメリカ、イギリス、日本、フランス、EU、オーストラリア、カナダの諸国であった。なかでもアメリカはいちばん力を入れ、資金面と仕事の内容に深い理解を示した。またフランスは、カンボジア難民のフランス語教育にとくに関心を示した。

私は毎年、アメリカ政府予算作成のためワシントンを訪れて国務省と折衝し、国務省の要請で大統領府行政管理予算局にも出向いて協力を要請した。とくに国務省難民コーディネーターであるジョナサン・モーアとプリンストン・ライマン両氏と密接に連携し、協力しあった。予算確保のために、年二回のニューヨーク国連本部での資金調達会議には毎回出席し、UNBROのタイ国内カンボジア難民救済活動がいかに称賛に値する組織であるかという加盟国のスピーチを聞いて、年間予算必要額の約一億ドルの拠出を確保した。これは私の国連生涯でいちばん楽な国連資金誓約会議であった。

文民キャンプ

UNBROでの人道支援経験は得がたいものであった。この組織は優秀で、年齢的にもまた気持ちの上でも若いダイナミックな人道援助専門家から構成され、ドナー国の強い支持とたゆみない支援を受け、世論に高く評価されながら役割を果たした。このUNBROの難民救済活動は、表面的にはタイ・カンボジア国境の各キャンプ内にいるカンボジア国内三派*に属する三五万人規模の非戦闘難民を救済する「文民キャンプ」活動であった。しかし、キャンプ内の子供には父・兄がおり、妻には夫・息子がいて、そうした家族のいる戦闘員は、日中はゲリラとしてカンボジア国内で抗争し、ときどき夜の闇にまぎれて妻・妹・弟のいるキャンプに逃げ帰り、休養と体調の回復を図っていたのが現状で、事実上は〝戦闘難民〟の救済も含めた活動であった。そうしたことから、夜間のキャンプ人口は公称の三五万人をはるかに超え、一・五倍近くに達している可能性もあった。

カンボジア難民キャンプには、シアヌーク殿下のフンシンペック派、元首相のソン・サン派、クメール・ルージュ（ポル・ポト派）の三派があり、各キャンプではＵＮＢＲＯ職員とともにカンボジア人のキャンプ管理者が難民管理に当たっていた。彼らの中にはフランスやアメリカの永久居住権を所有する者も多数いた。

赴任して驚いたことは、そうした難民キャンプ管理者が、同胞の難民を〝搾取〟している現状であった。たとえば、米・小麦粉・砂糖の配給のさい、ダンボールで底上げした空き缶で、下がくぼんだヘラで量を減らして測り、配給するといったカラクリが頻繁に行なわれていたことであった。

またキャンプは夜間極めて危険なため、ＵＮＢＲＯスタッフは太陽の明るいうちだけキャンプに入ることが許された。こうした状況をわかりやすく説明するために「私は無法状態のニューヨーク市のハーレムや南ブロンクス地区の区長の様なものだ」との比喩を使ったのだった。

難民キャンプにおけるＵＮＢＲＯの援助活動は、難民に「衣食住」を提供することであった。たとえば、水、食糧、燃料、カヤ（蚊帳）、マット、毛布、バケツ、台所用品、それに小型の家の建築材といった難民キャンプ内での生活に必要な人道救済物資を提供することであった。ちなみに、最大の難民キャンプ「サイト・ツー」には、毎日給水トラック二〇〇台の水を供給した。

これに加え、薬局の維持・管理、初等教育の提供、職業訓練、人権、地雷の回避教育、本国（カンボジア）帰還情報などの提供を行なった。さらに、成人教育、幼児教育、仏教教育、ユースセンターといった、カンボジア人によるソーシャルサービスへのサポートも行なった。

こうしたサービスの提供と並行してＵＮＢＲＯの基本目的で権限（マンデイト）でもある難民の「保護」「身の保全」の達成に努めた。難民キャンプにおいて、身体の保護を完全保証することはできないものの、目標としての保護を明確に示し、すべての活動がその目的に沿って行われるよう努力した。Ｕ

ＮＢＲＯはキャンプ内での「安全」の監督を担った。具体的には、戦争犯罪・政治的犯罪・人権侵害は赤十字国際委員会が担当し、キャンプ内での通常犯罪はカンボジア難民で形成された警察団が担当した。またキャンプ境界線地域では、タイ政府により特別に組織された準軍事警備部隊「ＤＰＰＵ」（the Displaced Persons Protection Unit）が監督・警備にあたった。

＊カンボジア三派　一九七〇年、シアヌーク殿下（一九二二〜二〇一二）の外遊中（モスクワ・中国）ロン・ノル将軍がクーデターを敢行、政権を樹立。一九七五年、中国の支援を受けたポル・ポト（クメール・ルージュ）が政権を奪取。一九七九年、ヘン・サムリンがベトナム軍の支援を受け、カンボジアを解放。大量の難民が発生、タイ領内へ流入した。以後、ヘン・サムリン政権に対し、シアヌークのフンシンペック、ポル・ポト（一九二八〜一九九八）のクメール・ルージュ、クメール人民民族解放戦線のソン・サン（一九一一〜二〇〇〇）の三つ巴の内戦が続いた。

国連の管理体制

ＵＮＢＲＯを取り巻く国連の管理体制は、政治的・官僚的理由から複雑であった。まず、現地の実務責任者である私の監督者は国連事務総長特別代表のシャー・キブリヤ氏で、かれはバングラデシュ出身で、バンコクに本部のある国連アジア太平洋経済社会委員会事務局長であった。次いで二人目の監督者の国連事務総長特別代表は、ニューヨーク国連本部経済社会局事務次長で、パキスタン出身のラフューディン・アハメド氏であった。

任務の性格上、そして必要上、実務執行責任は私に集中した。しかし、これを〝良し〟としないキブリア氏と、その補佐官によるたび重なる業務介入に手を焼いた。だが、関係ドナー国大使もそのへんを心得ていて、キブリア氏を事実上無視し、ＵＮＢＲＯ責任者の私に直接アプローチした。そうしたドナーの態度がキブリア氏をさらに硬化させ、さらなる介入を招くといった悪循環が続いた。反面、アハメド氏とは、彼の補佐官の助けもあり、良好な関係を保つことができ、バンコクでのキブリア氏との軋轢の〝埋め合わせ〟ができた。偶然だが、この二人の事務総長特別代表は私と同じ大学院（フレッチャースクール）の同窓であった。

政治色の強い、緊急連絡を必要とする職務のため、当時めずらしかった高価な無線自動車電話を専用車に装備し、交通渋滞のひどいバンコクとＵＮＢＲＯの現地事務所のあるアランヤプラテートの間をこの無線電話で連絡を取りながら通勤した。アランヤプラテートまでは片道三時間半かかる。その間、車中で口述しながら手紙・文書を作成、秘書にタイプさせる毎日であった。

カンボジア平和に向けて

キャンプ運営だけではなく、将来のカンボジア平和解決を念頭に、カンボジア難民の「国内帰還計画」と、それに向けた帰国準備のための「職業訓練」に着手した。この「職業訓練」に手腕を発揮したのは次席のパトリック・バンデベルデ氏であった。

土地が限られ、制約の多い難民キャンプでの職業訓練はじつに多難であった。とくに帰還後「農業」に従事するであろう多数の難民の農業関連訓練には頭を悩ませた。そこで、前述のネパールでの「農村開発のための教育プロジェクト」（国連開発計画、ユネスコ実施）のプロジェクト・マネージャーを招き、人道援助体制の中でいかなる開発援助活動が可能であるか、いろいろな試行錯誤をくり返し、最適な方法を探索しつづけた。

さらに、平和解決後のカンボジア再復興のため「カンボジア国別研究」を実施した。しかし、どうみても資料不足である。そこで、カンボジア国内のフン・セン政権専門家から「カンボジア社会・経済資料」をベトナム・ホーチンミン市経由で入手することにし、極秘に準備を進めた。だが、これがアメリカ政府の感知するところとなり、アメリカ大使館から嫌がらせを受けることとなった。

それは、この仕事のために、コンサルタントとしてタイに招いたケネス・ワッツ氏をアメリカ大使館に紹介するときのことであった。ワッツ氏と国連車で大使館に到着すると、そのときだけ車の進入が拒まれたのである。そこで仕方なく二人で下車し、一般訪問者の入り口から徒歩で入ったのだが、これはおそらくカンボジア・フン・セン政権との接触計画を事前に感知したうえでの嫌がらせ行為と思われた。

この背景には、当時アメリカは明らかにカンボジアのフン・セン政権をベトナムの「傀儡《かいらい》政権」と見ており、われわれの秘密裏の接触行動に反発してのことだったに違いない。だが、幸いにもそれ以上の嫌がらせはなく、UNBROのカンボジアの将来に向けての作業自体に対して、その後何らの妨害行動はなかった。

こうして手に入れた、ありったけのカンボジアの経済・社会情報をもとに「カンボジア国別研究」を作成し、一九八九年にセクター別の具体的なプロジェクト案を含んだ「カンボジア再建復興援助支援計画」を作成した。内容的にはデータ不足から本来の国連開発計画の国別計画文書ほどの奥行きはなかったが、カンボジアの直面する復興・開発課題のアウトライン（輪郭）を示すという、最低目的を果たすことができた。のちにこの文書は、一九九二年六月に東京で日本政府外務省が国連開発計画と共催した「カンボジア復興閣僚会議」の重要なたたき台となった。

この「東京会議」にはクメール・ルージュ（ポル・ポト派）を含むカンボジア三派と「国連カンボジア暫定統治機構」（UNTAC）代表の明石康氏が出席して開催され、病気で療養中の渡辺美智雄外務大臣に代わって柿澤弘治副大臣がドレイパー国連開発計画総裁との共同議長のもとに進行した。会議は、開催前には期待も予想もできなかった九億ドルの拠出誓約までも飛び出し、大成功のうちに閉幕した（写真参照）。ドレイパー総裁の言葉を借りれば、この会議は主催者である日本政府と国連開発計画にとって思わぬ「ボナンザ」（大当たり）となった。これでくしくも三人の日本人がカンボジアに関わったこととなった。私（丹羽）の国連カンボジア国内避難民救済国境活動（UNBRO：難民人道支援）、緒方貞子氏の国連難民高等弁務官事務所（UNHCR：帰還と人道援助）、そして明石康氏の国連カンボジア暫定統治機構（UNTAC：再建と開発）である。

UNBROの特異性

UNBROは国連活動にもかかわらず、かならずしも国連の会計処理基準に従わず、独自の人事・会計処理方法を採用していた。これは緊急を要する政治的難民援助活動のため、すべてがきっちりした国連本体の人事・会計処理方法にゆだねると、思うように緊急活動ができないためであった。たとえば、UNBROの職員は短期雇用のため、国連職員のような年金制度は適応されず、退職金給付制度の「プロビデント基金」なるものを適用した。さらに国連の場合、接待費・交際費はきわめて限定され、シアヌーク殿下（国王）、ラナリット王子・王子妃といった要人を招待して、身の安全が確保できる状態での夕食会合を持つことは予算上無理であった。そこで、そうした費用に充てるため、UNBROのジュート製の難民用米袋の売却代金の積み立て勘定から適宜「接待費」を捻出した。

このような変則的な会計処理のため、ほとんど毎年のように厳密な国連監査の対象となっていた。あまりに頻繁に、そして〝ネチネチ〟というので、公然と「また政治監査か！」とあてつけるように口にしながら、担当の国連監査官と対応したことだった。くしくもこの担当監査官はソビエト出身で、UNBROの活動に特別の関心があってもおかしくなかった。

ＵＮＢＲＯを訪れた有名人

ＵＮＢＲＯの名声を反映してか、ハイレベルの人びとの訪問が頻繁にあり、絶えることがなかった。私の在任中だけでも、イギリスのマーガレット・サッチャー首相、アメリカ上院議員のリチャード・ルーガー、アメリカ下院議員および元民主党副大統領候補者ジェラルディン・フェラーロ、元フランス青少年人道担当相ベルナール・クシュネル、それにアントワーヌ・ブランカ国連副事務総長など、そうそうたるメンバーが訪れた。

作家では、日本の曽野綾子氏（『神の汚れた手』など）、またアメリカの『パッセージ――人生の危機』（プレジデント社、一九七八）、『ニュー・パッセージ　新たなる航路――人生は45歳からが面白い』（徳間書店、一九九七）で有名なゲイル・シーヒー女史もＵＮＢＲＯを訪れている。彼女は二〇世紀の著名な指導者とその人物像を描いた作品、たとえばヒラリー・クリントンを描いた『ヒラリーとビルの物語』（飛鳥新社、二〇〇〇）、ミハエル・ゴルバチョフを描いた『ゴルバチョフ――世界を変えた男』（飛鳥新社、一九九〇）などの作品を残している。

クメール・ルージュの隠れキャンプ

在任中、とくに印象に残っているエピソードとして、タイ外務省が躊躇するなか、タイ軍の計らいでタイ・カンボジア国境にあるクメール・ルージュ（ポル・ポト派）の「隠れキャンプ」を見せてもらったことである。このキャンプは国際社会には伏せられていた。その「隠れキャンプ」で人民服（人民解放軍服）と人民帽をかぶった少年兵を間近に見ることができたが、麻薬もしくは覚醒剤のせいだろうか、彼らの目の焦点が定まらない姿が印象的だった。ある日、タイ軍部から「極秘であなたをカンボジア国内視察に連れて行ってもよい」との申し出を受けた。難民人道支援の実務責任者として興味はあったが、これはカンボジアをベトナム政権の「傀儡《かいらい》」と見るＵＮＢＲＯ支援国の立場を考えて丁重にお断りした。

タイ王室プロジェクト評価

「タイ・カンボジア国境におけるタイ国王プロジェクトの評価をＵＮＢＲＯで行なって欲しい」……。そんな要請が、タイ王室のシリントーン王女から直接あった。これは国王プロジェクトに対し、外国ドナーから資金提供の申し出があるが、それに対応するために、はたして「しっかりした結果を出しているかどうか」を、プミポン国王が「事前に確認したいため」とのことであった。

この話をタイ政府当局に持ちかけたところ、大反対を受けた。理由は、「評価で良しとするも、悪《あ》しとするも、どちらでも大問題となる可能性が強い」ということであった。苦慮のすえ、国王プロジェクトを、地理的に囲むようなかたちで行なっている「ＵＮＢＲＯプロジェクトの評価」という名目で実行することとし、その評価結果の一部を「国王プロジェクトの評価」とすることにした。その結果をタイ王室に提出し、ことなきを得たのだった。

特化したプロジェクトに焦点

いま思い出しても、当時のタイは「アジアの虎」「アジアの奇跡」としてすさまじい高度成長を遂げていたこともあり、その鼻息は荒かった。私がほかの、とくにアフリカの途上国とタイを比較するような言葉を口にすると、すかさず「われわれをほかの開発途上国と一緒にしてもらっては困る」との反応が返ってくるのだった。プログラム面でも、タイでは工業化が急速に進むなかで、後発開発途上国の北イエメンやネパールと異なり、開発の原点のような活動内容ではなく、ある程度特化したプロジェクト、たとえば鞣《なめ》し革加工過程で起きる環境汚染対策、観光振興に対処するためのホテル従業員職業訓練プロジェクトといった、具体的環境対策や観光関連プロジェクトに焦点が置かれていた。

優秀な各国外交官

これも在任中のエピソードだが、ことに印象に残ったのは、優秀な外交官がバンコクに集まっていたことである。アメリカは生え抜き外交官として知られたダニエル・オ・ドナヒュー氏、オーストラリアは派手なスタンドプレイで名を馳せたリチャード・バトラー氏、彼はのちに国連大使・国連大量破壊兵器廃棄特別委員会（UNSCOM）委員長を歴任した。そして日本の論客・岡崎久彦氏（タイ特命全権大使、外交評論家。著に『陸奥宗光（上下）』など。二〇一四年没）、それにのちの外務省アジア局長の池田維《いけだただし》氏（カンボジア臨時代理大使。著に『カンボジア和平への道』など）といった、そうそうたる大使連がそろっていた。また、私のニューヨーク時代からの友人で、フィンランド大使のベンジャミン・バシンもその一人だった。そうした卓越した大使たちと密接に仕事をできたことを心から幸せに思った。

本部への転勤

タイに赴任して一年も経過したころ、「国連人口基金」（UNFPA）のナフィス・サディック事務局長から、思いがけない問い合わせがあった。「事務局次長（国連事務次長補）として赴任するつもりはないか」という。

私は国連開発計画以外の国連組織で働くつもりはまったくなかったが、せっかく声をかけてもらったこともあり、無下にも断れず「ドレイパー総裁に相談してご返事します」といって即答を避けた。その旨、自分の気持ちをドレイパー総裁に話すと、「キミを失いたくないなー」といったまま、明確な答えはなかった。私も国連人口基金には特別興味がなかったのでそのままにしておいたところ、数日後、ドレイパー総裁から「国連開発計画のアジア地域局局長（事務次長補）になるつもりはないか」との電話があった。

だが、その地域局ポストは伝統的に開発途上国（受益国）出身者が占めていることから、実現が可能かどうか「まったく不明である」という。その一方で、ドナー国と受益国出身者のバランスをとるため、次長にはインド出身で私の大学院（フレッチャースクール）同窓であるソメンド・バナジーを選んであり、すでに彼の内諾を得ているとのことだった。

その数日後、電話があり、やはり一九七二年の国連総会の国連開発計画改革に関する決議〝The Consensus Resolutions〟（国連総会決議二六八八号）では、「地域局局長は受益国出身者に限られること」が了承事項なので、私のようにドナー国日本からの出身者は適格でないので、「この（ドレイパー）総裁提案はないこととしよう」ということになった。

そうこうしているうちに、今度は「総裁補、本部財務総務局局長でどうか」と、ドレイパー総裁が打診してきた。われわれ一家はタイでの生活を心から享受していたので、このオファーを受けるかどうか迷ったが、総裁の配慮でもあり、承諾することにした。どうやらドレイパー総裁は、国連人口基金に私を取られるのではとの危惧からこの〝局長案〟を編み出したようであった。あとで聞くところによると、この決定に際し、総裁は私が「ちゃんと足し算・引き算ができるかどうかだけは確かめた」そうである。

一年半の任地と評価

家族ども、楽しみにして赴任したタイ・バンコクであったが、結果的には一年半の任地となった。私にとってタイは、国連開発実践家としていわば「頂点」のような任地であった。また、これまでの経験を生かしていちだんと成長する機会を与えてくれた職場であった。それを一年半で離任することになるとは予想もしなかったが、これも開発途上国に任務をおく身のひとつの宿命でもあり、まことに残念ではあったが、受け入れることにした。そして、子供の教育、そして妻のバンコク国際学校での教職にあることを考慮して、本部への赴任後、六カ月間の「滞在延長」をタイ政府に認めてもらい、単身離任した。

私のとつぜんの転勤で、正式の後任が決まるまでケネス・ワッツ氏が国連開発計画、UNBRO両者の暫定責任者となることとなった。ワッツとは三回目のめぐり合わせである。最初はネパールで「ネパール国連開発活動評価」のコンサルタントとして、二回目はバンコクにおいて「カンボジア国別研究」のコンサルタントとして、そして三回目はこのたびのUNBRO「暫定責任者」としてである。その後、正式な後任者として、イギリス出身のフィールド経験豊かなアラン・ドス氏が選任された。

離任後、ほどなくしてUNBROに関する責任は、直前に迫ったカンボジア難民の本国帰還を念頭に、「国連開発計画」から緒方貞子さんの「国連難民高等弁務官事務所」(UNHCR)に移った。

タイ常駐地域代表として任地を去る直前、アジア太平洋地域局局長のアンドリュー・ジョセフ氏は、私の勤務評価をこう締めくくった。

「きわだった経営感覚、開発諸課題に関する奥深い本質的知識、そして適切な外交手腕を兼ねそなえた高い資質のプロ。この三つの資質は丹羽敏之が国連で事実上、無限の将来性をもつスタッフであることを示す」……。これは私にとって最上の言葉であった。

【キャリア・アドバイス❖タイ】

❶何ごとも努力すればできると自信を持つこと。しかし、その実現には同僚の理解と力添えが不可欠であることも留意すべきである。

❷部下の面倒をしっかりと見ること。そのさい、そのなかには正直なフィードバックが含まれるべきであり、自身を含め部下からの正直なフィードバックを率直に受け入れる寛容さが必要である。

❸リスクをとること。それは無謀なリスクではなく、しっかりと計算したリスクである。

❹同僚との比較優位性（comparative advantages）を認識すること。私の場合、本質〈What〉と方法〈How〉のうち、〈How〉のほうが自分の長所との認識から、つねに〈What〉の強いパートナーを探すように努めた。

❺試行錯誤と問題解決の道を探ること。問題解決の道を探り、よい解決策を見つけたときの喜びは格別である。

❻つねに最善を尽くし、好循環を生み出すべく努力すること。「可能性は無限」（The sky is the limit）である。

国連開発計画ドレイパー総裁と。右から妻·ジェーン、筆者、ドレイパー総裁夫妻、常駐地域代表代理ファド·ショマリ夫妻、総務担当のクン・アマラ

右よりUNBRO副代表のパトリック・バンデベルデ、一人おいて国連開発計画副常駐地域代表のファブリチオ・オセラ、総務担当のクン・アマラ、筆者、常駐地域代表代理のファド・ショマリ、

ドレイパー総裁夫妻を囲んで。国連開発計画事務所の主要現地スタッフは全てタイ上流社会出身の女性たちであった。3列目右より2人目は弓削昭子氏。タイ・バンコクの自宅で

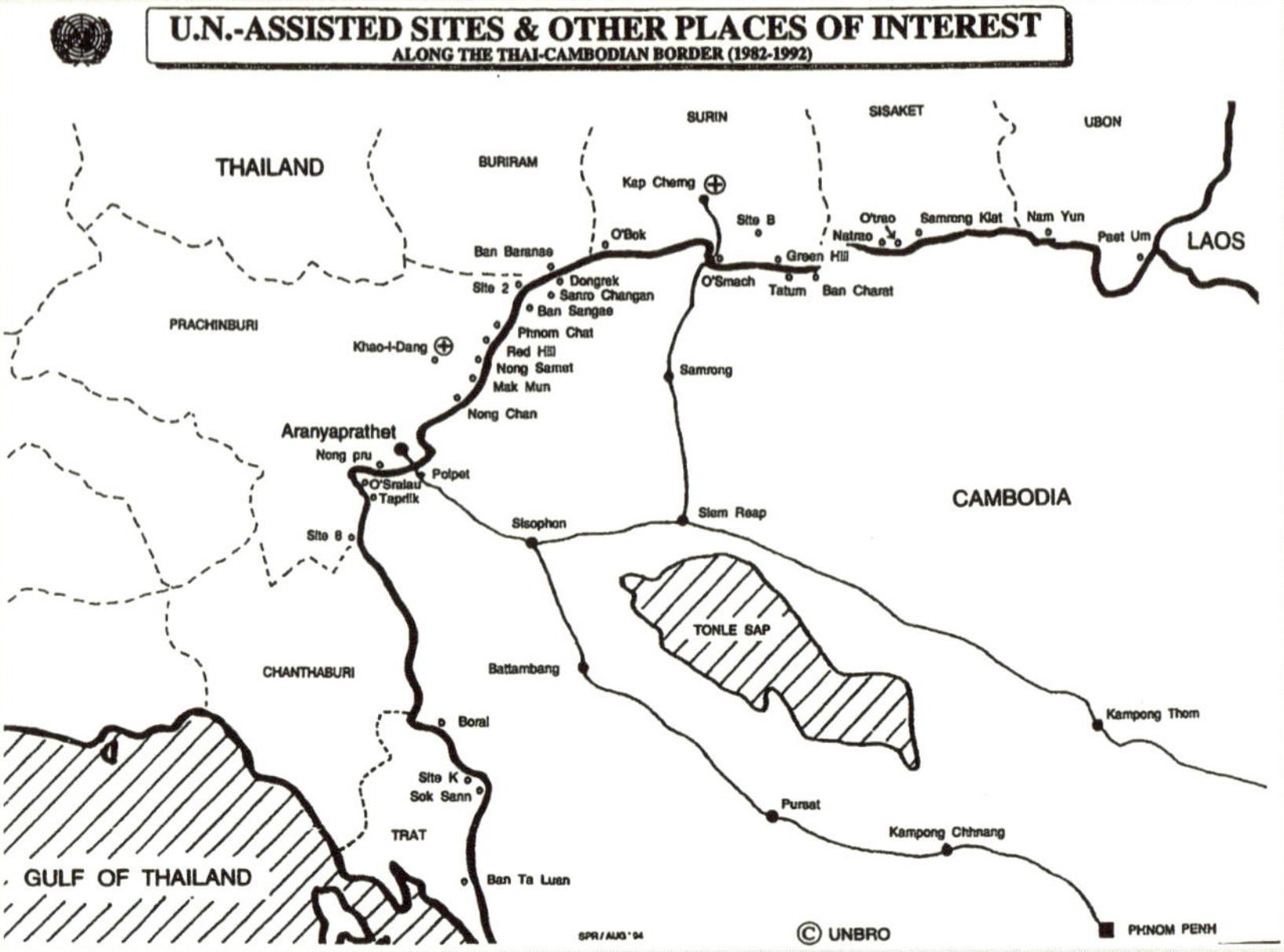

タイ・カンボジア国境における UNBRO のキャンプ所在地

日本政府と国連開発計画共催の東京カンボジア復興閣僚会議。1992 年 6 月
右よりドレイパー国連開発計画総裁、筆者、宮沢喜一総理大臣。（写真・読売新聞提供）

●著者インタビュー③「国連開発システム」の課題

（聞き手・佐々木久夫）

――先般、丹羽先生監訳による『岐路に立つ国連開発』（二〇一四年）と『グローバルビジョンと5つの課題』（二〇一五年）を翻訳出版しました。編著者はブルース・ジェンクス氏とブルース・ジョーンズ氏です。底本は「United Nations Development at a Crossroads」という「報告書」です。

丹羽●私がこの「報告書」の企画を知ったのは二〇一二年のことでした。そのさい国連開発計画時代の同僚で、本著者の一人であるブルース・ジェンクス氏から次のような話がありました。

「ニューヨーク大学国際協力センターおよびアメリカ・ブルッキングス研究所のブルース・ジョーンズ氏と共同で、『国連開発システム』に関する歴史・現状分析とその将来を論ずる報告書を作成したい。そのためにはまず、いままでほとんど試みられていない専門機関、計画、基金、事務局、部局といった、多数の組織からなる『国連開発システム』に関する各種統計を集計し、システムの全体像をつかみ、その活動規模をよりよく理解する必要がある。さらに、国際政治環境の変化、技術革新とグローバル化、およびNGOなどの民間機関の台頭により、『国連開発システム』を取りまく諸環境は劇的な変貌を遂げている。そして今日、国際社会が直面している主要開発課題は複雑化し、『国連開発システム』は全体的な立場から対処する必要性に迫られている。したがって、こうした開発課題を深く切り込んで分析してみたい。そうした研究結果にもとづき『国連開発システム』が直面する課題と対応策を改めて検討し、今後の改革推進努力に資したい。ついてはドナーからの資金協力を得てこの企画を進めていきたいと思うが、日本からの協力を打診してもらえないだろうか」

……と。

私は、開発協力の将来に関心をもつ一個人として、この申し入れを日本政府につなぐことにしました。そしてその後、この企画はデンマーク、オランダ、ノルウェー、スウェーデンおよび日本といった多国間協力に積極的なドナーからの資金提供のもとに実施されることとなったのです。

――壮大な企画ですね。これは初めての試みですか。これまでこうした国連開発システムの全体像とその活動を示すレポートはなかったのですか。

丹羽●私の知り得るかぎりありません。たとえば「ユニセフ」といった特定機関に関する書物はありますが、「国連開発システム」に関する文献は、内外問わず、私の知る限りいまのところ皆無です。そういう意味では、国連開発システムの実態を把握することのできる絶好のテキストだと思います。

――なぜ、これまでそうした全体像を示すデータ収集が試みられなかったのでしょう。

丹羽●私の理解では、これは「国連開発システム」が自律・独立した組織により構成されていることから、各機関の「説明責任」が当該管理理事会あるいは代表理事会止まりであること、したがって作成される「資料」もそれぞれの組織単位であることにあると思われます。それとともに、国連加盟国自体に「国連開発システム」を完全に一本化して統治・監督するような省庁体制が存在しないこともあります。

――このレポートの特長は。

丹羽●初めて国連開発資産の全体像が解明されたこと。それと「国連開発システム」を学術的・外部的観点と実務的・内部的観点の両方から論じていることです。そして複雑な国連開発システムをバランスよく明確に分析し、過去七〇余年にわたるその歴史を簡潔に説明し、独自の〝歴史観〟をもとに「国連開発システム」の将来の可能性を論じていることです。

――いま国連開発システムはどれくらいの資金援助を行なっているのですか。

丹羽●現在、国連開発システムは年間二五〇億ドル（約二兆八二五〇億円）を超す資金援助を提供しています。また、国連開発システムの国レベルの常駐事務所は大小含めて一〇〇〇カ所以上にも及びます。

――国連開発システムの概要は。

丹羽●「国連開発システム」は、国連の開発活動を行なう合計32の専門機関、基金、事務局、部局から成ります。ひと言で「国連開発システム」といっても、実際にはいまいったように三〇以上にもおよぶ自律・独立した組織であり、その役割と分野は多岐に及びます。

「国連開発システム」は大別して、国連食糧農業機関（FAO）、国連教育科学文化機関（UNESCO）、世界保健機関（WHO）、国際労働機関（ILO）といった「専門機関」のようにセクター別・垂直型にその役割と権限が定められたものと、国連開発計画（UNDP）、国連児童基金（UNICEF）、国連世界食糧計画（WFP）、国連人口基金（UNFPA）といった『計画』や「基金」のように、援助対象あるいは目的により水平型にその役割と権限が定められている〝二つのグループ〟から成っています。さらには国際金融機関である世界銀行（IBRD）、国際通貨基金（IMF）も「専門機関」として重要な一角を占めています。それから「業務管理体制」ついては専門機関のように〝本部主導型〟のものと、「計画」や「基金」のように〝国事務所主導型〟のものとがあります。

――それはなぜですか。それだと開発理念や目的の一貫性が保てないように思われますが。

丹羽●それはそれぞれの機関や計画・基金がそれぞれ独自の支持層、利害関係者、地盤そして予算形態を持っているからです。そのことからいえば、国連開発システム内に異なった開発理念と指向性が存在するのは当然ともいえます。

――国連は同じ理念と指向性をもって「ひとつのシステム」「ひとつの組織」として機能するものと

ばかり思っていました。

丹羽●そもそも国連は創設時に、意図的に「ひとつの組織」としてはつくられていないのです。一人の人間が責任を負うことのないよう、また組織として統括的な形態にはしないというところから出発しているのです。そこには国連をある一つの国、あるいは一つの国々のグループが牛耳るのではないか、あるいは一人の人間がいわば最高責任者として国連を統括するのではないかという懸念から、そうした形を避けたいという考え方に沿って国連という組織ができあがったわけです。ですから「ひとつの国連開発システム」として論ずることはむつかしい。

——それにしても部署が32とは、またずいぶん細分化されているんですね。

丹羽●そのうえ、現在の国連開発システムは絶望的なまでのフラグメンテーション（断片化）に陥っています。そのため世界経済の根本的な変化に適応できずにいる。その結果、その影響力さえ疑問視されています。

——細分化・断片化の要因は何ですか。

丹羽●それはシステムそのものに起因するとことがあります。「国連開発システム」の創設者たちは意図的に統治構造を中央統制に抗《あらが》うようなシステムを設計しました。これは創設者たちが意識的に、利益共同体が一貫性を無視することを許していたともいえます。その結果、国連開発システムが内部的一貫性を発揮できずにいるのです。

これを歴史的に見れば、一九九〇年代以降、二〇〇〇年代初頭までに国連開発システムは「ミレニアム開発目標」（MDGs）と「ノンコア資金」（個々のプロジェクトに充てるための資金）への依存拡大を特徴とするようになりました。しかし「ミレニアム開発目標」は、実体的には「国レベル」の目標です。この二つは密接に関係しており、どちらも国連開発システムの断片化傾向を深めるよう、作用しました。

――断片化の弊害とは。

丹羽●国連開発は現在、重要な開発関連分野のほぼすべてにおいて何らかの活動を行なっています。しかも大多数の分野で五つ以上、場合によっては一〇を超える機関が関与しています。その結果、国連開発システムの課題に対する対応能力にいくつもの深刻な障害を生み出しています。

――具体的には。

丹羽●第一に、個々の課題に対して十分な水準の対応能力をまとめ上げることをきわめて困難にしている、あるいは不可能にしていることです。第二に、全体的な戦略の観点から国連開発システムの資産を〝テコ力〟(レバレッジ)として活用する機会を奪っていること。第三に、連携とパートナーシップの世界にあって内部的一貫性を外部に投影する可能性を打ち消していること。これは国連全体の信頼性が損なわれることにつながり、ひいてはシステムの重複と非効率へとつながります。そして第四に、国連開発システム内での競合を引き起こすことです。断片化は「国連開発システムの将来」プロジェクトの一環として実施された調査でも、その活動の〝非能率性〟の大きな原因とされています。

――その解決のためには。

丹羽●まず「国連開発システム」の極度の断片化を迅速に改革して能率的にすること。それに尽きます。でないとイアン・ブレマーがいうように「国際機関は適応能力を欠如しており、国連は名を挙げるにも値しない存在」となり、「Gゼロ世界の最も明白な敗者はおそらく、審判員とでも呼べそうな集団、つまりかつては国際システムを支配したが、効果的な存在であり続けるための迅速な改革ができない機関であろう」(『Gゼロの世界』)との指摘が的中することになるでしょう。

そしてコア資金（個々のプロジェクトに充てられない資金）とノンコア資金（個々のプロジェクトに充てるための資金）のバランスを是正し、「ひとつの国連としての援助提供」（Delivery as One）構想を実現すること。これらはすべて多国間協力機関としての「国連開発システム」の存在理由に関わることです。それと「グローバル公共財」といった世界的・普遍的目的達成のための努力と、国レベルでの計画立案・実施能力が大切だと考えています。

――その実現には強い決意と指導力がもとめられますね。

丹羽●現在の世界では、国連は多数の活動主体の一つであるにすぎません。「課題」はその現実を認識したうえで〝ただの一つ〟ではない存在になることです。〝ただの一つ〟にならないためには「一つの国連」にならなければならない。そのためには、活動主体である国連機関と各国政府の強い決意と強力なリーダーシップが発揮されなければなりません。すなわち政府の、国連開発システム内の、そして国連事務総長の強力なリーダーシップにかかっているといっていいでしょう。

再び国連開発計画ニューヨーク本部

一九九〇〜一九九七

現代の政治家のジレンマは、答えが国外にあるのに票は国内にあることである
マーク・マロック・ブラウン（元国連副事務総長）

ニューヨーク本部着任

一九九〇年三月六日付けで本部任命が発表となり、同月一五日、家族をタイのバンコクに残して国連開発計画（UNDP）ニューヨーク本部に向かった。途中、東京に立ち寄り外務省に表敬して、国連事務次長補、国連開発計画総裁補・財務総務局長として赴任することを報告した。当時の外務省国連局政策課長は、高須幸雄《たかすゆきお》氏であった。高須氏はのちに国連本部財務官、国連大使、国連事務次長を務めた。

ネパールで懇意になった福田赳夫元総理大臣にも表敬し、祝福を受けるとともに福田元総理が主導する「OBサミット」への協力を再確認した。

同年三月一九日、ニューヨーク本部に到着したあと、私の「国連事務次長補」としての就任に関するデクエヤル国連事務総長の同意が遅れ、差しあたり「代行」として職務に就くこととなった。理由は定かでないが、どうやら背景に、国連開発計画総裁室時代の上司で、国連財務官・国連管理局事務次長代

行のルイス・マリア・ゴメス氏の画策があることを察知した。

ゴメス氏自身の説明によれば、日本政府と国連間の「国連平和維持活動予算」をめぐる葛藤のためとのことであった。これは私とはまったく無関係のことである。つまり、ゴメス氏は私の任命を〝ダシ〟にして、日本政府との交渉を有利に導くための口実に使ったわけである。もう一方で、私がタイのカンボジア難民の「国連国境救済活動」（ＵＮＢＲＯ）時代に、国連本部の「監査活動」に批判的な態度をとったことに対する報復ともとれた。あの「また政治監査か」と公然と批判したことである。

いずれにせよ、不透明な成り行きであったが、気を長くして待つこととした。三カ月後、デクエヤル国連事務総長の正式承認のもと、一九九〇年五月二二日付けで正式に国連事務次長補、国連開発計画総裁補・財務総務局長に任命された。私の前任者は、元スウェーデン銀行会長のピエール・ビンデ氏であった。

考えてみると、この人事は私にとって必ずしも有利なものではないことは明らかであった。理由は、国連常駐調整官・国連開発計画常駐代表として数多い同輩の中で、北イエメン、ネパール、そしてタイでの任務を通し、自分でいうのは気が引けるが、全常駐代表の中で一位か二位を争うまでの評価を得ており、ジョセフ・アジア太平洋地域局局長の言葉を借りるまでもなく、いわば国連開発、人道実務専門家としての頂点に近づいていた時点での国連開発計画の「縁の下の力持ち」的な経営管理分野への転身であったからだ。かといって、ドレイパー総裁の特別配慮により、事務レベル（D2）から、政治任命レベルの「事務次長補」（ＡＳＧ）へと、昇進の扉を拓いてくれた総裁への感謝の気持ちに何ら変わりはなかった。

支店病と本店病

一方、私自身、これまでガイアナ、北イエメン、ネパール、タイといった国事務所レベルの開発第一線からの叩き上げであることから、そこで培った経験・特性を活かして努力することにした。

その一つとして、以前から気になっていたのが、開発国の事務所（現場）と本部との心的態度の問題であった。「ああ、どうも本部はなっていない」とする開発国事務所の本部に対する偏見ともいえる〝支店病〟と、「ああ、また国事務所はあんなことをしでかして」とろくに事情を察知する努力もせずに開発国事務所を見下す〝本店病〟といった、不健全な心的態度への対策を自分なりに探ることにした。

正直なところ、私自身も国事務所レベルで勤務していた際に〝支店病〟を患っていた。

まず、日々の仕事を通して、こうした〝支店病〟と〝本店病〟の打開に努めた。私自身、支店（第一線）の立場から長いこと本店を見つめてきた経験から、具体的には、ことさら注意して本部から開発国事務所への高飛車（高慢）な対応を極力回避するようつとめ、さらに国事務所レベルで勤務中の同僚に本部の〝思いやり〟をも伝えるように心がけた。そして、本部からいちいち細かい司令と許可が必要だった開発国事務所レベルにおける調達・総務・会計関係業務の簡素化と、さらなる本部からの権限委譲を検討して本部からのマイクロマネージ傾向（細かい点に至るまで管理・統制する）の排除に努めた。

人選のむつかしさ

当時、私の財務総務局には財務・総務・IT担当の三部長（D2）のポストが配置されていた。人事部は総裁直轄で、ドレイパー総裁の信望の厚かったアイルランド出身のデニス・ハリデイ氏が部長であった。総務部長は、のちにシエラレオネの大統領に選出されたアハメド・テジャン・カバー氏で、カバー氏は長年国連開発計画常駐代表として成果を残してきたベテランであった。

残る二つのポストは、財務部長ポストとＩＴ部長ポストで、財務部長はダグラス・スタッフォード氏がついていたが、かれは緒方貞子・国連難民高等弁務官の女房役副高等弁務官として栄転したため、両ポストとも空席であった。その空席を埋めるために、大手の人材斡旋会社の協力のもと、外部採用に踏み切った。数多くの候補者の内部選考を終え、候補者を一人ずつに絞り、ドレイパー総裁の同意を求めると、「べつにキミの選択に異論はないが、それぞれの候補者の前職の会社の最高経営責任者に電話で直接ちゃんと人柄や仕事ぶり、資質を確認したか？」と問われた。「人事部がすでにしっかりと確かめました」と答えると、「私だったら、自分で再度確かめるよ」……。

候補者はそれぞれオックスフォード大学、トロント大学、ハーバード・ビジネススクール卒といった優れた学歴を持ち、私企業での経営経験も豊かで、信頼のおける人材斡旋会社を通して厳選した候補であり、またすでに人事部による詳細チェックも完了していたので、そこまでする必要はないのではと判断し、自分で再確認することなく採用に踏み切った。しかし採用してみると、実務能力にも性格的にも、国際公務員として職務を全うするには不適切な人選であったことが徐々にわかり、改めてベンチャーキャピタリスト出身のドレイパー総裁の徹底した「人選び」に頭が下がった。採用から二年後、外部採用に懲《こ》りて、内部候補者から優れた後継者を選び、軌道に乗せることができた。

ドレイパー総裁の先見

そのドレイパー総裁と身近で仕事をすることとなった。総裁は「ディスレクシア」*（難読症）で、書き物よりも、口頭でのやりとりを好んだ。それも最初の五分でしっかりと総裁の心をつかむことが不可欠で、いかに簡潔に一五分で自分の考えをまとめ、その内容をいかに的確に伝えるかに腐心した。

ドレイパー総裁はカルフォルニア・シリコンバレーのベンチャーキャピタル「サッター・ヒル・ベンチャーズ」の創立者で、国連機関のやり方に不信感をもっており、家庭製品製造業大手プロクター＆ギャンブル社の元副会長を自分の私設アドバイザーとして登用し、つねに身近で職員の仕事ぶりを確かめさせ、重要な内部会合にも同席させた。また現職の同社社長を「国連開発計画」に招き、われわれ幹部にプロクター＆ギャンブル社の経営理念とその運営について説明する機会を与えた。おそらく公共機関での行政学よりも、私企業の経営学を重視した方策であったのだろう。

さらに総裁は、国連開発計画にとっての組織重要課題として「開発における女性の役割」「ＮＧＯとの協調」、そして「私企業との協調」の三つのテーマを選んだ。われわれはもっと国連的なテーマ、たとえば「国連改革」「世銀との協調」といったテーマを重要と考えていたので、それを聞いた多くの職員が総裁の選択に驚いたことだった。しかし、三〇年近く経過した今日、この三課題が国連開発活動にとって、いかに大切であるか、ということに異論をはさむ者はほとんどいないが、当時は「総裁はいったい何を言い出すのだろう」といった拒絶反応が圧倒的に強かった。

もう一つ、ドレイパー総裁を語るうえで忘れてはならないのが、国連開発計画の『人間開発報告書』（Human Development Report）を立ち上げたことであった。『人間開発報告書』は元パキスタン大蔵大臣のマブーブル・ハック氏の発案で、当初、ハック氏は世界銀行にこのアイディアを持ち込んだが断られ、それをドレイパー氏に持ちかけたところ、即座に「ＯＫ」が出た。それはベンチャーキャピタリスト的な思い切った決定であった。

この『人間開発報告書』は、ひと言でいうと、開発成果を国民総生産の伸び率でのみ測るのではなく、平均寿命・就学率（教育）・一人当たりのGDPを基にした「人間開発指数」によって測るもので、国連加盟国すべてをその人間開発指数に従って一位から最下位（一二〇位くらい）まで順位付けし、一九九〇年に最初の報告書が刊行された。この報告書に対する多くの政府の反応は、「そうした国連加盟国の評価と位置づけは国連刊行物として不適切であり、即刻中止すべき」というものであった。

しかし、総裁はそうした「即刻中止すべき」との反対にもまったく屈せず、毎年新しい開発テーマを選び『人間開発報告書』の刊行を続けた。たとえばここ何年かのテーマをあげると、二〇一三年「南の台頭――多様な世界における人間開発」、二〇一四年「人々が進歩し続けるために――脆弱《ぜいじゃく》を脱し強靭な社会をつくる」、二〇一五年「人間開発のための仕事」、二〇一六年「すべての人のための人間開発」といったところである。

その間、問題が起こらなかったわけではなかった。たとえば「人間開発」の観点から、軍備も持たず人間開発に邁進するコスタリカがオマーンよりも優れたアプローチであるとの結果を報告書で公表したところ、その指摘に怒ったオマーン政府は、首都マスカットにある国連開発計画事務所の閉鎖を命じるというハプニングもあったが、総裁はまったく動じなかった。

その後、少しずつ加盟国の理解も深まり、国連開発計画の『人間開発報告書』は世界銀行の年次『世界開発報告』と肩を並べるほどの刊行物になった。この件でもドレイパー総裁の行動力と手腕はまことにすばらしいものであった。こうした成果に鑑み、歴代の国連開発計画総裁の中でドレイパー総裁を最上位に位置づけることに、私はまったく躊躇しない。

＊ディスレクシア　学習障害の一種。知的能力および一般的な理解能力などのとくに異常がないにもかかわらず、文字の読み

書きに著しい困難を抱える障害である。発達性読字障害とも。一八八四年にドイツの眼科医ルドルフ・ベルリンによって報告され、命名された。ディスレクシアを持つ有名人に、ハリウッドスターのトム・クルーズ、俳優のキヌア・リーブス、女優のジェニファー・アニストン。映画監督のスティーヴン・スピルバーグもディスレクシアの診断を受けたことを告白している。

国連開発計画新事務所を一〇カ国に開設

旧ソビエト連邦の崩壊直後の一九九二年、ジュネーブでの国連開発計画管理理事会において、ドレイパー総裁はロシア以外のCEE/CIS（Central Eastern Europe/Commonwealth of Independent States：中東欧と独立国家共同体）加盟一〇カ国すべてに国連開発計画事務所の開設を提案した。これに対し、アメリカ政府を含むすべての加盟国が「予算不足」を理由に猛反対した。

一歩も譲らぬドレイパー総裁とアメリカ国務省担当官のジョン・ガヨーソ女史との間で烈しく火花が散り、アメリカ出身の総裁とアメリカ政府代表との対立に各加盟国はかなり戸惑った。アメリカ政府からは、私の財務総務局長のポストの格下げの提案まで出され、壮烈な駆け引きとなった。結局、管理理事会において、総額二五〇〇万ドル程度に圧縮された予算を条件に、新事務所開設の妥協が成立した。こうしてわれわれは無事この難局を乗り切った。だが、この程度の予算で一〇カ国の新事務所の開設はとうてい無理である。

しかし、管理理事会の終了直後、ドレイパー総裁は財務担当の私に、管理理事会の決定にもとづき、ロシア以外のすべての一〇カ国に新事務所をすぐさま開設するよう命じた。私が「管理理事会承認の予算では最大でも二つの新事務所しか開設できない」ことを告げると、「とにかくいくら小さくてもいいから一〇新事務所すべてを早急に開設するように」との至上命令である。この総裁の厳命に従い、私はなけなしの予算をやりくりし、ほかの予算を削って一〇カ国すべてに、最小限ながらも事務所体制を整えたのだった。初年度は四苦八苦したが、次年度からは既成事実にもとづき、よりしっかりした予算措置をとった。

のちに判明したことだが、この「新事務所開設」の依頼はジョージ・H・W・ブッシュ（四一代）アメリカ大統領、ジェームス・ベーカー大統領首席補佐官から、国務省を迂回したかたちで直接ドレイパー総裁にアプローチがあり、アメリカ政府首脳の要求にもとづいた政治的行動であったことがわかった。この一件でも一匹オオカミ的な、何百人を相手にしてもくじけない、ダイナミックとしか言いようがない総裁の仕事ぶりがにじみ出ていた。

自発的な予算コントロール

ネパールで一緒だったブルース・ジェンクス氏が、一九八八年から本部財務総務局予算課長として勤務していた。ジェンクスと私は、過去年率平均一三パーセント以上の伸び率を誇っていた国連開発計画への任意拠出金が一九九〇年代に入って鈍化してきたことに注目し、国連開発計画予算への影響を分析した。

国連開発計画では、加盟国からの任意拠出金総額から一般管理予算を差し引き、残りを開発資金に充てる仕組みになっていた。したがって、管理予算が膨れるごとに開発資金はそれに応じて減少することになる。また当時、インフレを含め、年次経費増加率が八パーセント近くであったので、一般管理予算をそのままにしておくと、自然と増加率にしたがって膨らみ、結果的に開発資金を圧迫する仕組みとなっていた。分析の結果、ジェンクスと私は、こうした状況下では今までどおりの予算の組み方では遅かれ早かれ大きな障害に陥ることは必至で、その段階で自発的に一般管理予算のカットを行なうことが望ましいとの結論に達した。

そこで、国連開発計画の根幹業務は国レベル活動であることから、国事務所予算にはまったく手をつけず、本部予算のみを対象とし、業務の簡素・合理化、権限委譲によって一律一五パーセントの予算カットを目指すとした「新予算戦略」を編み出し、幹部会に提案した。「何もそこまでしなくとも」と二の足を踏む幹部も多くいたが、自発的にこうした行動を選ぶことのほうが「管理理事会から強制的に予算カットを強いられるよりもはるかにキズが浅い」との議論で説得し、ドレイパー総裁の支持も得た。

こうした自発的予算コントロールは加盟国に歓迎され、行財政分野における国連開発計画の評価を高めたのだった。

国連開発計画・国連人口基金の移転案

一九九三年の国連開発計画管理理事会で、ドイツ政府は何の前ぶれもなく、またしっかりした下準備もなく、「移動に要する予算をすべてまかなう」との条件で、ニューヨークに本部をもつ国連開発計画と国連人口基金（毎年『世界人口白書』を発表し、主として発展途上国における人口問題に対する啓発と援助を行なっている）を「ボンに招聘したい」と申し出た。

これは東西ドイツの統一（一九九〇年）で首都をベルリンに移すため、ボン（西ドイツ時代の首都）にある議会および政府関係の建物を国連機関の誘致に流用しようとしたためと思われた。国連開発計画管理理事会はこのとつぜんの申し出に当惑し、さしあたり国連開発計画事務局にこの件の「事務的検討」を命じた。加盟国は政治的その他の理由からボンへの国連開発計画および国連人口基金の移転にまったく消極的であったが、表向きにはこうした否定的意思表示ができず、事務局に善処を要請したというのが実情であった。

これを受けてボン市へゴメス副総裁と訪れ、実地調査をすると同時に、詳細かつ公平な実行可能性の調査を部下とともに作成し、①国連システム全体にとってのインパクト、②加盟国へのインパクト、③国連開発計画と国連人口基金のプログラム、予算、法的、そして管理・運営上の含意の観点から分析し、「国連開発計画総裁報告書」として管理理事会に提出し、その決定を待った。

この間、ドイツ政府は国連開発計画が果たして公正かつ詳細な調査を行なうか否かに疑問を抱き、並行して独自の実行可能性の調査を自国のコンサルティング会社キーンバウムに依頼し、その調査結果を待った。

両者の調査が出そろうと、ドイツ政府は二つの調査報告書を並べて審査し、国連調査のほうがはるかに緻密かつ優れていることに気づいた。それとともに、この国連二機関（国連開発計画・国連人口基金）のボン移転案に加盟国がきわめて消極的なことにようやく気づき、この件について管理理事会での〝軟着陸〟を国連開発計画と内々に模索した。これを受けて、われわれ事務局は決定の〝無期限延長〟決議案を作成し、管理理事会に諮《はか》り、了承された。

一方、ブトロス・ガリ（第六代国連事務総長。エジプトの国際法学者。一九二二〜二〇一六）国連事務総長はドイツ政府に働きかけ、ジュネーブにある国連開発計画の下部組織である「国連ボランティア計画本部」のボン移転というかたちでこの件の結着をはかった。他方、私はボン移転に消極的な国連ボランティア計画職員一同の説得につとめ、再度ボンを国連ボランティア計画のブレンダ・マクスウィーニー事務局長（フレッチャースクールの同級生）および職員組合代表とともに訪れ、移転案への同意を促し、無事に同意を得た。

当時、ドイツ政府は寛大にも、国連ボランティア計画の「ボン移転」に関する一切の費用を負担、くわえてマクスウィーニー事務局長のたっての要望により、旧西ドイツ大蔵省の建物をも喜んで国連ボランティア計画に提供した。その後、ボンには「国連ボランティア計画本部」に続いて「国連気候変動枠組条約締結国会議」（UNFCCC）事務局、「国連砂漠化対処条約」（UNCCD）事務局、「移動性野生動物種保全条約」（UNEP／AEWA）事務局など、多くの国連関連事務所が次々と設立され、ボンはジュネーブ、ローマ、パリ、ウィーンに次ぐヨーロッパにおける国連の大拠点地となった。

山本一太特別補佐官

ニューヨーク本部に着任からしばらくした一九九一年一〇月、日本外務省の推薦で、当時「国際協力事業団」（JICA）職員であった山本一太氏（現・参議院議員）が私の「日本関係特別補佐官」として赴任してきた。彼は国際協力事業団に入るまえ、朝日新聞記者（福島支局）の経験もある、なかなかしっかりした社交性に富んだ好青年であった。お父上の山本富雄氏・元農水大臣の力添えもあって、国連開発計画と日本政界との繋がりができ、政治家の間で「国連開発計画」の名が広く知られるようになった。

山本氏は国連の邦人職員との付き合いが広く、邦人職員間の交流・連携を図る目的で、自分が手伝うので、「ぜひ国連邦人職員を招待して、歓談の機会をつくって欲しい」との進言を受けた。最近では、日本国国連大使の招きで邦人職員との親睦をはかる新年会が毎年開催されているが、当時そうした集いは皆無だった。

この提案を受け、一九九三年夏の週末にコネチカット州ダリエンにある私宅に国連諸機関で働く邦人職員とその家族一〇〇人以上を招待し、プールで泳いだり、バーベキューを楽しんだり、私の手料理を披露したりと、楽しい一日を過ごし、親交を深めた。このイニシアチブは、それまで国連邦人職員同士の接触・交流する機会が少なかったこともあり、出席した職員から大いに感謝された。その謝意は今日にいたるまで参加者から伝わってきている。

そのほか山本氏のアイディアで、国連開発計画の活動をより知ってもらうために、開発に熱心な若手国会議員による「アフリカ視察旅行」を一九九二年に企画した。ODA（政府開発援助）に関心をもっていた杉浦正健《すぎうらせいけん》氏、三原朝彦《みはらあさひこ》氏、合馬敬《おうまけい》氏の三人の議員を招き、ガーナ、コートジボアール、ナイジェリアで、日本のODAと日本からの援助資金による国連開発計画の「マルチバイ協力」と呼ばれる多国間・二国間協調の実態、そして国連開発計画事務所の仕事ぶりを視察してもらった。

この視察に山本一太氏が世話役として同行し、多くの成果を得た。だが残念なことに、この三人の議員はその直後の選挙で落選してしまい、「外交は票にならない」というジンクスを、皮肉にも立証することとなってしまった。この視察旅行に関する記事は『国際開発ジャーナル』（一九九二年四月号）に「対アフリカ援助総特集：西アフリカ三カ国現地報告と日本のODAの現状と特徴」として詳しく報じられた。

その後、山本氏は当時ウィーンに勤務していた国連本部職員の玉村美保子さんと婚約、一九九三年一〇月一七日、赤坂プリンスホテルにおいて結婚披露宴が行なわれ、私もその席に招待された。披露宴には福田赳夫元総理大臣をはじめ、河野洋平・自民党総裁、原文兵衛・参議院議長、武村正義・内閣官房長官、森喜朗・自民党幹事長ほか、衆参議員多数、外務次官、大蔵次官、国際協力事業団副理事長、有名人が多数出席するという盛大なもので、それをみて「近い将来、絶対に山本くんは政界に打って出るな」と確信したものだったが、実際その通りとなった。

山本一太氏とはその後も親しく交友を続けている。のちに詳述するが、私とスペス国連開発計画総裁との間に軋轢《あつれき》が生じた際には、日本政府との間を仲介の労をとってくださり、また私の身の振り方の相談にも乗ってくださりと、いろいろとお世話になった。日本に出張や休暇で帰国の際は、かならず美保子夫人といっしょにお会いすることにしている。

日本関係特別アドバイザー

その間、日本担当特別アドバイザーとして、ドレイパー総裁の国連開発計画の日本における政治的基盤の拡充に専心した。総裁の日本訪問の際は、総理大臣、外務大臣をはじめ、その他の大臣、自民党幹部、そして外務省局長とハイレベルコンタクトを拡大していった。

こうした展開を背景に、ネパールで開拓した福田赳夫元総理とのパイプを大切にし、日本に出張の際はかならず高輪プリンスホテルにあった福田事務所を訪れ、福田元総理が西ドイツのヘルムート・シュミット元首相とともに主導、ブラッドフォード・モース元国連開発計画総裁が事務局長を務めた「インターアクション・カウンシル」（世界各国の大統領、首相経験者をメンバーとする国際会議。一九八三年創設。通称「OBサミット」）への国連開発計画の協力を話し合った。

一九九四年一二月の訪日の際には、福田事務所から「総理は体調を少し崩しているので富ヶ谷の私邸に来ていただきたい」とのことで私邸にうかがい、当時外務省政策課長であった吉川元偉《よしかわもとひで》前国連大使とともに福田元総理と協議したのだった。そのとき、福田元総理の口から「元国連開発計画総裁のモースOBサミット事務局長が数日前に亡くなった」ことを知らされた。そして、その翌年の一九九五年七月、福田赳夫元総理も亡くなられた。

一九七六年から仕えてきたモース元総裁の訃報に接し、さまざまな出来事や思い出のシーンが脳裏に、そしてまぶたに浮かんだ。チェーンスモーカーで、お酒が進むとピアノの弾き語りでシモン・ボリバル賛歌を歌った気さくなモース。気むずかしく駄々をこねたモース。仕事熱心でダイナミックなモース。ロバート・ジャクソン卿、マーガレット・アンスティーといった逸材を登用し、いったん揺らいだ国連開発計画の基盤を固めたモース。大胆な政治家としてのモース。他の人が嫉妬するほど私を支えてくださったモース……。そして福田元総理の死……。巨星、墜つ。私は天を仰ぐばかりであった。

私の尊敬するエドウィン・ライシャワー元大使は、著書『ライシャワー自伝』（文藝春秋社刊）のなかで、福田元総理のことを当時の他の主要政治家と比較して、「経歴・性格ともに完全な官僚」と書いていた。しかし、私にとって福田元総理は、指導力に長けたじつに人情深い、義理を心得た、すばらしい政治家であった。日本において国連開発計画がしっかりとした地盤を築くことができたのは、ひとえに福田元総理の陰のサポートによるものであった。さらに二〇一四年まで続いた「ＯＢサミット」といった賢人グループが発足・発展できたのも、ダイナミックな、先見性に富んだ福田元総理の資質によるものであった。

国連プロジェクトサービス機関の国連本部乗っ取り阻止

国連事務局（本部）と国連開発計画との間で軋轢が生じ、当時国連開発計画の一部であった「国連プロジェクトサービス機関」（ＵＮＯＰＳ）の国連本部による〝乗っ取り案〟が浮上した。

どんな話かというと、活動力があり、実行性に長け、将来性のある「国連プロジェクトサービス機関」を「国連技術協力開発局」（UN／DTCD）が〝乗っ取る〟という案件で、その折衝の任にあたった。当時、国連技術協力開発局は純官僚組織で、凋落の状態にあり、ごく限られた業務内容を残すのみとなっていた。そもそも国連技術協力開発局は、国連専門機関として、過去には経済発展計画、統計、予算作成、税務管理、管理体制、その他ガバナンス分野で主導的役割を長年果たしてきた。しかし、開発途上国がそうした分野で実力をつけるにしたがい、また世界銀行・国際通貨基金が国連実施機関としてその分野で役割を果たすようになってきたため、だんだんと国連専門機関としての役割を失いつつあった。

それゆえ、統合によってよほどUNOPS独自の利益が約束されない限り、乗れない案件であった。そうした状況のなかで、数カ月にわたって本部勤務の経験しかない国連副財務官スーザン・ミルズ女史（D2レベル。ちなみにゴメス財務官の次席）を交渉相手とし、悪戦苦闘ののち、国連本部側の言いなりになることなく交渉を終えた。結局、幸いにしてUNOPSの身売り話はまとまらず、その後、UNOPSは国連開発計画からも独立し、デンマークのコペンハーゲンに本部をもつ独立した国連実施機関として、引き続き人道開発分野で活躍することとなった。

特別補佐官

財務総務局長として、職務を遂行するにあたってとくに気をつかったのは、いかにして信頼のおける優秀な、そして文書作成に熟達した特別補佐官を確保するかということであった。財務、調達といった仕事内容から〝ミス〟（過失・間違い）は絶対に許されないうえに、行政革新の探求と若手職員の熱意の向上を嘱望する私にとって、若くてダイナミックな何ごとも隠すことなく相談できる特別補佐官は不可欠であった。

七年間の国連開発計画本部勤務において、五人の特別補佐官を得たが、そのうち最初の二人はパキスタンとインド系タンザニアの出身者で、優秀ではあったが安心して仕事を任せることはできなかった。とくに頭を悩ませたのは、あたかもこの二人は私の立場を笠に着て振る舞い、さも自分が実行力と決断力を備えているかのような錯覚に陥っていたことだった。こうした振る舞いや錯覚は、本人にとっても私にとってもためにならないことから、早期に交代させた。

こうした苦い経験のあと、私は三人のすぐれた特別補佐官に恵まれた。一人はエクアドル出身のジェシカ・ファイエッタ、もう一人はベルギー出身のピーター・バンラーレ、そして三人目はブルガリア出身のシモナ・ペトロバであった。童顔のジェシカは、忠実で判断力の優れた仕事のできるスタッフであった。彼女はその後、キューバ、ハイチでの勤務を経て、国連開発計画総裁と国連副事務総長を務めたマーク・マロック・ブラウンの特別補佐官を務め、のちラテンアメリカ・カリブ海地域局（ラ米局）局長（事務次長補）を務め、二〇一八年三月にコロンビア国連検証ミッションの副特別代表（事務次長補）に任命され活躍している。

ピーターは卓越した判断力をもち、有能な人事・総務の専門家であり、対人関係、コミュニケーション能力にすぐれていた。かれはその後、前出のごとく国連カンボジア暫定統治機構（ＵＮＴＡＣ）、国連プロジェクトサービス機関（ＵＮＯＰＳ）、国連アジア太平洋経済社会委員会（ＥＳＣＡＰ）を経て、国連事務総長の儀典長を務めている。

シモナはフレッチャースクールの後輩で、洞察力と判断力の特出した特別補佐官であった。とくに調達業務に関しては全面的に信頼がおけた。私が国連開発計画を去ったあとも、すぐに国連事務局本部にて合流し、総務担当事務次長補となった私の特別補佐官を務めた。私がキャピタル・マスタープラン執行事務局長になったあとも特別補佐官として、引き続き務めた。私がユニセフへの転出したあとは、アンジェラ・ケイン管理部事務次長の特別補佐官を務め、国連主要執行理事会事務局（ＣＥＢ）部長に就任し、今日に至っている。

こうして私は、三人の優秀で判断力にすぐれた信頼できる特別補佐官に恵まれ、任務をまっとうすることができた。すぐれた仕事は、すぐれた部下がいてこそ成し遂げられるのである。

気がかりだったこと

私はこうしていわば組織の〝底辺〟を見ながら経営管理活動に従事したが、開発最前線での国連開発計画事務所の、特に国連常駐調整官としての国連開発計画常駐代表の仕事ぶりが常に気になった。国連カントリーチーム（国事務所）の指導者といえば聞こえは良いが、その指導的立場は保障されたものではなく、常に周囲に評価されながら、自力でその地位を固めていくもので、決して安泰なものではないからである。自我を殺し、他人を立て、悪くいえば宥めすかし、おだてながら指導権を勝ち取る過程は決して生やさしいものではなかった。そうしたことから、私は国レベルでの国連常駐調整官の仕事の状況がつねに気になったのである。それと同時に、国連開発計画自体のミッションが揺れ動いていたことも気がかりであった。セクター別の、いわばタテ型の専門集団である専門機関（国連食糧農業機関、国連教育科学文化機関、世界保健機関等）と、セクターすべてをカバーするいわばヨコ型で「何でも屋」の国連開発計画は本質的に対照的な組織であり、つねにこの二つの間には見解の違いからくる緊張感が存在した。さらに、任意拠出金による国連開発システムの資金調達に関して国連開発計画は、ロバート・ジャクソン卿の「キャパシティ・スタディ」により、「セントラル・ファンディング」機能を司る機関とされており、その資金調達の成功・不成功が専門機関との力関係に影響した。現実には国連開発計画が期待された機能を完全に遂行できず、専門機関が自ずから任意拠出金からの資金調達活動に乗り出していた。

かたやユニセフ、世界食糧計画、国連人口基金といった、同じように任意拠出金に依存する「基金と計画」機関に対しても国連開発計画は競争状態にあった。ひと昔前には、国連開発計画常駐代表の傘下にあった世界食糧計画と国連人口基金は独自の代表を持つこととなり、国連開発計画から離れていった。したがって、専門機関と同じように、こうした三つの主要「基金と計画」機関との関係にも充分配慮する必要があった。そうした背景からどうやって国連開発計画がその地位を保ちながら、国連システム全体の調整者として邁進しているか、つねに気になって、事あるごとに幹部会で他の国連機関との関係を協議した。

総裁交代

一九九三年一月、アメリカで政権交代が起きた。ジョージ・H・W・ブッシュの率いる共和党政権にかわりビル・クリントンの民主党政権が誕生した。これを受けてブッシュ大統領指名のドレイパー総裁が辞任することとなった。

そこでドレイパー総裁夫妻を囲んで、ゴメス副総裁夫妻、ブルース・ジェンクス総裁室長夫妻、そしてわれわれ夫婦の八人で、マンハッタンにあるレストランで「最後の晩餐」を開いた。私のとなりに座ったドレイパー夫人によると、総裁は成人して「初めて明日から何の仕事もない」ということであった。総裁は国連開発計画総裁に就任する以前、アメリカ輸出入銀行総裁として転出する際、自身の創設した「サッター・ヒル・ベンチャーズ」を息子のティム・ドレイパー氏に譲ったため、そこに帰ることもできないのだという。だがその後、ドレイパー氏は投資会社「ドレイパー・インターナショナル」を立ち上げ新興国インドで大成功をおさめ、再び「ボナンザ」(大当たり)を手にした。さらに二〇〇二年、民間基金・NGO対象の「ドレイパー・リチャード・カプラン基金」を起こし、経営・社会サービス分野での起業家に資金を提供、協力し、ミッションを達成するのを支援している。ドレイパー総裁は二〇一一年に、自伝『The Startup Game : Inside the Partnership between Venture Capitalists and Entrepreneurs』を出版している。また、ブルース・ジェンクス氏とは『岐路に立つ国連開発』(二〇一四年)と『グローバルビジョンと5つの課題』(二〇一五年)を翻訳出版した(ともに「人間と歴史社」)。

新しい国連開発計画総裁として、ワシントンで「世界資源研究所」を創立し、その所長をしていたジェームス・グスタフ・スペス氏が着任した。スペス氏は民主党系弁護士で、ヒューゴ・ブラック最高裁判所判事の助手もつとめたことのある環境専門家の学究派で、ドレイパー氏とは背景も性格もまったく違う新総裁であった。かれは国連開発計画の新路線に人間開発報告書の主題である「人間開発」を選んだ。その「人間開発報告書」の発案者であるマブーブル・ハックは、「人間開発」を次のように定義している。

「開発の基本的な目標は人々の選択肢を拡大することである。これらの選択肢は原則として、無限に存在し、また移りゆくものである。人は時に、所得や成長率のように即時的・当時的に表れることのない成果、つまり、知識へのアクセスの拡大、栄養状態や医療サービスの向上、生計の安定、犯罪や身体的な暴力からの安全の確保、十分な余暇、政治的・文化的自由や、地域社会の活動への参加意識などに価値を見いだす。開発の目的とは、人々が、長寿で、健康かつ創造的な人生を享受するための環境を創造することである」

（国連開発計画駐日代表事務所のウエブサイトから）

着任するなり、スペス総裁から日本関係の小論文二つを手渡され、「じつは就任に備えてこの論文をワシントン在住の日本人の友人に書いてもらったので、もしもその内容が適切なものであれば四〇〇〇ドルほどその原稿料として支払ってくれないか」との案件を依頼された。

そこで、さっと論文に目を通したが、長年歴代国連開発計画総裁の日本関係補佐官を任じてきた私にとって、明らかに〝ありきたり〟のレポートで、正直なところ取るに足らないものであった。しかし、これはまだ日本を熟知しない新総裁のための事前ブリーフィングであり、すでに著者に原稿料の支払いを約束したような様子でもあり、また最初から私が水を差すような対応は控えるべきと思い、あえて異論を挟むことを控えた。その後、スペス総裁は新しい政治レベルの首脳陣七人を順次選択し、私はそのまま請われて留任した。

総裁就任直後、スペス氏から「ニワさん、夜はゆっくりと寝られますか？」との問いを受けた。質問の意図するところがわからなかったが、率直に「よく寝むれないことがときどきあります」と答えた。そこには理由があった。というのは、国連開発計画の活動が世界一〇〇カ国以上に及ぶため、どういった事件が起こるか予期できないこと、さらには政治・治安問題にさらされた職員の身の保全・確保も私の責任であるためであった。

たとえば、アルジェリアで同国の国連開発計画職員が休暇帰国中、政府当局者に理由不明のまま検挙・投獄されるという事件が勃発した。われわれはその職員の釈放に腐心し、現地アルジェリアの国連開発計画常駐代表が政府に問い合わせるとともに、職員との面会を求めた。しかし、当時のアルジェリア政府は閉鎖的で、明確な説明もなく、しかも何ら具体的な対応もないまま時間だけが経過していった。その後、国連幹部職員がアルジェリアを訪れ、直接介入を試みたが、期待どおりの返事がないまま数カ月が過ぎたころ、何の事後説明もなくその職員は釈放された。この事例が示すように、職員の安全と保全の確保は容易な仕事ではなかった。だがのちに、アフリカにおいて国連開発計画事務所の管理する職員宿泊施設建築プロジェクトの不祥事が起き、スペス総裁自身から〝理不尽〟な経営責任まで押し付けられるハメになることは、このときには予想だにしないことだった。

また当時は国レベルで活動する国連機関職員の安全・保全管理と対策に要する費用は国連本部の予算からではなく、国連開発計画の予算で国連事務局管理局において国連事務次長補と私の指揮下で、二人の専門職により細々と行なわれていた。現在は独立した国連事務局安全保安局が設立され、一貫して国連システム職員の安全と保安管理がなされているが、顧みると隔世の感がある。

日本国連代表部への誘い

その間、日本国連代表部から非公式に「明石康氏のように、日本国連代表部に一時出向しないか」との誘いをくり返し受けた。そうした出向ののち〝箔〟（はく）をつけて国連に戻り、「幹部職員となる道をとってはどうか」との誘いであった。そのつど、国連開発計画以外の職場は考えられず、お断りした。

また瀬崎克己《せざきかつみ》国連次席大使から、「国連本部財務官のポストに興味はないか」と問われた。当時は国連開発計画しか頭になく、また財務専門家として将来も進むことに抵抗があったので、「興味がない」と返答した。

あとでよく考えてみると、外務省として私の進路を考えての提案であり、もう少しキチンと考慮すべきではなかったかとも思ったが、当時の私は長年途上国サイドから国連本部を見てきて、官僚機関としての国連本部に対する偏見も強く、この提案をよいチャンスとも思わなかった。なお、このポストには高須幸雄《たかすゆきお》元国連大使（のちに国連管理局事務次長）が着いた。皮肉にも、私自身のちに総務担当事務次長補として国連管理局に加わることとなる。

副総裁代行

一九九四年のこと、ゴメス副総裁がとつぜん辞任を余儀なくされた。国連最初の「セクハラ」（セクシャルハラスメント）の容疑ということであった。そこで急きょ、スペス総裁から国連開発計画の「副総裁代行」の任命を受けた。

この事件は、ゴメス氏が国連本部管理局事務次長代行の一九八八年に、「部下の女性にセクハラをはたらいた」とするアピールがあり、国連職員会までが介入する事件となった。職員はゴメス副総裁支持派と、訴えた職員の支持派の二手に分かれ、対立した。ゴメス支持派の筆頭はゴメス副総裁の元特別補佐官で現在管理局事務次長のジャン・ビーグル女史（ニュージーランド出身）で、彼女の音頭で署名集めを行ない、ゴメス副総裁支持を表明した。私はゴメス氏の言動を身近で観察していたので、「さもありなん」とは思ったものの、女性職員の誹謗の言動を全面的に受け入れることに抵抗を感じて、ゴメス支持派に付いた。一方、国連開発計画人事部長（当時）のデニス・ハリデイ氏（のち国連人事担当事務次長補）は女性職員支持派に回った。

ゴメス氏とは、良きにつけ悪しきにつけ、私の国連での生涯でいろいろと確執のあった人物であり、〝やり手の〟ゴメス氏のとつぜんの失脚はまったく予想外であった。個人的な感情を抜きにしても、ゴメス氏は部下の指導者として優れていた。しかし、行政財政問題諮問委員会（ＡＣＡＢＱ）において、アメリカ出身委員のリンダ・シェンウィックから、セクハラ容疑を受けたゴメス氏の弁護士費用を「国連（国連開発計画）として支払うべきでない」とクギを刺されたのだった。

最後の幹部会では、出張中のスペス総裁に代わり、出席者を代表して私がお別れの挨拶を行ない、ゴメス副総裁が長年過ごした国連開発計画の職員に別れの挨拶の機会をつくった。だが、このナンバー2（副総裁）のポストは開発途上国出身者に限られおり、私が正式に昇格するチャンスは皆無であった。「総裁代行」として四カ月勤務したのち、バンコクのアジア太平洋経済社会委員会の事務局長ラフューディン・アハメド氏が「副総裁」として正式に着任した。それにより、私は財務総務局長職に舞い戻り、その後は国連開発計画の事実上「ナンバー3」として総裁に仕えることとなった。

私は、ジャン・ジャック・グレース渉外局長とブルース・ジェンクス（のちにエレナ・マリチネス）総裁室長の三人からなる「上級経営グループ」のリーダーとして、毎朝、その日の重要案件の確認と決定の打ち合わせを週五日実施し、一九九七年の退職直前まで、スペス総裁の側近として仕えたのだった。グレース氏はのちに世界食糧計画事務局次長となり、私がユニセフ事務局次長のときに再び密接に仕事をすることとなる。

エレン・ジョンソン・サーリーフ女史

国連開発計画では、当時アフリカ局局長（一九九二〜九七）で、のちにリベリア共和国でアフリカ初の民主的選挙によって選ばれた女性大統領となり、二〇一一年、「平和構築活動に女性が安全かつ全面的に参加できるよう求めて非暴力の活動を行なった」との理由でノーベル平和賞を受賞したエレン・ジョンソン・サーリーフ女史とも、仕事を一緒にすることとなった。彼女はとてもダイナミックな実行力のある人で、国連開発計画地域局局長として抜群の存在であった。

サーリーフ女史はリベリアの首都・モンロビアの出身で、ハーバード大学を卒業して帰国後、ウィリアム・トルバート（第二〇代大統領。一九七一〜八〇）政権下で大蔵大臣を務め、サミュエル・ドウ（民族主義を基盤とした独裁と政治的反対者への苛烈な抑圧者として知られる。一九八六〜一九九〇）による軍事クーデター（一九八〇年四月一二日）の後、アメリカに逃れて世界銀行に勤め、その後ケニアの首都・ナイロビアでシティ銀行に勤めたのち、一九九二年、ドレイパー総裁に任命されて国連開発計画アフリカ局長となった。そうした優秀な反面、かたくなな面もあった。あるとき、サーリーフ女史の元秘書で、インド・ゴア出身のグロリアン・ダシルバが私を頼ってきたことから、私はサーリーフ局長と対立することとなった。いかなる理由かはっきりしなかったが、サーリーフ局長は私がダシルバを秘書として登用することに強く反対し、ついには「彼女を罷免すべし」と強く迫った。

どうやら、ダシルバはアフリカ局時代にサーリーフ局長の子息との間で何らかのイザコザがあったようだが、彼女の国連職員としての行動に問題があったとは思えなかったので採用を強行した。そんなこともあり、その後サーリーフ局長とは気まずい関係となった。この判断は、いささか「弱者を守る」という〝ゆき過ぎ〟た仁義的行動であったかもしれない。だが、ダシルバは私をかばうように守り、そして私の良き秘書として務めを果たした。彼女はその後、一九九五年からアフリカの数カ国において、国連平和維持活動文民支援要員として活躍した。

国連改革――展望と日本の貢献シンポジウム

一九九五年一一月一八日、国連創設五〇周年シンポジウムが「国連改革――展望と日本の貢献」というテーマで、ニューヨーク大学において開催（主催・ニューヨーク国連日本人職員会、協力・日本政府国連代表部）された。このシンポジウムには小和田恒・国連大使、明石康・事務総長特別顧問、緒方貞子・国連難民高等弁務官、丹羽敏之・国連開発計画総裁補、高須幸雄・国連事務次長補、ロバート・インマーマン・コロンビア大学東アジア研究所上級研究員などがパネリストとして参加し、河合正男・国連代表部総括公使の司会のもと、「国連と日本」の将来像をそれぞれ政治・人道・開発面から論じた（このシンポジウムは『The Yomiuri America NY版』（週刊）、四八八号、一九九五年一一月二三日付で紹介された）。

シンポジウム終了後、ニューヨーク大学その他、就学中の邦人留学生と一時間以上にわたり、国連の開発活動について意見を交わす機会をもった。そこでは、国連職員になるための準備、国連職員としての心得、職場としての国連といった話題にも触れ、彼らの国連に対する関心の大きさに期待をもった。

外務大臣表彰

一九九六年七月一〇日、港区麻布台にある外務省の「飯倉公館」において、スペス総裁の特別許可のもと、私は「日本と諸外国との友好親善寄与」を理由に外務大臣表彰を受けた。

これに対して副総裁のアハメド氏から、「国連内部規定を理由に受けるべきではなかった」との意見が事後に出され、戸惑った。おそらくアハメド氏は、今回の受賞を私の母国である日本国との癒着と指摘したかったのだろう。アハメド副総裁のように、パキスタン政府からそのまま横すべりで「政治任命」で国連事務次長として国連入りし、長年勤務された方にはそうした母国との「癒着」に関する配慮が適切であったかもしれない。また、たしかに国連幹部のなかには、自らを自国の利益を代表する存在とみなし、それぞれの大使館や本国政府に支援を求めたり、自国の利益を誘導・追求するケースがあるのは、残念ながら事実である。しかし私は若くして外部採用された国際公務員であり、政治任命でもなく、とくに日本を向いて仕事をしてきたわけでもない。日々、国連中心の目線での仕事の結果、日本を含め、加盟国に感謝されたわけであり、国連の利益に反する行動とはとうてい思えなかった。

経営説明責任

さて、私が財務・総務局長として、〝改革〟を目指した案件に「経営説明責任」がある。それまで説明責任の追求は、他人の目をぬすんで財物をかすめとる、いわゆる窃盗とか倫理的・道徳的な反社会行為など微罪な軽い案件のみに限られ、対象もドライバーやメッセンジャーといった下級職員の不正行為のみターゲットとされてきた。その一方で、課長・部長といった、責任ある立場の職員の説明責任はほとんど対象とならない状態であった。

こうした傾向を是正すべく、上級職員を対象に行動を開始した。具体的には、フィリピン国連開発計画常駐代表の「接待費」への公金乱用疑惑の追求と公金回収の努力であった。また、国連開発計画人事部長のアフリカ現地職員への不明瞭な前渡し金の焦げつきの回収努力などを通じて、説明責任がすべての職員を対象とすることを示した。前者のケースでは公金の回収に成功したが、後者のケースは国連本部法務関係職員の介入でうまくいかず、回収は不成功に終わった。

しかしすべてがうまくいったわけではなく、また同僚幹部を対象とするのでかなり難航するケースも多々あったが、組織としての経営説明責任を具体的行動で示すことにより、国連開発計画の経営説明責任は広く明瞭となった。その後、数々の具体的結果を残すことができ、国連開発計画は定期的に「経営説明責任報告書」を公表することとなった。

事務次長昇格へのステップ

「国連事務次長」への昇格の道が日本国連代表部の努力により開かれた。阿部信泰・国連代表部公使から正式にその話が私に伝えられ、「日本政府としては是非丹羽さんを推したい」とのことだった。その間に山本一太氏の後任として外務省からの出向で野呂元良氏（前マラウイ大使、現・日本マラウイ協会会長）が日本関係特別補佐官として一九九六年に赴任して来た。野呂氏は慶応大学の出身で、外務省の実務に詳しく、いろいろとお世話になった。とくに、私に事務次長昇格の話が持ち上がりつつあったので、外務省のサポートを得るための大切なパイプ役を果たしてもらった。さらに、後述のアフリカにおける国連職員宿泊施設と国連事務所施設建設のための準備金にまつわるスキャンダルをめぐり、私とスペス総裁との葛藤が表面化した際、日本国連代表部との貴重なパイプとなり、陰で私を助けてもらうこととなった。

施設建設詐欺事件

財務・総務局長として最大の難問は、アフリカ諸国における国連開発計画事務所および宿舎建設に関わる「資金横領詐欺事件」の究明であった。この事件は、一九七九年および一九八〇年代に、国連開発計画管理理事会によって設立されたアフリカ諸国(ザンビア、コモロ連合、カーボヴェルデ、ギニアビサウ、サントメ・プリンシペ)における国連事務所施設および国連職員宿泊施設建設の準備金、三五〇〇万ドルの支出に関する「詐欺事件」である。

ことの発端は、私が赴任する前の一九八八年に、ケニア人の〝外部建築家〟と、のちにシエラレオネ大統領となったテジャン・カバー氏の管轄下にあった〝総務部職員〟との間で詐欺が画策され、施設建設に先行する形で支出がかさんでしまったことであった。国連開発計画にとって、こうした大規模なアフリカ各地での事務所・宿舎建設は初めての経験であることから、極力進行状況のモニタリングにつとめ、また内部監査部による「特別監査」もとくに要求して数回行なっていたところだった。

この特別監査では、すべて「異常なく進行していて問題なし」との結論が再度出されていたが、どうしても説明のつきにくい状態が続き、そのうち国事務所レベルからの「不祥事」のうわさも耳にするようになった。そこで真相解明のため、数人の部下を動員して精密な内部調査を行なうことを決断した。

そこで部下をロンドンに派遣し、イギリス税務当局、スコットランドヤード(「ロンドン警視庁」)の協力を仰ぎ、徹底した内部調査を行なった。それと同時に、国連外部監査人のイギリス会計検査院にも特別監査要請をした。この内部調査と外部調査により、支払先が「幽霊会社」であることを確認し、詐欺事件であることが確認されるにいたった。

こうした独自の内部調査の結果と、国連外部監査人のイギリス会計検査院の結果をもとに当該事件を詳細かつ明確に究明し、一九九六年九月と一九九七年一月の国連開発計画管理理事会に報告することとなった。そこで、管理理事会での公式報告に先んじて、非公式の説明会を行ない、その席上、口頭で二時間三〇分にわたり、この問題の本質、発生理由、なぜ最近にいたるまでこの詐欺の発見が遅れたか、いかなる手段でこの問題の核心をつかんだか、いかなる対処をしたか、そして今後の行動予定などを、微に入り細にわたって説明した。その結果、この管理理事会向けの非公式口頭説明と、文書による詳細な調査報告をもとに、この不祥事（事件）は無事〝決着〟した。

この問題は深刻な公金横領事件であったにもかかわらず、国連外部監査人はもとより、国連開発計画管理理事会からも、国連開発計画事務局のとった対応と対策が評価され、最終的に事務局の報告書を「留意する」とのみとした決議をもってピリオドが打たれた。

国連開発計画の調査結果は「アメリカ連邦捜査局」（ＦＢＩ）に手渡され、アメリカ司法当局はこの証拠にもとづき、国連開発計画総務部職員（当該職員は当時国連本部平和維持局に出向、アフリカで平和維持活動に従事していた）を共犯者として起訴し、裁判ののち投獄した。また主犯のケニア人建築家は「国際刑事警察機構」（インターポール）から国際指名手配され、この資金横領詐欺事件に完全に終止符が打たれたのだった。

けん責処分

これでこの事件は決着のはずであった。が、そうはならなかった。スペス総裁は自分自身に何らかのかたちで〝火の粉〟が降りかかることを恐れ、管理理事会後、みずから単独で特別記者会見を開き、

「経営責任追求を試みる」と発言した。しかし、この件を記事にするマスコミは皆無であった。

スペス総裁は、詐欺事件の経営責任を取らせるべく、元国連事務局管理担当事務次長のパトリシオ・ルエダス（スペイン出身）と現職の国連事務局内部監査担当事務次長カール・パシュケ（ドイツ出身）の「一致した意見」として、私を詐欺監督不行届きの理由で「けん責処分に付す」とし、国連開発計画からの自発的辞任を迫った。

このスペス総裁の意図はいまもって不明であるが、当時考えられた理由のひとつに、私が二度にわたって総裁直轄の国連開発計画監査部（内部監査）に「特別監査」を要求したにもかかわらず、長年にわたってこの件を看過したため、総裁自身に監督不行届きの責任が及ぶことを恐れて私に〝詰腹〟を切らせた可能性である。もうひとつは、管理理事会で演壇を共にした国連外部監査人のイギリス会計監査院デービット・ウッドワード部長が「ニワさん、あたかもあなたに勲章が授けられたような雰囲気だったですね」と言ったように、管理理事会での私の評価の高まりに対する〝嫉妬〟ではないかというものであった。

国連内部規定では「けん責処分」自体はさほど深刻な処置ではなかった。しかし、スペス総裁はルエダス・パシュケ特別調査委員会の意見を引用するかたちで、私のような幹部職員の場合、財務・総務局長として国連開発計画に残ることは許されないとして、代わりにアフリカ・グレートレイク地域への特別任務に就くよう強く主張したが、私は即座にこれを拒否した。いずれにせよ、日本政府の努力により「国連事務次長」への栄進の道が開かれようとした矢先での、このスペス総裁の根拠なき仕打ちはまことに残念であった。

コナー事務次長の助け舟

そこで私は、状況打開のため、国連システム経営の第一人者である国連本部管理局事務次長のジョセフ・コナー氏に相談することとした。コナー氏とは、彼が議長を務める「国連ハイレベル行政管理委員会」を通じて旧知の間柄だった。コナー氏は会計監査・コンサルティング会社のプライスウォーターハウス社の元執行最高責任者であり、アメリカを代表する実業家であり学者でもあることから、私の当面している問題の本質をもっともよく理解してくれ、相談相手としてこれ以上適当な人物は見当たらなかった。

かいつまんで私の直面している問題を説明すると、コナー事務次長は即座にスペス総裁の決定が理不尽であり、常軌を逸した決定であることを明言した。さらには国連本部で調達を含む総務担当事務次長補のポストが近いうちに空席となるので「ぜひ、国連本部に移ってこないか」とのうれしいオファーもいただいた。

しかし、この任命を実現するためには、コフィ・アナン新国連事務総長の立場を配慮して、私に対する国連開発計画の「けん責処分の撤回がまず必要」と考えて、コナー事務次長自身がスペス総裁に直接交渉し、再考を促した。しかし、現職のパシュケ国連事務局内部監査担当事務次長に相談のうえで私に対するけん責処分を決めたとの理由で、スペス総裁はかたくなに撤回を拒否した。そのためコナー事務次長は、カリン・シャンプー・ユニセフ事務局次長とジェラルド・ワルツァー国連難民高等副弁務官からなる「特別委員会」を設立し、スペス総裁の「けん責処分」の妥当性の審査を行なった。その結果、スペス総裁の処置は「まったく根拠なし」との答申が出され、その答申をアナン国連事務総長に提出し、受理された。

こうして〝障害〟であった私の国連入りのハードル（けん責処分）がいちおう取り払われ、国連本部において再び事務次長補として務める道が開かれた。しかし、スペス総裁本人の「けん責処分」の撤回がないため、さしあたって総務担当事務次長補就任案を先送りとし、まずアナン事務総長の国連改革対策の一環である「コモンサービス推進担当」という資格で、コナー事務次長指揮下の管理局に入ることとなった。

このけん責処分をめぐって日本国連代表部はこうした背景をもとに、私の処分に対するスペス総裁の説明を〝偽り〟とし、国連開発計画管理理事会においてスペス総裁の「第二期任期延長提案」にしばらく首をタテに振らず、私の処置に対する不快感を示したのだった。

けん責処分をめぐるもう一つのエピソードとして、ビル・リチャードソン・アメリカ国連大使主催による「アメリカ建国記念日」の祝典がアメリカ国連代表部において行なわれたときのことである。賓客として来ていたスペス総裁が、偶然にも私の二人前のところに並んでいて、リチャードソン大使から「あの件はあまり心配するな」と慰められている場面に遭遇したのである。あいさつの番が私になったとき、私が総裁のすぐ近くにいたことに気がついた大使は、一瞬表情がかたくなり、二人の間に気まずい雰囲気が漂った。私はとっさに二人の母校である「フレッチャースクール」のことを話題にすると、大使の表情が和らいだのだった。なお、このリチャードソン氏とは母校での二〇〇五年度卒業式特別スピーカーとして演壇で顔を合わすことになる。もちろんこのときのことには触れずに……。

このけん責問題に関して、「国連内部公平審査委員会」に上訴することも考え、担当者といろいろ相談してみた。私の言い分はしっかりしているので「正式に上訴してはどうか」との意見も出たが、いったんそうした〝公的な場〟で争うことになると、たとえ私が勝っても、その過程で自分自身に傷がつくことになる可能性が高い。そうなれば、将来国連に残って仕事をすることは事実上不可能となる……。そう考えて、上訴を見送った。一方、多くの同僚、友人の勧めで「調停」の道を探ったが、スペス総裁はまったく反応しないことから、これも見送ることとした。

スペス総裁からの嫌がらせとも取れる〝助言〟をいくつかもらった。ひとつは、「（国連開発計画外部監査員でイギリス会計検査院の）デービッド・ウッドワード部長はキミの〝大いなるファン〟なんだから、就職先の口添えを頼んではどうか」というものであった。問題の早期解決を望んでのことだったろう。もうひとつは、私に面と向かって「いままで弁護士として、法律・裁判沙汰で負けたことがない」と総裁自身の口から誇らしげに言明したことである。にもかかわらず、けん責処分を不服とする私の正式文書アピールに対し、総裁側は最後まで、まったく一言も答えることができなかった。元総裁室長がスペス総裁をして「極度の野心家であると同時に、臆病者」と評したことを思い出し、スペス総裁の行動を「なるほど」と思ったことだった。

親友のとつぜんの死

この詐欺事件には、もうひとつ悲しいできごとがあった。親友が突然死したのである。それは、私が国連開発計画の常駐代表として務めた、北イエメン、ネパール、タイの三つの任地先で、会計・総務担当常駐代表代理として一〇年近く一緒に働いた無二の親友のファド・ショマリであった。

ショマリはヨルダン出身で、当時、引退中の身であることから、彼を起用することを思い立ち、本部ではどうしても解明できない当該アフリカ準備金の「資金横領詐欺事件」に関する会計上の問題点を調べてもらうこととし、コンサルタントとして西アフリカのギニアビサウ共和国に派遣した。もちろん当時は詐欺による異常支出が発生していることとはつゆ知らず、国連開発計画事務所の会計にとくに精通したショマリならば、その理由を解明してくれるものと期待しての派遣だった。

その数カ月後、出張先のコペンハーゲンにとつぜん緊急電話が入り、ショマリが心臓マヒのため、ギニアビサウで「急逝した」との連絡を受けた。そこで急きょ、予定を変更して、彼の葬式に出席するためヨルダンのアンマンへと急行した。あとで考えてみると、詐欺の結果として〝使途不明〟の支出が発生していたわけで、まったく無理な役目をショマリに負わせたことを痛感し、申し訳なく思った。こうして私は〝無二の友人〟をこの詐欺事件で失うこととなった。

職探し

こうした私の国連開発計画での窮状を見て、ネパールでの旧友ワイル元アメリカ大使の夫人メイベル・ワイルが知り合いの大手人材あっせん会社を通して、「ワシントンにある笹川財団系の米日財団が次期理事長を探しているので、応募してみてはどうか」との話を持ち込んできた。ちなみにこの「米日財団」というのは、スティーブン・ボスワース・フレッチャースクール学長と駐ネパールアメリカ大使のジュリア・チャン・ブロック氏が理事長を務めたアメリカにおける活動を主体とする財団である。

この話に日本国籍の私が適任かどうか不明であったが、求めに応じて履歴書だけは出すことにした。しかし縁がなかったらしく、のちにこのポストには知日家で、ライシャワー元駐日アメリカ大使の特別補佐官であったジョージ・パッカード・ジョンズ・ホプキンズ大学高等国際研究大学院元学長が選ばれた。

送別

過去二七年勤めた国連開発計画を去るのは、正直なところ寂しかった。自分が成長し、この組織以外で働くことなどまったく考えてもみなかったことだった。だが、事情が事情だけに、ふつうの送別会を期待することもできず、またあれほどの仕打ちを受けたスペス総裁から〝送別の辞〟をもらうことは論外だったので、自分の「お別れ会」をシャンプー事務局次長の計らいで国連開発計画の良きライバルともいえる、ユニセフの講堂をお借りして行なった。

「お別れ会」には、総裁・副総裁以外の同僚はすべて招待し、われわれ家族五人そろって出席することとした。とくに妻のジェーンは思うところがあるので「自身でスピーチをしたい」といい、何を話すかは「まったく内緒」とのことだった。送別会の当日には私も見せてもらったが、しかし「一言も直してはならない」とクギをさされた。このスピーチはわれわれの国連生活を率直に語ったものなので、ここにその全文の邦訳を掲載することにする。

丹羽敏之の送別会におけるジェーン・丹羽のスピーチ

「多くの人々がご存知のように、国連開発計画で働くということは、それが夫であれ、妻であれ、たんに〝国連職員〟としての仕事だけではありません。われわれにとって、国連開発計画で働くことは国連開発計画での生き方そのものを意味します。ほかの多くの仕事よりも、その生き方は家族全員にも国連職員としての責任を課することとなります。したがって、それは仕事の選択であると同時に、家族の生き方の選択でもあります。

それが名誉に満ちた、心の踊るものであっても、安易にできる仕事ではありません。国連開発計画を家族の生命選択とすることは、いくつかの予想を超えた結果を生みます。それは国連職員ではない配偶者の専門分野での成長に影響を及ぼします。子供たちの教育の道を定め、家族すべての健康と福利に影響をおよぼす可能性をもち、また当然、家族の生命、発達、そしてそれらの相互作用のすべての面に関わります。

トシユキが一九七一年に国連開発計画に応募し、採用されたことは、当然われわれ二人の熟考を経た選択でした。われわれはその後の何かへの〝踏み石〟としてではなく、国際公務員、奉仕者として仕えることへの誓いでした。ここで私は〝奉仕者〟という言葉をとくに強調したいと思います。私自身は一九六〇年代のアクチビスト（政治活動家）の産物です。一方、トシユキは六歳の誕生日の翌日、郷里の広島で原爆に遭い、幸いにして生き延びることができました。こうしてまったく違った背景の二人が国連開発計画での生涯を一緒に始めました。二人は若く、理想をもっていました。二六年後の今日、六つの国と四人の子供の後、われわれは相変わらず理想をもっています。われわれ二人は遠く、広く旅をしましたが、いわば、独自の〝文化的手荷物〟を持ちながらの旅でした。われわれ二人は己の文化の産物です。日本に少し住んだことのある私にとって、結婚したとき、私はほかの多くの日本人と同じく、良きにつけ悪しきにつけ、私の主人のトシユキにとって仕事が彼の生命であることを理解していました。彼の正体は仕事が終えたあとのプライベートな時間での個人的生活でもなく、また、凝縮された実際の実務時間でもなく、彼の正体はこの〝二つを一緒〟にしたものであったように思います。

このような焦点の定まった献身は日本に限ったものではなくても、そうした労働観はほかの局面にも影響するものです。まず、そうした態度は組織に対する極度の忠誠として現れます。また自己よりも、自分の働く組織の重要性を最上段に置く極度の謙遜となって現れます。それは激務と勤勉のかたちをとります。われわれ家族の一人一人にとって、私の主人を理解するうえで、こうした彼の文化的背景を理解する必要があると思います。

トシユキと結婚して二七年のうち二六年間を国連開発計画で過ごし、彼の文化的背景を尊敬するとともに、言語と文化の壁を超えて基本的人間性に手を差し伸べる彼の手腕を尊重しました。国連開発計画家族として——ニューヨークに住むことになった三回の機会に加えて——南アメリカのガイアナ、カリブ海のセントルシア、イエメン・アラブ共和国のサヌア、ネパールのカトマンズ、そしてタイのバンコクに住むこととなりました。

人は馴染みの薄い、職業的にも、個人的にも対応を要求される新しい環境で、その人の人柄をよく学ぶこととなります。われわれ四人の子供と私は、トシユキの仕事に関しては彼の同僚ほどには知識はないけれど、主人としての、また父としての、また家族だけが深く知ることのできる彼個人について、権威を持って語ることができます。私がわれわれの子供に父親を「どう描写するか」と問うと、「妥協なく正直なこと」（彼の子供たちにもそれを要求し、いかなる方便も許さない）、そして強い「公平重視」という二つの際立った資質が返事として返ってきました。

私は、トシユキに関する説明を限ることに苦心します。私はトシユキがゴシップにまったく興味を示さないこと、嫉妬の完全なる欠如、そして個人的な賞賛を求めるよりもつねに組織の重要性を尊重し、進んで舞台の中央を譲ることです。彼の口癖は「他の人がお花をもらえばよい。私はいらない」……。

それと同時に、トシユキは、言ってみれば火中に立つことを躊躇せず、つねに自分のスタッフを支持し、責任をとりました。しかし私がいちばん重要な資質として尊敬するのは、彼の平等性と他人に対する思いやりであろうと思います。

国連開発計画での長年の勤務のため、われわれは持つ者、持たざる者両者を含め、いろいろな人々の生命に触れることとなりました。たとえば、トシユキの最近のネパール訪問の際、ネパール国王に招待されお話しをする機会を得ました。その同じ日、彼はわれわれの以前の家庭使用人とも旧交をあたためています。じつのところ、いまでもたとえば一五年以上前に住んでいたイエメンの国連開発計画の運転手から手紙を引き続きもらっています。外交官であれ、運転手であれ、また大臣であれ、守衛であれ、トシユキは同じ人間としての尊厳の念を持ってあたりました。政府から賞賛され、自分のお金を難民家族に分け与え、台所で事務所職員のため得意の料理に腕を振るう、といったことがトシユキの国連開発計画での毎日でした。

トシユキはこうした個人的資質を二六年間の国連開発計画の忠誠な仕事につぎ込みました。彼は、家族の一員として、そうした資質を体現しました。彼の子供と私は、トシユキの国際公務員としての生涯を祝福し、乾杯の音頭を取りたいと思います。われわれは彼を主人として、父親として誇りに思うと同時に、われわれ一同、彼の新しい船出を心から支えたいと思います」

一九九七年一〇月一三日

このスピーチは思わぬ反響を呼び、国連開発計画の機関紙『UNDP NEWS』(〝UNDP NEWS〟January- February 1998)により広く紹介された。しかし「全文添削なし」との事前の約束にもかかわらず、日本人としての特色に関する部分が〝原因不明〟で削除され、極度の不快感を誘った。抗議を受けて、削除部分を次号で掲載されるも後味の悪さは拭えなかった。

伝説的人物として

スペス総裁のあとを受けて、一九九九年七月、世界銀行副総裁のマーク・マロック・ブラウン氏（イギリス出身）が国連開発計画の新総裁として着任した。それまで面識はなかったが、着任レセプションで私の顔を見るなり、「あなたは（国連開発計画の）伝説的人物だ！（〝You are a legend！〟）」と予期もしない言葉を発せられた。どうしてそうした気持を抱かれたか定かでない。その数カ月後、出張先のタイ・バンコクで国連開発計画世界常駐副代表会議に出席中のブラウン総裁とたまたま顔をあわせることになった。関連行事の「船上パーティー」に招待され、気持ちのよい川風にひたりながら世界各国から集まっていた一三〇人を超える若手の副常駐代表一人一人と親しく言葉を交わす機会を得た。その席上、参加者から国連開発計画での貢献を次々と感謝された。事情があってこの二年前、急に国連開発計画を去ることになり、きちんと国レベルの同僚に別れのあいさつができなかった私にとって、このときの国連開発計画の将来を担う国レベル職員との遭遇はことのほか貴重であった。

私がユニセフから引退する二〇〇七年五月、離任のあいさつに訪れたブラウン総裁の後継者であるケマル・ダーヴィス国連開発計画総裁（トルコ出身）から、「多くのすばらしい後進者を育ててくれてありがとう」という予想もしなかった謝意をいただいた。国連開発計画を去って一〇年以上経った時点でのこのダーヴィス総裁の言葉は長年良きメンターになることを心がけてきた私にとってうれしい言葉であった。

こうして、それまで「未完」であった私の国連開発計画のキャリアに無事、終止符が打たれた。

【キャリア・アドバイス ◈ ニューヨーク本部】

❶ ネットワークを存分に活用し、さらなる拡大に努力すること。「ギブ・アンド・テーク」が原則のネットワークでは特に「ギブ」を大切にする必要がある。「テーク」のみに頼る関係は長続きしない。

❷ 自分が常に周囲から見られていることを自覚すること。自分の言動がいかに周囲に受け取られているかという察知努力が不可欠である。真実は大切であるが、周囲からの受け取られ方がなおさらに重要である。

❸ 同僚を陰で非難し、貶めることは極力避けること。そうした行動は遅かれ早かれブーメランのごとく自分に向かって返ってくる。透明性の確立に励み、噂、妬みの管理努力をすること。

❹ 国連幹部職員は国際公務員としてのケジメとプロとしての資質が問われる。外部登用、特に私企業からの登用の場合はしっかりとした万全の職場・性格照会に努めること。

❺ 能力と人柄を考慮した良きメンターを見つける努力を怠らないこと。

❻ 一方、部下のメンタリングに励むこと。特に権限委譲にもとづくメンタリングが大切である。そして適切な、そして時宜を得た評価・フィードバックを忘れぬこと。

❼ 日本式の「根回し」と「謙譲」、「持ちつ持たれつ」といった配慮が通用することを忘れないこと。

❽ しかし、謙譲の美徳の「虜」にならないこと。しっかりと主張する必要があるときは、ものおじすることなく主張すること。

❾ ユーモア、特に自分をへりくだるユーモアを忘れぬこと。

10 「十分自信があるときは叩け。しかし完全に自信が持てない場合は棄権せよ」（私の上司のモットー）

11 同僚・上司に「花を与える」よう心がけること。「花」をもらった本人は決して悪い気持ちはしないものである。もちろん、誰もが「花」に値するか否かは別にして……。

12 常に物事の、そして組織の全体像を忘れぬこと。

13 常に誠実で、公平（フェアー）であること。

14 定型的なアプローチを超えて物事を考える努力をすること。そしてリスクを取ることを躊躇しないこと。しかし、そのためには周到な準備を前提とする。

15 国連開発計画の場合はユニセフとの連携と協調が大切である。この両者の補完性に限界は無い。

16 「過度の野心家で臆病な人」には特に気をつけること。

国連開発計画ゴメス副総裁とライン河沿いのドイツ政府施設拡張工事現場にて。
国連開発計画と国連人口基金誘致のための候補施設。左から筆者、ゴメス副総裁、建築責任者

敬愛するウィリアム・ドレイパー国連開発計画総裁と私へのメッセージ

左からウォルター・ゴア国連開発計画財務部長、山本一太・国連開発計画特別補佐官、夫人の国連職員玉村美保子さん

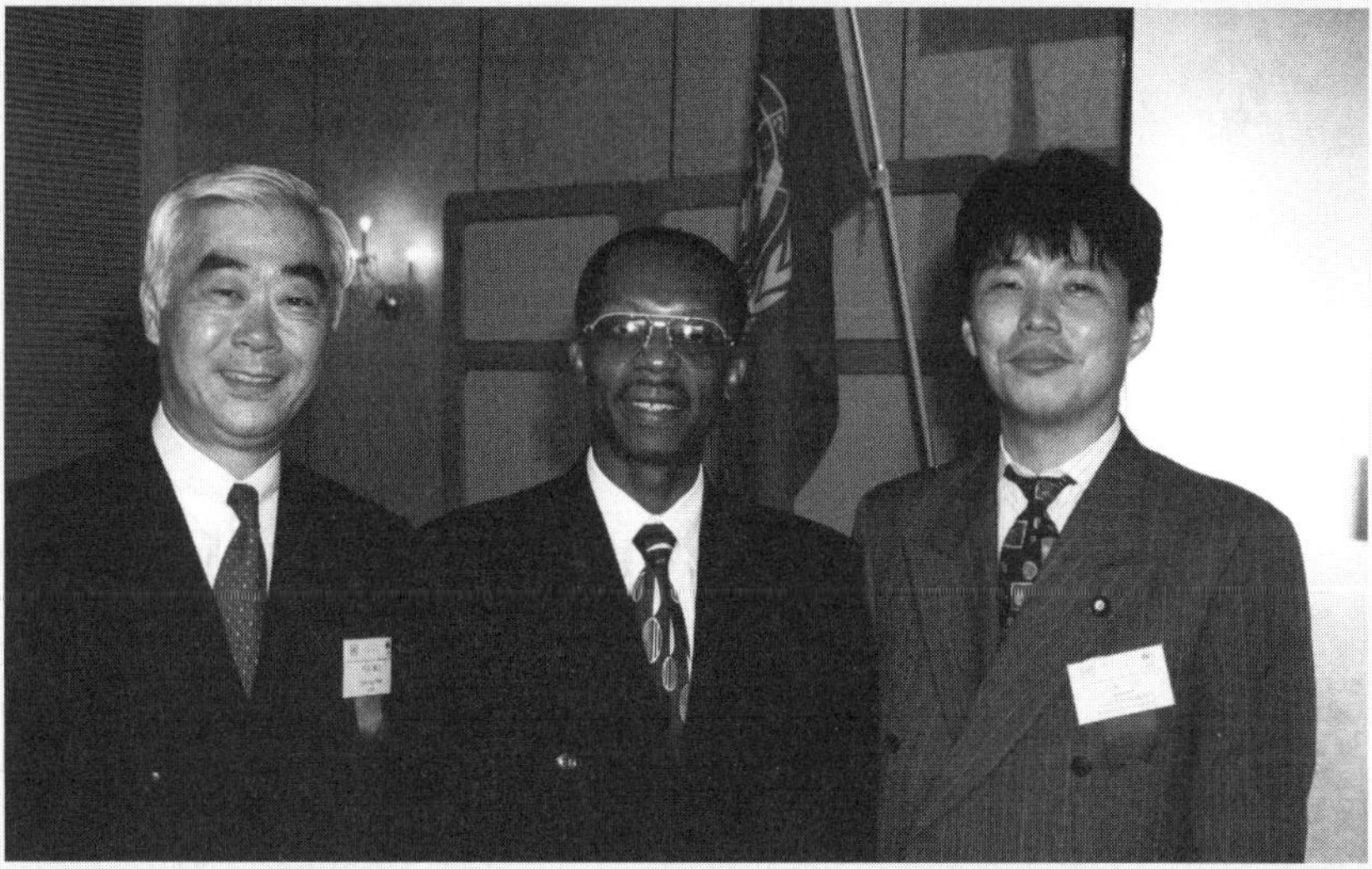

1996 年度国連開発計画人間開発レポート発表記念行事にて。ハイチ元大統領ジーン・バートランド・アリスチード、山本一太・参議院議員と。於：東京。1996 年

1996年度国連開発計画人間開発レポート発表記念。於・東京。1996年
右より国連開発計画広報部員、ジブリル・デアロ国連開発計画広報部長、福田咲子パー国連開発計画人間開発レポート室長、リチャード・ジョリー国連開発計画人間開発レポート・コーデイネーター、外務省担当官、ハイチ元大統領ジーン・アリスチード随員、アリスチード元ハイチ大統領、筆者、佐藤秀雄国連開発計画東京事務所長、野呂元良日本関係特別補佐官、長男・丹羽正爾

外務大臣表彰。飯倉公館にて。1996年7月10日

●著者インタビュー④　開発援助の変容と課題

（聞き手・佐々木久夫）

――先般出版した『岐路に立つ国連開発』（ブルース・ジェンクス、ブルース・ジョーンズ編著、丹羽敏之監訳、二〇一四年）の帯に私はこう書きました。

「世界経済はこの二〇年間に歴史的規模の変貌を遂げた。『開発援助』もまたこの二〇年の間に変わった。各国政府に加えて『ゲイツ財団』のような民間慈善団体も関与するようになり、活動主体が数を増した。いまや官民パートナーシップが規範となり、公共セクターが枠組みと規制を定め、民間セクターが資金とともに管理と技術面のノウハウを提供している」……と。

開発援助はどう変わったのでしょうか。

丹羽●開発援助も時代の潮流とともに変化してきました。一九九〇年代当時、「フェイスブック」のマーク・ザッカーバーグはまだ中学生でした。当然ながらオックスフォード英語辞典には〝Google〟という言葉もありませんでした（笑）。「ブラックベリー」（携帯情報端末）も〝果実〟（キイチゴ）の名に過ぎなかった。

ゴールドマン・サックスが〝ＢＲＩＣｓ〟（ブラジル・ロシア・インド・中国）と命名するのもしばらく後になってからです。〝Ｇ20〟（主要20カ国・地域）も存在していませんでした。ビル・ゲイツの「ビル＆メリンダ・ゲイツ財団」やビル・クリントン元アメリカ大統領の「クリントン・グローバル・イニシアチブ」といったマルチステークホルダー（多様な利害関係者）のフォーラムが出現するのもずっと後のことです。

――いまや隔世の感がありますね。

丹羽●「開発援助」も同様で、当時はまだ「南」の多くの途上国では依然としてＯＤＡ（政府開発援助）が援助の中心を占めていました。民間セクターによる援助はＯＤＡの周辺に位置するにすぎませんでした。それがいまや、民間セクター、民間企業が開発プロセスの中心に位置し、成長源としての民間セクターの重要性はもはや決定的となっています。そこには、農家から小規模起業家、地元メーカーから多国籍企業にいたるまで、あらゆるタイプの企業が参加し、経済成長と繁栄の基礎を固めるため、新しいアイディアと新しい設備に投資しています。

「開発協力」もまた、ご指摘のように、この二〇年の間に大きく様変わりました。各国政府に加え、先述の「ビル＆メリンダ・ゲイツ財団」のような民間慈善団体も関与するようになり、活動主体が数を増しました。新興国も本格的な投資を行なうようになっています。いまではこうした新たな資金の流れがＯＤＡを大きく上回るペースで拡大しています。こうした流れはエネルギーと気候変動対策の分野にも及び、いまや官民パートナーシップが規範となり、公共セクターが枠組みと規制を定め、民間セクターが資金とともに管理と技術面のノウハウを提供しています。最近、注目されているのが、国連開発システム全体に広がっている〝変化力〟のあるパートナーシップの増加です。

――この二〇年の変化・変容は何に起因しますか。

丹羽●その最大の要因は「グローバル化」の加速と「冷戦」の終結にあります。そうした中で、グローバル化の加速とともに、ＢＲＩＣｓなどの新興国の台頭、世界経済の勢力バランスの変化、貧困像の変化、国家と市場と個人の関係の変化、イノベーション（技術革新）、そして新種の世界的な課題が出現しました。これら要因のそれぞれが有機的に、かつ広範な影響を及ぼし、そのすべてが相まって歴史的に重大な転換期をもたらしているといえます。

――「安全保障」においてはどうでしょう。

丹羽●「安全保障」の概念も、もはや地政学上の問題にとどまらず、社会と個人にまで拡大しています。大規模なエネルギー投資の決定に関しては、原子力から再生可能エネルギーに至るまで、エネルギー源の「安全性」に対する一般市民の受け止め方が重みをもつようになってきました。

――「食糧安全保障」についてはどうでしょうか。

丹羽●「食糧安全保障」のステークホルダー（利害関係者）は、政府・企業・NGO・国際機関、そして脆弱な人々などです。世界・地域・国レベルでの効果的なガバナンスにはこのようなステークホルダーの協力が欠かせなくなっています。

――「法の支配」についてはどうでしょうか。

丹羽●脆弱《ぜいじゃく》国における国連の役割をみると、共通の焦点として「法の支配」の確立が浮かび上がりました。この一〇年間に国連安全保障理事会は一六〇を超える決議のなかで、女性、平和、安全、武力紛争下の子供、武力紛争における文民保護などの文脈で「法の支配」に言及しています。安保理はまた、二二の平和維持活動と八つの特別政治ミッションに「法の支配」に関する任務を与えています。これは終了したものと継続中のものの合計数です。

――金融機関はどうでしょう。

丹羽●銀行も変化しました。アジア開発銀行（ADB）はこれまでの公共セクター融資に重点を置く従来の姿勢から、貧困削減のため「民間セクター開発に関与することが求められる」として、域内の民間セクター開発に対する支援拡大の具体的目標を二〇二〇年までに一・五倍に拡大するとしました。大きな変化です。

――「市民社会」の台頭もありますね。

丹羽●市民社会の活動主体は一九九〇年代にその数も資金力も劇的に増しました。市民社会は一九四五年、サンフランシスコで国連人権議題の策定に参画して以来、一貫して国連活動に重要な貢献を果たしています。くわえてジェンダー、持続可能な開発、気候変動に関する議題の推進にも、もはや不可欠な存在となっています。

――市民社会と民間セクターとの関係はどうでしょう。

丹羽●この二〇年はまた、民間セクターと市民社会にとってもきわめて大きな変革期となりました。グローバル化と自由化が加速したこの時期に「民間セクター」もきわめて大きな成長を遂げました。その背景には「企業」の成長とともに、競争力維持のための迅速な調整とたゆまぬ改革がありました。同様に「市民社会」も大きく成長し、資金基盤と活動展開の両面で変容しました。

――市民社会の開発に対する今後の役割とは。

丹羽●市民社会はこの二〇年間に、明らかに発言力と影響力を増しました。これからも発言力の強化、具体的な政策改革の支援、実施、監視、説明責任と透明性の向上に果たす役割は大きく、今後の開発協力の未来像に不可欠な存在となっています。市民社会はこれまでもつねに独自の主張をもっていましたが、ITなどの技術の進歩とともにその主張が瞬時に世界に広がるようになりました。その反面、新たな課題が生じています。たしかに、この二〇年間に市民社会が率いる世界的なキャンペーン（運動）はめざましく拡大し、かなりの成功を収めました。しかしこの五年間、市民社会による世界的なキャンペーンが過去の成功と同じ規模に達することなく終わっています。その主な原因は、国際開発をとり巻く状況の大きな変化に市民社会が適応しきれていないことにあります。

――市民社会が適応できない環境の変化とは。

丹羽●ＢＲＩＣｓなどの新興国の台頭、資金面での制約、政治的な活動スペースの縮小、それに伴うＮＧＯの地位低下、くわえて地位低下にともなう今後の援助に対する自信の危機的な低下……などです。

――そうした状況に対応できるスキルはありますか。

丹羽●ある特定のキャンペーンにおいて複数のNGOが協力する場合、三つの「構造モデル」があります。

一つは、中央集権のリーダーシップと強力なブランド力の二つを兼ね備える「事務局主導モデル」。二つ目は戦略を共有しつつ、個々のNGOが独立的にキャンペーンを展開する「協同モデル」。そして三つ目が協調にもとづきつつ、取引費用を最小限に抑える「船団モデル」の三つです。最近の傾向としては「船団モデル」に向かう流れが強まっています。

キャンペーンを持続させ、その効果を保つには、戦略的な統括的リーダーシップ、強力な〝中心〟が必要となります。つまり、必要なのは強力な外部的リーダーシップであり、キャンペーンの対外的な力を保つには、必要に応じて内部的リーダーシップを譲り合うことが求められるということです。そして、キャンペーンの最優先課題に沿って「資源を配分」すること。こうした戦略は国連開発システムが現在直面している課題とも強く響き合います。

――もうひとつ注目すべきは慈善資本主義の誕生です。

丹羽●この二〇年の間にはまた、のちに「フィランソロキャピタリズム」（慈善資本主義）と呼ばれるものも生まれました。ビル・ゲイツを筆頭に、ばく大な資産をもつ一連の「財団」が新たな財源を提供し、さらには開発協力事業に新しい「起業家精神」を吹き込みました。これは重要な変化です。そしてそれが大きな影響力を及ぼすことになりました。

――「貧困像」にも変化が現れていますね。結果、これまでの「開発観」の修正が迫られている。

丹羽●これまで数十年間、開発はほぼ直線的に進行するプロセス、すなわち「進歩」と見なされてきました。開発協力もその直線に沿った傾斜配分で、最も貧しい国々に最も多くを与えてきました。

「後発開発途上国」「中所得国」「高所得国」といった分類もその直線に沿ってなされています。「貧しい人々」と「貧しい国々」との区別はつねに認識されてはいたものの、開発政策においては「おおむね貧しい人々は貧しい国々にいる」という前提に立っていました。開発プロセスを直線的に捉える旧来の考え方に対し、「貧しい人々」と「貧しい国々」を厳密に区別する必要があるという問題意識が広がったのは、ごく最近のことです。

この点に関し、まず一方の論点として、多くの低所得国と中所得国において、最も貧しい人々がきわめて貧しいままの状態にあり、他の多くの人々が貧困に「再転落」するおそれが現実的にある。さらに中所得国に統御しがたい貧困層が残存しており、国際的な配慮を必要としていることも確かです。それゆえ国際社会は、「貧しい人々」と「貧しい国々」を峻別し、真に苦境にある人々に関与していかなければならない。それがひいては、人権・平等・分配の重要性、社会的保護の必要性へとつながっていくのです。

——今後の開発支援の課題とその取り組みについて。

丹羽●四つのカテゴリーが考えられます。まず一つは、グローバル化に取り残されている国、依然としてODAへの依存度が高い状態にある国々です。その多くは脆弱《ぜいじゃく》国であり、幅広い分野で国際社会の強い支援を必要としているが、とくに従来の開発援助が焦点を当てていなかった分野、たとえば包含性の高い効果的な「法の支配」、「治安機構」の確立などです。

二つ目は、グローバル化の列車に乗り込みつつある「中所得国」で、援助には依存しておらず、グローバル化への積極的な参加を望んでいる国々です。このカテゴリーの国々はグローバル化への効果的な参加に関わる一連の分野で大きな支援を必要としています。たとえば、グローバル化に伴うリスクとショックに対する広範な政策アドバイス、あるいは個々の分野に関する政策アドバイスなどです。

三つ目が、持続可能なエネルギーや気候変動対策など、新たな問題への集団的対応をまとめ上げる課題。そのためには共通の意識と価値観の確立に対する大きな投資が求められます。そして四つ目に、集団的対応の促進においてグローバル化とグローバル公共財に関わる中心的存在でありながら、その二つに関する協議へ効果的に参加するための支援を必要としている国々です。これら四つのカテゴリーは、それぞれの国々が直面している「課題」を特徴づけるのに役立ちます。

結論として、国連開発システムの機能に「形態」と「資金」と「統治」の三者が密接に提携されていなければならない。また、形態と資金と統治の再編は一体として行なわれなければならない、ということになります。

——これらの課題における国連と民間セクターの役割は何でしょう。

丹羽●国連の強みは、利害関係者を招集して複数の利害関係グループにまとめ上げ、タテ割りの壁を突破する能力にあります。つまり「国連」は外部的行動の調整役としてもっとも効果的に機能するということです。これに対し「民間セクター」は、人員と拠点においてより深い地理的プレゼンスを持ち、ノウハウ（専門的知識）と資源の面で貢献する能力が高い。こうした評価は二〇年前の時点では想像することすら難しいことでした。

——民間セクターの場合、より高技能の専門人材が求められるのではないですか。

丹羽●いま国連は「信頼性」「適正な技能」「資金調達」という三つの不足をかかえています。この難題を解決するためには、複数のセクターにまたがる知識をもつ「高技能」の専門人材が必要です。資金調達と信頼性は相互に結びついていますから、国連の効果性が増せば信頼度は高まり、資金調達の向上につながりやすくなります。

——つまり、システムとして噛み合っていない。『Gゼロ』の著者イアン・ブレマーは「国際機関は適応能力を欠如しており、国連は名を挙げるにも値しない」と国連システムの適応能力に懐疑的です。

丹羽●政策分析者たちからも「多国間の政府間組織は環境変化への対応能力がとくに弱い」との指摘を受けています。それは多国間の政府間組織が代表している利益そのものが変化の最中にあるからなのです。今後、一方に市場の拡大、国家と市場の関係の変化、もう一方に公共セクターと民間セクターの役割の変化といった二つの背景のもとに、国連システムはもっとそうした当事者を包含し、活動していく必要があります。

——最後に、今後の見通しについて。

丹羽●端的にいえば、この二〇年にわたる世界経済の変化は、国連開発システムの果たすべき機能に大きな、また複合的な影響を及ぼし、深淵からの改革を必要としています。くわえて、中核機能の将来においては、グローバル公共財の提供における「責任の分担」という課題と向き合うことになるのは必至です。

国連事務局

一九九七～二〇〇四

今世紀の暗く危険なトンネルの出口に光が差し込んでいます。そしてこの光は世界中の人々の希望と夢によって、さらに明るくなっています。国連はこうした夢を運ぶ唯一真正で普遍的な船なのです。活力と組織と誓約を新たにした国連は、この夢を来る千年期へと運び、これを実現することができるのです。

コフィー・アナン（第7代国連事務総長）

国連事務局着任

一九九七年一月、第七代国連事務総長にコフィー・アナンが就任した。前任のブトロス・ブトロス・ガリ（エジプトの国際法学者。一九二二～二〇一六）がアメリカの意向で、一期（一九九二～九六）だけの事務総長となったあとの任命だった。ガリはアフリカ大陸出身者初の事務総長として、「平和への課題」（アジェンダ・フォー・ピース）などの提言書を発表、「国連改革」や「PKO改革」にも取り組んだ。ガリ事務総長は注目すべき業績を残したが、鼻っぱしらが強く、独立心も旺盛で、英語よりもフランス語で話すことを好んだ。そのガリ事務総長をアメリカ政府が敬遠しての事務総長交代であった。後任のコフィー・アナンは国連平和維持活動局事務次長を歴任し、アメリカの強い後押しで事務総長職に就いた。

アナンは一九六二年、国連専門職の最下位のP1で世界保健機関（WHO）に入り、行財政・人事部門を長く歩き、平和維持活動を指揮したあと、事務総長にまで上りつめた生粋《きっすい》の生え抜き〝国連人〟であった。第一線からの〝たたき上げ〟であり、それだけに職員からの信頼が厚かった。

アナンは長年国連組織で一緒に仕事をしてきた優秀な、かつての同僚を多く登用し、自分の直属部下とした。その中には国連難民高等弁務官事務所（ＵＮＨＣＲ）の同僚だったブラジル出身のセルジオ・ビエイラ・デメロ、インド出身のシャシ・タルーアがおり、そして国連平和維持活動局のイクバル・リサ（パキスタン出身）はその筆頭だった。のちにこのグループに事務総長官房長および副事務総長として仕えたマーク・マロック・ブラウン（イギリス出身）も加わることとなる。

こうして周囲を消息通の同僚で固めたアナン事務総長は、「新路線」を打ち出すのも早かった。まず一九九七年三月一七日、「管理組織改革」*を発表し、国連四主要部門（平和と安全、経済・社会、開発、人道）に閣僚体制を敷いた。さらに同年七月一四日、「国連改革案」**を発表し、国連は国際社会の期待に沿うため抜本的な三つの改革、すなわち、①事務総長の権限で実現できる国連事務局、基金と計画の指導力と組織経営の強化に関する方策、②加盟国でなければできない方策、③国連総会によるさらなる抜本的、長期的改革案を必要としているとし、これを明示した。

「事務総長権限による改革」として、戦略的経営方針、副事務総長ポストの新設、一〇パーセントのポスト削減、管理費削減、国レベルの国連活動の統合、そして市民社会・民間部門との協調を打ちだし、それらを二九項目の行動要項としてまとめ、国連総会に明示したのである。

私はひとまず、一九九七年九月から一二月までの四カ月間、国連開発計画からの〝弁当持ち〟（給料支給）のかたちで国連本部管理局に赴任し、先のアナン事務総長の提言した国連改革対策の一環である第二六行動要項の国連諸機関コモン・サービス執行調整官・事務次長補代行となった。当初は専門職部下のいない、秘書と二人だけの〝単身赴任〟であったが、私を全面的に支持してくれていたコナー管理局事務次長と密接に連携を取りながら、楽しく仕事に就いた。お互いの執務室がイースト川沿いに南北に走る国連ビル二七階の北端に会議室を挟んで位置し、執務時間中それぞれの部屋を頻繁に行き来しながらの毎日となった。

まずは、スペス総裁の「けん責処分」の取り下げを確保し、私の正式の国連事務局入りを実現するという課題に集中した。そこで部下二人の助けを借り、コナー事務次長の肝いりで設立された「シャンプー&ワルツァー特別審査委員会」への提出文書や「国連内部公平審査事務所」への提出関係書類の作成に専念した。

一方、新しい国連改革関連業務のために、国連プロジェクトサービス機関（UNOPS）のラインハルト・ヘルムケ（ドイツ出身）事務局長の好意で、優秀な中堅職員一人をUNOPSの〝弁当持ち〟で派遣してもらい、国連本部と主要国連諸機関を対象とする新しい国連共通サービス業務確立の試みに着手した。この作業は国レベルと本部レベルで国連の業務活動を経験してきた私にとって、いわば〝打ってつけ〟の仕事であった。

総務担当事務次長補代行としての仕事は、当時その職にあったベノン・セバン（キプロス出身）事務次長補が、新しく「イラク石油・食糧交換計画」事務局長として就任したあとも、そのまま兼任のかたちで、私の正式な着任が決まるまで、引き続き面倒をみてくれることとなった。

＊ Strengthening of the United Nations System: Programme Budget for the Biennium 1996-1997, Letter dated 7 March from the Secretary-General addressed to the President of the General Assembly (A/51/829)
＊＊ Renewing the United Nations: A Programme for Reform (A/51/950)

けん責審査

年が明けた一九九八年初頭、シャンプー&ワルツァー特別委員会が審査を行ない、「スペス国連開発計画総裁のけん責処分は根拠がなく、丹羽氏の調達最高責任者としての任務を含め、国連本部での正式任命になんら障害にならず」との結論に達し、その報告書はアナン事務総長に提出された。こうして私は、ベノン・セバン事務次長補から正式に総務担当事務次長補としての仕事を受け継ぐことが可能になった。

この特別審査委員会の結論をもとに、コナー事務次長はスペス国連開発計画総裁に対し、「けん責処分を撤回」するよう再度促したが、スペス総裁はかたくなにその要求を拒否し続けた。アナン事務総長、リザ官房長、スペス総裁、コナー事務次長の四者会談で、スペス総裁とコナー事務次長との間で論争となり、アメリカ出身の国連最高首脳二人の「どなり合いにまでになった」と聞くに及び、そこまで努力してくれるコナー事務次長への感謝の気持ちと、迷惑をかけたことへの悔いの気持ちが交錯し、複雑な心境であった。ただ、今回の任命はスペス総裁の「けん責処分」の撤回がないままのことから、アナン事務総長への万が一の悪影響を回避するため、ひとまず総務担当事務次長補〝代行〟として正式任命されることとなった。だが、ほとぼりの冷めた数カ月後に、何の公式発表もなく私の職名から静かに〝代行〟が外されたのだった。

その間、カレン・シャンプーユニセフ事務局次長の好意で、ユニセフの〝弁当持ち〟のかたちで新しくフィリピン出身のルイス・メンデスをコモン・サービス専門担当官として迎えることができた。また、スペス総裁の〝仕打ち〟を身近で見ていて、「ニワさん、どこへでも、またどんな仕事でもいいから、国連本部に一緒に連れて行ってください」と願い出ていたブルガリア出身のシモナ・ペトロバ前特別補佐官の国連本部への転身も無事実現し、私の事務所はこの二人の特出した中核スタッフで固めることとなった。いずれにせよ、のべ一年近く〝宙づり状態〟に置かれていた状況から解放され、また尊敬できる上司を得て、国連事務局本部で新しく仕事を始めることができたことを、心からうれしく思った。そしてこの間、悪戦苦闘を強いられていた私をすぐ間近で見守りつづけてきた家族にとっても、まことにうれしい展開であった。

イラク情勢

私が国連本部に移った一九九七〜九八年のころ、一九九一年に勃発した「湾岸戦争*」の結果、武装解除を義務づけられたイラクが、国連大量破壊兵器廃棄特別委員会（ＵＮＳＣＯＭ）による査察に非協力な動きを示すようになっていた。これに対し、国連安保理はイラクを批判したが、イラクの姿勢は改善されなかった。

一九九八年一月二八日、マデレーン・オルブライト・アメリカ国連大使はイラクが査察を受け入れない場合、イラクに対し「単独攻撃を行なう」と表明した。しかし、安保理常任理事国で支持を表明したのはイギリスだけで、ロシア、フランス、中国はいずれも反対の構えを見せた。こうした状況から、アナン事務総長は二月二二日〜二三日にイラクを訪れ、フセイン大統領に直接会って「査察受け入れ」の表明を引き出した。

この確約を取り付けたアナン事務総長は、「サダム・フセインと私は取引できる」として、ニューヨーク国連本部に帰任した。登庁した事務総長はあたかも凱旋将軍のごとくで、国連職員の熱烈な歓迎を受け、私もこの歓迎に加わった。

しかし、こうしたアナン事務総長の努力にもかかわらず、この年（一九九八年）の一二月一六日、国連の大量破壊兵器査察に対し、「イラクの完全な協力が得られなかった」とするリチャード・バトラーUNSCOM委員長の安全保障理事会への報告を受け、その翌日、イラクに対しアメリカ・イギリスの両軍が「空爆」を開始した。これは安全保障理事会の承認を経ずに行なわれたもので、アナン事務総長はこの空爆に遺憾の意を表明した。

その後、二〇〇四年にイラクに対する国連の人道支援事業「石油・食糧交換計画」を含め、一連のイラク問題はアナン事務総長にとって大きな課題となり、のちにアナン氏の命とりにまでなりかねない展開となった。

＊湾岸戦争　イラクにより侵略・侵攻されたクウェートの解放をめぐる戦争。一九九〇年八月、イラクがクウェートに侵攻して占領。国連による「撤兵決議」に応じなかったため、国連の決議によってアメリカを中心とする多国籍軍が、一九九一年一月、イラクに対して攻撃を開始し、二月末までにクウェート全土を解放した。

正式任命と任務

私は総務担当事務次長補および管理局中央支援サービス事務所の長として、調達、本部施設維持・総務・管理、IT、本部安全・警備、国連商業活動、国連郵便の総括担当であった。また一方で、国連諸機関コモン・サービス執行調整官としての任務も進めていった。

国連事務局本部、国連開発計画（UNDP）、国連児童基金（UNICEF）、国連人口基金（UNFPA）、国連プロジェクトサービス機関（UNOPS）、世界食糧計画（WFP）、国連難民高等弁務官（UNHCR）を対象として、法律業務、財務、調達、施設管理、旅行および運輸サービス、文書管理、安全と保全、人事管理、統合管理情報システム（IMIS）を含むITサービスを対象に一一の調査委員会をつくり、具体的なコモン・サービスの可能性を探求した。

コモン・サービスはその性格上、地域性向が強いため、まずニューヨークを対象に選び、その結果にもとづき他の国連事務所のあるジュネーブとウィーンに順次広げていくこととした。さらに国レベルでのコモン・サービス探求のため、国連開発計画主導の国連開発グループ（UNDG）、国連組織間調達調査委員会（IAPWG）、そして国連合同監査団（Joint Inspection Unit）と密接に連携を取ることとした。

だが、参加機関の協力の約束は得られたものの、ロバート・ジャクソン卿がその著書『国連開発計画援助体制の能力検証』（「キャパシティ・スタディ」）の中で形容したように、国連組織のそれぞれが「公国」のごとく独立・自立しており、組織の垣根を超えた共通業務には正直なところ限界があった。国連システム全体を総括する形でのコモン・サービスを確立するためには、根幹となる行財政・人事体制の一貫性と、共通の会計・調達・人事規定および手続きを必要とした。

にもかかわらず、各国連機関の行財政規程規則と人事規程規則は十分統制されておらず、足並みがそろっていなかった。こうした状況下でのコモン・サービスの探求であることから、当該一一分野で現実的に実現可能な合同対策案のみを盛り込み、さらに将来解決されなければならない制約要因をも明確にした「国連事務総長報告書」をメンデス事務官の助力で書き上げ、国連内部の合意を取り付けたのち、総会に提出し、了承を得た。

その後、国連開発計画、ユニセフ、国連人口基金、世界食糧計画といった国レベルで活動する国連開発・人道機関のみを対象とし、経費節減と能率向上を目指す国レベル「コモン・サービス」の普及を探索した。その試みとして、世界一三〇カ国の国レベル事務所の行財政スタッフを訓練するとともに、南アフリカとセネガルに「コモン・サービスセンター」を立ち上げ、国レベルにおける具体的成果の積極的なモニタリングを行なった。この試みは地道ではあるが、合同調達、銀行業務、データ管理、ロジスティック・保安・医療サービス管理、コンサルタント管理、配車管理といった財務・総務・人事分野で具体的な成果を生み出すことができた。

あいさつ回り

正式任命が発表されてすぐに実行したのは、七〇〇人以上からなる私の監督下にある中央支援サービス事務所スタッフ全員へのあいさつであった。当時、私の管轄下には安全・警備担当者を含め、国連本部のほとんどすべての〝裏方〟が属しており、その職場は広く、国連事務局ビルの地上数階と地下三階までの機械室、ボイラー室、印刷室、文書保管室、ガレージ、倉庫などであった。このような職場で勤務する一人一人の職員に十分時間を使ってあいさつした。

こうした職場まわりと職員へのあいさつがよほど好感を与えたようで、大きな反響があった。それまでそうした部下への配慮が示されたことがなかったらしく、同僚の人事担当のマレーシア出身ラフィア・サリム事務次長補やコナー事務次長へ「丹羽を見習え」との匿名のメールまで出された。その後、毎年管轄下にある事務所（国連事務局ビル地下三階から地上階まで）が催すクリスマス・パーティーにはすべて順次訪れ、必ず顔を出す慣例を確立した。

国連行財政・人事経験者であるアナン事務総長も、私と同じく年末の〝あいさつ回り〟をしていたようで、いくつかの事務所でバッタリと顔を合わせた。生粋の国連職員として長年国連本部で勤務してきたアナン事務総長だけあって、さすがに裏方がいかに国連事務局にとってなくてはならない存在であるかを十分承知していた。

人間としてのコナー事務次長

その後、コナー事務次長と親しく仕事をする機会が続いた。ほとんど毎日、朝八時前から約三〇分、朝食を取りながらその日の仕事の打ち合わせをするのが日課となった。時には仕事のことばかりでなく、われわれの私生活も話題となった。知れば知るほどすばらしい、頭の切れる、努力家の姿がひしひしと伝わってきた。

　コナー氏の朝食はいつもコーヒー、クリームチーズを塗った小さなベーグルとミルクであった。あるとき、向かい合って座っていた自分の執務室を見まわし、「私が育った故郷のピッツバーグの家族一〇人用のアパートがこの執務室とほとんど同じくらいの大きさだった」と感慨深げに語ったことがあった。プライス・ウォーターハウス社会長、アメリカ商工会議所会頭といった要職を歴任し、またジョージタウン大学経営学部の教授も務め、アメリカにおける有数の成功人として当時のＣＮＮの名物番組「頂点」（Pinnacle）にも出演したことのあるコナー氏の生い立ちは、きわめてささやかなものであったことを知った。

　コナー氏は毎年「国連の財務状況について」という詳細な分析的報告を国連総会第五委員会において行なうのが恒例であった。しかし二〇〇二年一〇月、その恒例の説明会の数日前、声が出なくなり、私にその代役を依頼された。通常なら、内容的に事務次長補・財務官がすべきところであるが、「ぜひともお願いする」とのコナー氏の頼みでもあり、よろこんで引き受けることにした。しかし説明会に先がけ、使用する会議場「カンファレンス・ルーム３」を使って、コナー氏の立会いのもと、プレゼンテーション全体の完全予行演習を二回、二日にわたり慎重に行なって、本番に臨んだ。その徹底した、プロとしての周到な準備と熱意に頭が下がった。

ささやかな試み

私の仕事は、いわば〝縁の下の力もち〟的性格が強く、ちょっとした気づかいが良好な結果を生んだ。その事例をいくつかあげてみる。

〈女性用トイレの強化〉

国連総会ビルは女性の社会的地位がまだ確立されていない第二次大戦直後に誕生したため、「トイレ」の男女配分が極端に男性優先になっていた。男子トイレはやたらと広く、かたや女子トイレはすごく狭いことに気づいた。当時、国連において、ＮＧＯを含め女性の活躍が大幅に増加し、女性の数が格段に増えていた。注意して観察すると、女性トイレの入口にはいつも長蛇の列ができていた。一方の男性トイレ入口にはそうした列はまったく見られなかった。さらにひどいことに、いくつかの男性トイレにはソファーセット付きの客間とシャワーまで完備され、不必要に豪華な造りであった。これは「理不尽」と思い、担当者と相談のうえ多くの男性用トイレと女性用トイレを差し替えた。表立った反応はなかったが、数人の女性職員と外交官から感謝された。

〈国連事務局ビルの禁煙化〉

次に国連事務局ビルの「完全禁煙化」に着手し、これを実現した。当時、国連事務局ビルに立ち入ると、あたかも喫煙室に足を踏み入れたかのような錯覚を起こすほど、紫色のタバコの煙がモウモウとしていた。タバコ煙害がすでに広く認知されていたことから、またあまりに国連として〝みっともない〟と判断し、コナー事務次長に相談のうえ、国連事務局ビルの「全面禁煙」を前触れなく実行した。この処置に対し、一部の外交官から「なぜ？」との質問が出たが、住民ともいえる国連職員からは表立っての抗議や不満は出ず、胸をなでおろしたことだった。だが、国連会議場ビルは国連加盟国の「治外法権」領域のため、非公式に相談したセルゲイ・ラブロフ・ロシア国連大使その他の外交官の反応は芳しくないことから、事務局の力だけでは「決行不可能」と判断し、ＣＮＮ特派員のリチャード・ロス氏の「禁煙化」の強いアピールもあったが、禁煙化を見送った。

〈武器探知機〉

次いで着手したのは、国連総会ビルの「安全対策」であった。私が国連本部に赴任した一九九八年当時、いまでは当たり前になっている「武器探知対策」が採用されておらず、たとえ外交官が武器を携帯して国連総会ビルに出入りしても、それを感知する具体的方法を持たなかった。そうした武器持ち込みはテロ対策の観点から許されないと判断し、麻薬および爆弾探査犬を車用入口に、また国連総会ビル入口各所には金属探知機を設置し、例外なくすべての国連入場者に義務づけた。ちなみに、武器持ち込みの事例が広く知られたのは、一九九五年に拳銃のようなものを腰につけて国連総会に出席したパレスチナ解放機構（ＰＬＯ）のアラファト議長の写真が新聞を飾ったときである。

〈国連連邦信用組合の店舗拡大〉

国連ニューヨーク本部創設以来、ケミカル銀行が国連事務局ビル四階に支店を持ち、国連職員に銀行業務を提供していた。その後、ケミカル銀行がチェース・マンハッタン銀行と合併し、Ｊ・Ｐ・モルガン・チェース銀行と改め、営業をつづけた。この間、「国連連邦信用組合」（クレジットユニオン）が発足し、小規模な支店を同じ四階に開き、営業を開始した。クレジットユニオンの顧客が増えるに従い、昼食時には廊下にまで顧客があふれるようになり、火災安全上看過することができない状態に達した。そこで十分すぎるほどのスペースを持つとなりのチェース銀行と誠心誠意交渉したが、まったく協力が得られず、最後の手段として「安全性の確保」を理由に、家主特権でそのスペースを若干〝もぎ取り〟、クレジットユニオンへ振り替えた。後日、アメリカ出身のジョセフ・バーナー・リード事務次長のところへデービッド・ロックフェラー元チェース銀行会長から「私の銀行をどうしてくれる」と苦情が入ったとのことだったが、事情をていねいに説明し、了承してもらった。ちなみに、リード氏はチェース銀行時代、ロックフェラー会長の特別補佐官であり、ジョージ・H・W・ブッシュ大統領の儀典長でもあった。

〈国連事務局ビルの大型掲示板〉

さらに、国連にも「すこし遊び心も必要では」と思い、国連ビル維持・管理担当職員と相談して、イースト川とマンハッタン両方に面して細長くそびえる国連事務局ビルを〝大型掲示板〟に仕立てることを思いついた。それもハイテクな掲示装置ではなく、白色その他の大型紙を窓に貼り付けるだけのローテクで、文字あるいは模様を表現することにした。

ひとつは、毎年九月に開催される定例国連総会のおり、出席する各国首脳の保安警備のため、ニューヨーク・マンハッタンのいたる所で交通渋滞がおこり、数日間まったく動きが取れない状態になることから、国連総会主催者の国連事務局として謝罪と謝意を表す「THANK YOU N・Y・」のサインをマンハッタン側からもイースト川を越えてクイーンズ側からも見えるように表示し、話題を呼んだ。さらに、紀元二〇〇〇年には「UN2000」のサインを、またエイズキャンペーンのときはそのシンボルを映し出した。

国連調達活動

数ある任務のなかで、私がとくに注意を要したのは「調達」であった。国連の調達案件は一般調達から平和維持活動調達まで、物資とサービスを対象として多岐にわたり、世界的規模で行なわれていた。アナン国連事務総長の国連平和維持活動改革案でも調達制度の見直しは重要な案件であった。とくに、緊急処理を要し、また特化されたサービスを必要とする平和維持活動のための調達は、不祥事が起こる可能性が強かった。事実、赴任前の一九九〇年代中ごろにも「金曜日の虐殺」と呼ばれる不正事件が起き、不正容疑を受けた数人の調達専門職員は即刻休職処分にされ、警備員に伴われて職場から強制退去を命じられ、自宅待機を強いられた。その日はちょうど金曜日であったため、国連職員たちは「金曜日の虐殺」と名づけ、調達専門職員を恐怖に落し入れた。結局、数年後に全員の無実が証明されたが、その間に容疑を受けた関係者は極度の心理的苦境に追い込まれ、失意の職員が心臓マヒで亡くなるという事態も発生した。

私が調達最高責任者に就任したあと、ローマに本部を持つ調達専門機関である「世界食糧計画」（WFP）から新しく調達責任者を迎え、本部調達審査を強化し、万全の体制を敷いた。しかし残念にも、小規模ではあったが私の監督下にあるインドとロシア出身の調達職員の「調達横領事件」が発生し、アメリカ当局に逮捕される不祥事となった。いずれにせよ、国連調達最高責任者としての役割は大きな潜在的リスクを持っており、また国連開発計画での詐欺事件の教訓から、細心の注意と警戒を強いられた。調達のさらなる効率化と、より完全な調達管理体制の確立を目指したが、年間数百件にのぼる調達案件を滞りなく無事にこなすには調達職員一人一人の倫理と努力はもちろんのこと、「国連本部調達審査委員会」の厳格な審査と、ペトロバ特別補佐官による最終厳密精査が不可欠であった。そのころ私が「夜間、安心して睡眠できた」のは、ひとえにこうしたスタッフのたゆまぬ努力によるところが大きかった。

統合管理情報システムの開発

調達と並行して苦労を重ねたのが、当時、佳境に達していた国連独自のITシステム「ＩＭＩＳ」の開発であった。ＩＭＩＳは国連本部およびジュネーブ、ウィーン、ナイロビといった主要国連事務所における人事管理・財務・旅行を含む総務・調達に関する経営活動すべてを対象とする統合管理情報システムで、その開発を目指していた。

この試みは、のちに第一〇代フィンランド大統領となったマルッティ・アハティサーリ氏が管理局事務次長であった一九八八年に、国連総会の承認を得て始まった案件であった。その後、総額約一億ドル以上を投入し、私が着任した一九九八年には最終過程に入っていた。採用していたコンサルティング会社がコナー事務次長の古巣のプライス・ウォーターハウスであったことから、利害の抵触を極力回避するため、私が前面に立ってこの事業の完結を目指すこととなった。

当時、ＩＭＩＳはイタリア出身のジャン・ピエールルロズ部長の指導のもと、優秀な、そして献身的な職員約二〇名が、毎日汗水を流しながら二四時間体制で悪戦苦闘努力していた。彼らの勤勉な努力により、ＩＭＩＳを成功裏に導くことができた。

国連総会会議場の大型ハイビジョン・スクリーン

国連は創設後、着々と加盟国が増え、当時すでに「一九二カ国」までになっていた。これに対処するため、国連総会会議場では観客席を削りながら加盟国席を順次後方に広げていった。その結果、だんだんと正面のひな壇から離れて楕円状に加盟国席が後退したため、後方の加盟国席からひな壇がよく見えない状態になった。そこで、国連ミレニアムサミットの二〇〇〇年九月の国連総会のさい、海老沢勝二NHK会長の好意で国連総会会議場の右左上段に大型スクリーンを設置し、当時まだ開発途上にあったNHKハイビジョンにより、その大型スクリーンに演説者の映像を映写した。これにより、演説者の表現が後部席からも見えるようになり、加盟国代表団に喜ばれた。

この国連特別総会が成功裏に終幕した翌日の土曜日、アナン事務総長から携帯に電話が入り、「あの大型スクリーンがあまりにも好評だったので、そのまま国連総会会議場に残していただくようNHKにお願いしてくれ」との依頼があった。さっそく、当時の佐藤行雄・国連大使に電話してNHKにお願いしていただいたが、「すでにもうあの大型スクリーンは降ろされてしまい、次の使用予定地のロスアンゼルスのアカデミー賞授賞式に向け発送された」とのことで、残念ながらアナン事務総長の期待に沿えなかった。しかし翌年、再び海老沢会長の配慮で、ハイビジョンと大型スクリーンによる国連総会〝大型化〟が実現し、今日に至っている。

この年（二〇〇〇年）の五月、ロシアではウラジミール・プーチンが大統領に就任した。ソビエト連邦崩壊後、迷走をつづけていたボリス・エリツィン大統領（一九三一～二〇〇七）の後任であったが、当時さほどの期待感をもって迎えた記憶はなかった。

ブッシュ大統領誕生

翌年（二〇〇一年）の一月に、アメリカ第四三代大統領にジョージ・W・ブッシュが就任した。副大統領はディック・チェイニー（国防長官として一九九一年湾岸戦争を指揮）で、「自由主義や民主主義を重視し、アメリカの国益や実益よりも思想と理想を優先し、武力介入も辞さない思想を信奉する」とされた新保守主義「ネオコン」が政権の中枢を占めた。同年九月一一日にはニューヨーク、ワシントンにおいてアルカイダによる同時多発テロ事件「9・11」が発生し、アメリカ政府指導者を「テロとの戦い」に駆り立てた。

さらに確証はないにもかかわらず、ブッシュ政権は「アルカイダ」とイラクを結びつけ、二〇〇三年三月には「イラク戦争」を米英主導で実行、時のフセイン政権を倒した。この間、国連の安全保障理事会と国際社会の意向を無視してアメリカ独自の判断を強行する「単独行動主義」が目立った。そこで、アナン事務総長は恒例の早朝プレス・ブリーフィングで記者団の前でイラク戦争を「非合法」と批判した。この発言を契機として、それまで良好であったアナン事務総長とブッシュ政権との関係が一転して険悪になった。

新たなチャンス

そのころ、とつぜんコナー事務次長から「じつはアナン事務総長がキミを平和維持活動局総務・財務担当事務次長補として起用することを考えているが、どう思うか」とリザ官房長から聞かれたとのことだった。それに対し、コナー氏は「キミは現在楽しみながら総務担当事務次長補としての仕事をしているので『興味がないだろう』と答えておいたが、それでよいだろうね」とのことであった。たしかに仕事が佳境に入っていたこともあり、ほかの部署に移りたいという気持ちは格別なかったが、平和維持活動は国連の基幹任務であり、まったく興味がないわけではなかった。しかし、コナー氏のおかげで九死に一生を得て現在がある私にとって、コナー氏の気持ちに反して、あえて「平和維持活動局」に移りたいとはとても言い出せなかった。

その後、リザ官房長から直接「それで本当によいのだな」との確認があり、私の気持ちを確かめられた。この出来事を佐藤国連大使に伝えると、日本政府として「まことに残念だ」との反応が返ってきた。ちなみに二〇〇七年、パン・ギムン（潘基文）事務総長は「フィールド支援局」を新設し、当該事務次長補ポストを格上げして「事務次長」レベルとした。この新設ポストをめぐって、当時私に「手を挙げてみてはどうか」との話が事務総長室職員から持ち込まれたが、これはあとで述べるように、まったくの偶然ではなかった。

さらに同じころ、カナダ出身のルイーズ・フレシェット国連副事務総長の側近で、同じくカナダ出身の当時の「人道支援調整局」キャロライン・マカスキー事務次長補から、「あなたは私の局の事務次長筆頭内部候補として考慮されている」との内々の情報があった。それを裏づけるように、ある人道支援関係NGO代表からも、あたかも私がそのポストにつくことを前提とした口ぶりの手紙をもらった。だが、そうであっても平和維持活動局への移転の話があった直後であり、自分から働きかけることはコナー事務次長に対し「道義的に許されない」と判断し、そうした行動を避けた。

しかし、日本政府には「いちおう伝えておくべき」と思い、佐藤国連大使に「こういう話がありま す」と伝え、「もし適切であるならお力添えをお願いします」と付け加えた。そのときの佐藤大使の反応はどこか微妙で、何か事情がある様子で「まことに心苦しいな」とつぶやかれた。後日、日本政府内閣府国際平和協力本部事務局長の大島賢三氏が日本政府の推薦により、国連事務次長（人道問題担当）に選ばれたのであった。

9・11テロ事件

二〇〇一年九月一〇日、東四七丁目にあるジャパン・ソサエティーのとなりのホーリー・ファミリー教会で、ニューヨークに赴任して初めて国連総会開催を祝う特別礼拝に臨んだ。そして、翌日から始まる国連総会の成功をアナン事務総長夫妻、国連総会議長らと祈った。

その翌日の九月一一日、いつものように午前八時前から執務室で仕事を始めた矢先、「小さな飛行機がワールドトレードセンタービルに突っ込んだらしい」と部下のカテヤ・タボーリアンが飛び込んできた。急いでテレビをつけてみると、リアルタイムで二機目の大型ジェット機がもう一つのワールドトレードセンタービル（ＷＴＣ）に突っ込む直前の映像が目に飛び込んできた。そして次の瞬間激突した。それはまるでスローモーション画像を見ているようであった。

真っ黒な煙をモクモクと吹きあげるツインタワー。つぎつぎと、これまで見たこともなかった光景が目に飛び込んで来る。逃げ場を失った人々がビルから飛び降りる光景に、私は肝をつぶした。そしてその後まもなく、二つの高層ビルはいとも簡単に下方から崩れ去っていく姿をテレビは映し出していた。それは現実とは思えず、仮想の画面を見ているかのようだった

その光景をみて私は、部下のカテヤの語った「最初の一機」も事故ではなく、故意に突っ込んだ「自爆テロ」だと察した。すると時を移さず、部下のマイケル・マッキャン警備部長が、アメリカ当局から

の連絡でこの事件が「テロ」によるものであることを伝えてきた。そこで私はすぐに国連事務局ビル一階のイースト川に面した国連警備部室へと向かい、ニューヨークの「国連ビルもテロの標的になっている可能性もある」とのことで駆けつけてきたニューヨーク市警察とFBI担当官と国連による「合同事故対策本部」を設置した。そこにリザ官房長とコナー事務次長も加わり、すぐさま緊急対策に着手した。まず、命令系統を簡素化し、「リザ官房長—私—マッキャン警備部長」と一本化し、出勤前のアナン事務総長に「自宅待機」をお願いした。さらにニューヨーク在住のユニセフ、国連開発計画、国連人口基金などのリーダーと連携を取り、すでに出勤していた職員と各国代表団職員を地下一階の会議室に集めた。そして出勤してきた幹部職員に集まってもらい、事態を説明し、緊急必要要員以外は即刻職場を放棄し、帰宅するよう指示した。その後も、アメリカ当局から逐次入ってくる情報をもとに、安全管理体制の徹底に務めた。

こうした緊急状況下で、当時の国連ビルがいかに非常事態に対する備えがないかが改めて思い知らされた。まず、一九五〇年代に建築された国連ビルにはしっかりと機能する緊急事態用のアナウンス装置はなく、職員誘導も係員が各階に赴いて口頭で退避を促さなければならなかった。さらに火事に備えた散水装置もなく、防火壁も整っておらず、万が一国連ビルがテロの標的になった場合にはまったくの〝お手上げ〟状態であった。私はそうした状況のなかで緊急体制を維持しながら、その後も数日間、他の職員と職場で寝起きしながら災害対策に当たった。

その翌日の九月一二日、特別国連総会が開催され、この「9・11」テロに関する特別決議案を採択した。さらに国連安全保障理事会も、このテロ行為を弾劾する決議案一三六八号を採択した。いつもと違い、車を使わず徒歩で静かに総会に集まった各国代表団の姿が印象的であった。

9・11のちょうど一週間後、九月一八日、ルドルフ・ジュリアーニ・ニューヨーク市長とジョージ・パタキ・ニューヨーク州知事からの招待で、「グラウンド・ゼロ」をアナン事務総長、リザ官房長、ギリアン・ソーレンセン広報担当事務次長補、マッキャン警備部長とともに訪れた。ハドソン川経由の船で近くの船着場に降りたとたん、アナン事務総長と、それまで〝国連嫌い〟で通っていたジュリアーニ市長が無言で抱き合った。このテロにより、いままでのニューヨーク市長と国連とのわだかまりが一瞬取り除かれたかのような光景であった。

思い起こすと、近年、国連とニューヨーク市当局との関係は総じて冷たくなっていた。この背景には、パレスチナ解放機構（PLO）支持を表明する国連総会決議に対し、ユダヤ系市民の多いニューヨークの市長として違和感を持っていたであろうことと、ニューヨーク市内で外交特権を乱用し、駐車違反をくりかえしたあげく、罰金を滞納するいくつかの国連加盟国外交官に心証を害したことから、徐々に反国連ムードが拡がったものと思われた。

一九七八年から一九八九年までニューヨーク市長をつとめたエド・コッチは有名な〝国連嫌い〟で、国連のことを「肥溜《こえだ》め」と呼んだほどだった。一九九〇年から一九九三年まで市長を務めたディビッド・ディンキンズは比較的穏健派かつ国連支持派で、一〇月二四日の国連記念日には市長公邸に加盟国国連大使と、私を含め国連幹部職員を招待した。一九九四年から二〇〇一年まで市長をつとめたルドルフ・ジュリアーニはまったくの国連嫌いで、国連総会関連行事一環の音楽会に出席していたPLO（パレスチナ解放機構）のアラファト議長をその会場から名指しで追い出すといった極端な行動に出たほどだった。

九月一八日の時点ではまだ「捜索と救助」を続けているという建前であったが、生存者が皆無であることは誰の目にも明らかだった。「グラウンド・ゼロ」（ワールドトレードセンター跡地）の臭いは、一九四五年八月六日、原爆投下後の広島市で目にした全崩壊の光景と臭いを思いおこさせた。原爆被爆者のただれた火傷から漂ってきた臭いと、死体を集団荼毘に付した旧日本陸軍練兵場から漂っていた臭いとまったく同じであった。

その数日後、ジュリアーニ市長は国連総会に特別招待され、ニューヨーク市長として異例の総会演説を行なった。「国連と五〇〇〇人以上（注：最終結果では死者二九九六人、けが人六〇〇〇人）の犠牲者を出したニューヨーク市にとって9・11テロは共通の憂るうべき出来事である」としたうえで、「国連はこうしたテロ行為をサポートするいかなる国家に対しても説明責任を求め、テロ行為を弾劾しないかぎり平和維持者としての国連の基本的役割をまっとうできない」とし、「あの破壊、大規模な無差別かつ残酷な人命損失を正視したうえで、テロ問題に関して中立を維持することはまったくできないことを認識すべきである。あなたたちは文明の側に立つか、それともテロリストの側に立つかのどちらかである」と訴えた。*

「9・11」の当日、次女の絵里香は「ワールドトレードセンター」のすぐ近くの職場であるNGO団体「グローバル・キッズ」でテロに遇っていた。私はすぐさま彼女に携帯電話で連絡を試みたが、通じなかった。彼女は、プラスチックの焼けたような異臭と粉塵《ふんじん》の舞い上がる町並みを多くの人たちと一緒に歩き抜き、咳き込みながらイースト川を隔てたブルックリンの自宅まで徒歩で帰宅したということであった。妻のジェーンはコネチカット州グリニッチにある公立小学校で教えていた最中にこのテロのことを知ったという。もちろん生徒・先生とも無事であったが、9・11テロで親を失い、気落ちした子供たちの心の支えに腐心したそうである。私は後日、ヤンキースタジアムで行なわれた合同礼拝にリザ官房長と国連儀典長ナディア・ユニス（二〇〇三年八月一九日テロによる国連バクダッド事務所の爆破事件でセルジオ・デメロ事務総長特別代表とともに爆死）とともに国連事務局を代表して出席し、亡くなった方々の冥福を祈った。

＊"Giuliani Addresses United Nations", New York Times, October 1, 2001, and "NY Mayor Giuliani Addresses U.N.", PBS News Hour, October 1, 2001.

国連行政財政問題諮問委員会

職務上、「国連行政財政問題諮問委員会」（ACABQ）には頻繁に出席し、事務局の提案、監査報告、その他もろもろの案件の説明に時間と労力を費やした。この諮問委員会は一六人の専門家により形成され、事務局の予算案はもちろんのこと、行政・財政に関わりのあるすべての案件がこの諮問委員会に提出され、その検討結果とともに財政担当の国連総会第五委員会に提出される仕組みとなっていた。

諮問委員会の特徴は、冒頭説明を行なったあとすぐに質疑応答に入り、何ごとも即答することとなっていた。もしその場で即答ができない場合は、二四時間内に文書で回答を提出することが義務づけられていた。そのため、必要であれば職員ともども徹夜で提出資料を作成することもあった。この委員会議長のコンラッド・ミゼリ（タンザニア出身）は、一九七四年から三〇年近く議長を務め、国連事務局そして国連計画・基金の行財政の裏も表も熟知した〝お目付役〟として尊敬されていたが、同時に〝煙たがられる〟存在でもあった。

私はこの諮問委員会とは国連開発計画時代から付き合いがあり、当初は多少の〝いじめ〟を経験したが、正直に、偽りなく説明に徹すると正しく評価され、よい結果を得ることができることがわかると、諮問委員会への出席が苦にならなくなり、逆に国連事務局に移ったころには出席するのを楽しみにするようになった。諮問委員会は国連事務局、国連計画・基金全体を対象とし、すべての行政・財政案件を審査することから、国連システム全体を〝鳥瞰《ちょうかん》〟できる唯一の立場にあり、また専門家集団であることから、この委員会でのやり取りは真剣勝負のような緊張感があり、個人的に満足できるものであった。

その反面、ちょっとした〝事件〟が起こらなかったわけではない。前述したテロ防止対策としての「探査犬利用」がその一例である。国連総会その他に出席する外交官の車両安全点検に探査犬を使うことにし、年間約二〇万ドル程度の予算をこの諮問委員会を通して申請したところ、『なぜ、そんなに外部の会社に頼んで、多額の予算を使って犬による武器探知をしなければならないのか？』「国連が犬を独自で購入し、警備官に訓練させて使えばよいではないか？」「なぜ数匹もの犬を使わなければならないのか？」といった質問（愚問）が相次ぎ、納得させる回答に一苦労した。

探査犬による不審物の「探知」は専門分野の仕事で、ちゃんとした専門家の訓練を終えたのち初めて犬は使い物になること、また嗅覚に頼るので時間制限をして犬を交代させながら使う必要のあることなどを根気よく説明し、やっとのことでコンセンサスを得ることができ、必要予算を獲得したのだった。

このやり取りを取材していた地元ニューヨークポスト紙は、「ニワの高価な犬」と題する記事を掲載した。これを見た自宅近くの床屋の主人は、「トシさんはずいぶん有名になったものだ」といって私をからかった。二〇年後の今日では考えられないことであるが、これらの〝テロ防止対策〟は国連では「外交特権」を理由になかなか受け入れられなかったのである。

さらにもう一つの事例は、国連事務局の「外部委託」の努力であった。過去に国連事務局はほとんど外注に頼らず、たとえば印刷物、贈り物、メダル、部品製造といった業務のほとんどすべてを自前でまかなっていた。しかしあまりにも能率が悪く、高価につくケースが続出したため、国連職員が自力で行なう方式を改め、適宜外注制度を導入することを諮問委員会に提案した。すると案の定、「国際公的機関としての国連が地元ニューヨークの私企業に利するような調達活動は許せない」「国連職員の職を脅かすことにもなる」との反対意見が出て、われわれの主張する能率・効率論と水掛け論になった。そこで私は少し揺さぶりをかけるつもりで、わざと「この議論は本質論ではなく〝イデオロギー論〟である」とけしかけた。すると、反対急先鋒のキューバ出身の委員が「イデオロギー論とは何たることか」と反論し、論争になったが、最後は私の意味することが理解され、〝能率・効率化優先〟ということでこの議論は決着し、外注制度の大幅促進が可能となった。

この諮問委員会で〝名物視〟されていたのが、キューバ出身のノーマ・エステノス委員と、彼女ととくに仲のいいコスタリカ出身のナザレス・インセラ委員の二人であった。この二人は何かにつけ理屈っぽく、前述のような社会主義イデオロギー的主張を繰り返し、またことあるごとにありとあらゆる難題を吹きかけてはわれわれ国連事務局を困惑させた。その一方で、この二人の委員は総じて問題の本質によく精通していた。彼女らは頻繁に国連職員のパーティーに顔を出し、とくに裏方との日頃の交流を通じて内部事情に詳しく、国連業務の問題点をよく熟知していた。

裏方職員の「福利」は私にとって、また彼女らにとっても共通の関心事であった。そうしたことから、国連本部での任務が終わる頃にはこの二人ととても親しい間柄となった。エステノス委員には、キューバに出張した際に自宅に招待され、キューバ市民の生活を肌で感じる機会までもらった。そして私が国連本部での任期を終え、ユニセフに転出する際には率先して他の委員にも声をかけてくれ、ささやかではあったが心のこもった〝送別の集い〟を催してくれたのもこの二人であった。

キャピタル・マスタープラン

〈立ち上げ〉

国連事務局入りして数カ月後、ほかの書類や報告書に混じって私の目を引いたのは、前任者であるセバン事務次長補が実施した、コンサルティング会社のアラップ社からの報告書「ニューヨーク国連建物施設」の現状調査結果であった。

この報告書によると、一九四〇年代末から建築が始まったニューヨーク国連本部施設は、〝発がん性〟が指摘される「アスベスト」が各所に使われ、電磁波障害が頻繁に起こり、火事に備えての散水装置もなく、防火壁は不完全で、自動温度調整装置を欠き、エネルギー浪費がやたらと多く、緊急災害時に備えてのアナウンス装置もない、といった多くの致命的欠陥を持った建築物で、国連に関わる者を保護するための対策が「早急に必要」とのことだった。

しかし、対策には概算で一〇億ドル（当時）の改築予算を必要としており、慢性的資金不足に悩んでいた国連事務局にとっては〝高嶺の花〟とも思える提案であった。必要性は十分わかるが、巨額の資金を必要とすることを理由に、「実現不可能」との意見が圧倒的で、周囲はきわめて消極的であった。しかし「物語」の作り方によっては、報告書案が退けられない論理展開をすれば、もしかして事務総長はもとより、とくに財布のヒモの堅いホスト国・アメリカも含め、加盟国にも受け入れられるのではないかと思った。

そこでコナー事務次長と協議のうえ、パワーポイントで文書を作成し、コンサルティングのアラップ社とともにアナン事務総長に説明した。この読みは的中し、事務総長からの「人命を脅かす国連施設をそのまま放置できない」という大義名分をもとに、国連総会への提案作成の許可をもらった。事務総長の合意をもとに、さっそく国連総会提出文書の草案作成に着手した。当初、外部コンサルタントをも含め、筆が立つ（文章作成のうまい）職員を動員し、提案文書作成を試みたが、納得のいく結果がなかなか得られなかった。そこで思い切って、自力で気心の知れた弁護士出身の優秀な職員の力を借りて、〝物語的〟な総会文書草案作成に着手した。

1 一九四九年から一九五二年までに建てられた国連本部ビル（総会会議場ビル、会議場ビル、事務局ビル）はすばらしいデザインであり、建物そのものはよくつくられてはいるが、経時的劣化が激しく、大規模な修理と改装を必要としていること。

2 その構造はきわめてエネルギー効率が悪く、現在の安全基準、火災や建築基準にそぐわなくなっていること。

3 今日の保安警備基準をも充たせないこと。

4 いかに有効な効率の高いメンテナンスをしてもこの長年の摩耗・劣化を補うことができないこと。

5 必要に応じて行なう現行の修理方法は高価なばかりでなく長期的には続けることができないこと。

――これらを指摘したうえで、長期プランとしての「キャピタル・マスタープラン」の必要性と、その具体的方策および対応策を説明した。

このプロジェクトを実施するうえでの難題は、一年間を通じて絶え間なく開催される各種の国連会議を〝いかにして〟改築中も中断することなく、開催可能にできるかということであった。これに対応するためには、膨大な一時的な事務所用、会議場用の代替場所が必要であった。

〈資金調達策〉

さらに、もう一つの難題は、概算の改築総工費一〇億ドルという「資金」をどう調達するかであった。一九五〇年代に現在の国連本部が建設されたときは、ホスト国・アメリカ政府からの無金利貸付により資金調達された前例を参照し、必要資金の最低五〇パーセントをアメリカ政府より無金利で調達する案を提示した。また、それまでタブーとされてきた国連による「外部借り入れ」の可能性も視野に入れ、公債発行も含む外部借入方法を検討した。コナー事務次長の紹介で、元世界銀行上級副総裁でチェース・マンハッタン銀行特別顧問（当時）のアーネスト・スターン氏の協力を仰ぎ、独創性に富んだ「ロックボックス」方式による国連分担金からの返済金確保案を作成し、「国連総会提出文書」に反映させた。ちなみに「ロックボックス」方式とは、毎年支払われる国連分担金をまず銀行の特別に設置されたロックボックスに集め、外部借入金への年次返済金を確保・差し引いたうえで「国連年次予算目的」に回す仕組みのことである。

こうして無事に国連総会提出文書作成の作業を終えて「行政財政問題諮問委員会」（ＡＣＡＢＱ）に提出した。その後、この提出文書は「ＡＣＡＢＱ報告書」とともに国連総会第五委員会に提出され、第一段階のコンセプチュアル・デザインが二〇〇〇年一二月国連総会により承認され、この計画実現の第一歩を踏み出した。

〈ニューヨーク市との交渉〉

翌年の二〇〇二年一月一日付で、ニューヨーク市長はジュリアーニ氏からマイケル・ブルームバーグ氏に代わった。その一週間後の一月八日、アメリカ国連協会のウィリアム・ルアーズ会長の計らいで、アナン事務総長、リザ官房長、コナー事務次長、そして私の四人と、ブルームバーグ市長、それに市長の妹でのちにニューヨーク市国連協会事務局長となるマージョリー・ティヴェン、パトリシア・ハリス筆頭副市長、そしてホスト役のルアーズ会長およびジョン・ホワイトヘッド副会長とで会食することとなった。そのときの会談のテーマは、いかにして「悪化した国連とニューヨーク市との関係を修復」するか、そして「国連施設の総改築（キャピタル・マスタープラン）」についてであった。

この会談に先がけ、夕食の席につく前のこと、ブルームバーグ市長は子供のころから「四つの願望」があったことを明らかにした。第一はアメリカ合衆国大統領、第二は国連事務総長、第三は世界銀行総裁、そして第四はニューヨーク市長とのことだった。「少なくともこの四つのうち一つは達成されましたね」と、私はにこやかに対応した。

この夕食を兼ねた会議では、「キャピタル・マスタープラン」のひな形をもとに説明した。最大の難関は、いかにして臨時の国連会議場を確保しつつ国連総会をはじめ、間断なく開かれる各種・各様の会議を滞りなく開催するか、また臨時職員事務所をも含む全体的なスィング・スペース（代替場所）確保が必要不可欠であることを強調した。さらにアメリカ国連協会との協調で、国連観光客専用の新施設を民間資金で建設する案件も説明し、ニューヨーク市の観光促進を図ることにも言及した。

この出会いに引き続き、アナン事務総長の招待でブルームバーグ市長は国連総会で演説することとなった。その当日、彼は演説開始予定時間の九時四五分よりはるかに早く、八時過ぎに国連入りした。対処に困った係員が私に「どうにかしてくれ」といってきたので、総会場控え室のインドネシア・ラウンジに行ってみると、市長の母上、ガールフレンドのダイアナ・テイラー、前妻、娘のエマとジョージナの、一家総動員でのお出ましだった。

そこで演説の始まるまで市長一家と、親しく話し合う機会を持った。国連事務総長になる願望を持っていた（安全保障理事会の常任理事国からは選出されないという慣例によりアメリカ国籍のブルーム・

バーグ氏の事務総長就任は不可能）市長ゆえ、この国連での演説は特別な意味があったようだった。

国連総会でのブルームバーグ市長は、演説で「世界の首府・ニューヨークの市長として国連を支えることはこの上ない光栄であり、いかなる国連関係者のニューヨーク訪問をも歓迎する」と言い切った。さらにキャピタル・マスタープランにも言及し、協力を誓った。その後、私はハリス、ダニエル・ドクトロフ両副市長と密接な関係を保ち、キャピタル・マスタープランの実現に邁進した。

キャピタル・マスタープランの準備段階で起こった「9・11事件」は、キャピタル・マスタープランを結果的に後押しすることになった。まず、ニューヨーク市は事件後「グラウンド・ゼロ」の再開発に力を注ぎ込むこととなった。その努力に平行するかたちで、国連プロジェクトを「ニューヨーク再建の第一歩」と位置づけ、ニューヨーク市議会と市民にアピールした。

その結果、思わぬ波及効果があらわれた。まず、チャールズ・シューマー・ニューヨーク州選出上院議員の仲介により、グラウンド・ゼロと国連の敷地との〝交換案〟が国連事務局に持ち込まれ、その対処をアナン事務総長から任されたのである。しかし、この「交換案」はいろいろな意味で国連にとって不利であったので、さりげなく「ウォール街の近くに国連ビルを移すと、いまでもひどい交通渋滞がさらに悪化して、ニューヨーク市民にいま以上の迷惑を及ぼすことになりますよ」といって、ていねいにお断りした。

また、この話を聞いたドナルド・トランプ氏（現・アメリカ大統領）が、直接アナン事務総長に「自分に任せてもらえば予算を三分の一節約し、七〇〇億ドル以下で完成してみせる」とアピールしたという。残念ながら私は先約があって同席できなかったが、あとで聞くところによると、四五分の会談中、四〇分間トランプ氏の長談義が続いたとのことだった。

それにこの総改築計画を機会に、メーベル・ワイル元アメリカ駐ネパール大使夫人の紹介で、国連を取りまく地元住民組合とのつながりができた。すると意外にも、こうした地元の民間組織の間で「国連」が大歓迎されている存在であることを知った。これは国連にとっても、私にとっても大きな収穫であった。さらには、国連を隔てた東四二丁目に位置する小さな、ほとんど利用されていない公園を撤去し、その跡地にニューヨーク州・市が国連に追加提供する予定の新国連ビル「DC―3」の建設の可能性を探った。その結果、その代償として国連のイースト川正面にバイク専用道路を含む「プロムナード」を国連予算により建設する案まで作成され、国連総会の承認を得た。

オリンピック・ニューヨーク招聘案

ニューヨーク市との協調で忘れられないのは、若くてダイナミックな実業家出身のダニエル・ドクトロフ副市長とそのスタッフであった。ブルームバーグ市長の経済開発担当副市長として、9・11後のニューヨーク市の再建と経済発展を任されたドクトロフ副市長は、市長と同じく「年一ドル給与」の市職員であった。

ニューヨーク市庁舎ではブルームバーグ市長の意向で、市長・副市長を含む全員が「大部屋」での執務であった。打ち合わせに使えるような会議室はまったくなく、われわれと会うときは必要に応じて「ブルールーム」と呼ばれる市長記者会見用の大部屋の一角を使用して会議を行なった。込み入った話、あるいは他人に聞かれたくない話をするときは、ドクトロフ副市長たちを国連本部の私の会議室に招いて行なった。多忙なドクトロフ氏の日程の関係で、彼との連携は原則的に朝七時に、自宅で待機中の私と庁舎に早朝出勤しているドクトロフ氏との電話で行なった。これがお互いに〝病みつき〟となり、ほとんど毎日、この早朝電話連絡の慣行が続いた。

当時、ドクトロフ副市長はニューヨーク市に二〇一二年オリンピックを招聘するための「NYC2012」の主催者も務め、これに絡んだ案件もいろいろと検討した。それには上述のキャピタル・マスタープランを9・11後の「ニューヨーク市再建復興プロジェクト」とする案、国連の新しい建物「DC―3」建築実現のためのイースト川沿いにバイクプロムナードを建設する案、オリンピック誘致にもとづく選手村を将来の国連職員の利用可能性も考慮に入れた国連対岸のクイーンズ区に建設する案、またそのクイーンズ区と国連を結ぶ〝リバーバス〟をイースト川に就航する案などは、ドクトロフ氏とのブレーン・ストーミングの結果であった。

国連観光客経験プロジェクト

キャピタル・マスタープランと平行して企画したのが「国連観光客経験プロジェクト」(UN Visitors' Experience Project) であった。このプロジェクトは元メトロポリタン美術館理事長のウィリアム・ルアーズ・アメリカ国連協会会長、CNN創設者のテッド・ターナー氏、国連財団会長のティモシー・ワース氏、それに展示デザイン家のジャック・マーシー氏との協力で推進した。ちなみにジャック・マーシー氏は、一九五九年、モスクワの「アメリカ産業博覧会」において、フルシチョフとニクソンとの台所論争の場を提供した「アメリカの台所」のデザイナーであり、また一九七〇年の大阪万博におけるアメリカ館のデザイナーである。

「国連観光客経験プロジェクト」の内容は、私企業および個人からの寄付により、国連の四六丁目入口に新しい建物を建設し、地下道で国連本体と結びつけ、国連の歴史、人道・開発課題、環境問題等を視聴覚教材で表現して「国連活動」を広く知ってもらおうという企画である。これは9・11を契機に、またブルームバーグ市長の対国連関係改善を背景に、いままでと違った国連とアメリカとの互恵の関係を樹立する努力の一環として位置づけられた。

広報活動

こうした幅広い企画活動を通して、ニューヨーク市やアメリカ政財界と思わぬ結びつきが出てきた。さらに、ニューヨークタイムズ紙、CNN、フォックスニュースといったマスコミに頻繁に取り上げられ、キャピタル・マスタープランはもとより、国連自体に対する関心も高めることとなった。〝国連嫌い〟で通っていたジュリアーニ元市長の腹心で、長年副市長をつとめたピーター・パワーズ氏と懇意になり、キャピタル・マスタープラン、国連観光客経験プロジェクトを媒介として、「いかにニューヨーク市民に国連をアピールするか」、アドバイスをいただいた。

さらに、国連本部が現在地に存在することを、近隣の人たちはいったい〝どのように〟受け取っているかも、いくつかの国連近隣住民組合との交渉——たとえば新しい街灯を国連本部に沿って建設する案件についての交渉などを通し、国連が近隣住民からたいへん好感をもって受け止められていることも知ることができた。驚いたことに、そうした近隣住民組合は「ニューヨーク市当局があまりにも住民の願望に無頓着だ」として、国連人である私に市当局との仲介を依頼してくるほどの関係を築くこととなった。

アメリカ会計監査院による審査

この間、アメリカ連邦政府は国連本部ホスト国の立場から、また将来拠出要求が浮上することも考慮し、キャピタル・マスタープランの進行状況を精査するため、「アメリカ会計監査院」（ＧＡＯ）が徹底調査を開始した。われわれはこれに全面協力した。その後、「本部改修計画は筋が通っており、アメリカ政府はこの計画を支持するかどうか決定をする必要がある」との標題の評価報告書は二〇〇一年六月一五日にジョセフ・バイデン・アメリカ上院外交委員会委員長とジェシー・ヘルムス少数党委員に提出され、辛口の評価で知られるＧＡＯの前向きの評価報告書は広くマスコミにも紹介されて、キャピタル・マスタープランにこの上ない弾みを与えた。*

この報告結果を武器に、ワシントンにおいて民主・共和両党上院・下院議員およびそれら議員のスタッフを対象に、パワーポイントのスライドを片手にロビー活動を開始した。日本人で国連人である私のアメリカ議会ロビー活動は珍しがられたが、総じて好意的に受け止められ、ＧＡＯレポートの威力を感じた。さらに、二〇〇三年五月三〇日に発表された第二弾の「早期改修計画は筋が通っているが、さらなる経営管理監督を要する」との標題の評価報告書は、前回の報告書にくらべて少しブレーキがかかった論調であったが、引き続き肯定的であったことから、アメリカ政府におけるキャピタル・マスタープラン評価は決定的となった。**

＊ "United Nations: Planning for Headquarters Renovation is Reasonable; United States Needs to Decide Whether to Support Work", Report to the Committee on Foreign Relations, US Senate, United States General Accounting Office (GAO), GAO-01-788, June 2001.

＊＊ "United Nations: Early Renovatin Planning Reasonable, but Additional Management Controls and Oversight Will be Needed", Report to the Honorable Michael Enzi, U.S. Senate, United States General Accounting Office (GAO), GAO-03-566, May 2003)

キャピタル・マスタープラン執行局長として

こうして、キャピタル・マスタープランの進行に拍車がかかり、片手間での対処に限界があることから、コナー事務次長とリザ官房長に相談のうえ、私がキャピタル・マスタープラン執行に全力を尽くすことを決断した。「なぜ多くの責任を持つ総務担当事務次長補の職を辞して、部下の限られたまったく未知の職に自分から手を上げて移るのか」と怪訝に思うものが多々いた。しかし当時、このキャピタル・マスタープランは私自身で発掘し、まったくの〝無〟の状態から開発した案件であり、私の国連生活の「集大成」として全力を注ぐことに躊躇はなかった。その間、アナン事務総長から、このキャピタル・マスタープランが実施される暁には「事務次長に昇格する」との内諾も得ていた。

UNBRO元同僚との出会い

二〇〇二年度の国連総会の初日、国連プラザホテル前にある中華レストランで、昔タイのUNBRO（カンボジア国内避難民のための国連国境救済活動）時代の部下であり、明石康・元人道問題調整事務所事務次長の補佐官をも務めたアンソニー・バンブリー氏とばったり会った。聞くところによると彼は「アメリカ合衆国国家安全保障会議」に所属し、ブッシュ大統領の随員として国連総会に出席しているという。

私が「キャピタル・マスタープラン」を促進していると説明すると、この件はアメリカ政府の政治案件で、アメリカ国務省を飛び越えて彼の勤める「国家安全保障会議」の管轄であるとのことだった。さらに、彼の上司のエリオット・エイブラムス中近東担当大統領補佐官が、アメリカ政府での〝ミスター・キャピタルマスタープラン〟であるということで、バンブリー氏に協力をお願いした。

アメリカ会計監査院による評価報告書を武器に国家安全保障会議を訪れ、エイブラムス大統領特別補佐官主導のもとで、アメリカ合衆国行政管理予算局および国務省代表者にキャピタル・マスタープランのプレゼンテーションをした。この席で正式に国連として、国連本部建設時の前例にもとづき、アメリカ政府から総工費の五〇パーセント、約五億ドル程度の無金利貸付金を希望している旨を伝えた。

建築家・槇文彦

キャピタル・マスタープランにおける新国連ビル「DC―3」建設計画の一環として、建築界のノーベル賞ともいえる「プリツカー賞」受賞者によるコンテストで設計者を選択する試みをニューヨーク市当局、国連開発公社、そして国連の三者で行なった。その結果、並みいる著名建築家の中から最終段階でイギリス出身のノーマン・フォスター氏（一九八五年の香港上海銀行・香港本店ビルで名声を得る）と日本国出身でモダニズム建築の作品や幕張メッセの作品で知られる槇文彦氏の一騎打ちになり、最終的に槇氏のデザインが選ばれた。しかし、結果的には入手予定の敷地が国連開発公社の詰め不足で実現せず、また勃発したイラク戦争のためキャピタル・マスタープラン自体が延期となったことにより、残念ながらこの案は実現に至らなかった。

特記すべき人物たち

〈セルゲイ・ラブロフ・ロシア国連大使〉

国連事務局ではさまざまな国の出身者が職員として勤務している。そのため職員人事は各国代表部の

「コフィー・アナン国連事務総長、丹羽敏之氏をキャピタル・マスタープラン・プロジェクト執行部長に任命」

コフィー・アナン国連事務総長は2003年2月1日付で、「キャピタル・マスタープラン・プロジェクト」の発足を発表し、事務次長補レベルに相当するその常任執行部長（Executive Director）に丹羽敏之氏を任命しました。この発表は2002年12月20日の総会決議A/RES/57/292/Sec.IIの採択を受けて行なわれたものです。丹羽氏は過去3年間、「キャピタル・マスタープラン」および「見学者体験（Visitors' Experience）」プロジェクトを担当してきました。事務総長の報告書A/57/285で概略を示したとおり、キャピタル・マスタープラン・プロジェクトは期間を限定された特定の任務をもった事業です。したがって、恒久的に一つの国連機関になるものではありませんが、十分な独立性と最大限の柔軟性を備えて活動することになっています。丹羽氏は引き続き、キャサリン・バーティニ管理担当事務次長を通じ、事務総長に報告責任を負うことになります。
丹羽氏は1998年から、中央支援サービス担当事務次長補を務めてきました。丹羽氏はまた、国連本部の共通サービス担当執行調整官（Executive Coordinator for Common Services）の職も務めています。1990年から1997年にかけ、丹羽氏は国連開発計画（UNDP）の事務次長補のレベルで、総裁補兼財務管理局長（Assistant Administrator and Director, Bureau for Finance and Administration）のポストにも就いています。1994年、同氏は副総裁代行（Acting Associate Administrator）も務めました。
1971年から1990年にかけ、丹羽氏はUNDPの各国事務所および本部で、さまざまなポストを歴任しました。1980〜1983年にはイエメンで、1983〜1988年にはネパールで、国連常駐調整官とUNDP常駐代表を、1988〜1990年にはタイでUNDP地域代表を務めました。タイでは、タイ・カンボジア国境での「カンボジア国内避難民のための国連国境救済活動（UNBRO）」の責任者も務めています。UNDP着任まで、丹羽氏は民間企業に勤務していました。同氏は早稲田大学から経済学士号を、米国のフレッチャー法律・外交大学院（Fletcher School of Law and Diplomacy）から国際関係修士号を取得しています。丹羽氏は既婚で、子どもが4人います。

（2003年02月10日　国連広報センターウェブサイトより）

大きな関心事である。そうした外交官の中で、とくに活発に活動したのが現ロシア外務大臣のセルゲイ・ラブロフ大使であった。彼は必ず六カ月に一度私に面会を求め、自国ロシア出身職員の人事に関して、要求事項を次々と提示した。ラブロフ大使の要求に対し、応えることができるものもあれば、応えられないものもあり、遠慮なく自分の判断により対応した。

いつも、そうした人事に関するやり取りを一五分ほど続けたのち、「さあ、おもしろくない話はこのへんで終え、そろそろ楽しい話に移ろう」と話題を転換したのだった。どういうわけかラブロフ大使とはウマが合い、人事以外の、たとえば国連総会ビルの禁煙化、調達問題その他、総務関連の話題をざっくばらんに話し合った。後日、私がキャピタル・マスタープランを辞し、ユニセフ事務局次長に転出した際には、私の送別会に顔を出してくれた数少ない大使であった。

〈二人の中国出身事務次長〉

国連幹部職員では二人の中国出身の事務次長（総会・会議管理局）にお世話になった。一人はジン・ヨンジェン事務次長で、もう一人はチェン・ジアン事務次長である。二人ともたいへん温厚で、思慮深い元外交官であった。ジン氏とは、国連経済社会理事会議長であるパオロ・フルチ・イタリア国連大使に無理強いされていた経済社会理事会会議場の拡大改装をめぐって、イタリア政府から提示されたわずかの特別拠出金ではとうてい賄えないことを彼の助力を得て説明し、理解してもらったことがあった。

もう一人のチェン氏は駐日大使を務めた人物で、キャピタル・マスタープラン実現に必要ないくつかの会議場管理に関する難題をうまく処理してもらった。個人的にも親しくなり、キャピタル・マスタープラン執行局長に赴任した際には、私の持っていた総務担当事務次長補のポストは「放棄すべきでない」との個人的アドバイスまでもらったことだった。

コナー事務次長の健康悪化

周囲の努力にかかわらずスペス国連開発計画総裁が取り下げを拒んでいた私の「けん責問題」も、国連開発計画アハメド副総裁とコナー事務次長の粘り強い尽力によってスペス総裁が正式に撤回することとなり、やっと解決した。あらためてコナー氏の思いやりに感謝した。しかし、コナー氏の健康状態が徐々に悪化し、かなり強い薬物を服用しながらの勤務となった。おそらく薬の副作用のせいと思われるが、コナー氏の発言がきわめて不安定になり、アナン事務総長やニューヨーク市当局との会合でも、事前の打ち合わせにかかわらず矛盾する発言が続出し、その対応に苦慮した。

そうした状況を深刻に受け止めた私の部下が、「そろそろコナー事務次長を迂回したかたちで仕事を続けないといけないのでは」と強く主張した。あれほどお世話になったコナー氏に「申し訳ない」と思いながら、進行中の重要案件を考慮して、しかたなくこの意見に従った。

その後、コナー氏は引退を決意し、その後任にローマに本部をもつ「世界食糧計画」（ＷＦＰ）事務局長のキャサリン・バーティニ女史が就任した。バーティニ事務次長とは国連開発計画時代からコンタクトがあり、旧知の間柄だった。またコナー氏とは違い、彼女が共和党系であることから、共和党政権下のワシントンでの影響力の強化を期待した。

しかし着任後、最初からどうにも私に対する態度がおかしいのである。怪訝に思いつつ、気をつけて観察した。すると、かつて私が世界食糧計画から招いて国連調達担当部長に任命したシンガポール出身の職員が私を中傷する〝告げ口〟をバーティニ女史にしていることがわかった。さらに、ホスト国アメリカにとって大切なキャピタル・マスタープランを、アメリカ人ではない私が国連本部の牽引車となってニューヨーク市当局、および大統領府の協力のもとに推し進めていることが彼女の嫉妬を誘ったことがわかった。そのうえ、私がアナン事務総長への報告をコナー事務次長とリザ官房長の二重のルートでしていたことを快く思わず、それをアナン事務総長に抗議し、私を〝弾劾〟する手段に出た。加えて、私への予算使用妨害を含め、仕事の遂行に支障をきたす妨害が続出した。

こうした私の事情に加え、イラク戦争勃発後、アナン事務総長が記者会見でBBC放送記者の質問に答えて、イラク戦争を「不法戦争」と表現したことから、国連とアメリカ政権の間が険悪となり、アナン事務総長が実質上の〝失脚〟に追い込まれた。アナン事務総長の失脚はキャピタル・マスタープランにも悪影響を及ぼすこととなった。こうした内外の事情から、キャピタル・マスタープラン執行局長としての責務遂行に支障をきたす状況となった。

ユニセフへの転出

そうしたある日、ユニセフに勤める友人から、「ユニセフ幹部会で、ユニセフ事務局次長のポストに適当な日本人の抜擢を考慮している過程で丹羽の名前が出てきた。しかし、丹羽はごく最近アナン事務総長からキャピタル・マスタープランの執行局長に任命されたばかりなのでだめだろう、というのが一般的反応だった。しかし誰かから、『でも、丹羽ははたしていまハッピーなのかしら』との意見が出された」と知らせてくれた。

その後、二〇〇三年の年末も迫ったある日、キャロル・ベラミー・ユニセフ事務局長から「昼食でもどうか」という誘いを受け、会うことにした。ベラミー局長はアメリカ平和部隊の経験者であり、ニューヨーク実業界の出身であり、そしてニューヨーク市議会議長も務めた幅広い経験の持ち主であった。私もキャピタル・マスタープランをめぐってニューヨーク市首脳部、国連支持団体、そしてアメリカ実業界と関わりを持ったので、共通の知り合いが多く、話がはずんだ。しかし、このときには仕事の話はまったく出なかった。強いていえば、ベラミー局長からはユニセフを指導する心構えに言及があったのみであった。

その数日後、ベラミー事務局長からシャンプー事務局次長の誕生祝いに招待された。シャンプー女史には以前「けん責問題特別審査委員会」や、私のためのユニセフ職員の国連出向その他でいろいろとお世話になっているので、喜んで受けることにした。当日、ユニセフの誕生日パーティー会場を訪れると、私以外はすべてユニセフ職員であることに気づいた。「まあ、偶然であろう」と気にしないでいると、ベラミー局長が「ちょっと話がある」といって部屋の隅に私を誘い、お互いにワインを片手に会話に入った。

そこでベラミー局長は、あたかもプロポーズするような口調で、私に「ぜひ、ユニセフに来て欲しい」と告げた。自分のユニセフ事務局長としての任期はあと二年足らずとなり、その間にユニセフでの自分の仕事を〝最適なかたち〟で終えたいので、「ぜひ、あなたに手伝って欲しい」とのことだった。加えてベラミー局長と、その後継者との間の「スムースな橋渡しの役割も果たし欲しい」という。

この申し入れに対し、「ユニセフは自分が心から尊敬するすばらしい国連機関であり、そのユニセフで働くことは光栄である。しかしアナン事務総長から数カ月前に新しくキャピタル・マスタープラン執行局長に任命されたばかりなので、事務総長の同意がなければ引き受けることができない」と返答した。

もう一つの条件として、「私とバーティニ事務次長の関係は残念ながら微妙であり、この件は彼女に対し極秘扱いをして欲しい。アナン事務総長の承認がおり次第、私からバーティニ事務次長に事情を説明します」と返答した。ベラミー局長は、「バーティニ女史は自分の親しい同僚であり、また友人でもあるが、事情はよくわかった」といい、ベラミー局長とアナン事務総長との面談で了承を得しだい、ベラミー局長から私に連絡があることになった。

リザ官房長経由で出されたアナン事務総長への正式要請にもとづき、ベラミー事務局長とアナン事務総長との会談が実現した。その直後、ベラミー局長が私の事務所に顔を出し「すべてうまくいったので、すぐにアナン事務総長に挨拶しろ」とのことである。すぐに出向くと、アナン事務総長は「先ほどベラミー局長に会ってキミに関する話を聞き、国連事務局としてはキャピタル・マスタープランがやっと始まったところであり、できればキミにとどまって欲しいと思う。しかし、ユニセフは〝もう一つの国連〟なので喜んで送り出すことにした」と告げられた。

その直後、上司のバーティニ事務次長に報告に行くと、〝苦笑い〟しながら「じつは先日、アナン事務総長に同行してワシントンにブッシュ大統領との会見に向かったとき、たまたま事務総長からこういう話があるんだけれどもと打ち明けられて承知していた」ということだった。いまさらながら、秘密を守ることはなかなか難しいことを痛感した。

このことをキャピタル・マスタープランの同僚に打ち明けることに心を痛めた。全員、私を慕ってこのプロジェクトに移ってきてくれた同僚であり、とくにブルガリア出身で計一〇年間一緒に仕事をしたシモナ・ペトロバ特別補佐官には心から申し訳なく思った。

一方、ありとあらゆるかたちでの妨害をバーティニ事務次長から受けており、このままでは私の部下まで巻き込んで苦労させることとなるので、これが私の退任の〝よい潮時〟と判断した。とはいっても、この数年来、まったく〝無〟の状態から手塩にかけて育てた〝自分の子供〟同様の「キャピタル・マスタープラン」を手放すことは本当に悲しかった。しかし、プロジェクトチーム、外交官を含む同僚、友人は私をあたたかくユニセフに送り出してくれたのだった。

その後、キャピタル・マスター・プランは私の後任のマイケル・アルダースティン執行局長の指導のもと、当初の予定から約五年遅れて二〇〇八年五月に竣工され、六年後の二〇一四年に無事完了した。われわれが当初、頭に描いていたアメリカ政府からの無金利拠出は実現せず、工費はすべて国連加盟国の負担によった。この「ズレ」(slippage)のため、工費は当初予定された一〇億～一一億ドルから終局的にその倍の二一億五〇〇〇万ドルに跳ね上がった。まさに「時は金なり」であった。

【キャリア・アドバイス ❖ 国連事務局】

❶ 国連事務局は礼儀と仁義を重んずる職場であることから、すべての上司、同僚に身分の違いにかかわらず、十分礼を尽くして仕事にあたること。

❷ 国連事務局では一人一人の経営管理責任が明確に定義されている。したがって、与えられた権限内での「冒険」も可能であり、計算されたリスクの取り方が十分可能であることを忘れぬこと。

❸ 自分がいかに周囲から見られているかを常に把握すること。

❹ 噂、嫉妬、やっかみ対策を講じること。反面、極力同僚を非難したり、貶めるようなことをしないことである。

❺ 日本的な根回し、思いやり、「持ちつ持たれつ」といった配慮は国連でも十分通用することを認識しておくこと。

❻ 私の上司のモットーであった「十分自信があるときは叩け。しかしそうした自信がない時は棄権せよ」に留意すること。

❼ 好循環を信ずること。しっかりと最初に打つ手を吟味し、入念に周りを固め、根気よく積み上げていくと必ずや良い結果が生まれる。その後は相乗効果を利用して、一気に目標に向かって邁進することである。

❽ 「プロジェクト」の可能性は意外と身近にあることを心に留めておくこと。

❾ 常に他人の業績に注目し、「花」を与えることを忘れぬこと。褒められて悪い気のする人はまずいない。

❿ ユーモアを欠かさぬこと。謙遜したユーモアは他人のガードを甘くする効果がある。

⓫ “trust and confidence”（忠義）は「両側通行」、あるいは「上下両方向通行」であることを忘れぬこと。

⓬ 日本国連代表部とはしっかりと日常から連係を取ること。特に職場における内部公平問題が起きた場合は代表部に相談すること。

UN
2000

国連事務局ビルを使った大型掲示板。遊び心から思いついた掲示板はニューヨーカーへ国連のメッセージを伝えるよい手段となった（写真全て：UN/DPI/Eskinder Debebe）

国連事務局ビル21階にある執務室。40人が収容できる専用会議室があり、ミニ·バーも完備していた。1954年建設当時のままの幹部職員用スイート事務所の一つ

" 縁の下の力持ち " の二人。左からマーチン・ベンダー施設管理サービス課長、オム・タネジア施設技術課長、そして筆者

国連副事務総長ルイーズ・フレシェットにより与えられたUnited Nations 21 Century Award (国連21世紀賞) 授賞式にて。国連の優秀な " 縁の下の力持ち " の功績を信ずる私にとって嬉しい機会であった

マイケル・ブルームバーグ・ニューヨーク市長公邸における国連大使・国連幹部レセプション
左からロイ・グッドマン（国連開発公社会長兼最高執行責任者）、ジョージ・クライン（ニューヨーク不動産家・国連開発公社役員）、筆者、ブルームバーグ市長、キャサリン・バーチニ（国連管理局事務次長）、マージョリー・ティベン（ブルームバーグ市長の実妹でニューヨーク市国連協会事務局長）、パトリック・ケネディー（アメリカ経営担当国連大使）2003 年

森喜朗総理大臣を囲んで。国連ニューヨーク邦人職員会のメンバーと
左から米川佳伸、一人置いて石原直紀、森田宏子、小和田礼子、森総理、山下真里、筆者
2000 年 9 月 7 日　写真：内閣総理大臣官邸写真室

グラウンド・ゼロに立つ。左から筆者、ジュリアーニ・ニューヨーク市長、コフィー・アナン国連事務総長、ジョージ・パタキ・ニューヨーク州知事。写真：UN/DPI/Eskinder Debebe

9・11の1週間後、グラウンド・ゼロに向かう船中で
左からアメリカ国連代表部担当官、コフィ・アナン事務総長、ギリアン・ソーレンセン広報担当事務次長補、筆者、マイケル・マッキャン警備部長。写真：UN/DPI

グラウンド・ゼロを視察。前列左から筆者、ギリアン・ソーレンセン広報担当事務次長補、ジュリアーニ・ニューヨーク市長、コフィ・アナン事務総長、ジョージ・パタキ・ニューヨーク州知事、後列ジェイムス・カニングハム・アメリカ国連大使。写真：UN/DPI /Eskinder Debebe

グラウンド・ゼロで抱き合うジュリアーニ市長とアナン事務総長。その右はジョージ・パタキ・ニューヨーク州知事。写真：UN Photo/Eskinder Debebe

ユニセフ本部　二〇〇四〜二〇〇七

一人の子ども、一人の教師、一冊の本、そして一本のペン、それで世界を変えられます。教育こそがただ一つの解決策です。

マララ・ユスフザイ（ノーベル平和賞受賞）

コンクリートから子供へ

二〇〇四年三月、私にとって第三番目の国連機関である「国連児童基金」（通称・ユニセフ）に赴任することとなった。任命は二〇〇四年二月一二日付で国連事務総長スポークスマンの定例記者会見において、また同日、日本政府外務省報道官の定例記者会見冒頭においても発表された。これほどの報道扱いを受けたのは国連に入って初めての経験だった。これは「ユニセフ」が非常に高い評価を受けている国連組織であること、そして私が日本人として初めてユニセフの幹部となったことによると思われた。実際、私の前任者にはカナダ出身でのちに「カナダ国際開発庁」（ＣＩＤＡ）長官となったマギー・カトレー・カールソン女史や、イギリス出身で著名な開発学者のリチャード・ジョリー氏といった卓越した人々が含まれていることから注目されたようで、さっそく朝日新聞の「ひと」欄や時事画報社の「日本アジア・太平洋パースペクティブス」でも紹介された。

ユニセフ事務局次長の就任に際しては、ジェームズ・ウォルフェンソン世界銀行総裁、マーク・マロック・ブラウン国連開発計画総裁、スティーブン・ボズワース・フレッチャースクール学長、阿部信泰国連軍縮事務次長、各国大使、国連内外関係者、そして友人から温かく祝福された。その中には国連開発計画時代、私の日本関係補佐官としていろいろと尽力してくださり、苦境にあった私を助けていただいた野呂元良在エオチピア大使館公使（当時）からの祝福の手紙も混じっていた。また、それまで面識のなかった藤田雄山広島県知事と秋葉忠利広島市長からの祝意も伝えられた。

とりわけ私を感激させたのは、ジョセフ・コナー事務次長とともに私が心から尊敬するウィリアム・ドレイパー元国連開発計画総裁から、「そろそろ開発分野に帰ってくる潮時だ」という祝いの言葉であった。ドレイパー元総裁には、私が国連本部に転出した事情は話してはいなかったが、国連開発人道機関として尊敬されているユニセフへの〝帰郷〟をうれしく思われたようであった。

当時のユニセフは、規模としては国連開発計画と比較すると少し小規模であるが、自国にある国連開発計画事務所を「国連大使館」とみなす開発途上国は別として、ドナー国、とくにアメリカ、ヨーロッパ、そして日本におけるユニセフの知名度・評判は国連開発計画をはるかにしのぐ存在であった。ユニセフが、子供・母親の福利を目指す崇高な使命、輝かしい実績と将来性、強力な支持層を背景にして、多くの人たちに親しみやすい存在であったことは間違いない。

ユニセフの存在感を示すエピソードとして、これまでニューヨーク・ケネディ空港で到着のさい、アメリカ出入国管理官に「あなたは国連でどんな仕事をしてますか?」といつも質問され、それまでいかなる返事をしてもまったく無表情の反応しか返ってこなかったのが、今回「ユニセフで働いています」と答えると、「あー、ユニセフで働いているのですか」といって、その表情は親しみにあふれ、いかにも「ご苦労さま」とでも言いたげな反応が返ってきて、あらためてアメリカにおけるユニセフ人気に驚かされたことだった。

日本にとってもユニセフは特別の存在である。終戦直後の一九四六年（昭和21）から一九六四年（昭和39）にかけて、ユニセフ提供の「脱脂粉乳*」の給食は、私と同年代や戦後生まれの六〇代の日本人にとって共通の経験であろう。当時、日本は主要な被援助国の一つであった。やはり受益国としてユニセフを見る日本人の目は、他の国連機関を見る目とは一味違うようである。活発な「日本ユニセフ協会」の活動、とくに年間一五〇億円（ドル換算で一億三千万から一億八千万ドル）を超える民間からのダイレクトメール募金は、ＯＤＡ（政府開発援助）拠出に頼る他のドナー国にくらべ、まったく特異な存在となっている。さらに、橋本龍太郎元総理、谷垣禎一元自民党総裁といったユニセフ議員連盟諸氏の活躍、皇室との関係など、特筆に値することが多い。

ちなみに、ユニセフ（国連児童基金）は一九四六年に「国連国際児童緊急基金」として国連総会により設立され、第二次世界大戦後の戦災国の児童の救済、福祉、健康改善といった緊急援助を目的とし、食糧、衣服、薬品を児童・妊婦などに供給していた。一九五三年には緊急機関から脱皮し、常設機関となった。いまでは発展途上国の児童や青少年に対する医療給付、教育、職業訓練、母子福祉などの援助を行なっているほか、「児童の権利に関する条約（子どもの権利条約）」の普及活動にも務めている。一九六五年にはノーベル平和賞を受賞、一九九〇年には「子供のための世界サミット」を国連で開催した。

ユニセフは、支部に相当する「事務所」、すなわち途上国において実際の支援にあたる「現地事務所」（フィールド・オフィス）と世界七地域に存在する「地域事務所」（リージョナル・オフィス）、それにこれらを統括する「本部」、それに先進国に存在してユニセフを支える「国内委員会」（ユニセフ日本委員会など）から構成されている。ちなみに、ユニセフ日本委員会は、ユニセフ本部から支援を受けていたが一九五五年に「日本ユニセフ協会」が設立され、一九七七年に本部から「ユニセフ日本委員会」として承認され、支援する側となった。ユニセフ日本委員会（日本ユニセフ協会）は主に民間からの募金を行なっている。

＊脱脂粉乳　生乳や牛乳の乳脂肪分を除去したものからほぼ全部の水分を除いて粉末にしたもの。脱粉とも。保存性がよく、タンパク質、カルシウム、乳糖などを多く含んでいて、栄養価が高いことから戦後しばらく学校給食に用いられた。これらはユニセフからの援助品であった。

入って見たユニセフ

私のユニセフでの任務は、財務予算管理、総務、人的資源管理、ＩＴ、内部監査、管理理事会、国連諸機関との調整・協調、東京事務所監督および日本関係案件担当であった。こうした多くの任務を任せてくれたベラミー事務局長に感謝するとともに、長年の国連組織勤務経験をもとに、ユニセフ業務をいちだんと改善、向上させることに専念することを心で誓った。

ユニセフ事務局局長室にはベラミー局長を筆頭に、私を含めて三人の次長がいた。いわゆる「地理的分布」の配慮から、アメリカ、ノルウェー（のちにヨルダン）、日本、そしてネパール出身者から構成され、ドナー・受益国分布もバランスさせた布陣だった。私にとって、国連開発計画や国連本部とは違い、組織の全幹部が一カ所に集まって仕事をするのは初めての経験であった。ユニセフの〝社風〟はどちらかというと〝北米的〟で、さらに若い職員が張り切って仕事ができる〝若者文化〟が顕著で、活気にあふれていた。その最たる例は、毎朝に事務局長が議長を務める職員会議において、その日の世界各地における人道緊急状況を一つひとつ詳しくレビューしながら、各自のケースを自信満々にプレゼンテーションする若者の姿はまことに凛々しく、すばらしいものであった

一方、ユニセフで〝生まれ育った〟ともいうべき生え抜きの職員間の仲間意識はことさらに強く、中途編入してきた職員からは「途中からユニセフに入った自分はなかなか仲間に入れてもらえない」と嘆く声も数多く聞かれた。私も違った国連環境から入ってきた、いわば同じ中途編入の身であることから、「職員の反応やいかに」と見守っていたが、ユニセフとは国レベル・本部レベルでの付き合いが長かったせいか、また知人も多かったせいもあってか、職員からは何ら躊躇なく、また違和感もなく受け入れられた。なかには〝商売敵〟とでもいえる国連開発計画から移ってきた私を歓迎する職員もいた。

ベラミー事務局長

それぞれの執務室が近いこともあって、ベラミー事務局長やほかの同僚次長連の仕事ぶりを身近に観察することができた。なかでも、とりわけベラミー局長の献身と勤勉さにはとくに驚かされた。毎朝、日の出前に出勤し、すさまじいばかりの馬力をもって仕事に没入し、ダイナミックにユニセフを引っ張っていく姿はじつに頼もしかった。ユニセフの強力な支持者であった橋本龍太郎元総理が、「キャロルはいつも労働基準法に違反して仕事をしている」とよく口にされていたが、まさに的を射た評だと思った。

執務室が近いため、聞くつもりはなくてもベラミー局長と職員のやり取りが時おり耳に飛び込んできた。ときには〝色彩豊か〟なことばで職員を叱咤している場に遭遇することもあった。いつも全力投球するベラミー局長からみれば、努力の足らない、考えの至らない職員は彼女にとってまったく〝まど

ろっこしい〟存在であったに違いない。さらに、ベラミー局長の仕事ぶりを見ていて感心したことは、あたかも数十本の〝たこ糸〟を同時に自在に操るように、職員をうまく操縦する特別の才能の持ち主であることだった。じつのところ、たったひと言、ふた言だけのメールで、私を含め多くの職員をしっかりとコントロールし、引っ張っていく姿は神業に近かった。国連開発計画のドレイパー総裁、国連本部のコナー事務次長、そしてベラミー・ユニセフ事務局長と、スタイルは違うけれどもアメリカ実業界出身の三人の指導者に恵まれたことを心からうれしく思った。

現地視察から見たユニセフ

就任後、ユニセフの国レベルでの仕事ぶりをなるたけ早く自分の目で確かめるべく、本部の仕事の状況が許すかぎり頻繁に視察に出た。まず、スマトラ島沖地震（二〇〇四年一二月二六日発生、マグニチュード九・二）で大津波に襲われたインドネシアのバンダ・アチェ（スマトラ島北部）を皮切りに、スリランカ、モルジブでユニセフ復興プロジェクトの進行状況を二〇〇五年の九月に視察した。この地震と大津波で二二万人以上が死亡した。

このスマトラ島沖地震に対応して、ユニセフは近年まれに見る大規模な緊急援助を行なうために潤沢な資金を確保し、インドネシア、タイ、スリランカをはじめとする被災八カ国すべてにおいて援助活動を展開した。まず、これらの国々できれいな飲み水の供給、マラリアとハシカ予防、疫病の発生防止といった緊急人命救助活動に従事した。大津波直後、アチェを訪れたベラミー局長の「動く水よりもよどんだ水に注意が必要」との言葉が印象的だった。さらに両親から離れてしまった子供たちの安全確保と親族との早期再会につとめ、子供たちの早期復学につとめた。とくに被害の大きかったアチェでは二一に及ぶ「子どもセンター」をユニセフの主導のもとに開設し、子供の勉学、遊び、スポーツ、絵描き、ダンスといった日常生活を通して被災のトラウマ（心的外傷）からの早期回復を試み、必要とされる心理的サポートをきめ細かく提供するようつとめた。さらに子供たちの早期常態復帰を促すため、バレーボール、サッカーボール、フラフープ、おもちゃ、ゲームをも提供した。

こうした緊急人道援助に加えて、学校、医療施設、衛生施設といった中・長期インフラ復興に専念した。「以前の施設よりも、より良いものを」（〝to build back better〟）とのスローガンのもとに、大規模な建設活動に従事した。たとえば、アチェにおいては三五〇の耐震性のしっかりした設備の整った学校をユニセフの援助で建設した。

私自身、この訪問を機に、ＵＮＢＲＯ（国連カンボジア国内避難民救済国境活動）で私の次席として例外的な成果を残したパトリック・バンデベルデ氏を緊急登用し、この大規模な学校建設の早期実現を図った。加えて、地域社会の健康管理及び青少年犯罪防止の強化にも力を入れた。私のこのインドネシア、スリランカ視察旅行には在インドネシア日本国大使館から館員が加わり、ともにユニセフの活動状況をつぶさに視察した。一〇年後、こうしたユニセフによるインド洋津波援助活動を、ユニセフ・アメリカ合衆国委員会の内部評価は高く評価した。*

その後、二〇〇七年五月までに、カンボジア、ラオス、ベトナム、フィリピン、インド、エジプト、イエメン、ヨルダン、レバノン、パレスチナ、セネガル、スワジランド、そして南アフリカを訪れ、自分の肌と目でユニセフの仕事ぶりを確かめ、そのきめの細かい心のこもった人道・開発努力を視察した。そして、今日のユニセフがあるのは、そうした献身的な活動からくることを確認した。

これらの地域の視察で、とくに印象に残るのは、フィリピンでの〝売春〟を強制された女児の更生活動、エジプトにおけるナイル川上流域での創造的な教育プロジェクト、スワジランドでのエイズ救済活動、スリランカでの津波被害児の心理カウンセリングなどであった。

国連開発計画の職員として見てきたユニセフの活動と、ユニセフ職員として見るユニセフの活動とでは若干違っていた。これは国連開発計画の〝マクロの視点〟と、専門機関・実施機関ともいえるユニセフの〝ミクロの視点〟との違いからくるものと思われた。さらに、技術援助活動などの〝ソフト〟と、本格規模の学校・診療所建設といった〝ハード〟の絶妙な組み合わせと、またターゲットグループを絞り、必要に応じて、あたかもNGOのようにきめ細かく、個人ベースで支援する体制を作ることでユニセフらしい援助を実現できていた。この二つ（国連開発計画とユニセフ）の、国レベルでの活動を主体とする国連組織がよりいっそう力を合わせて活動すれば、いかに強力な〝力〟となるか、改めて確認した思いであった。

＊"Indian Ocean Tsunami: A Look Back and a Leap Forward", December 23, 2014 UNICEF USA

パレスチナ訪問

二〇〇五年四月、ユニセフ職員として初めてイスラエルとパレスチナ訪問を果たした。私にとって、ヨルダン川西岸・ガザ訪問は国連職員として三度目であり、今回の訪問ではイスラエルとパレスチナ間の緊張度が前回以上に高まっていることを肌で感じた。ヨルダン川西岸からガザへの検問所での検査にとりわけ時間がかかり、厳重な車両検査を終えて回されてきたユニセフの専用車まで二〇〇メートルほどの分厚いコンクリート壁で遮られた野外通路から観察する警備状況は、以前にも増して厳しく、じつに〝冷やか〟な雰囲気であった。

ガザ訪問の目的は、ガザ地域で活動するユニセフ職員の援助活動を視察するためと、パレスチナ自治区保健大臣とラファにおいて「ポリオ・キャンペーン」（乳幼児と母親を招待し実際にポリオワクチン接種を行なう）に参加することであった。また、教育・難民施設を訪れ、若者、とくに女性が劣悪な環境にもかかわらず、しっかりと立派に成長している姿に触れ、強く心を動かされた。さらには女子中・高校のバレーボール大会に出席し、試合のあと、選手にトロフィーを渡した。

当時のガザは、間近に迫ったパレスチナ自治政府選挙で街中が緊迫した状態で、緑色の旗を掲げ、興奮状態のハマスの選挙運動にあちこちで遭遇した。無用なトラブルを避けるため、そうしたデモを避けながらガザでの視察を完了した。ちなみに「ハマス」とは「イスラム抵抗運動」のことで、イスラエル占領下のパレスチナの解放をめざすイスラム復興主義組織を指す。イスラエルに対してテロを含めた武装闘争路線を維持し、ＰＬＯ（パレスチナ解放機構）主流派（最大派閥）であるファタハの率いるパレスチナ自治政府に対抗していた。

その日の行事を終え、車でガザから東エルサレムのホテルに帰還し、一息ついているところへ、ニューヨーク本部から電話が入った。先ほど私が訪問していたガザとエジプトの国境付近で、パレスチナの五人の男の子がサッカーボールを蹴り合っていたところ、ボールが誤って立ち入り禁止地域に入ってしまい、それを取りに行った三人の子がイスラエル防衛隊によって射殺されたとのことだった。本部からの連絡は、私がパレスチナ訪問中であり、私の名前で「ユニセフとして声明を出したい」ということだった。

さっそく現地の職員が子供たちと目撃者から得た情報をもとに、いかなる状況でこうした事件が発生したかを確認し、さらに現地で活動中であったニューヨークタイムス、ＢＢＣ（イギリス放送協会）といった主要メディアの記者からも情報収集し、状況を確認したうえで、本部は「ユニセフ事務局次長・丹羽敏之は、南ガザ地区で遊んでいた三人の子供たちが射殺されたことを非難する」との「ユニセフ声明」を発表した。

「これは数時間前までパレスチナの子供と交わっていた私にとって、とくに悲しい出来事であった。私は友だちとサッカーをしていたこの三人の子供の殺害を非難する。命を短く断たれた子供たちは、たんに子供であったにすぎない。報道によると、この三人の男の子(14歳が二人、17歳が一人)はガザのエジプト国境近くでサッカーをしていたところ、イスラエル防衛隊に射殺された。

私はユニセフと(パレスチナ自治政府)保健省とのポリオ・キャンペーンのためラファを訪ねており、この事件が起きる直前まで、子供たちが遊び、学習する地域は平和地域であるべきことを強調するため、子供たちのための安全地域を訪問していた。

いかに我々が全力を尽くして子供たちに安全かつ平和的選択肢を与えるも、この悲惨な紛争の犠牲に時おりなってしまうようである。二〇〇五年三月中旬の段階で、六九四人のパレスチナ人と一〇八人のイスラエル人を含む合計八〇〇人の一八歳以下の子供たちがこの紛争で殺害されている。子供権利条約によると、すべての子供は安全な環境で遊び、学ぶ権利を持ち、暴力から保護される権利を持つ」

(二〇〇五年四月九日)

BBCニュースは、四月九日付の記事「ガザでの暴力は休戦を危うくする――イスラエル兵士が南ガザの難民キャンプ近くにいたパレスチナ少年を射殺」で次のように報道した。

「目撃者の談話として、子供たちはエジプト国境近くの立ち入り禁止地域からサッカーボールを取り戻そうとしていた時に殺害された。さらにイスラエルはこれらの子供がエジプトから武器をそっと持ち出そうとしていた、としている」……。

このBBC記事は私のユニセフ声明にも言及した。くわえてニューヨークタイムスも四月一〇日付の記事「イスラエル軍　ガザ・バッファーゾーンにて三人の少年を殺害」で詳しく同様の報道を行なった。

二〇〇五年四月一九日、アメリカにおける「主要ユダヤ組織会長会議」(Conference of Presidents of Major American Jewish Organizations) のマルコム・ホーンライン執行副議長はベラミー・ユニセフ事務局長に対し、「ユニセフの声明はこれらの子供がエジプトより武器を持ち出すことを意図していたとするイスラエル防衛隊側の説明を考慮に入れてない」として弁明を求めた。

これに対しベラミー局長は、四月二九日付けの返信で、「ユニセフの声明は四月九日の事件直後、ユニセフ職員が現場で子供たち、援助関係者を含む目撃者、そしてメディアから得た最新情報をもとに作成されたものである。この事件を取りまく詳細をすべて考慮に入れた結論はいまだに発表されていないと了解している」とした。この件をめぐって、「ユニセフ事務局次長はパレスチナテロ宣伝の手先であり、罷免すべきである」としたパリのサイモン・ウィーゼンタール・センター・ヨーロッパ支部(ナチドイツ「死の収容所」生存者サイモン・ウィーゼンタールによって設立されたユダヤ人市民団体)その他からの嫌がらせや、ユニセフを誹謗する記事がウェブサイトを長いあいだ賑わせた。もちろん、この事件で私とユニセフがとった対応に関し、ユニセフ内で異論をはさむものはいなかった。

エジプト訪問

パレスチナ訪問の帰り、エジプトを訪れた。そのさい、ナイル川上流域のたいへん創造的なユニセフ教育プロジェクトを訪れた。このプロジェクトは、現地有力者が土地と建材を、住民が労働力を、エジプト政府が教員を、ＮＧＯが教材費を、そしてユニセフが教室に必要な黒板・チョーク・ノート・バレーボール・ネットなどが入った「箱に入った学校」（school in a box）とボランティアを提供するプロジェクトであった。

そのときのプロジェクト訪問経験を、表敬で訪れたスザンヌ・ムバラク大統領夫人（当時）と楽しく共有し、「次の機会にはぜひ、一緒にプロジェクト訪問をしましょう」と誓い合った。あとでムバラク夫人自身ナイル川上流域の出身であることを知り、「なるほど、そのせいもあったのだろう」と思いをめぐらせた。その後、エジプトでは「アラブの春」に始まる民主化運動が起こり、政治変化が続出し、ムバラク前大統領は投獄され、聡明で教育熱心なムバラク夫人の安否も定かでない。

イエメンでの思い出

さらに立ち寄ったイエメンでは、私の国連開発計画時代の運転手で、すでに引退していたヤシン・ガーサンをユニセフ事務所の計らいで探し出し、自宅を訪問した。私が在任していた当時の一九八〇年から一九八三年にはまだ小さかった子供たち六人は、大学生を頭（かしら）に立派に成長し、新築の一階が店舗の三階建ての自宅で悠々自適の生活を送っていて、心からうれしく思った。

昔話に花が咲き、彼の奥さんが〝迷信〟を信じて写真を撮られると着物を透かして体が映されると信じて絶対に写真に加わらなかったが、このときは率先して家族全員との写真に加わってくれ、「あれ、いまはだいじょうぶなのですか？」と質問しては、みんなで大笑いしたことだった。

昨今のイエメンはサウジアラビアの介入で全面的内戦状態に陥り、爆撃による被害、ホデイダ港封鎖による飢餓、そして悪化した衛生状態でコレラまで発生しているという。ヤシン一家はいったいどうしているだろう？　あのすばらしい自前で建てた自宅はまだちゃんと立っているだろうか？　無事であってくれればよいが……。そういって、妻のジェーンと二人でイエメンのニュースに接するたびに心を痛めている。

ユニセフ親善大使

ユニセフはとても創造的な広報活動を編み出すことで知られている。たとえば「親善大使」システムはユニセフの創作で、歴代の大使にはダニー・ケイ（俳優・歌手・コメディアン。一九五四）、オードリー・ヘプバーン（女優。一九八八）、ピーター・ユスティノフ（俳優・小説家・脚本家。一九六九）、ハリー・ベラフォンテ（歌手・俳優。一九八七）、映画『００７』でジェームス・ボンドを演じたロジャー・ムーア（一九九一）、そして女優であり『窓ぎわのトットちゃん』の著者としても知られる日本の黒柳徹子さんといった著名な俳優、芸術家を登用してきた（西暦年は任命された年）。

さらにサッカーの世界的人気を利用し、欧州のサッカーチームにユニセフのマークの入ったユニフォームを使わせるなど、広報に関する鋭い〝カン〟と〝センス〟は国連組織の中で抜群であった。国連開発計画、国連難民高等弁務官事務所、世界食糧計画などもいろいろと努力をしているが、やはりユニセフにはとうていかなわないというのが正直な実感であった。

親善大使といえば、私がユニセフに入って間もなくのこと、ダイナミクな演奏スタイルで知られる中国出身の新鋭ピアニスト、ラン・ラン（郎朗。当時二二歳）氏と知り合う機会を得た。それは彼が国連事務局の旧友の招きでカーネーギーホールでのリサイタルのときであった。演奏会のあと、近くのレストランで彼と遅い夕食を共にした。その席でのラン・ラン氏はじつに聡明で、すばらしい好青年なことから、ユニセフを通して若者にアピールするのに「もってこいの人物」だと即座に思った。そこで親善大使の話を向けて見ると、「何かできることがあれば、忙しい日程をぬって協力する用意がある」というので、「若い親善大使を登用してもよいのでは」と思い、翌日ユニセフの担当者に話を持ちかけた。すると、すでにラン・ラン登用のアイディアがあったらしく、話がトントン拍子に進み、ラン・ラン氏の親善大使就任が急ピッチで決まった。残念ながら出張のため私はラン・ラン氏のユニセフデビューには出席できなかったが、その後ニューヨークのアジア協会などでの演奏会を通じ交遊を続けた。

事務局長交代

ベラミー事務局長との一年六カ月は、最善のかたちで彼女がユニセフでの任務を全うできるよう、全力を尽くした。ベラミー局長がすでに〝ゴール（退任）前の直線コース〟に入っていたことから、私からの新しい経営管理の試みは極力回避することにした。その一方で、国連開発計画および国連事務局での経験を生かし、国連改革を含め、他の国連機関との協調に力を入れることにした。

二〇〇五年、ベラミー事務局長の後任として、共和党系で前アメリカ農務省長官のアン・ベネマン氏が着任した。彼女は性格的にも仕事のやり方のうえでもベラミー局長とは対照的で、いかに〝歩調〟を合わせていくかが私を含め、幹部職員の当面の課題となった。しかし、元農務省長官という輝かしい職歴を持ちながら、いかにも凡庸で、カリスマ性のない、きわめて自己中心的な傾向がすぐに見えてきた。さらに、アメリカ農務省出身のバーティニ国連管理局事務次長がそうであったように、すぐに取り巻きをつくり、直接本人から話を聞いて評価をするのではなく、自分の取り巻きの〝告げ口〟をもとに評価する傾向があることが、のちにわかった。そのため私たち幹部職員はその対処に苦慮することとなった。

一例をあげると、南アフリカでのユニセフ東部・南部アフリカ地域国代表会議に出席したときのことである。私が国連改革に関するユニセフの戦略を論じてニューヨークに帰任すると、さっそくベネマン局長から「ユニセフ南アフリカ代表から聞いたところによると、あなたは○○と言ったそうだが、そうした考えには同意できない」といってきた。これは明らかに私の発言が歪曲されて伝わったとしか思えないことから、「それはまったくの誤解です」と弁明したが、効果がなかった。

ベネマン事務局長着任を契機に、局長発案の外部コンサルタントによる「ユニセフ改革案」の検討が実施された。これと並行して、私なりの「ユニセフ内部改善策」をいくつか立ち上げることとした。まず、ユニセフでは国連事務局のような包括的な経営説明責任制度が欠けていることから、地域統括事務所への責任分担の進んでいるユニセフに合った新しい説明責任制度を模索することにした。さらに、いっそう有効な国レベルでの援助活動を促進するため、効率向上のための本部業務過程の簡素化、そして9・11（アメリカ同時多発テロ事件）といった予測できない、万一の非常事態に備えたユニセフの事業継続性の確保をも探索することとした。また、ユニセフの最大の資産である人的資源管理のさらなる向上をめざし、「新人事戦略」を追求した。

ユニセフの国連改革戦略

ユニセフはそのすばらしい広報戦略と各国のユニセフ応援団ネットワーク、それに強力な資金調達力を背景に、他の国連機関とはいくらかの距離を置きながら、比較的強い独立性と自立性を維持してきた。しかし、人道・開発は他の国際機関との強い協力・協調があってこそ〝より効果的〟な結果を生むことができる。そうした認識に立って、どうすればもう少しユニセフを国連開発システムに近づけることができるかを模索することとした。

その背景には、数十年も前に形づくられた国連開発システムに〝手を加えるべき〟との認識が高まり、国連加盟国からいろいろな「国連改革案」が順次提示されるようになってきていたことがあった。これにくわえ、ＯＤＡ（政府開発援助）の伸びが鈍化していることから、より効率の良い援助結果を求めるうえでも「国連組織改革が必要」との意見も台頭しつつあり、そうした背景から「外圧に対応する受け身の組織戦略路線ではなく、自発的に、能動的にユニセフの国連改革に対する態度を他の国連機関、加盟国、そして世間に表明するイニシアチブをとるべき」との結論に達し、その企図するところを幹部職員との協議のうえ、実施に移した。

そのさい、他機関との比較からユニセフの優位性を信ずる職員を動揺させないため、また国連開発計画を古巣とする私のやり方を職員が懸念する可能性をも考慮に入れ、従来の限られた人数での草案作成でなく、すべてのスタッフと各国のユニセフ国内委員会と各段階で草案を共有し、その反応とアイディアを逐次反映しながら最終文案を作成した。さらに、ユニセフの協調相手となる国連開発計画（ＵＮＤＰ）、世界食糧計画（ＷＦＰ）、国連人口基金（ＵＮＦＰＡ）ともその草案を共有し、ユニセフにとって譲ることのできない限界点、いわば〝レッドライン〟も明示した。

これに対して、国連開発計画、世界食糧計画も独自のポジションペーパーを作成し、これを共有した。そうした協調作業が可能になったのは、国連開発計画にはブルース・ジェンクス氏、世界食糧計画にはスサナ・マルコーラ氏（のちに国連フィールド支援局事務次長、事務総長官房長）といった豊かなビジョンをもつすぐれた〝対話相手〟がいたことによった。こうした努力により、「国連改革」の課題に対して、この三機関（ユニセフ、国連開発計画、世界食糧計画）が協調路線を探究する機運が高まった。

そうした国連改革関連作業が最終段階に達したある日、ベネマン局長が「ユニセフ改革案」作成に携わった外部コンサルタントに草案作成を頼み、わずか五ページのユニセフの立場からの国連改革に関する一般広報文書を作成した。だが、この報告書がその場しのぎのものであることは誰の目にも明らかだった。ベネマン局長にその理由を問いただすと、われわれが作成した三〇数ページの文書は「あまりにも〝国連的文書〟でわかりにくく、一般広報に不適切である」との返事が返ってきた。

これによって、全職員と各国内委員会との共作のユニセフ政策文書は棚上げになり、せっかく機運の高まった千載一遇の国連三機関による政策調整のチャンスも失われてしまった。しかし四年後、事務局長にアンソニー・レーク氏が就任したことを機に、同僚の勧めもあり、この国連改革文書の存在を説明するとともに、内容を共有し、レーク局長の参考とした。

フレッチャースクールでのスピーチ

二〇〇五年五月、母校フレッチャースクールから、卒業式で「卒業生を代表してスピーチをお願いする」との依頼を受けた。もう一人のスピーカーは、同じ卒業生で元アメリカエネルギー省長官で元国連大使のビル・リチャードソン・ニューメキシコ州知事だった。

この年は私の一九六五年クラスの卒業後四〇周年であり、また長男・正爾もこの年コロンビア大学法律大学院・フレッチャースクール合同学位を取得し、卒業することになっていたことから、よろこんでこの申し入れを引き受けた。当時、あまり優秀な学生でなかった私に、四〇年後〝お鉢〟（順番）がまわってくるなど、まったくの想定外であった。また国連開発計画時代、スペス総裁の任期延長をめぐって〝いわく〟のあったリチャードソン氏と〝演壇〟を共にするのも、まったくの奇遇であった。

講演では、苦学生・留学生時代の思い出、得がたき友との出会い、そしてその後の人生にとっていかにフレッチャースクールでの教育が意義あるものであったかを、あり体のままに話した。これは卒業する若者への私なりの激励であった。* さらに翌年の二〇〇六年、思いもかけず再びフレッチャースクールから招待を受け、「グローバル文学修士プログラム」（ＧＭＡＰ）という実社会勤務者を対象とする一年制修士課程の卒業式においてもスピーチを行なうこととなった。**

＊ Speech on the Occasion of The Fletcher School Commencement, Toshiyuki Niwa, Class of 1965 Saturday, May 21, 2005, FletcherWeb@tufts.edu.

＊＊ Commencement Weekend GMAPII Class of 2007, March 16-17, 2017.

ベネマン事務局長の不満を察して

ベネマン事務局長が就任して約一年経過した二〇〇六年秋、私のユニセフにおける〝今後〟について局長と話し合った。結論すれば、ベネマン局長は自らの任命による次長をできるだけ早く実現したいということであった。これは、彼女がユニセフ入りしたときにはすでに私を含めて三つの次長ポストが埋められており、その任期が翌年の二〇〇七年までになっていることに対する〝不満〟と取れた。それとともに、これは前任者であるベラミー局長の方針からの解放とも取れた。私はその場で、どういったかたちでユニセフとベネマン局長に貢献することができるか具体的に示し、彼女の決断を待つことを告げた。

その二カ月後、出張先のイタリア・フィレンツェにある「ユニセフ・イノチェンティ研究所」でベネマン局長からのメールを受け取った。そこには、私の契約は「三カ月だけ延長し、二〇〇七年五月までとする」旨、書かれていた。

こうして、私はユニセフを去ることとなり、ほかの二人の事務局次長（ネパールとヨルダン出身）もユニセフを去ることになった。先に一対一でしっかりと話し合ったわけであるし、あと一日でニューヨーク本部に帰任するのだから、メールではなく、直接口頭で私に知らせるのが当然の礼儀とも思ったが、そうした連絡の仕方に彼女の〝本性〟を見たような気がした。その一方で、私はやりかけの仕事を急ピッチで進め、完了すべく決意を新たにした。

職探し

二〇〇七年一月、元韓国外務大臣のパン・ギムン（潘基文）氏が新しい国連事務総長（第八代）に選ばれた。彼は、イラク戦争の関連で悪戦苦闘していたアナン事務総長の後継者として、アメリカの強い意向で選ばれた新事務総長であった。

アナン事務総長は当時、イラクへの人道支援事業「石油・食糧交換計画」をめぐる巨額の不正疑惑で、自身と長男コジョ・アナン氏の関与が疑われるなどのスキャンダルをかかえ、正直なところ最後の二年間はまったくの〝四面楚歌〟であった。そうした窮地の事務総長を救ったのはイギリス出身の口八丁手八丁の〝やり手〟マーク・マロック・ブラウン官房長・副事務総長であった。彼はとくにポール・ボルカー元アメリカ連邦準備制度理事会議長主導の「石油・食糧交換計画」独立調査委員会レポートをめぐって、国連安全保障理事会、アメリカ政府、そしてマスコミとの対応に手腕を発揮した。

ユニセフでの任期が数カ月後に迫ったころ、私は古巣の国連本部でのポストを求め、友人や知人を介して働きかけを始めた。そのうち、新事務総長が国連本部の根幹ともいえる「平和維持活動局」を二つに分け、政治関連業務とサービス・支援関連業務を切り離して新しく「フィールド支援局」を新設することになったことを知った。必要となる事務次長ポストは、当時邦人職員が占めていた軍縮担当事務次長のポストを格下げし、「流用する予定」とのことであった。この新設ポストは以前、私がまだ事務次長補レベルであったころ、アナン事務総長から声がかかったことがあり、それを承知していた事務総長室の元同僚が私を適任とみなして、日本政府の支持を獲得したうえで「ぜひ、トライしてみてはどうか」との話を持ち込んできた。

そこで、新たな「フィールド支援局」の極秘権限事項草案をも入手したうえで、出張でニューヨーク滞在中だった鶴岡公二地球規模課題審議官と神余隆博次席国連大使にはかった。だが、二人の反応は芳しくなかった。理由は、その組織改革が新次長ポスト設置を含め、まだ〝噂の段階〟であること、そして当時格下げが考えられていた軍縮担当事務次長のポストを外務省から出向の邦人職員が占めていたことにあった。この直後、その軍縮担当事務次長はパン・ギムン事務総長に詰め腹を切らされるかたちで退職することとなり、日本政府には代わりに無難な広報担当事務次長のポストが振り当てられることとなった。

そのころ、親密な協力関係にあった世界食糧計画（ＷＦＰ）のスサナ・マルコーラ事務局次長から、「ユニセフ（事務次長）の私の後任として、ぜひ応募するようベネマン事務局長から誘いがあったのだが、いかに対応すべきだろうか」との相談を受けた。私は「そのポストは勧められるが、上司としてのベネマン事務局長はちょっと」といって、言葉を濁した。さらに「もう少し待てば、必ず良い可能性が出てくる」ともアドバイスした。その後しばらくして、新設されたフィールド支援局事務次長にマルコーラ女史が抜擢されたことを知った。彼女はその後もさらなる躍進を遂げ、パン・ギムン事務総長の官房長となり、のちにアルゼンチン外務大臣として国連を去る二〇一六年まで大いに活躍した。

天皇・皇后両陛下ご接見

二〇〇七年の初頭のこと、外務省と東京ユニセフ事務所経由で、宮内庁から「今度、東京を訪れる機会があれば、事前に知らせてくれ」との連絡が入った。ちょうど二月下旬に日本への出張を予定していたのでその旨を伝えると、宮内庁から天皇・皇后両陛下が私をお招きくださることになり、「二月下旬、御所に来るように」との連絡があった。「なぜ私が選ばれたのか」と外務省に問いてもはっきりしなかった。さらにどういった話題が出てくるのかも想像できなかったので、何の準備もないまま当日皇居に向かった。

御所へは皇居坂下門からユニセフの公用車で入り、途中迷いながら御所車寄に到着し、控えの間で侍従の説明を受けた。それによると、歓談の時間は両陛下次第で「未定」とのこと、またご接見が始まって二〇分後に侍従が応接間の扉を〝コンコン〟と合図するので、そのときの両陛下の反応にもとづき行動するよう、アドバイスされた。

時間がきて、侍従の案内で応接室に向かうと、入り口のところに両陛下がおられ、にこやかに迎えていただいた。着席すると、間もなく軽食の載った盆が出され、食事をしながらの歓談となった。

歓談ではまず、ユニセフと日本政府との年次定期協議について触れ、ユニセフと日本政府の援助理念は使う言葉は違っても〝方言のような違い〟だけで、内容の本質は同一であることを申し上げ、具体的には鳥インフルエンザとポリオ、とくにナイジェリアで政治的理由（ナイジェリア北部でポリオワクチン配布が拒まれたことにより）から起こったポリオ再発について述べた。また、アフリカでのエイズ問題、とくに最近訪れたスワジランドでエイズにより両親を亡くし、祖母の手で育てられている多くの子供たちのことや、黒柳徹子さんのタンザニアでの活動を含むユニセフ親善大使の活躍のこと、日本ユニセフ協会のアグネス・チャンさんの役割についても申し述べた。

アフリカの話題が出たところで、今度は天皇陛下がご自身のアフリカ訪問に触れられ、タンザニア（ジュリアス・ニエレレ大統領）、ケニア（ダニエル・アラップ・モイ大統領）、エチオピア（ハイレ・セラシエ一世）、ザイール・コンゴ（モブツ・セセ・セコ大統領）、セネガル（アブドゥ・ディウフ大統領）を訪れた際の経験を披露された。私よりもはるかに〝アフリカ通〟の陛下のお言葉に圧倒され、無言でいると「どうして、そんなにアフリカ訪問をすることになったか、不思議に思われているのでしょう」といわれ、「じつは、アフリカの元首が日本を公式訪問された場合、その返礼として昭和天皇は私をそれらの国に遣わされたのです」と語られた。

次いで、日本の皇室と特別の関係にあったネパールの王室について、話に花が咲いた。マヘンドラ前国王のこと、ビレンドラ国王の戴冠式のこと、ビレンドラ国王の東京大学留学のこと、ビレンドラ国王の年一回の国内開発視察旅行のこと、ビレンドラ国王と私の年二回のネパール開発に関する定期会談のこと、それにパンチャヤット制度とコングレス党の復活や立憲君主制への移行など、話題はネパールの内政にも及んだ。そして、一九九四年にビレンドラ国王とお会いしたときの様子にも触れ、国王が以前お会いしたときとは違ってネパール内外の政治情勢を自由に語り、「政治からの引退」を楽しそうに話されていた姿が印象的だったこと、そしてそれがビレンドラ国王とお会いした最後となったことを申し述べた。さらには、不透明なビレンドラ国王暗殺事件のこと、そしてマオイスト（毛派）運動のことなど、多岐にわたる話題に時の経つのを忘れる思いであった。

また、ネパールの貧困、子供のインドへのトラフィッキング（人身取引）、環境破壊、多難な開発課題などにも触れ、ネパールでの国連開発計画の活動を紹介するため、パシフィックフレンド誌に掲載のネパール・セティ郡での「農村開発のための教育プロジェクト」に関する記事のコピーを提示しながら、貧困に悩むネパールでの特別教育の試みを両陛下にご紹介申し上げた*。

天皇陛下からは、岩村昇**医師の結核やハンセン病、マラリア、コレラ、天然痘、赤痢などの伝染病に関するネパールでの活躍を語られるなど、両陛下はことのほかネパールの人びと、開発、そして国際援助活動に興味を示された。

また、ネパールと並んで日本皇室と親しいタイ王室のことや、タイでの経験も共有させていただいた。まず、私の担当した職員二〇〇人とNGO関係者三〇〇人からなるカンボジア国内避難民のための「国連国境救済活動」（UNBRO）について触れ、シアヌーク派、ソン・サン派、そしてクメール・ルージュ（ポル・ポト派）三派の〝非戦闘員キャンプ〟の実情にも触れた。そして、そこはまるでニューヨーク南ブロンクスのような暴力地帯で、私の役割はそこの〝市長〟のようなものであったことも付け加えた。さらには、プミポン国王の国境地帯に住むタイ住民への熱い思い、プミポン国王の王室プロジェクトとの協調とその評価、化学者（毒物学者）であるチュラポーン王女と、リモートセンシングに関心を示されていたシリントーン王女のことにも話が及んだ。そして私のUNBRO活動の〝パートナー〟ともいえる、タイ軍最高総司令官スントーン・コンソムポン大将によるクーデターなどにも言及した。

また、国連の活動状況と国連で働く邦人職員についてもお話し申し上げた。長年の懸案である国連改革の推移と現状、コフィー・アナン事務総長の成果、パン・ギムン新事務総長への期待と評判、そして国連邦人職員の現状について触れ、生え抜きの職員とともに日本政府から中堅・上級職員を出向のかたちで同時に増やす必要があること、しかも外務省で高く評価され、将来を嘱望されている優秀な人材を具体的な例を引きながら、「惜しまず国連出向に向けるべきである」ことも申し加えた。さらには国連での女性の登用を活発化するため、日本での「ガラスの天井」(グラスシーリング)の除去が不可欠なこと、そして若者にとってロールモデルになるような国連職員を育てる必要があることなどにも言及した。

話がキャロル・ベラミー・ユニセフ事務局長に及んだところ、皇后陛下から次のようなお話があった。一九九八年の第二六回「国際児童図書評議会」(IBBY)ニューデリー大会のおり、基調講演を皇后陛下みずから行なう予定であったが、インド政府の原爆実験のため出席することが不可能となったところ、ベラミー局長の依頼でこの応接間でビデオを撮り、ニューデリー大会にビデオ出席されることとなったということであった。私のほうからは、ベラミー局長は先年(二〇〇六年)旭日大綬章を授かって「まことに光栄であるとよろこんでおられました」とお伝えした。近況として、ベラミー氏が「バーモント州にある国際非営利開発教育組織『ワールド・ラーニング』とその大学・大学院の『School for International Training』の長として活躍されています」ともお伝えした。皇后陛下からは、「機会があれば、ベラミー局長によろしく伝えて欲しい」とのお言葉であった。

また、国連開発計画でのイエメンでの活動について触れ、さらにユニセフ事務局次長としてエジプトを訪れたさいのナイル川上流域での創造的な教育プロジェクトの話をして、今度訪れるときにはスザンヌ・ムバラク大統領夫人と一緒にプロジェクト訪問することになっている旨申し上げたところ、皇后陛下からはムバラク夫人への親しみのお気持ちが伝わってきた。

国連開発計画と日本政府との共同議長による東京での「カンボジア復興閣僚会議」(一九九二年六月)にも触れ、「ウォール街将軍」の子息でこの会議の共同議長を務めたウィリアム・ドレイパー(三世)元国連開発計画総裁(在任一九八六〜九三)の業績を讃えた。とくに、ドレイパー総裁が提唱して刊行に踏み切った『人間開発報告書』をめぐる経緯と意義をご説明申し上げた。

最後に私の家族のことについてのお尋ねがあり、父は当時外国人に日本語を教える数少ない専門教師であったことを申し上げると、皇后陛下は「言語の背景には文化があり、たとえ外国に住んでいてもいかに日本語を大切に持ち続けることが大切か」をブラジル移民を例に引かれ、強調された。また母は発達心理学者であり、長女(真理佐)がダウン症であったことから、のちにダウン症児を持つ親たちのカウンセラーに転身したことを説明し、黒柳徹子さんの推薦文の入った母の著書『あなたたちは「希望」である』(人間と歴史社刊)を謹呈申し上げた。

こうして話がはずむ間に、侍従が二〇分おきに応接間の扉を〝コンコン〟と合図した。そのたびに皇后陛下は侍従に無言で会釈され、歓談はそのまま何ごともなかったように続行した。ご接見が始まって四〇分後の二回目の合図以降は、もはやそうした合図は途絶えた。そうなると、今度はどこで、どうやって続行中の対話を終えるよう留意すべきかが心配になってきた。そうこうするうち、軽昼食をいただきながらのご接見であったので、一時間二〇分程度経過したところで天皇陛下が静かに膝に載せたナプキンを畳まれたので、これが〝潮時〟と判断し、話を収斂させていただくこととした。

両陛下にお別れのご挨拶をし、応接間から玄関に向かう途中、侍従からは「丹羽さん、いったい何をそんなに長く両陛下にお話しになっていたのですか?」と半ばあきれた様子で聞かれたことだった。

ご接見後、遅れて外務副大臣表敬のため外務省に向かった。その車中で、いかに両陛下が人間性豊かで、博学であられ、英邁で、優れた方であるか、強く心に迫ってきた。これまで国家指導者を含め、いろいろな方々にお会いしてきたが、あれほど親しみをもって、相手を緊張させず、ありのままに対話を可能にさせる方にお会いしたことは、後にも先にも経験がない。そうした両陛下を国民の象徴とする日本国民が「いかに恵まれているか計り知れない」と強く心に刻んだ。

ご接見の翌日、宮内庁から連絡があり、「皇后陛下から差し上げたいものがあるが、どこにお持ちすべきか」との問い合わせがあった。「ユニセフ東京事務所」と告げると、しばらくあって若い侍従が燕尾服姿で届けに来た。黒いお盆には二つの包みが載せてあった。一つは私の母宛て、もう一つは私宛てであった。その日の夜、宿で包みを解くと、皇后陛下の歌集、随筆集、そして皇后陛下お言葉集『あゆみ』が出てきた。

そのときすぐには気がつかなかったが、あとでふと『あゆみ』をめくると二つの小さな〝枝折り〟(しおり)が挟まれているのに気づいた。開けて見ると、一つは二〇〇二年九月二九日にスイス・バーゼルで開催された「国際児童図書評議会」創立五〇周年記念大会での皇后陛下の英語のスピーチの原稿で、皇后陛下とともに名誉総裁を務められたムバラク大統領夫人に言及されたものであった。もう一つは、同じく皇后陛下の一九九八年の第二六回「国際児童図書評議会」ニューデリー大会における基調講演「子供の本を通しての平和――子供時代の読書の思い出」のビデオスピーチの原稿であった。さらに私の母には「皇后陛下に電話番号と住所を知らせるように」との伝言があり、母をおおいに感激させた。そうした皇后陛下の細やかなお心遣いに心から感動した。

なお当然ながら、ご接見ではユニセフを数カ月後に去ることには言及しなかった。その二日後の三月二日、私のほうから渡辺允侍従長にその間の事情も含め、五月三一日付けでユニセフを退任することを説明し、その後の身の振り方は後日連絡する旨、申し添えた。そのさい、両陛下とのご接見のお礼を述べ、あまりに時間超過になり恐縮していたことを申し述べた。これに対し、侍従長からは「ご接見がうまくいったと理解しており、時間のことを気にする必要はまったくない」との言葉に胸をなでおろしたことだった。

だが、なぜ私が選ばれたのか、疑問が解けなかった。外務省をはじめ誰に聞いてもはっきりしないのである。しかし、ご接見のあと、伝え聞いたところでは、二〇〇六年一二月の日本国連加盟五〇周年式典のさい、天皇陛下から「国連職員に会いたい」との要請があり、外務省が邦人国連幹部職員のリストを作成し、その中から天皇陛下みずから私を選ばれたとのことであった。諸処の事情・状況に鑑みて、これはユニセフゆえにお選びになったことは間違いないと推察した。ニューヨークのユニセフ本部に戻ってすぐ、定例職員会議でベネマン局長とユニセフ職員に両陛下とのご接見の内容を報告した。同席していた邦人職員はことのほかよろこび、胸を張った。

＊ "UNDP Resident Representative in Nepal", the Pacific Friend, Photo of Japan, October 1988.

＊＊岩村昇　愛媛県宇和島市出身の医学者・医師。広島で被爆し、その体験から医学の道に入り、鳥取大学医学部助教授をへて、一九六二年、日本キリスト教海外医療協力隊（ＪＯＣＳ）の派遣ワーカーとしてネパールに赴任。以後一八年にわたりネパールの医療向上に貢献、「ネパールの赤ひげ」と呼ばれた。帰国後、神戸大学医学部教授。「アジアのノーベル賞」といわれるマグサイサイ賞を受賞。一九二七〜二〇〇五。

ユニセフ望観

ユニセフの求心力は「驚き」といってよい。しっかりとした基盤をもとに、具体的かつ地についた活動を展開する姿は別の国連機関には見られない特異なものであった。スタッフはモチベーションにあふれ、はつらつと仕事に当たる態度は格別であった。

一方、私の目から見れば、そのユニセフにアキレス腱（弱点）がまったく無いわけではなかった。国連の一員でありながら、それを十分に認めず、他の国連機関と歩調を合わす努力が不十分に見えることもあった。こうした偏った国連組織の意識は私にとってまったく異質であった。しかし、他の国連組織で経験した、足の引っ張り合い、嫉妬による非協力といった職員行動は他に比べて比較的少なかったように思う。加えてユニセフにおいてもふだん看過されている問題点を掘り出し、改善策を見つけるよう試みた。包括的経営責任制度の確立、本部業務過程の簡素化はその例であった。

チームワークの大切さとオーナーシップの大切さは重要である。そのよい例が「ユニセフの国連改革戦略」である。国連という巨大な組織のなかで、職員全員の協力で組織戦略文書を作成した例は稀有であった。

生まれ変わっても

ユニセフでの任期が終わりに近づいた五月末、「毎日新聞」の記者から「丹羽さんの特集をしたいので、ぜひ取材させてほしい」との連絡があった。かねてから国連のすばらしさを若い世代にも伝えたいと思っていたこともあり、よろこんでその要望に応じた。担当の中尾卓司記者は数日間密着し、私の仕事ぶりや母校・早稲田大学での特別講演などを取材して、「生まれ変わっても――国連三六年　丹羽敏之さん」と題する記事を二〇〇七年六月四日から九日まで、五日間にわたり夕刊で掲載した。

以下が記事のタイトルである。
[1] 二〇〇一年九月一一日。ヒロシマと同じにおいがした

2 UNDPで第一歩。人のつながりに、支えられて
3 ユニセフの現場で。喜びも悲しみも、分かち合う
4 家族のきずな。困難も克服し「二人三脚」
5 日本の役割。貧困削減目指す支援を

こうして、三年三カ月のユニセフでの任務を五月三一日付で終え、合計三六年の国連での奉職を終えた。その最終日、ベネマン事務局長主催の送別会の申し出を断り、自身主催の「お別れ会」を催し、ユニセフの同僚を含め、国連内外の同僚、友人、そして各国大使、代表団に別れを告げた。

【キャリア・アドバイス ❖ ユニセフ】

1 ユニセフは官僚組織というよりNGO的雰囲気を持った行動派の社風を特色とする。そしてきめ細かい援助活動が特色である。したがって、新しく採用された職員はまず国レベルでしっかりとフィールド経験を身につけることが望ましい。

2 まずJPO (Junior Professional Officer) システムを利用し、日本政府の「弁当持ち」の形でユニセフに入ることが望ましい。そして二年後に正規職員の道を探求すること。

3 もしも可能であれば、赴任地自体よりも、上司により新任地を選ぶことが望ましい。

4 早期質問の大切さはユニセフでも同じである。最初の三カ月が勝負。

5 赴任したら良きメンターを見つける努力をすること。そして選んだメンターにいかにして尽くすことができるかを考えること。一方通行の人間関係は長続きしない。

6 ネットワーク作りに専念すること。ユニセフを越えてネットワーク作りに広い視野を持つガバナンス関係に長ずる国連開発計画と専門分野に強い国連専門機関を入れること。

7 「リスク取り」「他人への花」「ユーモア」の大切さはユニセフでも同様である。

8 ユニセフは強いスタッフの一致団結の感があるが、反面本部において新しく採用された他の組織から移ってきたスタッフはすぐには「仲間に入れて」もらえない傾向がある。そうした観察を念頭に、より良きスタッフ引き入れ、引き入れられる努力が望ましい。

9 ユニセフでは事務局長ポスト以外加盟国からの政治任命幹部職員がほとんど存在しない。したがって、内部登用チャンスが十分あることをスタッフは認識すべきである。

10 国レベルにおいて国連開発計画をはじめとして国連カントリーチームとのよりいっそうの協調が望ましい。国レベルにおける「一つの国連」努力の成功・不成功はユニセフと国連開発計画との協調如何にかかっているといっても過言ではない。

11 プロジェクトに関していえば、他の国連組織をはじめ、二国間援助機関、民間組織とのより密接な協調が大切である。「離れ小島」(enclave) 的プロジェクト形成は避け、他の援助組織活動とのリンケージ(連関)を確立するプロジェクトの探求が望ましい。

12 ユニセフは組織としての独立心が強く、他の組織と比較して国連組織であるという意識が希薄である。したがって、引き続きより前向きなユニセフの国連改革協調努力が望ましい。

北イエメン常駐代表当時、運転手を務めてくれたヤシン・ガーサン一家の自宅を訪ねて

北イエメンの開発大臣を務めていたファド・モハメド夫妻を訪問

教育プロジェクト訪問。2005 年

インド・パキスタンのクリケット親善試合にて

ユニセフ・インド事務所スタッフのワークショップ。2005 年

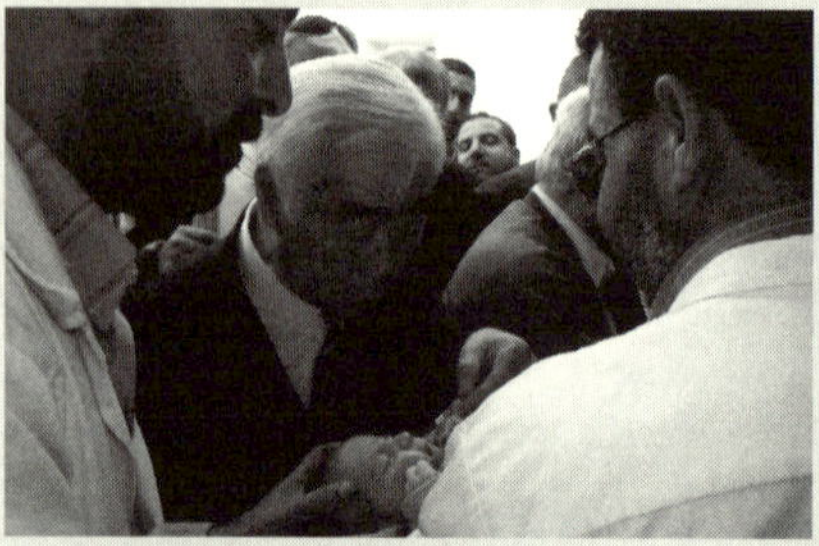

ガザ地区でのポリオ・キャンペーン

イエメンにおける水供給プロジェクト

パレスチナ・ガザ地区で子供たちに囲まれて

ガザ地区の女子中・高校バレーボール大会

パレスチナ自治区保健大臣と共にポリオ・ワクチン・キャンペーン。ガザにて

エイズ・プロジェクトを訪問。
スワジランド政府高官と。2006 年

フィジー出張の際、スヴァで。
ユニセフ・東アジア・太平洋地域代表会議

エイズで親を亡くした子供とその面倒をみる祖母

スワジランドのユニセフ現地代表とスタッフ

講演のため広島に帰郷、旧広島高等師範学校附属小学校・中学校の同級生らと再会。2007 年

ユニセフと日本政府の定期政策協議報告会における黒柳徹子親善大使と筆者。2007 年
©日本ユニセフ協会

カンボジアのノロドム・シハモニ国王に謁見
国連開発計画アジア局局長のハフィス・パシャとともに。2006 年

国連退職後　二〇〇七〜

転身

パン・ギムン（潘基文）国連事務総長のもとでのポストを模索したが、新しく設立されたフィールド支援局事務次長のポストも日本政府の支持が得られず、見送りとなった。さらに、二〇〇七年二月九日付で、アナン事務総長が任命した私を含む、六人の事務次長補からの「任意辞任届」を受理したことがいっせいに公表された。

私の了解では、これはイラク戦争をめぐるブッシュ政権の圧力による〝粛清〟である。当時（二〇〇三年）、イラク戦争をめぐって、国連安全保障理事会の決議なしに開戦に踏み切ったブッシュ政権と、それを国際法に準ずるものでないと批判したアナン事務総長が対立していた。その結果、アナン事務総長はブッシュ政権の信頼を失い、国連本部における「アナン人事を一掃すべし」との強いアメリカ政府の意向をパン・ギムン新事務総長に示した結果、こうした〝粛清〟とも取れる報道発表がなされたと思われた。

もちろん、新しい事務総長が選ばれた場合、首脳部の入れ替えは当然であるが、こうして軒並みいっせいに〝クビ切り〟の公表に踏み切ったことは少し異常に思えた。私はすでにユニセフからの引退が同年五月に決まっており、事務総長へ提出していた「任意辞任届」は単なる形式に過ぎず、まったく意味のないものであった。この発表は後味の悪い不必要な〝だめ押し〟とも取れた。このことからして、私は国連に残れる可能性は「まったくない」ものと判断し、はっきりとした区切りをつけるためにも、長年住み慣れたニューヨークを離れる決断をした。

新天地マレーシアへ

思えば、家族は私が国連職員となった一九七一年以降、私の仕事の都合で世界各地を転々とし、〝第二外国語としての英語教育〟を専門とする妻のジェーンは、つねに自分の実力を十分生かすことができず、〝夫唱婦随〟のかたちで私に連れ添い続けた三六年間であった。そうした事情から、妻へのいくばくかの償いに国連退官後は彼女の希望を優先し、今度は私が〝夫随〟することに決めた。

彼女はトルコのイスタンブール、ドイツのフランクフルトをはじめとしたいくつかの候補地から、マレーシアの「クアラルンプール国際学校」を選び、私は配偶者として二人してマレーシアに移り住むこととした。

マレーシアには長期滞在ビザ、乗用車の無税輸入措置といった特典付きの「第二の故国としてのマレーシア」という簡易移住制度があることから、アメリカ・コネチカット州ダリエンの自宅を売却し、新しくマレーシアの首都クアラルンプールにアパートを購入し、移り住んだ。以後、約五年間にわたり、クアラルンプールを拠点として、日本での大学教育、日本政府および国連関係のコンサルタントとして、随時活動することとなった。

関西学院大学客員教授

日本での活動としてまず、二〇〇八年から*関西学院大学《かんせいがくいんだいがく》総合政策学部特別客員教授として年一回（のちに年二回）、国際関係論、国際機関論の教鞭をとった。それまで日本の大学で教鞭をとった経験がなく、私にとってまったく新しい試みであった。授業は日本語で行なったが、教材・スライドはすべて英語で、学期末のペーパー（論文）は外国からの留学生や帰国学生（子女）に配慮して、日本語・英語のどちらでも良いこととした。

授業では〝生（ナマ）〟の国連を知ってもらうことに努め、具体的な自身の経験にもとづく事例を数多く引用し、開発途上国中心、各論よりも総論を重視して、できるだけ政治・人道・開発機関としての「国連」の全体像を学んでもらうよう努めた。数年後、とくに人道・開発活動に関心のある受講生のために、国レベルでの国連人道・開発援助活動に焦点を絞った講座も年一回付け加えた。

関西学院大学の学生は、前評判とは違い、実際に接してみると素直で、じつに勉学に熱心な学生がほとんどで、早稲田大学時代の私とは比較にならないほど学ぶ姿勢ができており、優れていた。授業の行なわれる兵庫県の「三田キャンパス」は一軒のコンビニ以外何もない、しかも通学に二時間かかる田舎で、こうした不便な環境が学生を奮起させているのかも知れないとも思った。

関西学院大学には、私のほかに国連開発計画（ＵＮＤＰ）、国連児童基金（ユニセフ）、国連人口基金（ＵＮＦＰＡ）、アジア開発銀行（ＡＤＢ）といった、経験豊かな国連・国際機関ＯＢの諸氏が教鞭をとっていた。おそらく日本の大学の中で、あれほどまで「国連」についての教育に力を入れている大学は比類ないものと思われる。関西学院大学総合政策学部では二〇一五年まで教鞭をとった。

＊関西学院大学　兵庫県西宮市にあるキリスト教系の私立大学。一八八九年（明治22）、アメリカ人南メソジスト協会の宣教師ランバス（一八五四〜一九二一）により創設された関西学院が起源。一九一二年（大正一）高等学部を設立、一九三二年（昭和7）大学予科、一九三四年大学を開設。一九四八年新制大学に移行。現在は兵庫県西宮市、三田市、宝塚市、大阪府箕面市、大阪梅田、東京丸の内にキャンパスを設け、幼稚園から大学院までを擁する総合学園。

ネパール制憲議会総選挙監視

外務省は、二〇〇八年（平成20）三月一八日（火曜日）、「我が国政府は、四月一〇日（木曜日）に予定されているネパール制憲議会選挙の公正な実施を支援するため、国際平和協力法にもとづき、選挙監視団二四名を三月下旬から四月中旬までネパールに派遣することを閣議決定した」と報道で発表した。それを受けて、二〇〇八年三月から四月、内閣府国際平和協力本部の小澤俊朗事務局長の要請で「日本政府選挙監視団団長」となることを引き受け、団員二四名と制憲議会選挙監視のためネパールを訪れた。到着後、在カトマンズ日本大使館を拠点とし、ネパール政府、アメリカ大使館を含む各国外交団、国連ネパール政治ミッション、国連機関事務所を訪れ、さらにネパールでの旧友に会い、情報聴取、意見交換を行なった。二〇年前、国連常駐調整官として赴任していたことを覚えている人たちが多く、歓迎してくれた。

日本選挙監視団は、ジミー・カーター元アメリカ大統領をリーダーとするアメリカ・カーターセンター、そしてEU選挙視察団とともにネパール各地で活発な選挙監視を展開した。

選挙当日、ネパール国営テレビのライブインタビュー番組に単独出演し、「総選挙がネパール全土でおおむね成功裏に実施された」と日本選挙監視団を代表して語った。総選挙の成功を確認し、私は生涯で初めて日本政府の一人として選挙監視活動に従事し、優秀な若手日本政府職員、大学教授、日本NGO職員と仕事を共にする貴重な機会を得られたことを心から幸せに思った。

ちなみに、総選挙は二〇〇八年四月一〇日に行なわれ、六〇一議席のうち、二四〇議席は小選挙区制で、三三五議席は比例代表制で選出され、残りの二六議席は内閣によって指名される仕組みである。

選挙の結果、ネパール共産党毛沢東主義派が小選挙区の約半数と、比例代表制の三〇パーセントを確保して第一党となったが、過半数にはるかに及ばず、議席は迷走した。参考までに「ネパール制憲議会選挙日本政府選挙監視団」の所感を掲げておく(別掲)。

＊「ネパール制憲議会」とはネパールの本格的な憲法を制定するために設置された議会。設置は、ネパール内戦を行なってきた政府と毛沢東主義派が二〇〇六年一一月二一日に締結した包括的和平協定で定められた。設置期間は二年間。

アフリカ連合国際連合平和維持活動に関する賢人パネル

二〇〇八年、国連平和維持活動局の招きで、国連安全保障理事会決議にもとづく「アフリカ連合国際連合平和維持活動に関する賢人パネル」に、メンバーとして参加した。

このパネルはイタリアのロマーノ・プローディ元首相を議長とし、アメリカ政府元国務省事務次官補ジェームス・ドビンズ、モーリシャス出身元国連財務官ジャン・ピエール・ハルバックス、ケニア出身NGO代表モニカ・ジューマ、イラン出身国連平和維持活動事務総長特別副代表ベローズ・サドリの各氏と私の合計六人で構成され、アフリカ近隣諸国における「アフリカ連合」による国連平和維持活動の実現と、それに伴う具体的方策を提唱した。それまで世界各国から派遣された軍事要員によって国連平和維持部隊をその都度形成して行なわれていたアフリカでの国連平和維持活動を、近隣諸国からのアフリカ連合部隊に切り替える画期的な試みで、六人のメンバーにより共同草案されたレポートは国連安全保障理事会と国連総会に国連文書として二〇〇八年一二月三一日付けで提出された。この仕事を通し、温厚な学研肌のロマーノ・プローディ元イタリア首相と親しく仕事を共にするよい機会に恵まれた。

国連平和維持活動文民管理者養成コース・メンター

その後、このアフリカ連合関連の仕事を契機に、国連事務局平和維持活動局とフィールド支援局の「平和維持活動文民管理者養成コース」のメンターとして、二〇一〇年から二〇一五年まで加わった。この活動により、調達、財務・会計、人事、ＩＴに関わる、いわば平和維持活動の〝裏方〟ともいえる文民活動スタッフと交わるよい機会を得た。

私自身、活動レベルでの平和維持活動に直接関わった経験がないため〝熟練教官〟ではなかったが、国レベルでの国連人道・開発業務を遂行する〝もう一つの国連〟に長年携わってきた者として、本質的に短期的性格の国連平和維持活動と、長期的性格の国レベルでの国連開発活動との考え方の違いを十分把握したうえで、次のことを目指した。すなわち、いかにして両者が力を合わせて協力し、お互いの相乗効果を高めることができるかを追求し、それまで一面的に国連平和維持活動の観点から国レベルの開発活動を捉える傾向にあった平和維持活動要員の視野に広がりをもたせることに尽力した。

二〇一一年八月から二〇一二年四月まで、国連開発計画本部対外関係アドボカシー局の依頼で、国連開発計画駐日代表事務所臨時代表と日本関係顧問を務めた。この任務は次の駐日代表が決まるまでの、いわば野球にたとえれば〝ミドル・リリーフ〟（中継ぎ）的な役目で、それまでの目線とは違った角度で、国連開発計画での旧友との仕事を楽しむことができた。

国際開発法機構

二〇一二年一一月、旧友のパトリジオ・チビリ元国連事務次長補から連絡が入り、イタリア・ローマに本部を置く「国際開発法機構」という国連オブザバー資格を持つ組織が「至急、財務経営特別コンサルタントを必要としている」として、私に「お願いしたい」といってきた。

よく聞いてみると、話はこうだ。国際開発法機構本部を継続してローマに置くか、オランダのハーグに移動させるかで、現在のホスト国イタリア政府と本部移転招聘を申し出たオランダ政府との間で葛藤・対立が生じ、中立の立場でどちらにすべきか、いくつかのオプションを検討したのち加盟国間で決定したい。それにはできる限りの財政・経営オプションを検討のうえ、各加盟国代表との協議により報告書を作成し、アメリカ政府が議長を務める同年一二月の管理理事会で審議し、結論を出したいということだった。

この背景には、国家の財政状態が悪化したイタリア政府と、財政が潤沢で、できるだけ多くの法律関係国際組織を「ハーグ」に集めたいオランダ政府との軋轢であることが判明した。あまりに切迫した、そして政治的問題をはらんだ案件なので極力断ったが、「この件を処理できるのは、あなたしかいない」とまで言われ、十分なスタッフを提供してもらうことを条件として引き受けた。

イタリアのブレンディシ国連兵站《へいたん》基地での「国連平和維持活動文民管理者研修プログラム」終了後、急きょローマに立ち寄り、この案件に従事した。この件は小規模な国際組織の本部移転問題であるが、国連食糧農業機関（FAO）、世界食糧計画（WFP）、国際農業開発基金（IFAD）といった主要国連機関本部を持つイタリア政府としては、財政的理由でこの「国際開発法機構」を失うことはメンツにかけても許せないことであった。しかし、自由になる財源が限られているので苦慮している様子だった。一方、オランダ政府はかなり思い切った資金提供を考慮に入れて国際開発法機構本部のハーグ移転案を提示したものの、イタリア政府の強い反発に遭遇し、戸惑っている様子である。その両者を取りもつ議長国のアメリカはといえば、これもまたこの二国の板挟みにあってよき解決法（出口）を探している状態であった。そうした状態に鑑みて、いくつかの妥協案を含むバランスのとれた、といっても〝51対49〟の僅少だが、イタリア政府に有利な報告書を作成し、提出した。その後、この報告書にもとづき、総括業務は引き続きローマ本部で行なうこととし、プログラム活動はハーグに移転実施とするという、両政府に満足のいく妥協案が確保された。

叙勲

二〇一二年に、外務省の配慮により検討された「叙勲」を身勝手な理由でお断りしたことが、気になっていた。そこで旧知の吉川元偉国連大使に二年前の経過を説明したうえで当時の状況を調べてもらい、私が今後とるべき道をざっくばらんに相談した。その結果、再審査してもらうことはできるが瑞宝中綬章以上となるとあと数年かかること、しかし以前に叙勲の話があった瑞宝中綬章であれば、すぐにでも再度審査することが可能であるとのことであった。

私自身、事務次長補としての経験は三国連機関にまたがって一七年間あるものの、事務次長としての経験がなく、いわば「帯に短し、襷《たすき》に長し」の感を免れないことは承知していた。そこできっぱり決断し、すべてを吉川大使に一任することにした。その結果、二〇一五年四月の春の叙勲で「瑞宝中綬章」

を授与されることとなり、ニューヨークの吉川大使公邸で授与式を行なっていただいた。

国連総会議長室のあり方

二〇一五年一一月、スサナ・マルコーラ国連事務総長官房長からとつぜん電話連絡があった。内容は、最近新聞報道されたアンティグア出身のジョン・アッシュ元国連総会議長がアメリカ当局により「収賄」の容疑で逮捕されたことを受けて、パン・ギムン国連事務総長が今後の国連総会議長室の機能のあり方を緊急に精査するため、マルコーラ官房長を議長とする「特別調査委員会」を設立することになったという。

この決定を受けて、マルコーラ官房長から、国連法務部事務次長で国連主任弁護士のミゲル・デ・セルパ・ソアーレス氏と私との三人からなる特別調査委員会を設立しようと思うので「ぜひ加わってくれ」とのことだったので、「それなら」といってよろこんでその役を引き受けた。しかし、マルコーラ官房長は特別調査委員会を立ち上げた二日後、とつぜんアルゼンチンの「新外務大臣」に抜擢され、離任してしまった。そこで、マルコーラ女史に代わって任命された新官房長のエドモンド・ミュレ事務次長とソアーレス法務部事務次長の三人で作業を行なうこととなった。

精査してみると、国連事務局とは異なり、国連総会議長室には十分な監視・管理体制が確立されておらず、いわば〝災難が起こるのを待っているような状態〞であることが判明した。そこで具体的な一八項目からなる解決案を事務総長に提示した。

私の草案した委員会報告書はパン・ギムン事務総長提案として国連総会に提出された。国連総会議長室は国連事務総長の管理下にはなく、加盟国の直接管理下にあるため、改善策は加盟国自体が採択実施することとなり、二度とこのような不祥事が起こらないよう、加盟国が努力することが不可欠であることを確認した。その後、この事件は主犯のアッシュ氏が死亡し、賄賂を受け取った他の当事者の有罪が確定、アメリカ司法の手で決着した。

なお、この任務を遂行するにあたり、いかに国連本部の職員が優秀かつ有能であるかを改めて認識した。さらに国連本部を去ってから一〇年以上経過しているにも関わらず、多くの職員とまるで昨日まで一緒に仕事をしていたような親しさで接することができることを心からうれしく思った。そうした中には国連本部の〝裏方〟ともいえる警備員、作業員も多く含まれていた。私の国連での生涯を振り返ってみると、やはり自分にとって職業上、また心情のうえでも、いちばん充実した時間を過ごしたのは「国連本部」での七年間であったように思う。

関西学院大学大学院・スーパーグローバル大学

二〇一七年五月からは、関西学院大学大学院国連・外交コースで「スーパーグローバル大学」（SGU）招聘客員教授として、元国連事務次長の明石康氏、元国連大使で国連事務次長を務めた大島賢三氏とともに「国際公共政策論」と「国際組織運営論」の二つの講座で後進の指導に当たっている。

この大学院コースでは元国連代表部次席大使およびドイツ大使を務めた関西学院大学副学長の神余《しんよ》隆博《たかひろ》氏、元国連開発計画駐日代表や国連アジア太平洋経済社会委員会（ESCAP）事務局次長を務めた村田俊一《むらたしゅんいち》氏、そして元ユニセフの久木田《くきた》純《じゅん》氏、西野桂子氏らと一緒に講座を受け持っている。

これらの講座の授業はすべて英語で行なわれ、将来国際社会で働くことをめざす受講生にとって言葉のハンディを克服する機会を提供し、国際人として多くの日本の若者が飛び立ってくれることを心から願いながら教鞭を執っている。こうして、私の歩んだ国連三六年の経験と教訓を大学院生と共有し、国際的キャリアを目指す後輩の育成に努めているところである。

最後に、国際公務員の道は決して生やさしくはない。だが、誠心誠意、無我夢中で努力すれば思わぬチャンスが必ずめぐってくる。あとはどうやってそのチャンスをモノにするかだ。可能性に限界はない。「伸《の》るか反《そ》るか」(〝swim or sink〟)。その姿勢で自分を試す若者が一人でも多く出てくれることを心から祈って、筆を措《お》きたいと思う。

関西学院大学三田キャンパスでの特別講義

ネパール選挙監視団の記念撮影。中央・筆者。
（出典：内閣府ホームページ国際平和協力本部事務局）

勲章伝達式。（出典：国際連合日本政府代表部ホームページ）

勲章伝達式後の記念撮影
右から国連代表部参事官、国連代表部参事官、丹羽正爾（長男）、丹羽絵里香（次女）、ブルース・ジェンクス元国連開発計画事務次長補、吉川元偉国連大使、ジャネット・ストロボ、丹羽ジェーン、筆者、吉川大使夫人、丹羽健蔵（次男）、ニコラス・クタイヤ（娘婿）、スーダシャン・ナルーラ博士・元国連医療部長、山下真里国連事務局アジア・太平洋部部長、ジェシカ・ファイエッタ国連開発計画ラテンアメリカ・カリブ海局長・事務次長補、ルイス・メンデス元国連事務局事務官、中満泉国連開発計画事務次長補、南博国連次席大使、ピーター・バンラーレ国連儀典長、代表部職員。

各自の業務に真剣に取り組んだすべての選挙管理職員に対し、当監視団は深甚な敬意を表する。
6. 当監視団は、特に選挙の初期の段階に見られた、一部の政治的な組織活動の在り方を残念に思っている。殺人、誘拐、脅迫やその他の暴力行為の申立て、また、選挙法や刑法の違反として報じられた多くの事案は憂慮すべきものであった。4月初頭、3大政党の指導者が、各々の支持者たちを冷静にさせるよう合意したことは前向きな効果もあったが、スルケット郡（注：選挙の直前に候補者が殺害されるという事件が発生し、同郡の一部の選挙区で選挙が延期された）を含め、一部の地域における暴力の停止には不十分であった。当監視団は、不当に苦しめられたすべての人々が、ネパールにおける法の支配に基づいて、平和裡に法的な処置を求めるよう呼びかける。投票の際、登録された名前と違う名前で投票が行われたと見受けられる事例など、一部で個別の不正があることを確認した団員もいるが、当監視団としては、選挙管理委員会の職員がこうした事案を処理するやり方に概ね満足している。また、団員は、今後、技術的な改善が検討されうるいくつかの点にも気が付いた。当監視団は、選挙管理委員会が20箇所の投票施設に設置した60の投票所において再投票を行う旨決定したことは、選挙を自由かつ公正なものにしようとする選挙当局の強固な意志の現れとして歓迎する。
7. 団員は一部の地域で投・開票の過程を監視したが、選挙関係の職員、政府の監視員、また政党関係者が示したプロフェッショナルな姿勢を称賛している。当監視団としては、開票や集計の過程が引き続き適切かつ透明性をもって行われることを期待している。選挙に関して不正の指摘がある場合には、法に従って、不服申立てや、事案の処理が行われなければならない。当監視団は、すべての関係者による選挙結果の受入れの重要性を強調するとともに、結果はネパール国民の民意が反映されるものになると考えている。暴力は決して許されるべきではない。
8. ネパールは多民族で多文化な国であるが、こうした多様性はネパール国民が一丸となって前進する際の力にもなり得る。当監視団は、ネパール国民の粘り強さや、ネパール国民が国づくりに強固なオーナーシップで取り組む決意を信じている。ネパール国民のオーナーシップの高まりに対して、日本は引き続きパートナーシップで応えていきたいと考えている。

（外務省　報道発表より）

ネパール制憲議会選挙日本政府選挙監視団（ネパール選挙監視国際平和協力隊）所感

平成20年4月13日、カトマンズにて

1. 丹羽敏之氏を団長とする日本政府選挙監視団（ネパール選挙監視国際平和協力隊：以下「当監視団」と表記）は、4月10日に実施された制憲議会選挙の監視活動を行うため、3月29日から当地に派遣され、投票日に向けた準備、投票、開票の各過程の監視を行ってきた。当監視団は、有識者、NGO関係者及び政府職員等の24人からなり、カトマンズ、ビラトナガル、デュリケル、ポカラ及びネパールガンジの5地域で、12人のネパール人アシスタントたちとともに活動した。投票日当日、当監視団の団員は、国内10郡の34選挙区において、111箇所の投票施設に設置された約300の投票所を訪問した。
2. 投票日には、伊藤忠彦衆議院議員及び橋本岳衆議院議員も当地を訪問し、両議員が水野達夫在ネパール日本大使や日本大使館の館員とともに活動したことは、選挙の成功やネパールでの民主主義の更なる発展のための日本の支援をより強化するものであった（東京から派遣された24人の当監視団の団員を含め、選挙に際し当地で活動した人数は約50人にも上る）。
3. 当監視団の活動は時間的にも地域的にも限られていたが、情報収集や、他の国際・国内監視団、国連関係者、当地の政治指導者との意見交換を積極的に行った。今般、活動の節目に当たり、当監視団が見聞した範囲での所感を発表し、後日、選挙管理委員会に「評価と提言に関する報告」を提出する予定である。
4. 当監視団は、この制憲議会選挙は、民主的なネパールの発展における画期的な出来事として認識している。2006年11月の包括和平合意や、その後の関係者による交渉で得られた諸合意が、ネパール国民に将来の国家や統治の在り方に関する民意を表明する機会をもたらしたのである。
5. 当監視団は、ネパール国民による制憲議会選挙の実施に祝意を表するとともに、この選挙の実施に向けてネパール政府、各政党の党首、選挙管理委員会、ネパール警察が行った努力を認識し、称賛する。国連や国連ネパール政治ミッション（UNMIN)、日本を含め国際社会からの支援も行われた。また、何よりもまず選挙に熱心に参加したすべてのネパール国民や、

あとがき

二度の世界大戦を経験して創設された「国際連合」に身を投じて三六年、二〇〇七年五月にユニセフ（国連児童基金）を退職するまで、一度も国連から退こうとは思わなかった。それから一〇年余がすぎた今日でも、私は「生まれ変わっても国連で働きたい」との気持ちに一片の翳りもない。なぜなら政治・社会・経済すべてを見渡せる組織は世界広しといえど国連しかないからである。

思えば私の人生は国連の歩みとともにあった。いわば国連の歩みを投影した人生であった。そしてそれは、国連開発計画・ユニセフというプラグマティックな目に見える開発人道活動の歴史であった。そして一方で、自信と不安、希望と失望、満足と落胆、信頼と裏切り、成功と嫉妬の連続であった。そうした中で、つねに試行錯誤をし、問題解決の道を探ることは価値のあることでもあった。まして最善の解決策を見いだし、そして好循環を達成したときの喜びは格別であった。

そうした私の国連人生を「文字に刻む」よう熱心に勧めてくれたのが「人間と歴史社」代表の佐々木久夫氏である。佐々木氏とは、いま亡き母・淑子の『あなたたちは「希望」である――ダウン症と生きる』（二〇〇五年）の出版を機縁として、私の監訳による『岐路に立つ国連開発』（二〇一四年）と

『グローバルビジョンと5つの課題』(二〇一五年)の出版を重ねてきた。しかし、いざ自分が「執筆する」となると、これまで日記をつけてきたわけでもなく、日本語で文章を書いた経験もほとんどない。そうしたことから、長いこと佐々木氏の勧めに明確に答えぬまま過ごしてきた。

しかし退職後、母校・早稲田大学や東京大学、聖心女子大学での特別講義、関西学院大学での年次講義、そして日本政府ニューヨーク国連代表部で国連邦人職員向けの特別講演を通じて、私の国連での経験と教訓が日本の若者と邦人職員に深い興味をもって受け止められていることに気づいた。さらに長年、日本においては「国連」が十分に理解されておらず、縁遠い存在であることも痛切に感じていた。

そうした理由から、昨年(二〇一七年)末、これまでの迷いの思いを断ち切り、佐々木氏の「歴史に刻む」という言葉に従って日本の読者を対象に執筆を試みることにした。本書『生まれ変わっても国連――国連三六年の真実』がここに完成できたのはひとえに佐々木氏のたゆみなき努力によるものである。佐々木氏は私の不確かな日本語の原稿に手を加え、インタビューをし、しっかりと編集してくださった。またそれをていねいにフォローしてくださった「人間と歴史社」の鯨井教子氏と井口明子氏の助力に心から謝意を表したい。

私にとって人生最大の幸運は妻・ジェーンに出会えたことである。この出会いがなければ私の国際公務員としての三六年はなかったに違いない。彼女は自分の専門職業をも顧みず、私の良き伴侶であることに専念した。同時に、私が難題にぶち当たったとき、安心して相談できる最上の、そして最も信頼のおける「サウンディング・ボード」でもあった。

三六年間の国連人生は歩調の合った二人三脚であった。加えるに、正爾、絵里香、健蔵といった子供たちもまた、北イエメン、ネパール、タイ、そしてニューヨークと、すべての任地で一緒に生活し、苦しいことも楽しいことも共に経験したかけがえのない「同志」であった。そして心ならずもダウン症のためわれわれと同行できなかった長女・真理佐にも心からの謝意と愛情を伝えたいと思う。

私はこの国連での人生において、素晴らしい友人・同僚・上司、そして政治家の各氏にめぐりあうことができた。すでに鬼籍に入られた人も多く、初任地ガイアナで私を無の状態から指導してくださった上司ハイメ・バルカザー氏、未熟な私を重要な職務に登用してくださったブラッドフォード・モース総裁、私の〝ゴッド・マザー〟マーガレット・ジョーン・アンスティー女史、そしてその良き伴侶であった〝開発と開発ロジスティックスのプロ〟ロバート・ジャクソン卿、日本政界との繋がりを作ってくださった福田赳夫元総理……。ここに心からの感謝と追悼の意を表したい。

また、大胆な指導者であったウィリアム・ドレイパー総裁、国連邦人職員および日本政界とのパイプを広げてくださった山本一太参議院議員、苦境のおりにはいつも援護していただいた野呂元良氏、私の三人の特別補佐官ジェシカ・ファイエッタ、ピーター・バンラーレ、シモナ・ペトロバの各氏、私を国連事務局に迎え入れキャピタル・マスタープランその他の案件を一緒に探求したジョセフ・コナー氏、コフィ・アナン事務総長の影武者で「能吏」という表現がぴったりのイクバル・リザ氏、国連事務局時代の朋友ルイス・メンデス氏、さらに私をユニセフに引き入れてくれたキャロル・ベラミー女史、長年の仕事仲間キャレン・シャンプー女史、ユニセフ議員連盟会長の谷垣禎一氏、そして長年にわたり心のこもった活躍をされている日本における〝ユニセフの顔〟黒柳徹子さん……。くわえて歴代の日本国連大使と多くの外務省高官の方々に大変お世話になった。この場を借りてこれらの方々に心から謝意を表したい。

執筆に際しては、うれしかったことも、悲しかったことも、苦悩したことも、すべて率直に述べたつもりである。こうした過程でもしも無意識のうちに傷つけることになった方がおられれば、この場を借りて謝罪したいと思う。

国連を退いたいま、一つの提言をしておきたい。日本政府に必要なのは、いかにして外務省出身者とキャリア経験者のバランスをとり、実力を重視し、国連における上級職をより効果的に獲得し、国連貢献を高めるかである。コフィ・アナン事務総長の例が示すように、国連システムの裏表がよくわかった人材を登用するよう努める必要がある。

最後に、本書は私と両親の「物語」でもある。なけなしの財産をはたいて留学させてくれ、勉強の楽しさを身をもって示してくれた亡き母・淑子、自身で実現できなかった夢を息子に託しつねに暖かく見守ってくれていた亡き父・壽人に心から感謝して筆を措く。

二〇一九年一月　アメリカ・ニューヨークの自宅にて

丹羽敏之

■ 丹羽敏之（にわ・としゆき）

1939年、広島に生まれる。1945年8月6日、広島市内にて被爆。早稲田大学政治経済学部卒業。1966年、アメリカ・タフツ大学フレッチャー・スクール法律・外交大学院修士課程修了。民間企業勤務後、1971年より国連開発計画（UNDP）勤務。北イエメン、ネパール、タイで国連常駐調整官、国連開発計画常駐代表として勤務。その後1990年より国連事務次長補として国連開発計画財務総務局長、国連事務局（UN）管理局総務担当事務次長補、キャピタル・マスタープラン執行局長、そして国連児童基金（UNICEF）事務局次長として2007年まで勤務。現在、関西学院大学大学院SGU招聘客員教授（2017年〜）。ネパール王国ゴルカ・ダクシナ・バフー一等勲章（1988年）、瑞宝中綬章（2015年）叙勲。アメリカ在住。主な監訳書『岐路に立つ国連開発』、『グローバルビジョンと5つの課題』（共に人間と歴史社刊）

生《う》まれ変《か》わっても国連《こくれん》　国連《こくれん》36年《ねん》の真実《しんじつ》

2019年2月20日　初版第1刷発行

著者　丹羽敏之
制作　井口明子
装丁　植村伊音＋人間と歴史社制作室
発行者　佐々木久夫
発行所　株式会社 人間と歴史社
東京都千代田区神田小川町2-6　〒101-0052
電話　03-5282-7181（代）/ FAX　03-5282-7180
http://www.ningen-rekishi.co.jp
印刷所　株式会社 シナノ

Published by NINGEN TO REKISHISYA,Co., Ltd.
Printed in Japan ISBN978-4-89007-212-5　C0030

岐路に立つ国連開発

変容する国際協力の枠組み

B・ジェンクス
B・ジョーンズ＝編著
丹羽敏之＝監訳

●世界最初の翻訳出版！「国連開発資産」の全体像を初めて公開。国際協力の現場から〈世界のいま〉〈世界の未来〉が見えてくる！世界経済はこの20年間に歴史的規模の変貌を遂げた。「開発協力」もまたこの20年の間に変わった。いまや官民パートナーシップが規範となり、公共セクターが枠組みと規制を定め、民間セクターが資金とともに管理と技術面のノウハウを提供している。本書は、国際社会が直面している課題と開発協力の現状を徹底分析し、開発協力の未来像を探る絶好の書！

B5判　224頁　3,800円＋税
ISBN 978-4-89007-193-7

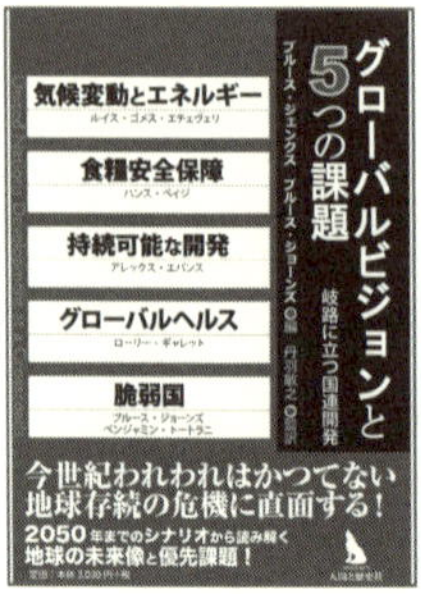

グローバルビジョンと5つの課題

B・ジェンクス＋B・ジョーンズ＝編著　丹羽敏之＝監訳

●今世紀、我々はかつてない地球存続の危機に直面する！　緊急を要する地球規模の5つの課題を提示。「ピュリツァー賞」「ピーボディ賞」「ポーク賞」の3大P賞を受賞したL・ギャレットら第一級の執筆陣が中立・客観的な視点から分析・解説。2050年までのシナリオから地球の未来像と優先課題を読み解く。1気候変動とエネルギー　2食糧安全保障　3持続可能な開発　4グローバルヘルス　5脆弱国……。これら5つの課題は世界的に合意された集団的対応を必要とする。我々はそれを成し遂げて、次世代にこの地球を手渡すことができるだろうか。

A5判　288頁　3,000円＋税
ISBN 978-4-89007-199-9

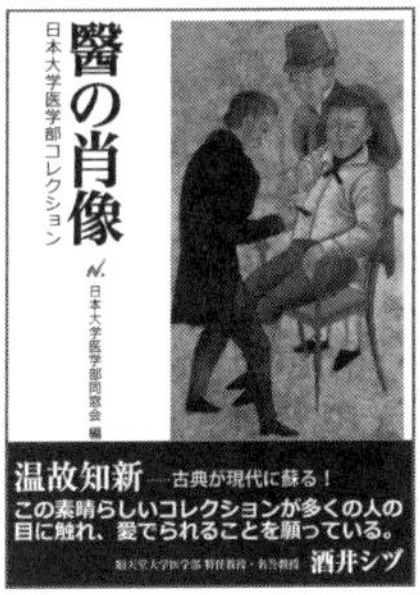

日本大学医学部コレクション

醫の肖像

日本大学医学部同窓会＝編　宮川美知子＝著　発行●櫻醫社

●日本の医療の起源を史料と肖像で辿る！「中国「唐甘伯宗歴代名医図賛」、「大同類聚方」、丹波康頼、曲直瀬道三、ケンペル、山脇東洋、永富独嘯庵、吉雄耕牛、華岡青洲、浅田宗伯、杉田玄白、貝原益軒、戴乃公、賀川玄悦、杉田成卿、緒方洪庵、ポンペ、松本良順、橋本左内、相良知安、三宅秀、長与専斎、柴田承挂、呉秀三、広田長、山極勝三郎ほか全76篇に解説と逸話を付して読者を医の来歴へと誘う。曲直瀬玄朔の「神農像」、江戸錦絵は必見！

A5 カラー 288 頁　2,500 円 + 税
ISBN 978-4-89007-208-8

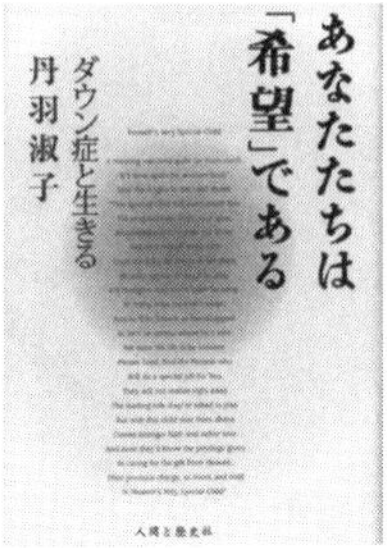

あなたたちは「希望」である

ダウン症と生きる

丹羽淑子＝著

●13人のお母さんたちの繊細で力強い証言のほか、障害の有無にかかわらず子どもの心を育てるために重要な、乳児期の意味について具体的に紹介！

●黒柳徹子「一人ひとりの子どもが大きくなって、生まれてきて良かったと思えるように願いを家庭から社会へ、そして世界へ、と拡げていくことが大切だと思います。この本と出逢えたことを本当に感謝しています。ハンディをもつ子どものお母さんや子育てに悩んでいるお母さんだけでなく、若い方に、ぜひ、この本を読んで、生きることの素晴らしさを知っていただきたいです」

四六判 288 頁　2,000 円 + 税
ISBN 978-4-89007-153-1